T0179010

AMLO EN LA BALANZA

AMLO EN LA BALANZA

José Antonio Crespo

Grijalbo

AMLO en la balanza
De la esperanza a la incertidumbre

Primera edición: abril, 2020

D. R. © 2020, José Antonio Crespo

D. R. © 2020, derechos de edición mundiales en lengua castellana:
Penguin Random House Grupo Editorial, S. A. de C. V.
Blvd. Miguel de Cervantes Saavedra núm. 301, 1er piso,
colonia Granada, alcaldía Miguel Hidalgo, C. P. 11520,
Ciudad de México

www.megustaleer.mx

ISBN: 978-607-319-080-0

Impreso en México – *Printed in Mexico*

El papel utilizado para la impresión de este libro ha sido fabricado a partir de madera
procedente de bosques y plantaciones gestionadas con los más altos estándares ambientales,
garantizando una explotación de los recursos sostenible con el medio ambiente y beneficiosa para las personas.

Penguin
Random House
Grupo Editorial

ÍNDICE

SIGLAS Y ACRÓNIMOS

CCE	Consejo Consultivo Empresarial
CNDH	Comisión Nacional de los Derechos Humanos
CNTE	Coordinadora Nacional de los Trabajadores de la Educación
Cofece	Comisión Federal de Competencia Económica
Coneval	Consejo Nacional de Evaluación de la Política de Desarrollo Social
Coparmex	Confederación Patronal de la República Mexicana
CRE	Comisión Reguladora de Energía
CROC	Confederación Revolucionaria de Obreros y Campesinos
CSID	Confederación Sindical Internacional Democrática
CTM	Confederación de Trabajadores de México
Fobaproa	Fondo Bancario de Protección al Ahorro
FSTSE	Federación de Sindicatos de Trabajadores al Servicio del Estado
IFAI	Instituto Federal de Transparencia, Acceso a la Información y Protección de Datos Personales
IFE	Instituto Federal Electoral
Ifetel	Instituto Federal de Telecomunicaciones
IMSS	Instituto Mexicano del Seguro Social
INAI	Instituto Nacional de Transparencia, Acceso a la Información y Protección de Datos Personales
INE	Instituto Nacional Electoral
INEE	Instituto Nacional de Evaluación Educativa
INEGI	Instituto Nacional de Estadística y Geografía
IVA	impuesto al valor agregado
LGIPE	Ley General de Instituciones y Procedimientos Electorales

MC	Movimiento Ciudadano
MORENA	Movimiento Regeneración Nacional
OACI	Organización de Aviación Civil Internacional
OEA	Organización de los Estados Americanos
ONG	Organización no gubernamental
ONU	Organización de las Naciones Unidas
OTAN	Organización para el Tratado del Atlántico Norte
PAN	Partido Acción Nacional
Panal	Partido Nueva Alianza
PASC	Partido Alternativa Socialdemócrata y Campesina
Pemex	Petróleos Mexicanos
PES	Partido Encuentro Social
PGR	Procuraduría General de la República
PNR	Partido Nacional Revolucionario
PRD	Partido de la Revolución Democrática
PREP	Programa de Resultados Electorales Preliminares
PRI	Partido Revolucionario Institucional
PSUV	Partido Socialista Unido de Venezuela
PT	Partido del Trabajo
PVEM	Partido Verde Ecologista de México
RP	representación proporcional
SAT	Servicio de Administración Tributaria
Sedena	Secretaría de la Defensa Nacional
SEP	Secretaría de Educación Pública
SNTE	Sindicato Nacional de Trabajadores de la Educación
TEPJF	Tribunal Electoral del Poder Judicial de la Federación

INTRODUCCIÓN
Una nueva alternancia

Una de las ventajas de la democracia es que cuando un partido gobernante ha hartado a la ciudadanía por sus malos resultados es posible sustituirlo por la vía pacífica e institucional. Con los partidos monopólicos eso no es posible; si se les quiere remover del poder debe hacerse por la vía de la confrontación, minando la estabilidad política y quizá generando violencia. Ha ocurrido en varios regímenes de partido único. En México afortunadamente, pese a haber padecido una hegemonía partidista por décadas, ésta pudo modificarse gradualmente, preservándose la estabilidad (hasta ahora). Las elecciones ganaron cierto grado de equidad e imparcialidad. No al cien por ciento —lo que no existe en ninguna democracia— pero sí en comparación con lo que había hasta 1988. En 1997 el PRI perdió el control de las elecciones, dado que se dio autonomía plena al Instituto Federal Electoral (IFE) respecto del gobierno. La alternancia pacífica pudo darse en el año 2000, pese a que muchos ciudadanos dudaban que el PRI fuera a soltar pacíficamente el poder ("Con balas llegamos y con balas nos quitarán", decía Fidel Velázquez). Pero si la alternancia del año 2000 fue relevante por ser la primera de tipo pacífico de la historia de México, igualmente lo es, aunque en otro sentido, la de 2018. En el año 2000 Ernesto Zedillo entendió que el régimen y la estabilidad no soportarían otro triunfo forzado del PRI, y permitió la alternancia. Después de eso la izquierda mexicana consideró que, al menos en la contienda presidencial, el *establishment* (al que quedaba incorporado el PAN como partido gobernante) no aceptaría la posibilidad de transferir el poder hacia la izquierda. Sí pudo pasar con el PAN —decían— por su alineamiento a la derecha (es decir, el neoliberalismo), pero no para una opción izquierdista, nacionalista, revolucionaria, estatista, progresista o como se le quisiera lla-

11

mar. Había razones históricas para que se generara dicha percepción. La última fractura en el PRI se había dado en 1952, con el general Henríquez Guzmán como candidato no oficial. En 1987 se registró una nueva fisura en el PRI (por haberse cambiado en ese sexenio el modelo económico) y Cuauhtémoc Cárdenas abandonó el partido para presentarse como candidato de una coalición de izquierda (Frente Democrático Nacional). Dado que obtuvo gran apoyo ciudadano, e incluso de grupos y corrientes del PRI, generó el mayor desafío electoral hasta entonces enfrentado por ese partido, ante lo cual el régimen reaccionó incurriendo en un magno fraude electoral con prácticas burdas que aún entonces era posible aplicar. Si bien los resultados oficiales dieron de nuevo un triunfo formal al PRI (pero con votación históricamente baja de 51%), la difusión de los fraudes impidió que dicha elección se considerara como limpia y legítima por la mayor parte de la sociedad. Quedó en la percepción colectiva que a la naciente izquierda (de expriistas con partidos emanados de la izquierda histórica) probablemente se le había arrebatado un triunfo. En 1994 repitió como candidato Cárdenas, ahora bajo una nueva formación surgida de la insurgencia electoral de 1988, el Partido de la Revolución Democrática (PRD). Cárdenas quedó en tercer sitio, muy abajo del ganador. Aun así, tampoco reconoció el veredicto, si bien no logró una gran movilización poselectoral como la de 1988. En parte, porque el gran público reconoció en los hechos que Cárdenas difícilmente habría ganado en esa ocasión, como quizá sí lo hizo en 1988. No hubo señales ni pruebas de un gran fraude en 1994, y en todo caso quien ocupó el segundo lugar, el PAN, con Diego Fernández de Cevallos, pronto reconoció el triunfo del priista Ernesto Zedillo.

Más tarde el presidente Zedillo (1994-2000), a raíz de los altercados y riesgos sufridos durante los comicios en que resultó ganador, y siendo el candidato sustituto tras el asesinato de Luis Donaldo Colosio, aceptó una auténtica apertura política, que para muchos resultaba inverosímil (todos los presidentes anteriores habían ofrecido democracia sin cumplirlo), pero ahora había motivos para tomar en serio su oferta.[1] Probablemente percibió que si la estabilidad económica y política se puso en grave riesgo ese año, un nuevo triunfo del PRI en 2000, que no fuera claro sino dudoso, podría finalmente reventar la estabilidad política con graves consecuencias económicas (más profundas quizá que en 1994). Por lo cual, en 1996 Zedillo aceptó una nueva reforma electoral con el acuerdo de los partidos opositores (PAN y PRD), que daba al IFE plena autonomía respecto del gobierno. Renunciar al control de la organización electoral implica que un resultado desfavorable al partido oficial no podrá ser revertido, por lo que es considerado por los teóricos de las transiciones democráticas como un paso clave de ese proceso. En 1997, al ponerse a prueba la nueva normatividad electoral, el PRI perdió por primera vez la mayoría absoluta en la Cámara Baja, iniciando un periodo de "gobiernos divididos", donde el Ejecutivo no cuenta con un respaldo mayoritario en el Legislativo. Pero también el gobierno de la capital —sujeto por primera vez desde 1928 a la decisión ciudadana— cayó en manos de la oposición, en concreto del PRD. En otras palabras, el PRI dejó de ser un partido hegemónico en esa fecha. Lo cual, por definición, abría la posibilidad real de que la presidencia pudiera pasar a otras manos distintas a las del viejo partido oficial.

A todo ello podía agregarse una tendencia electoral a la baja del PRI, donde todo apuntaba que su votación estaría por debajo de 39%, pues ésa fue la votación obtenida en 1997. La historia electoral señalaba que el PRI siempre obtenía en la elección presidencial una votación menor a la conseguida en la intermedia previa (salvo en 1976, por ser José López Portillo candidato único). Esa proyección apuntaba entonces a que el PRI obtendría alrededor de 36% de la votación en 2000.

CUADRO 1. *Votación del PRI para diputados federales*
(1961-1997)

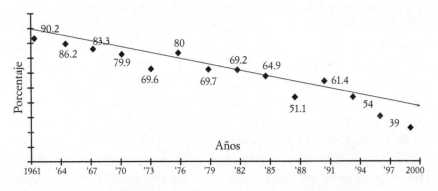

FUENTE: IFE: Estadísticas Electorales.

13

Bastaría con que parte de la izquierda (PRD) votara estratégicamente por el candidato panista, si se ubicaba en segundo lugar, para que se diera un triunfo opositor, que probablemente sería reconocido por el presidente Zedillo. Tal pronóstico pudo hacerse con fundamento tras los comicios intermedios de 1997.[2] Pese a todo había dudas en el foxismo de que se reconocería un eventual triunfo de su candidato. Incluso se hablaba de un "Plan B", que presuntamente consistiría en alterar las urnas y actas el día de la elección, en caso de que las tendencias no fueran favorables al PRI. El PAN aceptó convocar a movilizaciones de protesta en caso de que el PRI triunfara por menos de 3% de la votación (margen en que las irregularidades pueden ser determinantes en el resultado). Finalmente, Fox logró triunfar con 6 puntos porcentuales de ventaja frente al candidato priista, Francisco Labastida. Y Zedillo aceptó el resultado sin más (un escenario que sabía altamente probable, a partir de las encuestas de Los Pinos).

Tiempo después, tras la decepción generada por el gobierno de Vicente Fox (propia de todo proceso de democratización), al no cumplir mínimamente sus ofertas de terminar con la impunidad y combatir la corrupción, se abrió la oportunidad de dar un nuevo giro hacia la otra opción, formalmente considerada de izquierda, y que ofrecía un cambio de modelo económico-social (inspirado en el que había antes de 1982). El candidato natural, el entonces jefe de gobierno del Distrito Federal, Andrés Manuel López Obrador, venía con gran ventaja para pelear la presidencia en 2006. Sufrió el embate del gobierno de Fox al ser difundidos videos que exhibían a colaboradores cercanos en actos de corrupción. Y más adelante, en 2005, fue desaforado —con la anuencia del PAN y el PRI en el Congreso— para dejarlo fuera de la carrera presidencial. Lejos de lograrlo, dicha maniobra lo fortaleció, además de exhibir a Fox como un auténtico "traidor a la democracia", pues si bien había bases jurídicas para el desafuero, la infracción era menor al castigo buscado. Por lo cual el desafuero se tomó mayoritariamente como el uso de la justicia para fines político-electorales. Algo que el PAN había criticado en el PRI, y ahora incurría en eso mismo.

Llegó AMLO al 2006 con gran ventaja sobre su rival más cercano, el panista Felipe Calderón, mas al sentirse ganador fue invadido por cierta autosuficiencia e incluso soberbia, que le hizo cometer varios errores de campaña (pelearse con el presidente, faltar a uno de los dos debates presidenciales, enfrentarse con el sector empresarial, rechazar posibles alianzas que le hubieran garantizado el triunfo, etcétera). Esos yerros le hicieron perder su ventaja, y todas las encuestas marcaron al final de la campaña un empate técnico (puntos más o menos) entre él y Felipe Calderón, del PAN. En tal circunstancia, era posible que un monto reducido de irregularidades pudiera modificar el resultado. Si como la regla de la democracia sostiene que "basta un voto para ganar o perder", entonces su corolario es que en esas circunstancias "basta un voto incierto para no saber quién ganó, o dos votos fraudulentos para trastocar el resultado". De modo que si por ejemplo se detecta 2% del voto originado por fraude, pero la distancia entre los punteros es de sólo 1%, procede la anulación (como sucede en múltiples casillas que caen en ese considerando). Si en cambio, ante ese mismo nivel de irregularidades probadas la distancia entre punteros fuese de 10% del voto, no sería práctico anular la elección, pues aun descontando ese 2% fraudulento o irregular el resultado no se modificaría. En otras palabras, a menor distancia entre punteros más probabilidad de que un pequeño monto de irregularidades pueda modificar un resultado. Y la distancia con que oficialmente ganó Felipe Calderón en ese año fue de .56% (alrededor de 244 000 votos) lo que implicaba que un reducido 1% de votos mal habidos a su favor podrían arrebatar un eventual triunfo de López Obrador. Es por tanto comprensible que AMLO exigiera un recuento de paquetes electorales, pues un mal conteo (incluso si no fuera doloso sino por error, según estipula la ley) podría haber arrojado un resultado distinto. La sospecha de fraude y parcialidad se incrementó cuando las autoridades electorales no hicieron todo lo posible por limpiar y transparentar el resultado, y así imprimirle la certeza que mandata la Constitución. Pese a que la ley permitía tanto al IFE como al Tribunal Electoral del Poder Judicial de la Federación (TEPJF) abrir hasta 64% de los paquetes electorales (que eran los que registraban inconsistencias aritméticas en sus actas), sólo se abrió cerca de 15% del total de paquetes, quedando sin ser abiertos el resto de paquetes cuyas actas mostraban inconsistencias (49%). Lo cual provocó que en ellas quedaran registrados errores de cómputo cercanos a 600 000 votos, cifra superior a los 244 000 votos con que Felipe Calderón aventajaba oficialmente a López Obrador. La propia legislación mexicana marca eso como una situación de incertidumbre (que contraviene la certeza que la Constitución mandata para el proceso y el resultado electoral).[3] Además, el TEPJF señaló en su dictamen final que con la apertura realizada habían quedado clarificados los errores de cómputo, al menos al grado en que éstos no eran ya determinantes en el resultado (es decir, que eran menos que la distancia entre punteros). Afirmación que no se correspondía con lo registrado en las actas electorales, donde estaban plasmados errores de cómputo no depurados, superiores a la distancia entre Calderón y López Obrador.[4] Había pues razones para que López Obrador cuestionara la fidelidad del resultado y la legitimidad de todo el proceso (y 50% de ciudadanos, según diversas encuestas, no dieron por válido el triunfo de Calderón, generando un gran déficit de legitimidad).

En 2012 volvió a competir López Obrador bajo las siglas de su partido, el PRD. En esa ocasión llegó con mucho menor fuerza que en 2006. Probablemente el conflicto poselectoral de ese año, el hecho de no haber reconocido el veredicto del Tribunal, y haberse autonombrado "presidente legítimo" en un acto público (con banda presidencial y todo), le alejó de sectores moderados del electorado que vieron en ello señales preocupantes en un posible jefe de Estado. Por lo cual, en ese proceso electoral arrancó en tercer sitio, pero la mala campaña de la candidata panista, Josefina Vázquez Mota, y los malos resultados del presidente Calderón le permitieron rápidamente ocupar el segundo sitio, y desde ahí cerrar la brecha con el candidato priista, Enrique Peña Nieto. La desconfianza aún persistente hacia López Obrador en muchos electores, más la expectativa de que el PRI podría poner orden en materia de seguridad (que a los gobiernos del PAN se les salió de las manos), permitió un nuevo retorno de ese partido al poder. Desde luego, hubo irregularidades en la elección a través de compra de votos y reparto de tarjetas, pero en esta ocasión la distancia entre punteros fue más clara: 7% (algo superior al margen con que ganó Fox, y cuyo triunfo no fue escatimado por nadie, pese al operativo de Amigos de Fox consistente en la triangulación ilícita de fondos). La distancia en votos entre Peña y López Obrador fue de aproximadamente tres millones y medio, ante lo cual AMLO alegó que se habían comprado cinco millones de votos (sin manera de comprobar puntualmente esa cantidad), una cifra arbitraria para que quedara claro que los votos mal habidos eran determinantes en el resultado. Así, si la distancia real hubiera sido de siete millones, pudo haber decretado López Obrador que los votos comprados eran 10 millones (es decir, siempre una cifra que implicara una alteración determinante en el resultado). Y así sucesivamente. No se trataba en todo caso de demostrar fehacientemente la acusación, sino que sus seguidores dieran por sentado que, una vez más, había triunfado su candidato y se le había arrebatado el triunfo. De tal forma que se reforzó la idea de que los grupos poderosos política y económicamente (la mafia del poder) y sus partidos, el PRI y el PAN (el PRIAN), jamás permitirían una alternancia hacia la izquierda de la gama política. Y así como muchos ciudadanos, incluidos panistas y foxistas, dudaban en 2000 que por fin el PRI aceptaría una derrota y entregaría el poder, los izquierdistas en general no creían que se pudiera reconocer una alternancia a favor suyo. Se daba por sentado que en caso de que AMLO lograra (una vez más) la victoria en 2018, se implementaría el operativo que hiciera falta para impedir esa nueva alternancia. Si acaso, podría repetirse un entendimiento implícito, pero eficaz, entre el PRI y el PAN para impedir un arribo de la izquierda (ahora encarnada en el nuevo partido de AMLO, Movimiento de Regeneración Nacional, Morena). Pese a las sospechas y desconfianza, se generaron las condiciones para un claro triunfo de López Obrador y para que un operativo de fraude eficaz, o la eventual colaboración entre PRI y PAN, no pudiera ser coronado por el éxito.

Más allá de las expectativas o temores que genera López Obrador, la alternancia constituye un elemento esencial de la democracia, al permitir la inclusión de grupos excluidos social o políticamente, y la apertura de una importante válvula de escape a la tensión acumulada, los enojos y agravios por el mal desempeño o abusos del gobierno en turno, o el modelo económico vigente. Al respecto señala Samuel Huntington:

> Es corriente que la competición entre partidos se justifique en términos de democracia, gobierno responsable y régimen mayoritario. Pero también se la puede justificar en términos del valor de la estabilidad política. La competición partidaria de este tipo acentúa la posibilidad de que nuevas fuerzas

sociales que desarrollen aspiraciones y conciencia políticas sean movilizadas en el sistema, en lugar de serlo contra él.[5]

Paradójicamente, el hecho de que a López Obrador no sólo se le haya otorgado en las urnas la presidencia, sino también un poder dominante en distintos niveles del gobierno y Estado, podría derivar en la limitación o retroceso en las instancias y procesos propiamente democráticos en el ejercicio del poder, que con dificultad se han instaurado en las últimas tres décadas. Eso dependerá de cómo utilice López Obrador el enorme poder que ha sido depositado en sus manos. El propósito básico de este libro es analizar los escenarios que podrían surgir a partir de ese triunfo, y el estilo de gobernar de López Obrador.

Primera parte

VICISITUDES
DE UNA ELECCIÓN

I. LA ELECCIÓN DE 2018

Al menos desde 2017 se pudieron vislumbrar las condiciones que generarían un probable escenario de triunfo de López Obrador, y la inevitabilidad para el gobierno de reconocérselo, registrando así finalmente una nueva alternancia por el lado de la izquierda. En un libro publicado en 2017 (*2018: ¿AMLO presidente?*)[1] se adelantaron las explicaciones de lo que se vislumbraba como un probable triunfo de López Obrador en la carrera presidencial. Entre dichas variables estaban las siguientes:

1. Hartazgo y enojo ciudadano

En 2017 se escribió:

> El hartazgo hacia el PAN y el PRI es mayor hoy que en 2006, lo cual puede ser una ventaja adicional para López Obrador. De acuerdo a la encuesta GEA-ISA, 82% considera que el rumbo es equivocado en materia política y 79% en materia económica. Y 43% considera la situación política peor que el año pasado, y 36% peor en lo económico. 70% considera que el país atraviesa una crisis económica. Y pese a la publicidad del PAN al ofrecer un cambio, ya se vio qué tipo de cambio generó en sus doce años de gobierno (muy reducido). Ese hartazgo, aunado a la amplia corrupción de políticos y gobernantes de todos los partidos, tiende a traducirse en un revanchismo social y político. También se busca probar con una corriente que hasta ahora no ha logrado triunfar, pero con quien puede llevarla al poder (Morena, es decir, López Obrador) [...] el enorme desgaste acumulado por el PRI y el PAN en estos últimos años dan a López Obrador la ventaja de ser la única alternativa distinta con opción de triunfo, misma que mucha gente ve con esperanza [...] Por todo lo cual no sería raro que una mayoría no absoluta de votantes, pero que podría ser

suficiente, se incline por el candidato antisistema con posibilidades reales de triunfo, que en nuestro caso hoy por hoy es López Obrador.[2]

En efecto, así ocurrió. El 55% del voto efectivo fue para AMLO, y 45% para su coalición en el Congreso. El malestar con los partidos tradicionales alcanzó un grado extremo, más en el caso del PRI que del PAN. El blanquiazul en las encuestas de 2016 aparecía aún como posible competidor en empate técnico con Morena. Los dos gobiernos panistas dejaron mucho qué desear y por tanto cualquier oferta de cambio —combatir la corrupción, reducir la violencia o crecer económicamente— no era esencialmente creíble. Tiene razón Damián Zepeda, expresidente del PAN, al reconocer, tras su derrota: "Tenemos que hacernos cargo de que mucha gente nos ubicaba como un partido que ya había gobernado y que no hay todavía un cambio de fondo en el país".[3]

Respecto al PRI, en 2012 se le dio una nueva oportunidad como gobierno, probablemente esperando que la violencia e inseguridad desatada durante los gobiernos panistas (en particular el de Calderón) pudieran ser administradas nuevamente sin violencia, como lo habían hecho los gobiernos priistas durante décadas. Se apelaba a la experiencia del PRI frente a la novatez del PAN (ante la incertidumbre que aún generaba mayoritariamente López Obrador). Peña Nieto avanzó en las llamadas reformas estructurales que habían quedado congeladas en la agenda pública del neoliberalismo desde hacía décadas; esencialmente la reforma energética, de comunicaciones, educativa, fiscal. Dichas reformas —y el Pacto por México del que surgieron— fueron sistemáticamente satanizadas por López Obrador como una traición a México, y como parte del modelo que, en su perspectiva, había arruinado al país. Los resultados esperados de dichas reformas no podían ser palpables en el corto plazo (salvo la de comunicaciones), por lo cual pronto ese reformismo se le revirtió al gobierno. Y mientras tanto, surgió el caso de Ayotzinapa, en el que 43 normalistas fueron desaparecidos y asesinados por cárteles de Guerrero en connivencia con autoridades locales (del PRD, por cierto). El mal manejo informativo y de investigación que hizo el gobierno federal ayudó a que se le responsabilizara por ello ("Fue el Estado"), generando un elevadísimo costo político al presidente. Por otro lado, el PRI, al retornar al poder, parece haber creído que regresábamos a los años sesenta, cuando se podía abusar impunemente del poder e incurrir en gran corrupción sin pagar gran costo político y menos electoral. Olvidaron los cambios que se habían dado desde al menos 1988, pasando por la alternancia de 2000. Los escándalos de corrupción fueron surgiendo a la luz, incrementando la impopularidad presidencial y el enojo ciudadano. Las derrotas de los años 2015 y sobre todo 2016 al otrora partidazo anunciaban con claridad lo que el 2018 le deparaba. No lo supieron leer con claridad. Dice al respecto Luis Rubio:

> El presidente Peña llegó con grandes planes y una enorme arrogancia a restaurar la presidencia imperial de los sesenta, pero entre todos esos proyectos no se encontraba el propósito de gobernar. Grandes reformas fueron aprobadas por el Congreso, pero la ciudadanía no vio mejoría en las cosas que más le importaban: seguridad, ingresos y empleos.
>
> Lo que la población sí vio fue a un presidente distante, frívolo y siempre indispuesto a explicar y convencer, terminando como ejemplo de todo lo que la población desprecia: impunidad, corrupción y mal gobierno.[4]

En contraste, Morena y en particular AMLO podían gozar de gran credibilidad en sus ofertas, por fantasiosas que fueran (como lo son muchas de ellas), en virtud de no haber gobernado a nivel nacional. En esto ayudaba significativamente el hecho de que Morena implicaba una nueva marca, y por ende no estaba desgastada como los partidos tradicionales (incluido al PRD, que AMLO ya había sentenciado como parte de la mafia cuando lo abandonó justo para formar Morena). En este sentido, escribió tras la elección Juan Villoro: "Morena llegaba a la contienda con el mayor mérito que puede tener una organización política mexicana: nunca ha gobernado. Hartos de la corrupción y la ineficacia del PRI y el PAN, los votantes buscaban un horizonte nuevo".[5] Justo por esa razón favoreció a AMLO lo que podría llamarse "la magia de las nuevas siglas". Era el fenómeno que Carlos Castillo Peraza comparaba con "cruzar el río Ganges" para purificarse, y que aplicaba a los priistas que tras 1989 llegaban al PRD ya limpios y absueltos de toda mancha. El PRD se benefició por años de ese fenómeno por ostentarse bajo nuevas siglas, si bien con el tiempo fue cayendo en lo mismo que condenaba en los demás partidos, perdiendo poco a poco esa ventaja. Acusando al PRD de corrupción y claudicación de principios, las siglas de Morena surgirían como nuevo símbolo de pureza y congruencia, traicionadas por su partido matriz (como hizo el PRD con el PRI). Que el nuevo partido sea nutrido por muchos de quienes militaban en el PRD corrupto, además de por miembros del PRIAN —corresponsables del nefasto proyecto neoliberal y del Fobaproa, y del Pacto por México—, era lo de menos. Ahora pertenecían al partido que se presentaba como un referente moral de México (en palabras de AMLO, si no iba a ser un referente moral no valía la pena su fundación). Y la magia que las nuevas siglas ejercen en millones de ciudadanos que dan por sentado la pureza de ese partido se traduce en millones de votos que de otra forma no serían emitidos. Eso le generó la ventaja de que aquello que ofrecieran el PRI y el PAN durante la elección no gozaría de credibilidad; gobernaron ya y no cumplieron. Las promesas del nuevo partido en cambio, así fuesen inalcanzables, sonaban creíbles por el hecho de que ese partido jamás había gobernado, aunque muchos de sus cuadros y dirigentes sí lo hayan hecho desde distintos cargos, siendo corresponsables de la situación que después se condenaba.

De alguna manera, un fenómeno semejante ocurrió en Nuevo León en 2015 con Jaime Rodríguez (el Bronco) a la cabeza. Habiendo gobernado varias veces el PRI y el PAN, los electores no notaron un cambio notable entre ambos, y terminaron por hartarse de esa mancuerna. La izquierda no había tenido presencia en ese estado (como en prácticamente todo el norte del país), por lo que la opción de "desahogo y prueba" resultó ser un candidato independiente, con un discurso antisistema. El hecho de que el Bronco hubiera militado por más de tres décadas en el PRI, y que apenas hubiera renunciado poco antes a ese partido para competir por la vía independiente, no fue considerado por los electores como un *handicap*, o como motivo de sospecha y duda. Que hubiera sido cercano a Roberto Madrazo —el tristemente célebre gobernador de Tabasco y presidente del PRI tras la derrota de 2001, así como candidato perdedor en 2006— tampoco tenía mayor relevancia. Se trataba de una nueva marca, en este caso no partidista pero sí con la nueva figura de independiente. Era aparentemente la mejor opción para explorar si las cosas podían mejorar. En 2016 el hartazgo con la corrupción rampante en varios estados volvió a generar una ola de alternancias a nivel estatal. Pero no habiendo un nuevo partido consolidado en esos estados (Morena apenas había confirmado el registro en 2015, y AMLO no era candidato), los beneficiarios fueron de nuevo el principal partido opositor: el PAN en los estados gobernados hasta entonces por el PRI (como Tamaulipas, Veracruz, Quintana Roo y Chihuahua), y el PRI ahí donde una coalición PAN-PRD había también decepcionado a los ciudadanos (como en Sinaloa y Oaxaca). Era previsible que ese descontento, hartazgo y protesta por la corrupción beneficiaría en la elección presidencial de 2018 a quien encabezara una nueva opción con nuevas siglas. Los resultados generales de la elección se muestran en el cuadro I.1).

CUADRO I.1 *Votación presidencial (porcentaje)*

Candidato	
Andrés Manuel López Obrador	53.2
Ricardo Anaya	22.3
José Antonio Meade	16.4
Jaime Rodríguez	5.2
Votos nulos y no registrados	2.9

FUENTE: INE.

Desde luego, la imagen personal que López Obrador logró proyectar —de honestidad, congruencia, y compromiso social— fue una causa esencial para generar esa confianza que pudo transmitir al conjunto de su partido y sus candidatos (fueran quienes fueran y cualquiera que hubiera sido su pasado). Eso, en combinación con unas siglas novedosas que hacían aparecer al partido como fresco, genuino y limpio, tuvo mucho que ver no sólo en el abrumador triunfo de López Obrador.

2) *Candidato blindado*

En 2017 escribimos:

> A diferencia de 2006 y 2012, los electores moderados y apartidistas parecen más dispuestos a soslayar y dar menos importancia a los errores, tropiezos y estridencias de López Obrador [...] También podrían ser menos exigentes en la coherencia —o falta de ella— de las propuestas obradoristas (pues la mayoría no pone atención en los cómos, sino sólo en los qué's, que sin duda son atractivos) [...] Esos votantes no están seguros de lo que ocurrirá en un gobierno de López Obrador, pero ante lo que conocemos ya del PRI y del PAN, consideran conveniente asumir el riesgo del cambio, dando el beneficio de la duda. Consideran que el experimento puede salir bien o mal, pero que bien vale la pena intentarlo antes que quedarse empantanados en lo que tenemos hoy.[6]

Así ocurrió. En virtud del hartazgo con el PRI y el PAN, López Obrador gozaba ahora de un blindaje personal que no tuvo en 2006 (cuando numerosos votantes moderados se alejaron ante un discurso estridente y errores concretos de campaña). Ahora se estuvo dispuesto a justificar y pasar por alto cualquier error, con tal de provocar la ansiada alternancia, ya fuese por la esperanza despertada en sus seguidores más duros o por el castigo que se deseaba propinar a los partidos tradicionales que desperdiciaron las oportunidades que en su momento les brindó el electorado. De dicho blindaje había ya muestras palpables incluso durante 2017:

> Parece que la actitud de muchos electores potenciales, incluso los de corte moderado, es de mayor anuencia y tolerancia hacia los tropiezos y desplantes de AMLO precisamente porque las otras opciones aparecen agotadas a sus ojos. En una gira por Estados Unidos López Obrador responsabilizó (de manera cauta pero innegable) al Ejército de la desaparición de los normalistas de Ayotzinapa, generando gran molestia en los mandos militares. Más tarde, en Chilpancingo, reiteró dicha acusación, al ofrecer una investigación verdadera en caso de llegar al poder: "Vamos a hablar con la verdad. Se tiene que decir quiénes fueron los responsables y aquí incluyo al Ejército Mexicano". Muchos

desafectos a López Obrador compararon el desliz con el "síndrome Chacha-laca" de 2006, que en efecto inició un desplome de las intenciones de voto del tabasqueño en ese año. Por lo que esperaban que en las encuestas subsi-guientes apareciera el candidato de Morena ya con menos ventaja de la que entonces mostraba (alrededor del 5%) [...] muchas encuestas confirmaron la ventaja de AMLO, lo que sugería que ese incidente no había repercutido en su electorado potencial [...] En esa medida las condiciones y probabilidades para López Obrador son mejores en este punto que en 2006 y 2012.[7]

De hecho, se hablaba de que el 30% que favorecía a AMLO en las encuestas en 2017 era su techo, y que a partir de sus errores y estriden-cias empezaría a bajar de esa posición. No parecía ser el caso, pues todo indicaba que más bien ese "techo" en realidad era un piso, es decir, ya no perdería votos y en cambio quedaba abierto el horizonte para reci-bir nuevos votos.[8] Desde luego, el votante duro de López Obrador es incapaz de admitir cualquier crítica que se le haga a su líder; o la niega como un infundio o la justifica plenamente con los argumentos que hagan falta. Pero el segmento que podría ser más sensible a los errores o excesos discursivos de AMLO es el de los apartidistas y moderados que consideraron votar por Morena. Había suficientes elementos para pensar que incluso ese segmento más volátil estaba mejor dispuesto que antes a pasar por alto los desvaríos o desplantes de López Obrador (al menos mientras no fuese algo grave), debido al enorme (y comprensi-ble) hartazgo que experimentaban respecto del PRI y el PAN.

3) El que se mueve… sí sale

En 2017 escribimos:

Hacia el proceso de 2018, López Obrador no sólo lleva la ventaja de haber estado en campaña continua desde 2000, sino que formalmente también se adelantó a todos los partidos como candidato presidencial en el proceso de 2012. No habiendo por definición otra opción a la candidatura de López Obrador, nada impedía que se presentara como tal muy anticipadamente, a despecho de que los formalismos de su registro se llevaran a cabo mucho después. Pero además, en 2015 tuvo el tino de autonombrarse como presidente de su partido, cargo que no había ocupado desde su fundación. Así, bajo la cobertura de esa posición pudo tener acceso a los *spots* distribuidos por el INE que institucionalmente corresponden a su partido [...] el candidato de Morena en esta ocasión ha aplicado muy bien la nueva regla electoral no escrita, según la cual "el que se mueve, sí sale". Podría tener por eso mismo una mejor oportunidad de aparecer en la fotografía presidencial que quienes se presentan más tardíamente a la contienda.[9]

En efecto, para cuando los candidatos del PAN y el PRI fueron designados a finales de 2017, López Obrador ya se había adelantado en varios pasos, al ser conocido su proyecto, anunciar su gabinete y haber recorrido como candidato virtual buena parte del país desde 2006. Finalmente, ese prolongado y persistente trabajo de tierra logró dar a conocer de primera mano al eterno candidato, además de crear estructura al movimiento que terminó culminando en partido en 2014. Muchos consideraron que haberse dado a conocer como candidato en 2015 para el proceso de 2018 y hacer campaña desde la presidencia misma de su partido (aprovechando los millones de promocionales radiotelevisivos, como también hizo Ricardo Anaya) caería en la categoría de "actos anticipados de campaña", algo que según la ley amerita la cancelación del registro de la candidatura o bien la anulación de una elección, como de hecho le ocurrió a Morena en la contienda por la alcaldía de Zacatecas (2016). Sin embargo, la ley es bastante ambigua al respecto y su aplicación ha sido confusa. Cabría volver a definir qué se entiende por actos anticipados de campaña, si es que se ve conveniente la figura, y qué se puede hacer y qué no, pues después de este proceso dichos límites han quedado totalmente rebasados. A eso habría que agregar el uso de promocionales del partido por parte de su presidente. López Obrador tuvo más de tres millones de impactos antes de la precampaña oficial (si bien Ricardo Anaya también se benefició de ello). Cabría considerar que un presidente de partido no utilice esos promocionales si es que quiere optar por un cargo de elección popular, o bien que no pueda competir por dicho cargo hasta pasado un tiempo de que deje la dirección de su partido (un año, por ejemplo). Ahora, paradójicamente, en tanto AMLO dice que enfrentará un ejercicio de revocación de mandato en 2021, para todo efecto práctico estará haciendo actos anticipados de campaña desde su gobierno. Lo que se busca es desde luego influir sobre el voto para renovar la Cámara Baja y otros cargos estatales de poder que estarán en disputa ese año. Originalmente había dicho que ese ejercicio sería a los dos años, pero pronto vio que eso no redituaba electoralmente, y sí en cambio al hacerlo simultáneo a la elección intermedia de 2021.

4) *Las candidaturas de los rivales*

En el triunfo de López Obrador incidió también el hecho de que las nominaciones de sus rivales resultaron ser muy desafortunadas. A principios de 2018 escribimos al respecto:

> José Antonio Meade tiene vasta experiencia administrativa y gubernamental, y no se le conoce (al menos hasta ahora) enriquecimiento ilícito. Pero como parte de un gobierno priista (y otro panista) se le atribuye omisión y complicidad en actos de corrupción gubernamental. Llevará consigo el fardo de las siglas priistas, ante el enojo y hartazgo, más que justificado, de al menos 80% de la población. Y los escándalos se siguen acumulando. Por otra parte, dentro del mismo PRI las cosas no están seguras. Su no militancia y su perfil tecnocrático podría no convencer a buena parte de los priistas de base, aunque las cúpulas cumplan con la tradición de la cargada, la bufalada y el cierre simbólico de filas. El triunfo de Luis Videgaray en esta sucesión parece haber dejado fuertes fisuras internas, por más que ritualmente se le haya levantado la mano a Meade. Su principal ventaja sería la de haber colaborado en un gobierno panista y no ser militante del PRI, pues eventualmente podría jalar votos externos que vean en él la menos peor opción frente a Ricardo Anaya y Andrés López Obrador. Aun así, a esos votantes externos les costará trabajo —y cierto monto de remordimiento político— cruzar el logotipo del PRI.

En efecto, el hecho de que Meade no fuera militante partidista restó fuerza a su voto duro. Emilio Gamboa señaló que el PRI se dio un balazo en el pie al reformar sus estatutos para que pudiera competir Meade. Dijo sobre ello Claudia Ruiz Massieu, dirigente del PRI: "José Antonio Meade era un candidato de lujo, pero el *tricolor* no lo hizo suyo".[10]

Pero Meade tampoco logró captar a los votantes no priistas según era lo planeado al nombrarlo candidato. De ahí también que hubiera que cambiar de presidente de partido en plena campaña; el tecnócrata y mal visto por su partido Enrique Ochoa, que salió para dejar su lugar a René Juárez, con una trayectoria política muy amplia dentro de su partido, y más vinculado y conocido por las bases priistas. Llegó tarde, si bien el peso del desprestigio del PRI y la baja popularidad del presidente Peña Nieto hacían una misión prácticamente imposible remontar el tercer sitio en que arrancó ese partido (y que mostraba en las encuestas de 2016 y 2017).

Y sobre el candidato del PAN igualmente a inicios de 2018:

Ricardo Anaya logró consolidar el Frente pese al vendaval que soplaba en su contra. Presenta una imagen joven y fresca, que podría ser atractiva a millones de jóvenes que podrán votar por primera vez. Maneja, además, una retórica ágil y firme. Le irá bien en los debates. Pero la forma en que se hizo de la candidatura juega en su contra. Dejó en el camino a varios cadáveres políticos que, sin embargo, se siguen moviendo y podrían ponerle piedras en el camino. Y hacia afuera arroja la imagen de un joven ambicioso capaz de fracturar a su partido con tal de hacerse de la preciada candidatura. Todos los que se han bajado de la contienda interna apelan a la inequidad en el juego. El Frente originalmente apeló al sector de electores que no quieren que repita el PRI pero tampoco que gane AMLO (la "nueva mafia"). Pero su voto no irá en automático a Anaya por la desconfianza que ha generado. Por otra parte, no tiene gran experiencia de gobierno (subsecretario de Turismo), y el hartazgo ciudadano no sólo se limita al PRI, sino también al PAN por el gran fiasco que representaron sus dos gobiernos. Anaya tiene la libertad para deslindarse de esos gobiernos, pero eso no garantiza que el PAN, ahora sí, hará lo que dijo que haría y no hizo de 2000 a 2012. Menos en palabras de alguien que tiene un cuchillo en la mano, dispuesto a apuñalar la espalda de quien haga falta.[11]

La forma en que Anaya alcanzó su candidatura arrojó en efecto la imagen de alguien desconfiable, dejando además fisuras dentro de su partido. Y un partido dividido difícilmente puede aspirar al triunfo. Mucho se dijo en ese momento que Anaya evocaba la experiencia de Roberto Madrazo en 2005; utilizó la presidencia de su partido (el PRI) para imponer su candidatura, generando rupturas y divisiones (con Elba Esther Gordillo y varios gobernadores que apoyaban a Arturo Montiel, del Estado de México, como precandidato). Madrazo provocó la mayor debacle del PRI hasta entonces, quedando en tercer sitio. Anaya quedó en segundo lugar (pues en 2018 la debacle del PRI fue mucho mayor) pero aun así obtuvo de su partido sólo 18% de la votación (Josefina Vázquez captó 25% de la votación en 2012, habiendo quedado en tercer sitio), algo semejante a lo obtenido en 1988.

5) El Frente por México y la fractura del PAN

En 2017 escribimos:

Algunos en el PAN o PRD, y académicos independientes [han] hablado de un Frente Amplio opositor, una opción que atendería al "tercer bloque electoral"; ni con el PRI ni con López Obrador. Son ciudadanos que no desean que continúe el PRI pero tampoco que llegue López Obrador. Como lo dice Héctor de Mauleón: "Una opción que de entrada recoja el voto antipriista y el voto antiobradorista […] La que está harta de los escándalos de corrupción a que nos ha acostumbrado el PRI, y al mismo tiempo rechaza la opción mesiánica, autoritaria, que para algunos encarna el lópez-obradorismo".[13] Tendría ese Frente que contar con el respaldo logístico, estructural y financiero del PAN y del PRD (y quizá de MC), además de ir acompañados por grupos de la sociedad civil y notables del arte, la academia y el periodismo, para ser más incluyente y convincente […] Pero para ello, habría que presentar también un candidato no identificado con el PAN, pues ese tercer bloque es esencialmente anti-PRIAN al tiempo que anti-Obrador. Y los prospectos del PRD tampoco parecen entusiasmar demasiado, lo que complica fuertemente su viabilidad […] Un candidato panista no atraerá a los perredistas pero tampoco a muchos antiobradoristas no alineados con "la mafia" (es decir, hartos del PRIAN). Pero difícilmente se puede pensar que los aspirantes panistas y los perredistas se harán a un lado para dejar esa candidatura amplia a quién sabe quién, por muchos méritos cívicos que tuviera. Dice al respecto Agustín Basave, uno de los promotores de esta idea, sobre la viabilidad de nombrar un candidato para ese Frente Amplio: "Esto es lo más difícil, porque tendría que ser un candidato externo. Es la gran pregunta, quién podría ser el candidato externo, es el gran desafío, encontrar un candidato que tenga las credenciales para ser atractivo y aceptable a todos".[14] De ahí la dificultad de que los prospectos de ambos partidos se hagan a un lado para apoyar a un externo. Algo parecido a lo que ocurrió en 1999, cuando se exploró una alianza PAN-PRD para garantizar la derrota del PRI. Ninguno de los dos candidatos quiso ceder y el intento fracasó. [15]

El problema no sólo era que un independiente pudiera congregar a los ciudadanos del "tercer bloque", sino que los partidos tradicionales no lo permitirían. Y en efecto, como ya se dijo, al final se impuso un panista como candidato del Frente, Ricardo Anaya, con el agravante de haberlo hecho sin una contienda interna y excluyendo a otros candidatos, lo que derivó en la ruptura de Margarita Zavala, seguida de algunos otros calderonistas que abiertamente hicieron campaña por José Antonio Meade. Además, ir con partidos de izquierda alejó y molestó a varios otros panistas, y como se previó, muchos perredistas, pese a votar por su partido todavía en la pista legislativa, para presidente lo hicieron por López Obrador (antes que por un panista). Era previsible. El Frente alejó votos de sus tres partidos participantes, que, como se verá más adelante, votaron principalmente por AMLO.

6) Fragmentación del bloque antiobradorista

En 2017 dijimos:

Contrariamente a lo predicado por AMLO, el conjunto de no obradoristas (que él ubica por completo en la mafia del poder) no es homogéneo, no responde a una sola directriz, sí hay diversidad, puntos medios, matices en las posturas políticas; no es de blanco y negro como él lo sostiene. Y paradójicamente, es eso lo que podría beneficiarle en la elección presidencial, pues si bien el bloque no obradorista (es decir, la mafia) fuera homogéneo y congregara su voto en el candidato que pudiera ganarle, difícilmente AMLO podría lograr una victoria.[16]

En efecto, pese a que las encuestas marcaban aún en 2017 una mayoría que no expresaba su intención a favor de AMLO (indecisos), éste ocupaba el primer sitio (aunque con una ventaja reducida, de alrededor de 5%). En el bloque antiobradorista se apostaba a que, quizá como en otras elecciones, ese voto se impondría a favor del candidato (panista o priista) que lograra ubicarse como puntero (frente a AMLO). Pero dada la fragmentación que en esta ocasión se percibía en el bloque antiobradorista, era previsible que éste se dividiría de tal manera que ninguno de los rivales de López Obrador podría derrotarlo. Fue un error pensar que el voto fragmentado beneficiaría al PRI, como había ocurrido en otras elecciones (y claramente en el Estado de México en 2017). Se dijo entonces: "Ese mismo esquema (voto fragmentado) se podría ahora aplicar a favor de López Obrador dado que va como puntero; sus muchos opositores y detractores podrían dividir su voto entre varias opciones permitiendo con ello que el bloque obradorista se imponga".[17] Así sucedió. Muchos (obradoristas y no) pensaban aún que la fragmentación del voto favorecería al PRI. Dijo por entonces Esteban Moctezuma, aliado ya de López Obrador: "La gran duda que priva en el mundo político es si deben enfrentar a AMLO en un solo frente o por lo contrario pulverizar el voto entre muchos candidatos, para que a Morena no le alcance […] Los promotores de la fragmentación apuestan por muchos candidatos para restarle unos puntos aquí, unos puntos allá, a Andrés Manuel".[18]

Se calculó que dicha fragmentación favorecería de nuevo al PRI, y de ahí quizá la aceptación del TEPJF de Margarita Zavala como candidata independiente, pese a diversas irregularidades en las firmas presentadas, y aún más, el registro de Jaime Rodríguez (el Bronco), pues ni siquiera había acumulado el número de firmas requerido por la ley. Por esta última decisión, el Tribunal perdió aún más credibilidad y se le vio como atendiendo a las directrices del gobierno federal, que sin duda calculó que el Bronco le quitaría algunos votos a López Obrador en el norte del país. En realidad, dicha fragmentación del voto ayudó a AMLO, tal como se previó. Además, la dinámica misma de la campaña permitió que AMLO acumulara más votos que los proyectados en 2017, en lo que mucho tuvieron que ver las divisiones internas del PAN, la mala campaña en el PRI, y una guerra política declarada entre ambos partidos.

7) *La guerra político-electoral entre el* PRI *y el* PAN

Tras la elección de 2017 en Coahuila y el Estado de México estalló una confrontación entre el PRI y el PAN, y más concretamente entre Ricardo Anaya, aún presidente del PAN, y el presidente Peña Nieto, líder nato del PRI. La candidata panista en el Estado de México, Josefina Vázquez Mota, fue calumniada por la PGR sobre negocios sucios de su familia para golpearla electoralmente. No hubo fundamento en tales acusaciones, pero tuvieron el efecto buscado. Ante lo cual el PAN acusó de una elección de Estado en esa entidad. Además, la elección de Coahuila estuvo plagada de irregularidades por lo que resultó ganador, por poco margen, el PRI. El PAN exigió su anulación, pero el TEPJF validó el triunfo priista, pese a la enormidad de irregularidades y el margen estrecho entre punteros. Ante todo lo cual, en 2017 escribimos al respecto:

> Hubo cerrazón hacia el PAN, al imponerse el PRI en Coahuila. Y la reacción de los panistas recuerda la de 1986 con Chihuahua: enojo, radicalización y declaración de guerra al PRI. Y lo insólito: el PAN y Morena hombro con hombro impugnando ambas elecciones (como en 1988 con Cuauhtémoc Cárdenas). El PAN podría entonces alinearse en el frente antipriista antes que en el bloque antiobradorista [...] Las oposiciones, cuando se les abre la puerta, se moderan en su comportamiento; en cambio frente a la cerrazón se radicalizan, generando mayor tensión sobre el sistema político.[19]

Es decir, lo ocurrido en 2017 evocó lo que había sucedido en 1986 entre el PRI y el PAN a propósito de Chihuahua, radicalizando la posición del blanquiazul. En cambio, en 1994, 2006 y 2012, hubo acuerdo implícito y civilidad entre ambos partidos, lo que facilitó el triunfo del PRI o del PAN según el caso. Al romperse las hostilidades en 2017, ambos partidos entraron en abierto conflicto. Una vez iniciada la precampaña, cuando arreció la guerra entre el PRI y el PAN (febrero de 2018), escribimos lo siguiente:

> Muchos aseguran que en algún momento de la campaña, cuando se haya definido el segundo lugar entre el PRI y el Frente, el PAN y el PRI (el PRIAN) terminarán pactando para enfrentar juntos a López Obrador. Y eso, a partir del

interés común que tienen en frenar a quien presenta un modelo económico distinto al actual (esencialmente el anterior a 1982). Podría ocurrir, desde luego. Tanto en 2006 como en 2012 se dio ese acuerdo entre las cúpulas de ambos partidos, que ayudó a ganar tanto a Felipe Calderón como a Enrique Peña Nieto. Pero en esta elección hay una variable distinta; una guerra abierta entre el PRI y el PAN, que podría obstaculizar dicho acuerdo de último momento. La relación entre ambos partidos y con el gobierno federal fue cordial a lo largo de esta administración. Pero se cortó abruptamente a raíz de la elección de Coahuila, que según todo apunta ganó el PAN pero le fue arrebatada a la mala por el PRI. Éste no quiso ceder y ahí inició la guerra. Ricardo Anaya arremetió entonces impidiendo el nombramiento de Raúl Cervantes, cercano a Peña Nieto, como fiscal general.

El gobierno respondió con ataques de corrupción a Anaya y su familia política, que han dañado su imagen en cierto grado [...] Por lo que pronto surgió una nueva acusación a Anaya de malversación de fondos, cuando era un influyente funcionario en Querétaro [...] La guerra va en serio. Desde luego, todo esto suele interpretarse como parte de la contienda por el segundo lugar, en lo que en México se ha considerado como una primera vuelta informal de nuestras elecciones presidenciales. Pero en otras ocasiones dicha contienda fue más civilizada. Y eso favoreció el posterior acuerdo. Pero ahora, cuando se defina quién será puntero en la final frente a López Obrador, será más difícil un nuevo pacto entre esos dos partidos. Las graves ofensas y agravios mutuos podrían obstruirlo.

Se apuesta sin embargo a que prevalecerán los fuertes intereses que se ven amenazados por un eventual y probable triunfo de López Obrador, que llevará a que se dejen de lado los puñales, y a que los enemigos estrechen sus manos [...] Pero Maquiavelo diría que el agravio personal y los deseos de venganza son un elemento a considerar, y no menor, en las decisiones de los políticos [...] De cualquier manera, suponiendo que PAN y PRI llegaran a un armisticio para colaborar frente a AMLO, el daño que mutuamente se han hecho podría ser determinante en su derrota. Así, el golpeteo del PAN al PRI ha contribuido (por si hiciera falta) a exacerbar el fuerte enojo contra ese partido. Y los ataques a Anaya le han mermado su imagen en no poca medida (además de la que él mismo se labró con la forma poco ortodoxa de alcanzar su candidatura) [...] La guerra entre el PAN y el PRI le ha estado despejando el terreno a López Obrador, y podría ser una explicación central de su eventual triunfo. Y quizá entonces se podrá hablar del "error de Coahuila" por parte del actual gobierno.[20]

Es decir, el gobierno pudo haber aceptado el triunfo del PAN en Coahuila, o al menos la anulación de esa elección, y así limar asperezas para enfrentar en alianza informal a López Obrador, como había ocurrido en 1994, 2006 y 2012. Poco después escribimos: "El golpeteo mutuo se tradujo en un no pequeño descenso de Anaya en las encuestas, pero sin que se haya traducido en un repunte de José Antonio Meade, como se buscaba. En cambio, se le despejó el terreno a López Obrador, dándole mayor ventaja".[21] Los empresarios incluso propusieron a Peña Nieto apoyar a Anaya, dado que seguía en segundo lugar, lo cual rechazó. Puede suponerse que Peña presagiaba que, de ganar Anaya, lo llamaría a cuentas, en tanto que AMLO había ofrecido de tiempo atrás una amnistía al gobierno saliente. Peña decidió por tanto mejor respaldar a López Obrador, y tras la elección éste se mostró incluso agradecido con el presidente.[22]

El cálculo del PRI y del gobierno era que los votos perdidos por Anaya por el golpeteo de la PGR irían a dar a su candidato, pero en lugar de eso, esos votantes emigraron hacia López Obrador (pues el repudio hacia el PRI de tales electores era mucho mayor que el que pudieran tener hacia AMLO). Al mismo tiempo, el uso de la PGR dañó igualmente al PRI, que también empezó a perder votantes a favor de… AMLO. Dicha estrategia de golpeteo mutuo le hizo pues un gran favor a la campaña de López Obrador. Para cuando empezó el embate de la PGR contra Anaya, éste estaba 9 puntos debajo de AMLO en la mayoría de encuestas, que venía subiendo en las semanas previas. Pero a partir de entonces no sólo se estancó Anaya, sino que la ventaja para López Obrador empezó a crecer. Para finales de marzo esa distancia ya era de 18 puntos, y AMLO estaba ya en 46% de preferencias, lo que se incrementó en adelante. Tal como señalan los encuestadores Jorge Buendía y Javier Márquez: "Dado que [PRI y PAN] compartían el mercado electoral de oposición, la acusación contra Anaya benefició a López Obrador. El efecto fue inmediato y permanente. Por el rechazo ciudadano a Peña y al PRI, había pocos votantes de Anaya que vieran con buenos ojos a Meade (menos de 5%). Quien ideó la estrategia de desplazar a Anaya para fortalecer a

Meade se equivocó rotundamente".[23] En noviembre de 2018 la PGR exoneró por completo a Anaya de las acusaciones que se le hicieron. Decía el expediente: "No existen datos de prueba suficientes aún de manera circunstancial que permitan acreditar el hecho con apariencia de delito de operaciones con recursos de procedencia ilícita [...] Por el contrario, se estableció la existencia de los recursos y que devienen de un crédito [...] Los recursos operados tienen su origen y destino en actividades lícitas".[24] No había prueba alguna de todo aquello, con lo que se confirmó claramente el uso electoral de la justicia, una vez más, que en esta ocasión fue eficaz en derrumbar al candidato del Frente, pero no para subir al abanderado del PRI al segundo lugar, según era el propósito de la estrategia. Pasada la elección, escribió Federico Berrueto:

> El resultado estaba cantado y, en todo caso, lo inexplicable es que a lo largo de la contienda el PRI decidiera desacreditar a Ricardo Anaya y criticar marginalmente a López Obrador. Morena no hubiera arrollado, tampoco López Obrador hubiera alcanzado la mayoría absoluta de los votos, y así es porque cada punto que perdía Anaya era tomado por López Obrador.
>
> ¿Cuántos votos le costó a Anaya la embestida del gobierno y del PRI? 8 o 10 puntos. Con ello el PRI cavó su tumba y abrió la puerta grande a la resurrección de la *Presidencia Imperial*, al México de un solo hombre, al del partido hegemónico.[25]

En mayo de 2019 el Tribunal Electoral resolvió a favor de Anaya contra la PGR. La magistrada Janine Otálora apuntó que "en este caso, funcionarios de la PGR dejaron de atender el principio de neutralidad para intervenir como actores en la comunicación política dentro de un proceso electoral. Y ésta es justamente una conducta perniciosa que debe ser siempre advertida por la autoridad y sancionada para blindar a nuestra democracia de la influencia del poder público". Y el fallo final expresa: "Se declara la existencia de la infracción consistente en el uso parcial de recursos públicos para afectar la equidad en la contienda electoral". Anaya escribió un tuit que decía: "Hace unos momentos, el Tribunal Electoral resolvió, en definitiva y por unanimidad de votos, que durante la pasada elección presidencial la PGR sí afectó la equidad en la contienda en mi perjuicio, y por tanto determinó sancionar a los responsables".[26] De tal modo que esta variable explica en buena parte no tanto el triunfo de AMLO (que de cualquier manera pudo haberlo obtenido por las demás variables expuestas) sino en particular la enorme distancia con la que lo ganó. En efecto, en 2017 se discutía si la elección sería de dos, como lo han sido todas desde 1994, o de tres, donde los principales candidatos estarían compitiendo cercanamente, y el ganador lo haría por una ventaja no muy grande. Nadie suponía entonces que AMLO lograría despegarse de sus rivales a tal grado, y que en realidad la elección terminaría siendo de uno (con dos muy lejanos terceros lugares). Tampoco era fácil calcular el enorme efecto que tendría la confrontación entre el PRI y el PAN para dañarse mutuamente, en beneficio directo de López Obrador, incrementando con ello su ventaja en la magnitud en que ocurrió.

8) El voto útil y diferenciado

En 2017 escribimos:

A partir del comportamiento del voto útil en 2006 y 2012, podría decirse que lo que más le conviene a AMLO sería tener como competidor al candidato del PAN, con un PRI desplomado en el tercer sitio (como aparece en las encuestas al menos desde 2016). Y es que en tal caso es más probable que los priistas aporten un voto útil nutrido, dirigido además mayoritariamente a López Obrador [...] De ser el PRI el partido que se mantenga en el tercer lugar (como hasta ahora), bien podría aportar votos útiles a ambos punteros (del PAN y de Morena), pero probablemente en mayor cantidad a López Obrador, que al final representa el priismo nacionalista-revolucionario que se separó en 1987 a raíz de la implantación del neoliberalismo en 1982.

Es razonable pensar que el voto útil del Panal a favor de López Obrador fue abrumador (en 2006 y 2012). No es ilógico suponer que los maestros se identifiquen ideológicamente más con la izquierda que con el PAN [...] El hecho de que el voto útil haya favorecido mayoritariamente a López Obrador tanto en 2006 como en 2012, pone en duda la tesis de que en una segunda vuelta electoral éste sería el seguro perdedor, como sostienen muchos de los promotores de esa figura. De hecho, una encuesta de julio sugiere que frente a frente con el PRI, o con el PAN, López Obrador resultaría el más votado. 58% para AMLO frente al 42% de Osorio Chong, o bien 52% del tabasqueño frente a 48% de Margarita Zavala. Pero no habiendo segunda vuelta, de cualquier manera el voto útil podría beneficiar nuevamente a López Obrador.[27]

En efecto, eso ocurrió. El voto útil (o diferenciado) es aquel que un votante emite para un candidato distinto a su partido, bien porque no le convence el suyo propio o porque al ver que éste no tiene posibilidades de ganar prefiere sufragar por alguno de los dos punteros que le parezca una mejor opción (o la menos mala). Según un diccionario de política, el voto útil (o estratégico):

> Consiste en votar por un candidato o partido para tratar de asegurar que se produzca el resultado más probable, en virtud de que el candidato o partido preferido en primera instancia carece de posibilidades de triunfo [...] En consecuencia el elector cambia su voto "sincero" (de primera instancia) para dárselo a un partido que sí pueda vencer a los demás. Así, conserva su voto "útil", no lo tira.[28]

El voto útil puede medirse comparando los votos de cada partido en diputados (o senadores) respecto de los que recibe para su candidato presidencial. Si un partido recibió 1 000 votos para diputados, pero sólo 500 para su candidato presidencial, significa que la mitad de sus electores emitió un voto útil por un candidato distinto al propio. Y eso implica que otro u otros candidatos recibieron 500 votos más de los que fueron emitidos a favor de sus partidos en la pista de diputados. Haciendo ese ejercicio en el caso de 2006 y 2012, se concluyó que AMLO fue el principal receptor del voto útil. En 2006 recibió dos terceras partes de ese voto, que en su totalidad fue emitido por el PRI y el Panal, siendo Calderón el beneficiario de la tercera parte restante (y una fracción para Patricia Mercado). Y en 2012 el voto útil emitido por panistas, el Panal y los electores que anularon su voto para diputado pero no para presidente, fue a dar a las arcas de Peña Nieto en una pequeña parte (sólo 8%), en tanto que el resto fue a las arcas de López Obrador (92%). Siendo así, había razones de sobra para suponer que en 2018 el voto útil favorecería de nuevo a López Obrador, incrementando sus probabilidades y margen de triunfo.[29] Y así ocurrió, si bien ahora ese voto útil no fue determinante en el resultado (como tampoco en 2000 ni en 2012, pero sí en 2006). Y es que la distancia con que ganó AMLO (17 millones de votos) superó el voto útil a su favor; casi seis millones (equivalente a 10% de los votantes, y de ahí que habiendo recibido AMLO 55% de votos para la presidencia, los partidos de su coalición captaron sólo 45% en la pista legislativa). El voto útil puede ser determinante en el resultado cuando la distancia entre punteros es estrecha. Ni Meade ni Anaya recibieron voto útil de partidos distintos a los suyos. Ese voto fue por tanto acaparado por AMLO y el Bronco (que por definición, al ser candidato independiente, no tiene partidos, y por ello los votos recibidos por él son emitidos por quienes votaron por un partido en la lista legislativa, al menos en su mayoría; sólo medio millón votó por candidatos independientes para diputados, en todo caso, frente a tres millones que lo hicieron por el Bronco). López Obrador recibió 65% de ese voto, en tanto el Bronco recibió el 35% restante. Por otro lado, cabe señalar que el voto útil fue ahora más numeroso que en pasadas elecciones (también en el porcentaje de la votación total): 5% en 2000, 10% en 2006 y 5% en 2012; ahora el voto útil alcanzó 15% de la votación total (ocho millones y medio). Fueron distribuidos de la siguiente manera:

CUADRO I.2. *Distribución del voto útil (2018)*
Partidos que aportaron voto útil

	PAN-PRD-MC	PRI-PVEM-Panal	Nulos-c. independientes c. especiales	Total
Presidente	12 610 120	9 289 853	1 923 876	
Diputados	15 549 755	13 397 304	3 135 701	
Voto útil	3 098 671	4 107 451	1 211 825	8 417 947
Porcentaje	37	49	4	100

Partidos y segmentos que recibieron el voto útil

	Morena-PT-PES	Jaime Rodríguez (el Bronco)	Total
Presidente	30 086 483	2 961 732	
Diputados	24 538 267		
Voto útil	5 548 216	2 961 732	8 509 948
Porcentaje	65	35	100

Fuente: INE-PREP.

El voto útil no era imprescindible para que ganara López Obrador, pero sí para darle una votación por encima del 50%, como fue el caso, generando así gran distancia respecto de sus rivales.

II. EL FRAUDE INSUFICIENTE

En 2017 escribimos:

Hacia 2018 vuelve a surgir la sospecha entre los obradoristas de que mediante un pacto entre las cúpulas políticas y empresariales, éstas harán lo que haga falta para impedir el triunfo de López Obrador. No puede negarse la posibilidad de que dicho pacto pueda ocurrir, y que se intente recurrir a cuanta irregularidad sea posible para impedir a la mala una eventual victoria de AMLO. De hecho, los comicios en Coahuila y el Estado de México en 2017 así lo sugieren (aunque los partidos afectados fueron el PAN y Morena respectivamente) [...] De hecho, esa posibilidad permea en la percepción ciudadana: dado que 70% consideró irregular la elección del Estado de México y Coahuila, 86% tiene poca o nada de confianza en las autoridades electorales. Y la mitad desaprueba el desempeño de los consejeros electorales, y que el INE no garantiza la equidad e imparcialidad en los comicios (lo mismo que el TEP-JF). El 53% cree que en 2018 habrá fraude, frente a sólo 32% que esperan que sean limpios los comicios. Además, 66% cree que habrá compra de votos y credenciales. Y la mitad no considera que será confiable el cómputo de votos (probablemente por lo ocurrido en Coahuila).

Por otro lado, si bien persisten las irregularidades desplegadas desde los partidos en el poder, no siempre bastan para asegurar el triunfo buscado. De ser así, no se hubieran registrado múltiples alternancias a nivel estatal ni federal desde 1989 (y que incluyen triunfos del PAN, pero también del PRD, o de alianzas de ambos partidos). En situaciones de mayor competencia y competitividad (como las que pese a todo se han logrado en México desde el magno fraude de 1988), una elección de Estado no siempre alcanza para garantizar la victoria de los candidatos oficiales. Y si bien dichos operativos sospechosos dieron el triunfo al PRI en Coahuila y el Estado de México en 2017 (de manera apretada) no le será tan fácil al PRI-Gobierno imponerlo a nivel nacional;

el aparato podría no dar para tanto [...] Y queda la posibilidad de que, así como a veces la fragmentación de la oposición facilita el triunfo del PRI (así sea apretado) como claramente ocurrió en Edomex y Coahuila, en ciertas condiciones podría también favorecer a Morena, según se dijo, pues el bloque antiobradorista, así fuese mayoritario, no necesariamente congregará su voto en un candidato que no resulte aceptable ni convincente a muchos de esos electores antiobradoristas. No se puede pues descartar un operativo de fraude desde el Estado (que es casi seguro que ocurrirá en alguna medida) pero tampoco se puede desechar el escenario de que, pese a ello, López Obrador pueda esta vez salir airoso en su eterna pretensión de alcanzar la presidencia de la República.[1]

Y en efecto, las irregularidades que se hubieren cometido durante la campaña (y de las que hubo denuncias) no bastaron para impedir el triunfo de López Obrador, que fue aplastante. Desde luego, de haber sido cerrada la ventaja entre punteros (como en 2006), siempre es posible que los ilícitos alcancen para alterar el resultado (como también ocurrió en el Estado de México y Coahuila en 2017). Pero en esta ocasión el margen fue abrumador, mucho más de lo que se podía suponer aun a inicios de la campaña en 2018. El fantasma del fraude ha estado presente en la percepción de la izquierda desde 1988, cuando un enorme operativo se echó a andar para impedir lo que pudo haber sido un triunfo de Cuauhtémoc Cárdenas. Incluso en entrevistas a actores principales del oficialismo 20 años más tarde, reconocieron a la periodista Martha Anaya que Carlos Salinas de Gortari ganó la elección, así fuera por un margen reducido (cuando la distancia oficial entre punteros fue de 19%). De la Madrid le dijo a Anaya: "Fueron unas elecciones muy reñidas que arrojaron sorpresivamente una votación muy cerrada, en las que Carlos Salinas ganó por un margen estrecho al que no estábamos acostumbrados".[2] Es decir, incluso Miguel de la Madrid y otros funcionarios de alto nivel reconocían implícitamente que hubo un monumental fraude de al menos 16 o 17 puntos porcentuales.

En 1994 Cárdenas quedó en tercer sitio, muy lejano al primer lugar (17 frente a 50%, respectivamente), pero aun así no reconoció la legitimidad del resultado (si bien en sus concentraciones casi no convocó a nadie, a diferencia de lo sucedido en 1988). En el año 2000 Cárdenas quedó igualmente en tercer sitio, pero ahí no hubo impugnación (habiendo ganado la presidencia el PAN, en la primera alternancia pacífica de la historia del país). En 2006 las cosas se volvieron a complicar, dado que la distancia entre punteros fue de sólo .56%. En realidad, desde que se cruzó el umbral de la competitividad (en 1996) se pudo vislumbrar la posibilidad de que en corto tiempo se tendría un resultado cerrado, y el sistema político no parecía preparado para enfrentarlo adecuadamente. En 1999 escribimos sobre los riesgos de una futura elección cerrada:

> [Existe] la probabilidad de que los comicios presidenciales arrojen un resultado sumamente cerrado (lo cual puede inferirse de las tendencias electorales de los últimos años, e incluso de algunas encuestas recientes). De ser ése el caso, es probable que surja un escenario de alto riesgo en virtud de la tradicional suspicacia electoral, todavía no superada pese a los recientes avances registrados en materia de legislación electoral [...] el proceso de cambio hacia una competitividad electoral plena y confiable no ha concluido del todo; quedan suspicacias flotando en el ambiente, rezagos, inercias, prácticas fraudulentas practicadas todavía en la mayoría de los comicios (incluidos los federales de 1997). Estos resabios del pasado inmediato —aunados a lo que probablemente será una sorda lucha por la presidencia, con resultados previsiblemente cerrados entre dos o tres de los partidos más importantes— podrían constituir el abono de un campo minado, cuyo detonador quizá sería, justamente, un conflicto poselectoral.[3]

Eso finalmente no ocurrió en el año 2000 (cuando la distancia fue de 6.3%, la más reducida históricamente, pero suficiente para despejar dudas). Pero sí ocurrió en 2006, y en efecto el régimen se tensó fuertemente. Y si bien la crisis fue superada, dejó un ambiente de alto malestar y un enorme déficit de legitimidad en el nuevo gobierno de Calderón (según una encuesta del IFE, sólo 50% de la ciudadanía consideró que Calderón había ganado legítimamente, frente a 35% que aseguraba que hubo fraude —equivalente al porcentaje de votos que obtuvo AMLO— y el 15% declaraba no poder saber quién ganó). El problema con un resultado cerrado es que basta un monto no elevado de irregularidades para subvertir el resultado o al menos opacarlo, quitándole la certeza que debe tener. Si la regla de oro señala que "basta un voto para ganar legítimamente", un corolario de ella es que "con dos votos irregulares se modifica el resultado, o con un voto irregular no se podrá saber quién ganó". Como ya se dijo, en esa elección de 2006 las inconsistencias aritméticas registradas en las actas (cuando los números que deben coincidir no lo hacen) fueron en total 1.5%, por lo que con un margen de .56% no era posible ni lógica ni legalmente determinar al ganador con certeza. De ahí la demanda de que se abrieran los paquetes electorales justo para depurar y aclarar tales inconsistencias, con el propósito de obtener certeza sobre el resultado. El 64% de las actas registraba al menos alguna inconsistencia, pero sólo se abrió 14% de paquetes entre el IFE y el TEPJF. En el dictamen final, el Tribunal declaró que con los paquetes abiertos se habían depurado suficientes inconsistencias como para no opacar el resultado. Pero una revisión puntual de las actas cuyos paquetes no fueron abiertos (y bajo los criterios utilizados por los propios magistrados electorales) permitió detectar que más de 600 000 inconsistencias permanecieron en ellas, siendo que oficialmente Calderón ganó sólo con aproximadamente 240 000 votos.[4] En estricto sentido aritmético, lógico y de acuerdo con la legalidad vigente, no era (ni es) posible determinar un ganador claro con plena certeza a partir de las actas oficiales, únicas sobre las que puede determinarse el resultado. Esa opacidad alimentó pues la idea en los obradoristas de que se le arrebató el triunfo a López Obrador.

En 2012 se volvieron a registrar diversas irregularidades, desde un apoyo anómalo de Televisa al gobernador del Estado de México, Enrique Peña Nieto, hasta tarjetas diversas por parte del PRI para inducir y comprar el voto. Con todo, la distancia en esa ocasión entre punteros fue cercana a 7%; tres millones y medio de votos. López Obrador desconoció el resultado alegando que fueron comprados cinco millones de votos (que en tal caso habrían sido determinantes en el resultado). Sin embargo, la imposibilidad de determinar el número de votos comprados (y emitidos en el sentido indicado) no permite detectar con precisión si tal ilícito fue determinante o no. En todo caso, la compra de votos es un delito, pero no una causal de nulidad, precisamente por la imposibilidad de determinar su impacto en el resultado. La convicción entre los obradoristas de que una vez más el triunfo le fue robado a su candidato prevaleció. Vino en 2017 otro fraude en el Estado de México. Fueron detectados varios operativos de compra de votos y credenciales, programas sociales condicionados y gran presencia del aparato gubernamental (estatal y federal) para forzar un resultado favorable al candidato priista, Alfredo del Mazo III. Se puede inferir que ahí se le pudo robar un triunfo a la candidata de Morena, Delfina Gómez, pues en los distritos urbanos que configuran el 75%, ella ganó por 3 puntos porcentuales. En cambio, en 25% de los distritos rurales Del Mazo ganó por 30 puntos de diferencia, registrando niveles de participación muy por arriba del resto del estado, lo que sugiere que ahí se concentró el operativo fraudulento. En algunos de estos distritos se puede apreciar la anómala votación a favor del PRI con niveles de participación también atípicos (cuadro II.1).

CUADRO II.1. *Concurrencia electoral y voto priista en distritos rurales: Estado de México (2017)*

Distrito	Nivel de participación	Votación total PRI	Votación total Morena	Ventaja del PRI
9	62.8%	78 582	34 317	44 265
10	65.9%	82 077	26 228	55 849
13	62.4%	75 573	35 494	40 079
14	63.9%	71 779	35 032	36 747
15	64.1%	80 330	34 005	46 325
Total		388 341	165 076	223 265

FUENTE: Instituto Electoral del Estado de México.

De hecho, la dramática caída del voto priista en esa entidad un año después de la elección para gobernador confirma que el triunfo de 2017 fue forzado, ganado con recursos y apoyo gubernamental (estatal y federal), así como las varias irregularidades detectadas, sobre todo en las zonas rurales.[5] Ante ello era natural que los obradoristas temieran nuevamente un magno operativo de fraude para arrebatar un posible triunfo de López Obrador, quien advirtió que podría resurgir el tigre popular de la protesta (como en 2006), pero en esta ocasión él no lo controlaría. Pero el país no era el Estado de México. Ante un candidato priista en tercer lugar era sumamente difícil imponer un resultado, pues en el Estado de México el candidato Del Mazo jamás estuvo en tercer sitio en las encuestas (siempre estuvo entre los punteros). Conforme se abría la brecha entre López Obrador y sus rivales en las encuestas, se hacía más improbable robar la elección. Pese a todo lo anterior, los temores y dudas persistieron entre los obradoristas hasta el final. Al respecto, pasada la elección, Agustín Basave comentó:

> Decir que la elección del 1 de julio prueba la madurez democrática de nuestro país es ver un espejismo; si la ventaja de AMLO hubiera sido de menos de cinco puntos, el priñanietismo habría lanzado un operativo de manipulación y compra de votos como el que perpetró en los comicios mexiquenses. Y si AMLO hubiera perdido habría hoy una crisis poselectoral de dimensiones mayúsculas.[6]

En efecto, la distancia entre punteros es siempre una variable clave en una democracia para que el resultado no pueda alterarse. Con un margen reducido es posible modificar el veredicto de las urnas con pocas irregularidades. Pero eso no sólo sucede en democracias incipientes como la mexicana, sino también en una tan antigua como la de Estados Unidos en 1960 (Kennedy *vs.* Nixon) y en el año 2000 (Al Gore *vs.* George Bush hijo). Es pues normal que ante un acontecimiento inédito surjan dudas sobre su concreción (ocurrió también con los foxistas en el año 2000). Con todo, era posible percibir desde 2017 que para un PRI desgastado y que aparecía en tercer sitio en todas las encuestas era sumamente improbable (y de hecho, prácticamente imposible) remontar esa posición, un fraude no podría ser exitoso para encumbrarlo nuevamente, y que tampoco había condiciones para que dicho operativo se intentara a favor del candidato panista.

III. ¿PACTO DE IMPUNIDAD?

Desde que escribió su libro de 2016 (*2018. La salida*), López Obrador envió un mensaje a la clase política, seguramente con vistas a que no bloquearan su eventual triunfo en la elección presidencial. Se trataba de tranquilizarlos en torno a sus pillerías y corruptelas: "A los integrantes del grupo en el poder que a pesar del gran daño que le han causado al pueblo y a la nación no les guardamos ningún rencor y les aseguramos que tras su posible derrota en 2018 no habrá represalias, persecución o destierro para nadie […] Declaramos enfáticamente que lo que se necesita es justicia, no venganza".[1]

De acuerdo con que lo que se requiere es justicia. Venganza sería inventar un delito no cometido contra un enemigo político para encarcelarlo. Justicia es aplicar la pena estipulada por la ley a algún funcionario corrupto, al margen de si es rival o aliado político. No es venganza lo que la ciudadanía pide, sino justicia. Pero una amnistía general a los corruptos del gobierno saliente sería justo lo contrario a la justicia. Sería hacer "borrón y cuenta nueva", prolongar la impunidad, ofrecer un manto de protección que lejos de inhibir la corrupción la seguiría incentivando (como ha sucedido hasta la fecha). La fórmula propuesta iría en sentido contrario a los objetivos que se buscan. En esa medida, es irracional respecto de los fines que se persiguen. Agregaba López Obrador: "Respetamos a quienes sostienen la máxima de 'ni perdón ni olvido', pero no la compartimos. Si hacemos a un lado el odio podremos caminar el emblema de la honestidad hacia una sociedad mejor".[2] Pero cabe preguntar, ¿perdonando a los corruptos se logrará la transformación moral de la sociedad? ¿Cuál es la relación causal de esos dos eventos? En algún momento AMLO recriminó a Fox y Calderón haber ofrecido llamar a cuentas a los corruptos del régimen sin haberlo hecho una vez en la presidencia, pues habían engañado a la ciudadanía. Y dijo que él no incurriría en semejante engaño; no prometería llamar a cuentas a los corruptos de la mafia del poder, y por ende al dejarlos impunes no habría roto su palabra como sí lo hizo Fox.[3] Es decir, mejor no ofrecer algo que luego no va a ser cumplido. Quizá, pero ¿eso ayudará a erradicar la corrupción? Dice Hobbes: "Los lazos de las palabras son demasiado débiles para refrenar la ambición humana, la avaricia, la cólera y otras pasiones de los hombres, si éstos no sienten el temor de un poder coercitivo".[4] Hasta ahora no hay otro método históricamente conocido que haya arrojado mejores resultados para ese combatir la corrupción que aplicar sanciones legales a los infractores. Y es que si se prescinde del castigo legal, y en su lugar hay perdón y misericordia, ¿cómo se inhibirá la corrupción? Para quien es religioso, el perdón y la misericordia tendrían que brindarse en el plano personal, espiritual, pero eso no implica un perdón legal o social, pues de esa manera jamás se lograría el orden cívico, respeto a los derechos de los conciudadanos y la convivencia civilizada dentro de una comunidad. Desde luego, AMLO ha afirmado que no se tolerará la corrupción, pero hacia los futuros corruptos, no los que recién han dejado el poder: "Les pondremos un hasta aquí a quienes persistan en abusar de los débiles".[5] En el caso concreto de Peña Nieto, ante una pregunta expresa de si desde la presidencia lo llamaría a cuentas por posible corrupción, AMLO respondió que la Constitución no lo permite, ni siquiera cuando aquél fuera ya solamente expresidente.[6] Es cierto que el año siguiente de dejar la presidencia el extitular del Ejecutivo sigue gozando de esa inmunidad, pero no después. Podría ser comprensible desde el punto de vista político —aunque condenable moralmente— que un candidato o partido que aspira al poder desde un régimen hasta entonces autoritario pacte una transferencia pacífica extendiendo algunos salvoconductos a quienes le entregarán el poder. Pero si esa práctica se prolonga, como ha sido el caso en México, en realidad no se habrá modificado el régimen en su esencia; mientras no se ponga fin a la impunidad, no se habrá avanzado en la democracia, pues ése es uno de sus propósitos principales y definitorios.

Hay elementos para pensar que la reticencia de Fox al triunfo de AMLO (incluido el desafuero de 2005) respondía más a su temor de ser llamado a cuentas que a su rechazo de un cambio de política económica, y de ahí su gran empeño por detener a López Obrador por las buenas o por las malas. Ante esas experiencias, el tabasqueño pudo haber decidido reducir la previsible resistencia por parte de priistas, panistas y perredistas (la mafia del poder y sus partidos), ofreciendo una amnistía general. Al menos así lo interpretó en su momento Lorenzo Meyer:

> Es de suponer que para evitar que se vuelva a formar una gran coalición "del miedo" en contra del proyecto de la izquierda, el líder de Morena propone un "borrón y cuenta nueva" en la historia de corrupción que ha caracterizado a la política mexicana de los últimos sexenios, a cambio pide dejar que efectivamente haya un juego electoral limpio [...]
>
> Aceptar de antemano en México el dejar impunes un cierto tipo de abusos —robos, tráfico de influencias, fraudes o cohechos— es un golpe no sólo al marco legal sino al sentido mismo de la justicia sustantiva y de la decencia. Pero sería peor activar de nuevo una resistencia que privara a nuestro futuro de la oportunidad de intentar dar forma a un país diferente.[7]

Dicha oferta la repitió López Obrador en varias ocasiones y eventos, de modo que a la clase política le quedara claro que de llegar a la presidencia, no se les llamaría a cuentas. Eso, para que "no sientan que se les viene el mundo encima", según él mismo afirmó. En cambio, el pleito entre el gobierno federal y el PAN a raíz de las elecciones de 2017 fue escalando. Cuando la PGR arremetió mediáticamente difundiendo que quizá Anaya estaba vinculado a un caso de lavado de dinero (de 50 millones de pesos a través de transacciones inmobiliarias en Querétaro), éste respondió que de llegar a la presidencia investigaría al propio Peña Nieto por posible corrupción. El equipo del panista consideró que ante los ataques del gobierno federal convenía responder con la misma moneda, y aprovechar la circunstancia para distinguirse de AMLO, quien insistía en que por su parte no habría venganza ni cacería de brujas, sino comprensión, paz y amor. Lo cual no hizo sino incrementar los ataques del gobierno en contra de Anaya. Peña Nieto contemplaba pues de un lado a un López Obrador brindando amnistía a cambio del reconocimiento de su triunfo, y del otro a un colérico Anaya amenazando con investigarlo por corrupción, y en su caso, penalizarlo. Todo lo cual empezó a generar el escenario de que eventualmente Peña Nieto podría mejor optar por un triunfo de López Obrador y no de Anaya, en caso de que el candidato priista no pudiera remontar su tercer lugar (como todo apuntaba). Cuando las amenazas de Anaya a Peña Nieto se expresaron con toda claridad, escribimos lo siguiente:

> Muchos se preguntan qué va a hacer Peña Nieto si su candidato, José Antonio Meade, no logra remontar el tercer lugar en que la mayoría de las encuestas lo ubica. Consideran que Peña buscaría pactar con Ricardo Anaya para detener a López Obrador como ocurrió en 2006 y 2012 entre PRI y PAN. Pero la guerra frontal que hoy viven esos partidos, tras la sucia elección de Coahuila, lo hace improbable. En todo caso, a Peña seguramente lo que más le interesa es preservar su impunidad, dados los múltiples flancos a partir de los que podría ser llamado a cuentas. Ante la persecución mediática de la PGR a Anaya (y el silencio del INE), éste ha escalado el conflicto, y con todas sus letras dice que romperá el pacto de impunidad que ha prevalecido hasta ahora. Fox pactó con Zedillo; Calderón con Fox, y Peña Nieto con Calderón, para preservar la impunidad del presidente saliente.
>
> Así, si Meade no logra superar su tercer lugar, podría llegar el momento en que Peña deba elegir con quién pactar su impunidad. En tal caso sería mayor la probabilidad de que lo haga con López Obrador. Son muchos los agravios que ha recibido Anaya por parte del gobierno, por lo cual no le conviene ahora a Peña que el panista llegue a la presidencia (como a Fox no le convenía que llegara López Obrador en 2006). ¿Anaya sería confiable para Peña, más que serlo con AMLO, con quien no hay ofensa personal? Maquiavelo recomendaba que si has de agraviar a algún rival, lo hagas de tal manera que no le dejes en pie, pues siempre buscará vengarse. Y en todo caso, jamás ponerte en sus manos, ofrezca lo que ofrezca, pues no habrá olvidado el agravio y procederá a su venganza. Le pasó a César Borgia que pactó su impunidad con el cardenal Della Rovere, agraviado por él y su padre el Papa. Al llegar al papado Della Rovere (bajo el nombre de Julio II) gracias a los votos de Borgia, procedió contra éste, incumpliendo su promesa de perdonarlo (y ponerlo al frente del ejército de la Iglesia).
>
> Así, a Peña le resultaría más confiable la palabra de López Obrador, quien ha mandado varios mensajes en ese sentido. Sería la manera en que Peña buscara preservar su impunidad y AMLO asegurar su acceso a la presidencia. Desde luego Anaya, orillado por la PGR a radicalizar su discurso, busca tam-

bién convencer al elector de que, si desea que se llame a cuentas a Peña Nieto, habrá mayor probabilidad de que eso ocurra con él en la presidencia.[8]

Numerosos obradoristas no podían creer que pudiera darse tal pacto, pues iría en contra de los valores promovidos por AMLO y del combate a la corrupción que ofrecía, pero sobre todo creían que el PRI y el PAN pactarían para derrotar a López Obrador en las urnas, como se presume hicieron en 2006 y en 2012. Por lo cual descalificaban toda hipótesis en el sentido de que Peña pactaría implícita o explícitamente con AMLO su impunidad a cambio de no meter más las manos en la elección y reconocer el eventual triunfo de Morena. Desde luego, dichos acuerdos no se hacen públicos ni son notariados. Su existencia o no difícilmente puede ser demostrada. Pero había algunos indicios que sugerían que dicho pacto podría estarse negociando. Por ejemplo, el gobernador panista de Chihuahua, Javier Corral, denunció a principios de 2018 que el gobierno federal le incumplía un acuerdo de ayuda financiera por haber capturado y enjuiciado a quien fuera secretario general del PRI (Alejandro Gutiérrez) en tiempos de la dirigencia de Manlio Fabio Beltrones, por la triangulación de 250 millones desviados para la campaña de su partido en Chihuahua en 2016. Entonces, la presidenta de Morena, Yeidckol Polevnsky, sugirió que Beltrones era incapaz de hacer algo parecido, y acusó a Corral de inventarse dicha trama con fines electorales. Más tarde declaró que Alejandro Gutiérrez era un "preso político" de Corral, lo que implicaba su inocencia, y que se le había detenido sólo por su militancia política. Resultaba comprensible que los priistas salieran en defensa de su correligionario, pero ¿Morena? ¿A cuenta de qué? En su gira por Chihuahua, AMLO también arremetió contra Corral, siendo que éste desde el PAN había defendido algunas causas de la izquierda, y fue uno de los pocos panistas que divulgó su desacuerdo con el desafuero de López Obrador en 2005 (mediante desplegado público). En realidad no se podrá saber a ciencia cierta la existencia o no de un acuerdo semejante entre Peña Nieto y López Obrador (como tampoco entre Zedillo y Fox, Fox y Calderón o Calderón y Peña Nieto). Quedan en todo caso en el aire las dudas y algunas inferencias que pueden apuntar en ese sentido a partir de otros hechos. Salvador García Soto reconstruyó lo que según sus fuentes ocurrió durante el proceso electoral:

> Con Anaya cercado y Meade aniquilado el crecimiento de López Obrador fue en aumento. En algunos estados al PRI se le pidió mover a sus operadores para reforzar la estructura de Morena y garantizar, sobre todo en las entidades donde el Frente por México estaba fuerte, que se abriera la ventaja a favor del lopezobradorismo, a fin de restarle la mayor cantidad de votos posibles a Anaya.
>
> Peña Nieto sabía que la ola de López Obrador era imparable y prefirió montarse en ella y administrar la debacle que, ya sabía, venía para su administración y su partido. La pregunta es qué tanto se acordó o negoció en las pláticas entre Romo y Videgaray, y cuánto de eso se volverán acuerdos que le garanticen al presidente saliente su tranquilidad al terminar su sexenio.[9]

La reunión que tuvieron AMLO y Meade semanas después de la elección alimentó más la tesis del pacto de impunidad, pues López Obrador habló de su exrival como un hombre decente y honrado, a despecho de las acusaciones de su participación desde la Secretaría de Hacienda en algunos escándalos de corrupción, como la llamada Estafa Maestra. Se puede inferir que el pacto de impunidad acordado con Peña abarcó a algunos miembros de su gobierno (quizá no todos), incluyendo a Meade. Por todo lo cual parece poco probable que desde la presidencia López Obrador ordene o impulse una investigación a Peña Nieto, cuando termine su margen constitucional de impunidad (un año). Eso no demostrará nada, pero sugerirá que quizá, en efecto, dicho pacto se dio directamente o a través de interlocutores de ambos bandos, lo cual no implicaría que los demás miembros del gabinete de Peña Nieto (y otros funcionarios) no pudieran ser llamados a cuentas, a menos que su respectiva impunidad hubiera sido parte de ese posible pacto entre Peña Nieto y AMLO. De ser el caso, el riesgo es que si la susodicha amnistía, por pragmática que sea, se prolonga en el tiempo y se extiende a otros actores, la prometida democratización habrá quedado, una vez más, relegada. De nuevo, Salvador García Soto se preguntaba:

> Algo tiene Peña Nieto que a pesar de ser su antecesor inmediato y el referente más claro en la opinión de los mexicanos cuando se habla de corrupción

III. ¿PACTO DE IMPUNIDAD?

y dispendio en el ejercicio del poder, López Obrador nunca lo menciona directamente y menos lo acusa con la misma claridad y dureza que a los otros expresidentes [...]

¿Por qué a Enrique Peña Nieto no lo toca ni con el pétalo de una mención? La explicación que suena más lógica es la del "pacto de impunidad" del que tanto se habló con su antecesor en Los Pinos.[10]

Sin embargo, AMLO refrendó su posición —de tiempo atrás— de que el combate a la corrupción y el fin de la impunidad empezarían a partir de su gobierno, como una especie de "borrón y cuenta nueva": "Claro que sí va a haber procesos (contra funcionarios), nada más que nosotros lo que queremos es ver hacia delante, no queremos quedarnos anclados nada más en el periodo de corrupción; lo que queremos es iniciar una etapa nueva".[11] Ya poco antes de tomar posesión, y a pregunta expresa de la prensa, López Obrador confirmó:

Lo que he venido diciendo es que no es mi fuerte la venganza y que no creo que sea bueno para el país el que nos empantanemos en estar persiguiendo a presuntos corruptos [...] Sí, es un perdón, es un perdón o sea así, eso es lo que se está planteando decirle al pueblo de México [...]

Es tanta la corrupción que no alcanzarían las cárceles; voy a perdonar, no habrá confrontación. Que ya inicie una nueva historia y que desde ahora hacia adelante no haya perdón para ningún corrupto, que ya no se perdone a nadie.[12]

En otra entrevista agregó que perseguir a los políticos de arriba "sería conspirar contra la estabilidad política del país [...] sería demasiado escándalo".[13] Incluso dijo paradójicamente, que la confrontación derivada de llamar a cuentas a los peces gordos de la corrupción haría más difícil combatir la corrupción. Una paradoja, considerando que normalmente los países en que se ha reducido la corrupción lo han hecho en buena parte por no dejar impune esa corrupción. Pero AMLO habla de que es más conveniente para ello una política de "punto final".[14] Tal como lo hizo Fox en su momento, quien también recurrió a esos argumentos para justificar la amnistía a los peces gordos de la corrupción. Al respecto escribió Raymundo Riva Palacio:

López Obrador ha dicho repetidamente que no piensa tomar acción en contra de Peña Nieto, pero la demanda de un ajuste de cuentas contra la corrupción, lejos de haber amainado se ha incrementado en las últimas semanas.

Objetivamente hablando, si en efecto López Obrador quiere un profundo cambio de régimen, tendrá que acabar con el viejo régimen, que significa, como en el *ancien régime* francés, guillotinar al rey.[15]

Sin embargo, poco después dejó abierta la posibilidad —aunque forzadamente— de someter a consulta si habría que llamar a cuentas a los corruptos de gobiernos anteriores, y en caso de ganar el sí, se procedería.[16] Algo que desde luego sería ilegal, pues la aplicación de la ley no puede estar sujeta a consultas populares. Pero una encuesta marcó que en caso de que hubiera tal consulta, 70% estaría a favor de que sí se investigara a los expresidentes por corrupción.[17] Más preocupante aún es que AMLO sugirió que la investigación y eventual impunidad a los expresidentes sería no sólo por eventuales actos de corrupción, lo que es compatible con la democracia, sino "por promover las políticas neoliberales que causaron el empobrecimiento de millones de mexicanos, así como la crisis de inseguridad y violencia".[18] Es decir, presentaría como delictivo mantener ideas que difieren de las sostenidas por López Obrador. Sobre lo cual escribió Lorenzo Meyer:

> Donde hay que ganarle a la corrupción —propone AMLO— es en el presente y en el futuro, no en el pasado [...] Y es que todos los corruptos de la alta política han contado con ejércitos de abogados y expertos que les han blindado sus respectivas "casas blancas" —es decir, casos de corrupción— con todas las protecciones legales imaginables. Desmontar ese blindaje para satisfacer la exigencia de justicia llevaría años.[19]

Queda en el aire qué hará al respecto López Obrador, pues manda señales ambiguas. En mayo de 2019 se ordenó la aprehensión de Emilio Lozoya, exdirector de Pemex, por el asunto de Odebrecht. Eso lleva a la siguiente reflexión sobre el presunto y posible pacto de impunidad entre Peña Nieto y López Obrador. Incluso de haber habido ese pacto, flotaban al menos dos preguntas: *a)* ¿A quiénes cubre ese pacto? En principio, al propio Peña y probablemente a algunos miembros de su gabinete, pero no a todos. Podría así sacrificarse a algunos alfiles importantes pero no prioritarios, ¿Emilio Lozoya, Rosario Robles, Romero Deschamps? *b)* ¿AMLO en cierto momento podría incumplir el acuerdo si así le conviniere? Es decir, una cosa es prometer y otra cumplir. Maquiavelo recomendaba prometer lo que hiciera falta, y dejar de cumplir si la situación lo ameritaba. Así, llamar a cuentas a Lozoya podría responder a tres posibilidades lógicas: *1)* nunca hubo pacto de impunidad; *2)* sí lo hubo, pero no incluía a Lozoya; *3)* sí incluía a Lozoya, pero AMLO lo incumple ahora que le conviene (en medio de la crisis de salud).

Así, no puede descartarse del todo que incluso si hubo pacto de impunidad con Peña, pudiera AMLO incumplirlo si así le conviniera. Por ejemplo, si AMLO y Romo pierden sus respectivas apuestas de que el país crecerá al 4% y que no habrá recesión, quizá a López Obrador le convendrá romper (o volver a romper) ese pacto, y llamar a cuentas a Peña (quien sí podría ser penalizado tras un año constitucional de impunidad). Llamar a cuentas a los corruptos aporta legitimidad presidencial (por desempeño), por lo que se suele echar mano de esa carta cuando conviene. No se puede descartar el escenario en el que AMLO, incluso si ofreció impunidad a Peña, recurriera a ello para compensar los costos de sus dudosas decisiones económicas y administrativas. De ser así, saldría ganando el Estado de derecho y el combate eficaz contra la impunidad y la corrupción. En todo caso, Peña tendría que poner sus barbas a remojar. Desde luego, que se llame a cuentas a algunos peces gordos de la corrupción, como Lozoya, Collado y Robles, es mejor que nada, pero queda en suspenso si la política anticorrupción seguirá el mismo esquema del viejo priismo —de manera selectiva y por motivos políticos— o será aplicada con criterios universalistas y motivaciones más jurídicas que personales. En los tiempos del viejo PRI se llamaba a cuentas a uno que otro pez gordo, generalmente enemigo del presidente, para calmar los ánimos. Pero tratándose de casos aislados no se tradujo en un eficaz disuasivo contra la corrupción. Para un combate eficaz sería indispensable la aplicación sistemática de la ley contra los corruptos, de modo que la probabilidad de quedar impune se redujera. Además, tendría que llegar hasta donde hiciera falta. En México no se ha llamado a cuentas a ningún expresidente, como sí ha ocurrido en la mayor parte de América Latina. Es una asignatura pendiente. Y desde luego, habría que sancionar también a quienes incurrieran en corrupción dentro del gobierno o desde el partido oficial, y no sólo a los opositores. En cambio, si prevalece la amnistía y el "borrón y cuenta nueva", o la aplicación selectiva de la ley, difícilmente se podría avanzar en el combate a la corrupción cuyos índices ofreció AMLO llevar al nivel de los países escandinavos.[20]

IV. LA NUEVA MAYORÍA LEGISLATIVA...
Y ARTIFICIAL

Los resultados de la elección de 2018 no sólo dieron un abrumador triunfo a López Obrador con 55% de la votación efectiva, sino que le brindaron una mayoría absoluta en ambas cámaras del Congreso, además con posibilidades de conseguir la mayoría calificada de dos terceras partes de los escaños, necesaria para modificar la Constitución. Es una situación parecida a la que prevalecía bajo el PRI cuando aún era partido hegemónico. El PRI perdió la mayoría calificada de la Cámara Baja por primera vez en 1988. Entonces Carlos Salinas de Gortari habló de que terminaba la era de un partido "prácticamente único" (es decir, hegemónico). Pero aún controlaba dicha mayoría en el Senado, que finalmente en 1994 también se perdió. En 1993 se reformó la ley electoral para impedir que un partido por sí mismo pudiera congregar la mayoría calificada en la Cámara Baja; lo más que podría detentar sería 60% de las curules (la mayoría calificada implica el 66%). En 1997 Ernesto Zedillo se quedó también sin la mayoría absoluta en la Cámara de Diputados. Hubo entonces que armar coaliciones para acercarse o conseguir dicha mayoría absoluta, pero aun así la mayoría calificada quedaba lejos. Zedillo no pudo ya realizar una reforma energética presentada en 1998 pues el PAN la rechazó. Más tarde, Vicente Fox intentó igualmente una reforma energética y otra fiscal que incluiría el Impuesto al Valor Agregado (IVA) a medicinas y alimentos. El PRI rechazó ambas iniciativas. Felipe Calderón intentó igualmente impulsar una reforma energética que fue obstruida nuevamente por el PRI. Pese a la afinidad ideológica del PRI neoliberal y el PAN (que dio lugar al membrete de PRIAN), en realidad el PRI decidió obstruir a los gobiernos panistas con vistas a que el electorado decidiera mejor devolverle el poder (como ocurrió en 2012). Así, apenas iniciado el gobierno de Fox, el entonces senador Manuel Bartlett, todavía desde el PRI, afirmaba: "A México le puede ir mejor si le va mal a Fox [...] Tenemos que definir claramente nuestro perfil de partido popular y combatir todos los días al régimen de derecha de Fox".[1] Por su parte, otro senador priista, Fidel Herrera, decía:

> El presidente ganó la elección y él debe asumir las responsabilidades. Nosotros creemos que la lógica de la alternancia es volver al poder [...] Quien tiene que propiciar con mayor capacidad los cambios y conducirlos es la sociedad, pero tienen que ser impulsados por el gobierno y este gobierno se enredó o nos plantea un cambio para atrás, una involución [...] Nosotros queremos señalarle a México que el cambio somos nosotros.[2]

Había pues la consigna de no facilitar la acción de los gobiernos del PAN (como el PAN también obstruyó a Zedillo en 1998), entorpeciendo la acción del Ejecutivo. En 2012 Enrique Peña Nieto pudo convencer a las dirigencias de los partidos opositores (PAN y PRD) de respaldar una serie de reformas constitucionales pendientes, en tanto coincidieran con la plataforma de cada uno de ellos: el Pacto por México. Las cúpulas del PAN y el PRD decidieron entonces sentarse a negociar con el gobierno y aprobar aquello que era compatible con su respectivo programa. Ambos aprobaron reformas como la de comunicaciones, la educativa, una laboral y otra más electoral; la reforma energética sólo fue aprobada por el PRI y el PAN (pues iba contra el programa histórico del PRD), y la reforma fiscal sólo fue aceptada por el PRI y el PRD (cuya plataforma inspiró dicha reforma), pero no por el PAN. Las bases de los respectivos partidos acusaron a sus dirigencias de traicionar sus principios al sentarse a negociar con el gobierno de Peña Nieto, pese a que en realidad las reformas no iban contra las plataformas de los partidos firmantes. López Obrador, que ya antes había roto con el PRD para formar su propio partido, Morena, aprovechó posteriormente el Pacto por México para justificar su salida, y acusar a partir de entonces al PRD de abdicar de los principios que le dieron origen por más que, como se dijo, no validó la reforma energética. El costo para esos partidos fue elevado (en el PAN se arreció una división que venía desde 2011 y desembocó en la nueva ruptura de 2017, y en el PRD provocó salidas de cuadros y dirigentes para nutrir Morena, además de la caída dramática de su votación en 2015, y más claramente en 2018).

Respecto de la elección de 2018, originalmente no se pensaba que algún partido o coalición pudiera obtener la mayoría absoluta. Se especulaba simplemente sobre si López Obrador podría ganar, y todo apuntaba a que podría hacerlo pero con una votación minoritaria (entre 30 y 35%). Cuando ya en pleno proceso las encuestas empezaron a mostrar un crecimiento de López Obrador (sobre todo a partir del golpeteo de la PGR al panista Anaya), aparecieron encuestas donde la coalición obradorista podía alcanzar la mayoría absoluta en ambas cámaras (al menos 65 escaños en el Senado y 251 en la Cámara Baja). Así ocurrió. Sin embargo, la consecución de la mayoría absoluta en ambas cámaras legislativas no se debe a la votación recibida en las urnas por la coalición obradorista, sino a la sobrerrepresentación permitida por el sistema electoral vigente. En efecto, si bien AMLO recibió 55% de la votación efectiva para la presidencia, su coalición recibió solamente 44% en la pista legislativa (tanto en diputados como en senadores).[3] En senadores, la fórmula de mayoría vigente arroja en automático dicha sobrerrepresentación, si bien los pocos que hay de representación proporcional (una cuarta parte, es decir, 32 de 128) aminoran dicha distorsión. En la Cámara de Diputados los de mayoría relativa son 300 y los de representación proporcional, 200. Pero en otras democracias con un sistema mixto como el mexicano la representación proporcional tiene la función de equiparar el porcentaje de votos con el porcentaje de escaños tanto como sea posible. Como lo señala Dieter Nohlen: "La representación proporcional se da cuando la representación política refleja, lo más exactamente posible, la distribución de los votos entre los partidos [... e] impide la constitución de mayorías parlamentarias demasiado artificiales que no corresponden a una mayoría real del electorado".[4] En la medida en que no se dé dicha correspondencia entre votos y escaños, se distorsiona la representación ciudadana, generándose inequidades entre los partidos y los electores que votan por ellos.

Para entender eso, supongamos un sistema donde sólo existen diputados de mayoría y que sólo hay 100 distritos. Además, imaginemos que a nivel nacional el partido A obtiene 50% de la votación, el partido B capta 30% del voto y el partido C, sólo el 20% restante. Ahora pensemos que dicha votación se reproduce de manera idéntica en cada uno de los 100 distritos; es decir, que en cada uno de ellos el partido A obtiene 50% del voto, el B el 30%, y el C el 20%. El resultado de dicha elección será que el partido A habrá ganado en los 100 distritos, por lo cual tendrá 100% de las curules con la mitad de votos (50%), en tanto que los partidos B y C no tendrán ninguno, pese a la votación recibida por cada uno de ellos (50% entre ambos). En tal caso, el partido A estaría sobrerrepresentado en 50%, en tanto que el artido B estaría subrepresentado en 30% y el partido C lo estaría en 20%. Aplicando el ejemplo a México en 2018, suponiendo que sólo hubiera los 300 diputados de mayoría (y ninguno de representación proporcional), la coalición Juntos Haremos Historia obtuvo 44% del voto efectivo, pero ganó en 218 de los 300 distritos, es decir 73% de las curules. Habría 29% de sobrerrepresentación (que implica ese mismo porcentaje de subrepresentación de los demás partidos).

A raíz de semejante distorsión en los sistemas de mayoría pura muchos países democráticos han incluido en su sistema electoral a diputados de representación proporcional (RP) que se combinan con los de mayoría justo para distribuirlos de tal manera que cada partido obtenga el mismo porcentaje de curules que consiguió en votos. En nuestro ejemplo, ahora supongamos que a los 100 diputados de mayoría se agregan otros 100 de RP. Si el partido A obtuvo 50%, pero ganó los 100 de mayoría, con ésos se quedará (pues representan 50% del nuevo Congreso). El partido B, que captó 30% de la votación, pero no obtuvo ningún diputado de mayoría, recibirá 60 diputados de los 100 de RP (equivalentes a 30% de curules, es decir, el mismo porcentaje que captó en las urnas), y el partido C, que logró 20% de la votación, pero tampoco ningún diputado de mayoría, recibirá los 40 escaños de RP restantes, que equivalen justo a 20% de las curules. Es lo más democrático, equitativo y justo en términos de representación, pues de otra forma el 50% de ciudadanos que votaron por los partidos B y C se quedarían sin ninguna representación parlamentaria. En cambio, bajo la fórmula mixta aquí considerada (diputados de mayoría y de representación proporcional), esos segmentos de electores quedarían representados en la misma proporción a su tamaño y fuerza reflejada en las urnas. Supongamos que esa fórmula de exacta proporcionalidad aplicara en México; a los 218 diputados de mayoría que obtuvo la coalición obradorista se les sumarían sólo dos de RP para sumar 220 de los 500 escaños, que equivalen a 44% de la votación efectiva que obtuvo esa coalición. Para alcanzar la mayoría absoluta le faltarían 31 curules. El resto de los partidos en conjunto recibiría los 198 diputados de RP restantes para así equiparar su bancada total (los de mayoría con los de RP) con la votación obtenida en esta pista por dichas coaliciones.

En México tenemos un sistema mixto (si bien 60% de los escaños son de mayoría y 40% de representación proporcional), y en principio debería operar de la misma manera que en otros países democráticos (dicho sistema se inauguró en Alemania tras la Segunda Guerra Mundial). Sin embargo, siempre ha habido un fuerte sesgo en el reparto de diputados de RP, de modo que se genera un cierto grado de sobrerrepresentación del partido o coalición ganadora en detrimento de los demás. Cuando se introdujeron los diputados de RP en 1979 no fue para equiparar el porcentaje de votos al porcentaje de curules como en los países democráticos con esa fórmula, sino sólo para aminorar un poco la sobrerrepresentación del PRI. Se trataba de generar incentivos a los partidos opositores para continuar en la brega, y legitimar en cierta medida el sistema político y electoral vigente, pero sin poner en riesgo la hegemonía del PRI. La fórmula para distribuir los diputados de RP fue sufriendo diversos cambios, pero siempre manteniendo la ventaja para el partido mayoritario. Incluso, en la reforma de 1987 se incluyó la llamada "cláusula de gobernabilidad" que implicaba que si el partido mayoritario (todavía el PRI) no obtenía la mayoría absoluta de diputados con sólo los de mayoría relativa (digamos 230 de los 500 asientos), se le darían los de RP que hicieran falta para conseguir esa mayoría (es decir, al menos 251 asientos), al margen de la votación que obtuviera en las urnas. Dicha fórmula sufrió cambios, pero fue acotada en 1996. Con esa reforma se abrió una competencia real que implicó la autonomía del IFE respecto del gobierno; un rasgo esencial en la democratización política. A raíz de esa nueva legislación, el PRI perdió por primera vez su histórica mayoría absoluta. Se abrió así la puerta para una alternancia presidencial, lo cual ocurrió en 2000. Sin embargo, esa nueva ley sólo acotó la sobrerrepresentación del partido ganador —pues ningún partido podría obtener una sobrerrepresentación mayor al 8% bajo la nueva fórmula— en lugar de eliminarla del todo. Y en esa medida, los partidos minoritarios quedarían subrepresentados en esa misma proporción. Así, un partido que obtuviera poco más de 42% de la votación podría aún alcanzar la mayoría absoluta con dicho reparto. Esa disposición sobrevivió a varias otras reformas electorales. Los partidos opositores pusieron atención en otros temas de equidad, pero olvidaron por completo la fórmula de reparto que permite aún cierto grado de sobrerrepresentación.

El partido más beneficiado con tal fórmula fue el PRI, si bien el PAN también lo hizo en ciertas ocasiones en alguna medida. Pero resulta que en 2018 el gran favorecido por dicha cláusula fue el obradorismo, pues en la Cámara de Diputados su coalición quedó sobrerrepresentada en 18 puntos porcentuales (mismos en que el resto de partidos quedaron subrepresentados); es decir, Morena, el PES y el PT obtuvieron en conjunto 44% del voto en dicha pista (11 puntos menos de lo captado por AMLO en la presidencial), pero recibieron el 61% de curules en dicha cámara. En otras palabras, eso significa que 44% de los votantes deseaba darle a López Obrador una mayoría absoluta en la Cámara de Diputados, en tanto que el restante 56% no votó por eso (incluido el 11% de electores que sufragó por AMLO para presidente, pero no por su coalición para el Legislativo). ¿Por qué entonces adquiere dicha coalición una amplia mayoría? Por la sobrerrepresentación estipulada en la anacrónica fórmula de reparto de las curules de RP. Esto significa que sin dicha cláusula la coalición obradorista habría obtenido sólo 220 diputados, pero en cambio subió a 310 (80 curules más de las que determinó el electorado). Lo cual implica que el conjunto de partidos de oposición (incluido el PRI) quedaron en conjunto subrepresentados en esa misma proporción. En particular, el PRI quedará muy subrepresentado; habiendo obtenido 16.5% de la votación en la pista legislativa (que en principio le daría 82 diputados), en cambio el PRI por sí mismo recibió solamente 46 (9%, sin incluir al PVEM y el Panal); casi 7% de subrepresentación. En el caso del PAN, su coalición obtuvo una votación de 18%, que equivaldría a 90 diputados, sólo alcanzó 76 (15%); un 3% de subrepresentación.

Pero por otro lado, si la ley establece que la sobrerrepresentación máxima por partido será de 8%, ¿cómo es que la coalición obradorista logra estar sobrerrepresentada en 18 puntos? Precisamente porque son tres partidos los que la conformaron, cada uno con límite de hasta 8%

de sobrerrepresentación, por lo que en principio dicha coalición podría tener hasta 24% de sobrerrepresentación. Así, por ejemplo, el PT obtuvo cerca de 4% de la votación (equivalente a 20 curules), pero por su convenio de coalición con Morena alcanzó 61 escaños (12%), es decir, dos veces más de lo que la ciudadanía decidió darle como partido. Es un 8% de sobrerrepresentación. El PES, por su parte, no alcanzó el 3% requerido por la ley en alguna de las pistas exigidas (presidente, diputados o senadores) para preservar el registro. No le tocan por lo tanto plurinominales, pero ganó en 55 distritos de mayoría (equivalentes a 11% de las curules) que se preservan pese a haber perdido el registro. Sin embargo, muchos de esos candidatos ganadores tanto del PT como del PES en realidad eran militantes de Morena, aunque aparecieron bajo otras siglas en virtud de la coalición Juntos Haremos Historia. Morena por sí mismo captó 39% de la votación, lo que le daría un total de 191 diputados (39%), es decir, no tendría sobrerrepresentación. Sin embargo, en la medida en que varios de los candidatos de sus aliados, el PT y el PES, en realidad eran de Morena, pasaron a formar parte de la bancada de ese partido, con lo cual de 191 diputados Morena alcanzó 247 escaños (49.5% de curules), es decir, casi 11% más que la votación que obtuvo. Eso en sí mismo no es algo ilegal, pero sí una forma de darle la vuelta al límite de sobrerrepresentación marcado en la ley.

Por otro lado, más allá de los votos y el reparto de diputados de RP, la bancada de Morena se incrementó con la incorporación de diputados de otros partidos, como el PVEM, que aportó cinco (mediante acuerdo de partido a partido), y el PRI, que aportó cuatro. Con lo cual Morena obtuvo por sí mismo la mayoría absoluta. Más tarde nueve diputados del PRD se alinearon a Morena, dando a la coalición obradorista una mayoría calificada. Esto último, llamado transfuguismo, suele ocurrir en varios países (si bien algunos han tomado medidas legales para dificultarlo). Como lo apunta el jurista Elizur Arteaga:

En las cámaras que integran el Congreso de la Unión es práctica común el prestarse o regalarse diputaciones o senadurías de un partido a otro con el fin de que una facción alcance mayoría absoluta. Hacerlo es inadmisible, va contra el fondo que explica un sistema democrático: los electores, entre ellos los que lo hicieron por el Verde Ecologista, votaron por un programa, por una ideología.

Cuando, una vez electos, son transferidos para formar parte de la bancada de otro partido, o asumen el compromiso de votar en forma constante y
sistemática por lo que propone otro partido, significa renunciar a la ideología
partidista y abjurar un programa político. Y hacerlo, sin contar con la anuencia de sus electores, es traicionarlos.[5]

Y si bien el transfuguismo como tal no es ilegal, la suma de diputados a Morena entre la sobrerrepresentación legal y los diputados adquiridos del PVEM, el PRI y el PRD le brindaron a Morena una bancada
mayor a su votación original en 15 puntos porcentuales, lo cual violenta
el artículo 54-w de la Constitución, que estipula: "En ningún caso, un
partido político podrá contar con un número de diputados por ambos
principios que representen un porcentaje del total de la cámara que
exceda en ocho puntos a su porcentaje de votación nacional emitida".

Dichas mayorías son pues en parte dictaminadas por el voto ciudadano, pero acrecentadas por las distorsiones de la ley electoral, que aún
incorpora una disposición anacrónica en el reparto de curules, resabio
de la hegemonía priista, pero que ahora permite el surgimiento de una
nueva hegemonía legislativa en otra fuerza política: la obradorista (en la
medida en que los diputados del PT y del PES respondan a AMLO). Desde luego, que así sean las cosas es celebrado por los obradoristas, pues
les otorga una enorme fuerza legislativa que no hubieran conseguido de
no existir la cláusula de sobrerrepresentación. Pero ¿esto es sano para
la democracia, en términos de equilibrios de poder y justa representación ciudadana? No lo parece. Por un lado, una democracia más cabal
sería aquella en que los ciudadanos de cierta tendencia u opción vean
reflejada su preferencia en el Congreso en una proporción semejante a
su tamaño y fuerza; que 20% de ciudadanos que por ejemplo optasen
por un partido esté representado en 20% de curules para ese partido,
y así sucesivamente. Las distorsiones en ese sentido lastiman la representatividad, y en esa misma medida se afecta la legitimidad legislativa
y electoral (por más que sea legal, dado que así lo dispone la ley electoral vigente).

Por otro lado, por la misma razón, un sistema de partidos que en
principio es más o menos equilibrado (en este caso, 44% para la coalición gobernante y 56% para el conjunto de la oposición) se desequi-

libra a raíz de la distorsión generada por la ley (de modo que el primer bloque estará representado por 62% de diputados y el segundo estará representado en conjunto sólo por 38% de los legisladores). Y por eso mismo los controles políticos y contrapesos que son esencia del juego democrático se ven disminuidos, dando paso a una hegemonía de partido o coalición gobernante que puede traducirse (aunque no necesariamente) en discrecionalidad y eventuales abusos. No es que no sea democrático el que un partido o coalición pueda gozar de mayoría, y que esto incluso puede favorecer la gobernabilidad, pero si ésa no fue la voluntad precisa de la mayoría de los electores, hay una distorsión más o menos grave de la representación ciudadana (ahora lo será casi 20%). Más aún cuando la sobrerrepresentación es enorme y por tanto le da a la coalición gobernante incluso la posibilidad (o cercana a ello) de modificar a su gusto la Constitución sin necesidad de negociarlo con la oposición. Es decir, gracias a la sobrerrepresentación que permite la ley, la coalición obradorista, en lugar de detentar sólo 220 diputados, y por tanto verse obligada a negociar con la oposición la aprobación de leyes secundarias y con mucho mayor razón las reformas constitucionales, podrá hacer lo primero sin negociar con nadie. Pero con la ley actual los 220 diputados, que representan el 45%, se convirtieron en 310; 90 más que lo que implicaría una representación exacta. Y después vino la política de cooptación de legisladores de otros partidos, que le dio a AMLO los diputados necesarios para alcanzar la mayoría calificada de 330 curules. Y esa cooptación hubiese sido menos probable de no tener Morena una mayoría tan contundente como la que alcanzó gracias a su votación combinada con la cláusula de sobrerrepresentación.

En otras palabras, la voluntad ciudadana emitida en las urnas proyectó un cambio de gobierno pero aún dividido (sin control absoluto en el Congreso), y por tanto con contrapesos eficaces, pero la distorsión que permite la ley electoral arrojó un gobierno con enorme mayoría, no sólo absoluta sino cercana a la calificada. Lo cual evoca la antigua presidencia imperial, como llamó Arthur Schlesinger Jr. a ese tipo de presidencialismo exacerbado.[6] No deja de ser paradójico que si la democracia es el régimen de mayorías, en la pista presidencial 55% votó por elegir a López Obrador, y su voluntad se cumplió, mientras que en la pista legislativa 56% votó por que AMLO no tuviera mayoría absoluta, pero su voluntad no se concretó (sino la de una minoría de 44%). Dicha contradicción se debe a las distorsiones de una ley obsoleta y las maniobras políticas de los partidos y legisladores. En relación con la "cláusula de gobernabilidad" original de 1987 (de la cual la vigente es un caduco resabio), Carlos Castillo Peraza escribió: "Toda cláusula de gobernabilidad, en el más extremo de los casos, sólo puede admitirse como transitoria y no fijarse para siempre como candado jurídico contra la democracia misma".[7] La pregunta aquí sería: ¿utilizará Morena y su coalición su mayoría artificial, derivada de la ley electoral, para modificar dicha ley que la izquierda objetó por años, ahora que le ha sido altamente ventajosa? ¿Buscará una representación más precisa de los electores en el Congreso, como por mucho tiempo propugnó? Esa eventualidad es altamente improbable. Con ello demostraría genuina vocación democrática, pero en tanto sea una fuerza mayoritaria, la fórmula electoral que permite una sobrerrepresentación jugará a su favor. Al respecto escribió José Woldenberg:

> Durante décadas la izquierda mexicana (o por lo menos la mayor parte de ella) se esforzó por alcanzar una representación proporcional estricta en la Cámara de Diputados [...] Es no sólo lo justo sino lo democráticamente más sano. Que no exista sobre ni sub representación de las distintas fuerzas políticas [...]
>
> ¿Será posible que ahora que la coalición en torno a Morena es mayoría se impulse una reforma para alcanzar la representación proporcional exacta? Me parece difícil. No es lo mismo ver la vida política desde la mayoría que desde la minoría.[8]

Más aún, el hecho de ubicar la consulta por revocación de mandato de López Obrador al mismo tiempo que la elección intermedia (2021) le permitirá hacer campaña personal a favor de su partido (y contará con cerca de nueve millones de promocionales mediáticos). Tanto Vicente Fox como Felipe Calderón (y en menor medida Peña Nieto) sufrieron un duro embate en sus respectivas elecciones intermedias (con fuerte disminución de la bancada de sus partidos). No parece que eso ocurrirá en 2021, menos aún con la participación directa de AMLO en la campaña bajo la figura de revocación de mandato. Si la apuesta es por un nuevo hiperpresidencialismo, como todo parece indicar, dicha fórmula ayudará a fortalecerlo, así sea de manera artificial. Conviene recordar lo dicho por Giovanni Sartori en otro momento de la democratización mexicana: "La transición mexicana puede salir bien en las urnas y fracasar por falta de leyes e instituciones que le permitan encauzar sus resultados".[9] Y por ende, dice Aguilar Camín: "Si existe algo como la voluntad general, la expresada en los comicios mexicanos de julio fue una especie de adiós democrático a la democracia, un salto de las redes complejas de la pluralidad y los contrapesos a la cesión del mayor poder posible a un político carismático y a un partido dominante, cuasi único".[10] Cierto, pero cabe insistir en que no fue la mayoría absoluta de electores quien votó en ese sentido (en lo que toca al Congreso), sino que ése es el producto de una legislación obsoleta que favorecía la hegemonía priista, y ahora lo hace con Morena. En contraste, afirma José Agustín Ortiz Pinchetti: "Durante 50 años el régimen destruyó una por una las iniciativas democráticas. En el sexenio de EPN, López Obrador y cientos de miles seguimos trabajando en la causa democrática […] Un hecho sin precedentes: ¡la ausencia de un fraude electoral! Al fin estamos en el año cero de la democracia".[11] Lo que para unos puede ser el fin de la democratización de los últimos 30 años, para otros dicha democratización fue sólo cosmética, y la genuina democracia inicia apenas en 2018 con el triunfo de López Obrador. Pero hay indicios de que será a la inversa; una regresión hacia un partido artificialmente dominante y el presidencialismo imperial.

Viene finalmente la pregunta de si la relación entre el Poder Legislativo y el Ejecutivo se verá afectada por la hegemonía de la coalición obradorista en el Congreso. Desde luego hay declaraciones en el sentido de que se respetará la autonomía del Legislativo. Sobre la experiencia de AMLO como jefe de gobierno, recuerda Ortiz Pinchetti: "Su fórmula fue negociar cuando era necesario y tomar distancia cuando también lo era. La relación con los diputados perredistas no era fácil; ellos querían que les debiera favores; él se negaba a darles 'línea': insistió en que cada órgano tenía sus responsabilidades y en que habría que mantener una 'sana distancia'".[12] López Obrador dijo al recibir su constancia de mayoría: "El Ejecutivo no será más el poder de los poderes ni buscará someter a los otros. Cada quien actuará en el ámbito de su competencia". Y al dirigirse a los senadores de su partido, les dijo: "No quiero oírles la frase bajar recursos [financieros]; ustedes no van a bajar recursos para nadie, se acabó la corrupción y los moches. Tampoco quiero oír que son gestores. Ustedes no son gestores de nada ni de nadie. Son diputados y senadores. Mis iniciativas las podrán votar como quieran, pero el pueblo los estará vigilando y no vamos a tener desayunos ni comidas para que les dé línea".[13] Acto seguido, propuso que el coordinador de la bancada en el Senado fuera Ricardo Monreal (otro aspirante era Martí Batres), como primera instrucción (¿línea?) a sus senadores. Los antiguos presidentes hegemónicos también ofrecían respetar la autonomía formal del Congreso, pero en realidad éste funcionó por décadas como caja de resonancia del presidente en turno (con sus famosos legisladores "levantadedos"). En todo caso, la concentración de poder en el Ejecutivo tiende a desvirtuar el mecanismo democrático, pues, como dicen Steven Levitsky y Daniel Ziblatt:

> Para que el sistema constitucional de [un] país funcione tal como esperamos, debe darse un delicado equilibrio entre el Poder Ejecutivo, el Congreso y el Poder Judicial [… Estos últimos] son por así decirlo, los perros guardianes de la democracia […]
>
> [Pero] con un gobierno unificado, donde las instituciones legislativas y judiciales están en manos del partido del presidente, el riesgo no es la confrontación, sino la abdicación […] Una transformación de perro guardián en perro faldero […] puede dar pie a un gobierno autoritario.[14]

Existe pues cierto riesgo de que la dominación legislativa de Morena —un partido por lo demás personalizado y con líneas verticales de mando— dé paso al retorno del hiperpresidencialismo que prevaleció en el siglo XX, aunque bajo nuevas siglas.

V. RECLUTAMIENTO
SIN FILTRO MORAL

En la primera sesión del Senado (4 de septiembre) ocurrió algo significativo sobre la tendencia que podría seguir Morena como partido mayoritario. El exgobernador de Chiapas, Manuel Velasco, del PVEM, solicitó licencia para regresar a Chiapas a ocupar su cargo de gobernador, al que había renunciado para competir por la senaduría, y una vez concluido su mandato, regresar al Senado. Cabe señalar que poco antes de la elección, el PRI y su aliado el PVEM tuvieron un desencuentro justo en Chiapas al designar a los candidatos, pues el PRI consideró que se le había dado mucho al Verde en esa entidad en elecciones previas, y era hora de recuperar terreno. Los dirigentes del Verde en esa entidad, empezando por el gobernador Velasco, optaron por marcar su distancia del PRI, si bien se mantenía la coalición formal, y decidieron tender puentes con Morena, partido que ya se vislumbraba como el gran ganador de la elección. Nada de qué sorprenderse; el PVEM siempre ha sido satélite de algún partido grande, sobre todo cuando aquél tiene expectativas de lograr el triunfo; fue el caso del PAN en 2000, pero al no conseguir una secretaría de Estado se marchó y formó alianza con el PRI (yendo de la mano con ese partido en la derrota de 2006 —pero el Verde se benefició fuertemente— y también en el triunfo de 2012). Ahora tocaba ya dar un nuevo giro y aproximarse a los nuevos ganadores. Los dirigentes verdes en Chiapas invitaron incluso a votar por López Obrador para la presidencia, si bien tenían aún su propio candidato a la gubernatura. Pero el candidato de Morena resultó también un cercano a Velasco. Todo lo cual allanó el terreno para un posterior acercamiento entre el gobernador y AMLO.

Así, no extrañaría que al solicitar licencia el senador Velasco para terminar su mandato como gobernador, la mayoría de Morena se la concediera (además de su exaliado, el PRI y otros legisladores). Lo sorprendente fue más bien que en una primera ronda de votación los legisladores de Morena le negaron dicha licencia en congruencia con la ley y con lo que significaba avalar a Velasco, prototipo de la "mafia del poder", lo cual fue celebrado en redes y comentarios por los seguidores e ideólogos de López Obrador, presentándolo como una prueba de que el "cambio verdadero" y la "Cuarta Transformación" iban en serio. Pero a las pocas horas se envió el mensaje contrario: el líder de la bancada morenista en el Senado, Ricardo Monreal (y que no estuvo presente en la primera votación), convocó de nuevo a votar sobre el particular, ahora solicitando conceder la licencia a Velasco. Aquello fue interpretado en dos sentidos: *a)* se confirmaba el acercamiento entre el PVEM y Morena detectado antes de la elección, que podría dar lugar a que el primero se constituyera como partido satélite del segundo, y *b)* sí operaba la línea presidencial sobre las bancadas legislativas, cosa que se había negado previamente con la directriz "La línea es que no hay línea", que ya antes había utilizado el PRI sin cumplirla. Ahora quedaba claro que ese mismo lema en boca de Morena tampoco se acataría a cabalidad. Monreal y otros morenistas quisieron explicar la licencia de Velasco a partir de un derecho de cualquier legislador que no debía negarse. En realidad no se trata de un derecho, pues en tal caso el legislador en cuestión simplemente avisaría que se toma la licencia. En cambio son los senadores quienes tienen la facultad de otorgar o rechazar dicho permiso a partir de las circunstancias de la solicitud, y para qué se solicita. Aquí el argumento en contra de la licencia era que con ella se violentaría la Constitución de varias maneras; si bien Velasco había orquestado un cambio constitucional en su estado para hacer posibles tales saltos y maniobras, la Constitución federal lo impide. Los artículos violentados fueron los siguientes:

A) El artículo 55 señala que "Los gobernadores de los estados y el jefe de Gobierno del Distrito Federal no podrán ser electos en las entidades de sus respectivas jurisdicciones durante el periodo de su encargo, aun cuando se separen definitivamente de sus puestos". Y si bien se ha dado la vuelta a ese precepto a través de poner al beneficiado en la lista plurinominal, resulta que la circunscripción respectiva incluye la entidad de la que fue gobernador. Tanto Miguel Ángel Mancera como el propio Manuel Velasco violentaron dicha disposición (con el visto bueno de las autoridades electorales, que con mayor frecuencia pasan por alto la ley al dictaminar sus resoluciones).

B) El artículo 116 impide que un exgobernador pueda regresar a ese cargo bajo ninguna modalidad: "Los gobernadores de los estados, cuyo origen sea la elección popular, ordinaria o extraordinaria, en ningún caso y por ningún motivo podrán volver a ocupar ese cargo, ni aun con el carácter de interinos, provisionales, sustitutos o encargados del despacho". En este caso, habiendo renunciado Velasco al cargo de gobernador para buscar la senaduría, no podría regesar a ser el sustituto de sí mismo. Pero pudo hacerlo gracias al apoyo que le brindó (entre otros) la bancada de Morena (salvo seis senadores de ese partido).

C) El artículo 125 estipula: "Ningún individuo podrá desempeñar a la vez dos cargos federalesde elección popular... pero el nombrado puede elegir entre ambos el que quiere desempeñar". Es decir, siendo gobernador es posible renunciar a ese cargo para ocupar otro de elección popular (como lo hizo Velasco, aunque con las restricciones del artículo 55 ya vistas), pero no se puede detentar ambos cargos al mismo tiempo. En todo caso, debió Velasco renunciar a su recién adquirida senaduría para regresar a ocupar su cargo como gobernador (si bien esto a su vez está prohibido por el art. 116, como se vio). Pero con la licencia conseguida, pudo ocupar ambos cargos; senador con licencia y con posibilidad de retornar a ocupar esa curul, y gobernador sustituto hasta que se agotara su mandato constitucional.

D) Finalmente, en materia de procedimiento, se violó también el artículo 72 de la Constitución que niega la posibilidad de votar un mismo asunto dentro del mismo periodo de sesiones (no digamos el mismo día). Dice el jurista Elizur Arteaga al respecto: "El precepto parte del supuesto, válido, por cierto, de que dentro de un mismo periodo no se pueden presentar los elementos suficientes como para cambiar el criterio de los legisladores respecto de una materia que ya han resuelto".[1]

Más allá de que no sorprendió que Velasco violentara la ley, lo que cabe destacar es que Morena había ofrecido establecer un verdadero Estado de derecho como parte del cambio verdadero, además de la promesa específica de López Obrador: "Nada ni nadie por encima de la ley". El uso de la mayoría parlamentaria para tomar decisiones por encima de la ley, llamado "mayoriteo" en tiempos del PRI, fue altamente condenado por la oposición en su momento, incluida la izquierda. Ahora, en situación de mayoría, a Morena no le importó ya incurrir en aquello que antes denunciaba, lo que no ayuda mucho a modificar el régimen y las prácticas políticas que claramente fueron rechazadas en las urnas. Pero muchos devotos de López Obrador lo justifican en términos pragmáticos, como lo hacían los priistas en sus tiempos, lo cual pone en duda que Morena en realidad sea el "referente moral" y el eje del cambio verdadero que proclama ser.

Pero está también lo que en términos de congruencia ética implica la alianza de Morena con el PVEM; este último es el partido más desprestigiado y denostado por sus frecuentes transgresiones y maniobras políticas, al grado de que incluso la oposición (incluido Morena) exigió retirarle el registro en 2015 a partir de una violación de la ley sistemática y recurrente (según señala la propia legislación electoral). Pero el mismo día en que se concedió ilegalmente el permiso al senador-gobernador Velasco, en la Cámara Baja se anunció que cinco diputados verdes pasaban formalmente a la bancada de Morena, con lo cual este partido se hacía de la mayoría absoluta (de 252 diputados), lo que evidentemente le generaría grandes ventajas. No era del todo sorpresivo que eso ocurriera (varios analistas lo habían anticipado), pero sí revela la incongruencia ética de Morena. Ante lo cual, si bien varios seguidores de López Obrador quisieron justificar y minimizar el hecho (a partir del pragmatismo que antes condenaban en otros), algunos obradoristas e ideólogos más congruentes denunciaron el episodio, lamentando que se incurriera en lo que antes se denunciaba. Es el caso de Lorenzo Meyer, quien escribió:

La maniobra, además de ser una posible violación a la Constitución, es ridícula, innecesaria, ilegítima e inmoral. El retorno por tres meses de Velasco a la gubernatura no se explica en función de ningún interés genuino de Chiapas, y sólo fue posible porque a cambio de la licencia, el PVEM "cedió" a Morena cinco diputados para que tuviera mayoría en la Cámara Baja.

Los cinco "verdes" hoy morenistas provienen de un partido despreciado por los votantes, que debió haber desaparecido hace tiempo, y le van a costar muy caro a Morena en términos de imagen y razón de ser.[2]

En realidad, el acercamiento con el PVEM era esperable; se trata de un pragmatismo político de López Obrador que ya había sido detectado tiempo antes de la elección de 2018, y que contradice su discurso de purismo moral y de no supeditar los fines a los medios elegidos. Es uno de los giros que dio López Obrador respecto de las elecciones previas en 2006 y 2012. En 2006 mantuvo una postura rígida pero congruente con sus valores, al no aceptar por ejemplo una alianza con Elba Esther Gordillo, quien la buscó antes que con Calderón. Incluso rechazó que Patricia Mercado, del Partido Alternativa Social-Demócrata y Campesina (PASC), declinara a favor suyo a cambio de firmar la agenda de libertades de conciencia, con la que López Obrador había mostrado cierta renuencia. Pero esas decisiones fueron consideradas como parte de la explicación de la derrota, y de cara a 2018 decidió AMLO dar un giro de 180 grados. Empezó a aceptar a miembros de los partidos de la mafia, incluso con antecedentes o trayectorias cuestionables, si a cambio aportaban algo a la causa de Morena. Un caso paradigmático pero poco difundido fue el del priista tabasqueño Evaristo Hernández Cruz, quien siendo candidato en 2015 a la alcaldía de Tabasco fue señalado por López Obrador como corrupto. Dicha elección se anuló y Hernández no repitió ya como candidato priista, por lo cual decidió tocar las puertas de Morena, y AMLO lo recibió con los brazos abiertos. Ante la incongruencia de haberlo considerado como corrupto y ahora abrigarlo, dijo el líder nato de Morena: "[Hernández Cruz] Ha tomado la decisión de sumarse a esta lucha y eso lo exonera. Todo el que está en el PRI y decide pasarse a Morena [...] se le debe de perdonar [...] Al momento en que se sale del PRI, se limpió".[3] La misma frase puede aplicarse también a otros casos, cambiando la parte de PRI por PRD, PAN, PVEM, PES o cualquier otro partido. Habiendo pertenecido a la mafia del poder, y probablemente ser parte de aquello que fue satanizado por López Obrador (el neoliberalismo, el Fobaproa, el Pacto por México, los fraudes a la izquierda de 1988 y 2006), en el momento en que deciden sumarse a Morena los nuevos reclutas quedan absueltos y son bienvenidos. Lo que sugiere que su verdadero pecado político no era favorecer a la mafia o incurrir en abusos, o incluso corrupción, sino no apoyar a López Obrador. La facilidad con que se recibe a nuevos miembros en el obradorismo e incluso se les hace candidatos se reflejó en el caso de José Luis Abarca en Iguala, quien pese a las advertencias hechas a AMLO sobre los vínculos de aquél con el narcotráfico, le dio su bendición para ser candidato en esa ciudad. Otro tanto ocurrió con Eva Cadena, diputada local por Morena en Veracruz, que fue después nominada candidata a alcaldesa. Pese a los gritos de rechazo y advertencia que recibió en un mitin, AMLO aseguró que no era corrupta. Poco después aparecieron videos de ella recibiendo dinero ilícito. Entonces Yeidckol Polevnsky dijo que Cadena había sido víctima de un engaño, pero ante lo contundente del caso modificó la versión y la hizo aparecer como parte interesada de una conjura contra AMLO. Dijo entonces Polevnksy: "Eva Cadena no es cercana a López Obrador [...] recientemente había renunciado a Acción Nacional". Y consideró que, por lo mismo, el video que la exhibe podría tener que ver con ese partido y su gobernador Miguel Ángel Yunes.[4] Insistió Polevnsky: "Primero pensé que le habían hecho un cuatro y la habían chamaqueado [...] Pero en este momento [...] creo que tiene la intención de dañar las campañas electorales de Morena".[5] Eso, a partir de su anterior militancia panista, en cuyo caso cabía preguntar: ¿ése es el cuidado con que se reclutan nuevos militantes? Y también: ¿importa o no la extracción política de los nuevos militantes de Morena? Al respecto escribió Julio Hernández:

[El incidente de Eva Cadena] debería ser asumido por sus dirigentes [de Morena] como una oportuna alerta respecto de los evidentes riesgos de distorsión, infiltración y manipulación que conlleva de manera natural la demasiado laxa apertura de la joven organización lopezobradorista hacia cuadros políticos ajenos y contradictorios, en aras de una supuesta necesidad táctica de alianzas electorales para afianzar el triunfo del tabasqueño en 2018 [...]

El verdadero golpe a Morena provendrá de su propia incapacidad para la autocrítica y de una galopante incapacidad para revisar el modelo de adopción de figuras externas.[6]

En efecto, el reclutamiento de militantes de otros partidos sin mayor filtro generó inconformidad en varios obradoristas, que veían esa política de "puertas abiertas" como algo incongruente con los códigos éticos que se pretendían cumplir, y por ende con el riesgo de que Morena terminara por desvirtuarse moralmente, como había ocurrido con otros partidos. Por ejemplo, Lorenzo Meyer escribió al respecto:

[La] dirigencia [de Morena] debería ser particularmente cuidadosa en la aceptación de cuadros de otros partidos. Morena no debe repetir la triste historia de priización de las dos grandes oposiciones fallidas: PAN y PRD, pues ello le acarrearía un gran costo moral y electoral […] Es claro que la política, la lucha por el poder, se lleva a cabo bajo las reglas del realismo sintetizadas por Maquiavelo.

Morena necesita operadores rudos […] pero debe ser muy selectiva en la admisión y no dejar que la tomen por asalto los que ya son expertos en asaltos a las arcas y a la credulidad ciudadana. En ese caso, el realismo sin una buena dosis de honestidad probada, podría llevar al naufragio del proyecto alternativo, y México ya no merece más fracasos.[7]

Ante tales reclamos, López Obrador fijó un criterio en la selección de nuevos miembros de Morena. Durante el Consejo Nacional de Morena en 2017, el candidato único señaló: "Mucha gente ve que Morena ha crecido tanto que voltean a ver al partido como una idea de los puestos y los cargos, y lo que nosotros queremos no es eso. Lo que queremos es que realmente lo que hagan es que la gente quiera servir realmente a transformar el país".[8] Sin embargo, pronto se vio que ese filtro no fue en realidad operante. Vinieron nuevas adquisiciones de Morena que reflejaban que dicha directriz fue pasada por alto; eran personajes con una trayectoria política cuestionable o con una ideología contraria a Morena, pero que por un cargo o candidatura aceptaban integrarse al nuevo partido. No parecía que su motivación fuera "servir a México", sino las candidaturas en cuestión; fue el caso de los panistas Gabriela Cuevas, Germán Martínez Cázares y Manuel Espino (estos dos últimos considerados por los obradoristas como implicados en lo que para ellos fue un gran fraude en 2006). Y en 2017 se gestó la alianza con Elba Esther Gordillo que si bien estaba detenida, seguía ejerciendo influencia sobre una parte del SNTE. También molestó a algunos obradoristas genuinamente de izquierda la coalición electoral que se celebró con el ultraconservador Partido Encuentro Social

(PES), de tinte confesional (cristianismo evangélico). El maquiavelismo se imponía sobre la congruencia ética que se predicaba; todo parecía valerse para ganar la elección (como ocurría en otros partidos, lo que en su momento había sido moralmente condenado por López Obrador y los suyos). Sin embargo, los obradoristas aceptaron ese pragmatismo, pensando que una vez lograda esa meta se retornaría a la defensa de los valores éticos por encima del pragmatismo. No suele ocurrir así; diría Maquiavelo que quienes son pragmáticos para acceder al poder (el fin justifica los medios), también lo serán una vez en el poder para ampliarlo y preservarlo. La alianza con Manuel Velasco y el PVEM, y con muchos otros políticos impresentables, parece confirmar ese principio maquiavelista también en Morena, como antes en el PRI o el PAN. Y poco después, en febrero de 2019, nueve diputados del PRD lo abandonaron para orbitar alrededor de la coalición morenista. Entre los separatistas está Ricardo Gallardo, hasta entonces coordinador de la bancada, preso en 2015 por peculado, asociación delictuosa y desvío de recursos. Salió libre no por ser declarado inocente, sino por fallas en el debido proceso.[9] Sobre dicha política de Morena de recibir a quien sea (o casi) sin filtros, dice Aguilar Camín: "Como el antiguo PRI, Morena es un partido/movimiento que aspira a cacharlo todo, a ser el nuevo recipiente de la diversidad nacional. Morena no quiere ser un partido sino el molde de una nueva hegemonía nacionalista y nacional".[10] Como lo destacó Jesús Silva-Herzog:

Del extremo del sectarismo, López Obrador se ha desplazado al punto contrario: el oportunismo. Su coalición no es ya ni sombra de su base política […] El caudillo lo ha entregado al cálculo de sus ambiciones. La lealtad de hoy puede vencer a la deshonestidad de ayer; los mafiosos pueden transformarse en abanderados de la regeneración nacional, los bandidos pueden ser perdonados por la infinita bondad del prócer. Morena ya ha sido sacrificada.

Al caudillo le sirven los foxistas, los calderonistas, los zedillistas, los salinistas. Todos caben, ha dicho la presidenta de Morena […] Su política no es nueva. La conocemos en México como priismo. López Obrador ha vuelto a sus orígenes: ha fundado un partido con la ambición de recoger a todos los ambiciosos, un partido en el que las ideas no importan.[11]

El recurso de aceptar impresentables no fue sólo una estrategia de campaña como suponían muchos obradoristas, sino que será una línea permanente para incrementar al poder de Morena y de su líder nato.

Segunda parte

LA GRAN ESPERANZA

VI. LA AUTODENOMINADA CUARTA
TRANSFORMACIÓN MEXICANA

Es conocida la anécdota según la cual cuando se le preguntó a Chu
En-lai en pleno siglo XX qué efectos había tenido la Revolución fran-
cesa, respondió: "Es muy pronto para saberlo". Pero en México podemos detectar cambios profundos aun antes de que ocurran, e incluso
bautizarlos y saber quién será el adalid de la gesta. Como señala José
Woldenberg: "La autoproclamada Cuarta Transformación [es] presuntamente equiparable a las tres anteriores. Una especie de megalomanía
por anticipado; antes de ser y hacer, la coronación publicitaria".[1] Y
Wichy García agrega, refiriéndose a las tres primeras revoluciones de
México (Independencia, Reforma y Revolución):

> Ninguna de estas transformaciones, fueron anunciadas como tales [...] Juárez
> y Madero [...] no podían estar seguros de que sus esfuerzos llevarían a una
> gran mutación social radical [...] en su tiempo nadie anunció que tales epo-
> peyas serían la consecución lógica de aquella tradición nacional de transfor-
> maciones al por mayor inaugurada por el padre Hidalgo y sus campanadas.
> Dichas transformaciones ocurrieron, tuvieron consecuencias y después, sólo
> después, fueron registradas como tales en la historia.[2]

En efecto, López Obrador no sólo prometió un buen gobierno, sino
un cambio profundo, radical y definitivo del país hacia su plenitud y
desarrollo; lo que llama un nuevo régimen político, económico y social.
Así lo ha repetido varias veces: "Nuestro movimiento [...] no limita su
propósito a un simple cambio de gobierno, sino que tiene como objetivo superar para siempre el régimen corrupto y despiadado que prevalecía".[3] La autodenominada Cuarta Transformación ofrece conseguir
"para siempre" todo aquello que en las tres previas quedó pendiente.
Oficialmente se reconocen tres grandes revoluciones (transformaciones)

nacionales: la Independencia, la Reforma y la Revolución mexicana, que en muchos de sus objetivos se quedaron cortas.[4] Algunos autores no oficiales reconocen otras transformaciones, desde la Conquista misma, que dio origen a la nación mexicana, las reformas borbónicas del siglo XVIII, la Independencia, la Reforma liberal, la Revolución de 1910, el cardenismo y, a partir de 1988, la democratización. En tal caso, la que López Obrador pretende no sería la Cuarta Transformación, sino la octava (suponiendo que se lograra). Pero dado que oficialmente ha habido tres revoluciones, la que ahora ofrece AMLO sería una Cuarta Transformación, a partir de 2018.

La idea que ha prevalecido en esas tres transformaciones históricas es justo el desmantelamiento del orden virreinal que heredamos; un orden producto de la Conquista, vertical, autoritario, patrimonialista, clasista, racista, en el que las élites se beneficiaban de la explotación del resto de la sociedad, generando gran desigualdad en la distribución del ingreso (el "país de la desigualdad", decía Humboldt en una época en la que todo el mundo era bastante desigual). Dice el historiador Arturo Uslar Pietri sobre los países latinoamericanos (con quienes compartimos historia y cultura): "Nacemos de un pecado original que no hemos terminado de purgar. Ese pecado, en su forma más simple, está constituido por el sometimiento y ruptura de las culturas indígenas y por la cruenta lucha de dominación que los conquistadores llevaron a cabo, hasta formar una nueva realidad social, política y cultural".[5]

Ése es el punto de partida para entender la complejidad histórica y actual de América Latina en general, y de México en particular. De ese traumático acontecimiento surgió un régimen que duró más tiempo que lo que llevamos como naciones independientes, y cuya impronta no hemos podido borrar (en sus aspectos negativos). Por supuesto, tal ordenamiento se tradujo muy pronto en una sociedad sumamente injusta y con una fuerte concentración del ingreso en un puñado de peninsulares y sus descendientes directos, los criollos. Se trataba de un régimen de grave explotación. Decía Lucas Alamán:

La clase española —en la que se incluye a los criollos— era la predominante en Nueva España, y esto no por su número, sino por su influjo y poder, y como el número menor no puede prevalecer sobre el mayor en las instituciones políticas, sino por el efecto de los privilegios de que goce, las leyes habían tenido por principal objeto asegurar en ella esta prepotencia. Ella poseía casi toda la riqueza del país; en ella se hallaba la ilustración que se conocía; ella sola obtenía de los derechos políticos y civiles.[6]

Pero la legitimación de dicho orden respondía a consideraciones y valores muy lejanos a nuestro entender moderno; no era sino el resultado del derecho de conquista de los españoles que, como la antigua nobleza europea, habían adquirido con la espada el privilegio de usufructuar estas tierras y disponer de sus recursos y habitantes. Y con todo, los iberos sintieron necesidad de disimular tan duro sistema de opresión con un manto más amable: la evangelización. Se puede decir entonces que operaba una doble legitimación; la evangelización y el derecho de conquista; la cruz por delante, la espada como su reverso. Ello marcó el destino de este país y el subcontinente latinoamericano. Tal como lo señala el historiador L. B. Simpson: "Aparte de las consecuencias económicas de la Conquista, y en íntima relación con ella, la tradición de la hidalguía causó efectos profundísimos en la psicología y costumbres sociales de los blancos de la Nueva España".[7] Pero de la Conquista —parto nacional y estigma histórico— surge buena parte de las contradicciones de nuestra idiosincrasia. Del orden virreinal pudieran provenir muchos de los vicios actuales de nuestra cultura política, como lo es por un lado la endémica corrupción, pero también el paternalismo tanto de la clase burocrática como del pueblo, que en lugar de ver la forma de salir adelante estira la mano en espera de la solución proveniente del gobierno. El paternalismo tiene quizá su origen en las leyes especiales de protección a los indios, que los reyes españoles promulgaron para defenderlos de los muchos abusos de que eran objeto por sus nuevos patrones. O la preservación de los famosos "usos y costumbres" de las comunidades indígenas, muchos de los cuales entorpecen y retrasan su integración a la cultura nacional. Desde luego, explica Alamán, las intenciones de los soberanos:

… siempre fueron las de conservar y proteger a los indios, a hacer en su favor esta legislación que puede decirse toda de excepciones y privilegios. Autorizóseles desde luego a conservar las leyes y costumbres que antes de la Conquista

tenían para su buen gobierno y policía, con tal que no fuesen contrarias a la
religión católica [...]

No estaban sujetos al servicio militar ni al pago de diezmos y contribucio-
nes, fuera de un moderado tributo personal [...] una parte del cual se inver-
tía en la manutención de hospitales destinados a su socorro [...] no se les
cobraban derechos en sus juicios, que debían ser a verdad sabida para evitar
dilaciones y costos.[8]

No es que tales provisiones no buscaran la protección y la justicia de
la clase conquistada, sino que de ello pudo derivarse una actitud de dejar
principalmente al gobierno y las autoridades la solución de los problemas y vicisitudes, en lo que justamente conocemos como paternalismo,
generalmente considerado como un mal cultural. Por otro lado, dice el
historiador José Manuel Villalpando:

[El gobierno ordinario] lo entregaron [los españoles] a individuos que debían
sus puestos no a sus méritos ni a su valor, no a sus virtudes o estudios, sino a
que lo habían adquirido mediante el indignante sistema de una subasta [...]
La gente común y corriente sabía perfectamente que cualquier asunto que
tuviese con la administración pública podía ser arreglado más fácil y rápidamente mediante una generosa dádiva al funcionario implicado.[9]

Era la forma de controlar el gobierno pese a la distancia entre
metrópoli y colonia. Pero eso provocaba que quienes compraban un
cargo tuvieran después que reponer el gasto y hacerlo rentable para
el comprador, lo que legitimó la extracción sistemática de los fondos
públicos, mismos que iban a dar a los bolsillos de burócratas y gobernantes de distinto nivel. "La corrupción se institucionalizó en la Nueva España —concluye Villalpando— pues en ella participaban los tres
actores fundamentales de la deshonestidad: el rey, el funcionario y la
gente".[10] Podría aventurarse que la desorganización e improvisación que
caracterizan la vida social y administrativa de México tuvieron sus raí-
ces en el Virreinato. Igualmente la lejanía entre metrópoli y colonia era
fruto de corrupción y desorden. Por lo cual Alamán comenta el estado
de desconcierto que encontró el veedor (una especie de auditor) Cristóbal de Tapia en los albores del nuevo régimen:

Nótese desde luego el desorden y confusión que causaba en la administración de los establecimientos españoles en América la intervención de diversas
autoridades, sin haber fijado los conductos graduales de dar curso a sus disposiciones [...]

Todo lo cual manifiesta cuán indispensable es para que la acción de un
gobierno sea efectiva, que cada uno de los agentes que emplea tengan atribu-
ciones determinadas, que éstas estén en relación entre sí, que las disposiciones
sigan un orden de comunicación inmutable desde el poder hasta el individuo
que ha de cumplirlas [...]

Sin lo cual [...] la máquina política no tiene más que un movimiento
incierto, las ruedas que la componen, sin combinación entre sí, andan a la ven-
tura o se embarazan unas a otras, el trabajo crece innecesariamente y el respeto y la obediencia se pierden o debilitan.[11]

Más parece una descripción de la administración pública que
actualmente tenemos —que siempre hemos tenido—, y justo por eso,
ubicar su origen en los desmanes administrativos del Virreinato no
resulta del todo descabellado. Por cierto, dice Alamán: "Los capitanes
amigos de Cortés le escribieron que Tapia era un hombre *accesible al
interés*, y que mandase tejuelos de oro y barras con lo que le amansarían",
cosa que ocurrió (no deja de llamar la atención la elegancia con la que
los conquistadores se referían a la corrupción). Diego de Ocaña resal-
taba el poder corruptor del dinero y sus poseedores, "porque los ricos
y el oro tienen tanto poder que ciegan los corazones y tapan los oídos y
hacen hablar a unos y enmudecer a otros".[12]

Ante todo lo cual surgieron varios movimientos para desmantelar
ese injusto orden sociopolítico y sustituirlo por uno democrático, justo, sin clasismo ni racismo, igualitario y meritocrático. Pero los avances
han sido limitados. Eso, debido a que las élites que se lo han propuesto,
al llegar al poder se beneficiaron también del viejo orden en lugar de
desmantelarlo (si bien hicieron algunos cambios reales —aunque insuficientes— para legitimarse). De acuerdo con la historia oficial, el orden
virreinal fue gradualmente desmantelado a partir de las guerras populares, la Independencia, la Reforma y la Revolución, incorporando en la
vida social mexicana valores de democracia, libertad económica, igualdad jurídica y justicia social. Fue éste el programa político y social sus-

tentado originalmente por los insurgentes (sobre todo con Morelos), por los liberales más tarde (sobre todo en la Constitución de 1857) y finalmente por los revolucionarios de 1910-1920. Se trata pues de un ideario enarbolado en los tres grandes movimientos épicos que constituyen la espina dorsal de nuestra historia moderna. Muchos mexicanos creen esto a pie juntillas, y consideran el orden virreinal como algo completamente superado, un pasado remoto que nos es esencialmente ya ajeno.

Pero deteniéndonos tan sólo un poco en nuestra realidad actual podríamos concluir que la sociedad mexicana muestra todavía un vasto legado de ese pasado virreinal. En esencia, tanto el Porfiriato como el régimen posrevolucionario, aunque democráticos formalmente, siguieron siendo centralizados y verticales; se preservó la impunidad de los gobernantes, los recursos de la nación no pertenecían legalmente al soberano pero la clase política actuó en los hechos como si fueran suyos; la estructura económica continuó siendo fundamentalmente oligopólica; la movilidad social fue un proceso sumamente obstaculizado y la estructura de clases todavía muy rígida; el racismo ha sido desterrado de nuestras leyes pero no de las conciencias ni de buena parte de las costumbres; México es aún hoy uno de los países más injustos del mundo en lo que hace a la distribución del ingreso. Es decir, todavía vivimos, en buena medida, con el Virreinato a cuestas. La actual pirámide social es más flexible sin duda, y menos restrictiva. Pero quienes han vivido en su cúspide se han beneficiado en exceso. Enormes fortunas se acumularon gracias a la funcionalidad de la nueva pirámide posrevolucionaria de manera parecida a las riquezas generadas por las concesiones hechas a las élites virreinales. Volviendo a Alamán, la Conquista y el Virreinato ponen los cimientos perdurables de la nación de ahí surgida: "La Conquista […] ha venido a crear una nueva nación en la cual no queda rastro alguno de lo que antes existió [la sociedad prehispánica]; religión, lengua, costumbres, leyes, habitantes, todo es resultado de la Conquista y en ella no deben examinarse los males pasajeros que causó, sino los efectos permanentes […] que permanecerán mientras exista esta nación".[13]

Octavio Paz señaló en relación con los nacientes países de Latinoamérica en el siglo XIX:

En Hispanoamérica [las constituciones liberales] sólo servían para vestir a la moderna las supervivencias del sistema colonial. La ideología liberal y democrática, lejos de expresar nuestra situación histórica concreta, la ocultaba.

La mentira política se instaló en nuestros pueblos casi constitucionalmente [...] Durante más de cien años hemos sufrido regímenes de fuerza, al servicio de las oligarquías feudales, pero que utilizan el lenguaje de la libertad. Esta situación se ha prolongado hasta nuestros días.[14]

Durante la campaña electoral de 1988 diversos grupos campesinos y otros miembros de las clases más desprotegidas de México expresaron su sentir a través de cartas enviadas al entonces candidato del Frente Democrático Nacional, Cuauhtémoc Cárdenas, en la víspera de la controvertida y tensa elección presidencial que se aproximaba. La conexión que estos campesinos hacen del Virreinato con el Porfiriato y después con el régimen posrevolucionario es inequívoca. No palpan cambios reales en las luchas populares por desmantelar el orden virreinal. No son pocas las alusiones en este sentido: "Nosotros los pobres —dice alguien en Morelos— he pensado [sic] que no tenemos ningún apoyo, sólo he entendido que hemos estado viviendo una vez más la época de los españoles corruptos también". Y un otomí describe la historia de su pueblo como "más de cinco siglos de colonialismo y explotación, trabajando para el dominador. Los indígenas hemos sido relegados a niveles casi infrahumanos en esta sociedad". Una idea recurrente que llama la atención es cómo los efectos de la Conquista continúan hasta el día de hoy. A los ojos de muchos indios y mestizos, son los criollos los que se siguen beneficiando del desarrollo nacional en detrimento de "los verdaderos mexicanos". La idea de la igualdad étnica y la fraternidad nacional en nuestro país no ha arraigado en esos grupos. Por lo mismo, describen a "la mafia que hay en la presidencia de la República" como "puros españoles y descendientes muy cercanos de españoles; desde cuándo vienen explotando el país y no se llenan de robarlo". Y otros agregan: "¡Qué desgracia!, nunca nos hemos podido quitar de encima, desde la Conquista, de que nos sigan robando los gachupines".[15] Visión que coincidía con las proclamas de los guerrilleros neozapatistas al levantarse en Chiapas, a principios de 1994: "Llevamos caminando y viviendo cientos de años y creyendo en promesas que nunca cumplieron [...] Siempre nos dijeron que fuéramos pacientes, que supiéramos esperar tiempos mejores, recomendaron prudencia y prometieron que el futuro sería mejor, pero ya vimos que no. Todo sigue igual o peor que como lo vivieron nuestros abuelos o padres".[16]

El experimento democrático en que se aventuró el país al menos desde 1988 tampoco ha logrado remover cabalmente las bases estructurales, sociales y culturales que hemos heredado de la Colonia, y que ni la Independencia, ni la Reforma ni la Revolución pudieron modificar sustancialmente. Ese pesado andamiaje ha demostrado ser sumamente resistente. La corrupción y la impunidad persisten hasta ahora sin importar el color del partido gobernante (a nivel federal o local). Pero en lugar de remover dicho régimen (aunque sin duda éste se fue transformando gradualmente en varios aspectos y de ahí la posibilidad de la alternancia de 2000), los nuevos gobernantes (del PAN) optaron por beneficiarse de éste, dejando varios de sus vicios y malas prácticas intocados. La corrupción, lejos de ser erradicada, se democratizó (entre todos los partidos) y la impunidad se mantuvo esencialmente a través de un pacto interpartidario. Fox llamó a su mandato "La revolución de la esperanza",[17] una esperanza nuevamente defraudada. Varios autores consideran que la democratización y la apertura económica que van de 1988 a 2018 constituiría un cambio de régimen (aunque limitado y no del todo exitoso). Dice sobre el particular José Woldenberg: "Temo [...] a la supresión de etapas importantes y productivas que no son valoradas por el discurso [obradorista de la Cuarta Transformación]. Una en especial es no sólo ninguneada sino suprimida. Me refiero a la transición democrática que vivió el país entre 1977 y 1997, y a los primeros años de una democracia naciente que forjaron novedades que deberíamos valorar y proteger".[18]

La razón de esa supresión deliberada es que los cambios económicos de ese periodo (neoliberalismo) no representan para AMLO una transformación sino una regresión al porfirismo. Como en otros países y movimientos del "socialismo del siglo XXI", el neoliberalismo es responsabilizado por López Obrador de todos los males y vicios de México.[19] Y en cuanto a los avances democráticos en esos años, tampoco le representan gran cosa, primero porque negó dicha democracia sistemáticamente (pese a haberle permitido llegar al poder en 2018), y segundo porque la democracia parece serle un obstáculo para realizar su proyecto transformador. "Da la impresión —agrega Woldenberg— que no sólo no se aprecia ese cambio, sino que se le desprecia y que se añora el despliegue de un poder presidencial sin contrapesos".[20] De ahí que sistemáticamente AMLO se refiera a la oposición, la disidencia, la autonomía institucional y los contrapesos como mera simulación, como perjudiciales a su labor transformadora, como aliados a intereses oscuros y corresponsables del desastre nacional, como obstáculos que deben ser removidos o sometidos a su control para lograr el "cambio verdadero". Sin duda que esa relativa democratización no fue suficiente para alcanzar otras metas, como mayor igualdad, superación de la pobreza, fin de la impunidad y combate serio a la corrupción, pero eso no significa que no se haya avanzado en cierta medida en contrapesar el poder, repartirlo más equilibradamente entre otros actores e instituciones, y frenar en alguna medida los abusos de poder. De hecho, puede decirse que pese a su insuficiencia éste ha sido el mayor y más esperanzador esfuerzo democratizador en la historia de México (ni la República Restaurada ni el gobierno de Madero resistieron demasiado el contragolpe del autoritarismo). Lo que procedería sería continuar y mejorar esa ruta democratizadora, no suprimirla en nombre de una utopía igualitaria (como ha ocurrido con los experimentos marxistas, con el Tercer Reich o con varios regímenes populistas más recientes).

En su comparación del neoliberalismo con el porfirismo, AMLO se presenta como el Madero de la nueva revolución, si bien ésta se daría por vía pacífica, como quiso hacerlo Madero. Dice López Obrador: "Como caído del cielo [... Madero era] el hombre a la medida, como lo demandaban las circunstancias; el ser providencial, como dirían los místicos; en palabras llanas, el dirigente que hacía falta para conducir al pueblo y comenzar la obra de transformación".[21] Al escribir esto, "hablando de Madero [AMLO] hablaba de sí mismo", sostiene Enrique Krauze.[22] De ahí probablemente el festejo del 1° de julio, aniversario de su triunfo, para posicionar esa fecha como una de carácter histórico: 16 de septiembre, inicio de la Independencia; 5 de febrero, fecha de la Constitución de 1857, paradigma de la Reforma; 20 de noviembre, inicio formal de la Revolución de 1910; 1° de julio, triunfo de López Obrador e inicio de la Cuarta Transformación.

Luis Rubio escribió al respecto: "Lo que AMLO llamó la Cuarta Transformación no es algo etéreo; se trata de una reorganización política íntegra, mucho más grande y ambiciosa que los tres próceres que él invoca como autores de las tres previas [...] El proyecto de AMLO es fundacional; hacer tabula rasa de lo existente para construir una plataforma que guíe el futuro del país".[23] Ésa puede ser la intención, pero de ahí a su cabal cumplimiento puede haber mucha distancia. Es peculiar, en todo caso, que las grandes transformaciones históricas sean catalogadas como tales por los historiadores tiempo después de que ocurrieron. Pues una cosa es lo que los movimientos sociales proclaman y otra lo que en realidad consiguen. Sobre dicha posibilidad, ha escrito Lorenzo Meyer:

> La insurgencia electoral de 2018 es en realidad una forma no violenta, muy institucional y civilizada, de una parte sustantiva de la ciudadanía mexicana, de poner al frente del gobierno a un líder y a un partido con el mandato de no seguir gestionando la exclusión, sino de tomar medidas que desemboquen en una descompresión social significativa [...]
>
> El gobierno que vendrá debe estar dispuesto a usar a fondo su gran capital de legitimidad —30 millones de votos— para empezar a abrir las compuertas de la descompresión social, ello liberaría, como ocurrió durante la Revolución, una gran energía creadora que hoy se malogra como resultado de la inmovilidad social.[24]

Curiosamente, es poca la población que ha oído hablar de la Cuarta Transformación; apenas 18%. Desde luego, entre quienes tienen estudios universitarios hay mayor consignación de esa promesa: 42%. De quienes tienen estudios básicos, sólo 12% ha oído la expresión. Incluso entre simpatizantes morenistas hay poca información al respecto; sólo 26% de ellos han escuchado sobre la Cuarta Transformación.[25] En realidad, el gran público identifica el proyecto de AMLO no a partir de esta expresión, sino de sus promesas concretas; crecimiento económico, reducción de la desigualdad, combate a la pobreza, erradicación de la corrupción, disminución de la violencia, etcétera. Para despejar la incógnita de qué se pretende y qué puede significar la Cuarta Transformación (la de AMLO) el logotipo del gobierno obradorista pretende enviar varias señales (ahí aparecen Morelos, Juárez, Madero y Lázaro

Cárdenas). Se destacan los líderes visibles de las tres revoluciones previas. De la Independencia se rescata la soberanía y el nacionalismo, así como un proyecto inicial de Morelos; de la Reforma, la separación entre el Estado y la Iglesia (que en la Cuarta Transformación tendría el paralelismo con la separación entre poder económico y político), así como los ideales republicanos. De Madero se reivindica la democracia política y el sufragio efectivo (y respetando la no reelección presidencial, según ha asegurado varias veces López Obrador). Y de Lázaro Cárdenas se adopta el proyecto de justicia social, si bien el régimen político cardenista no era nada de lo que Madero había proyectado, sino un autoritarismo, corporativo e institucional. Existe el riesgo de que AMLO intentará reproducir tanto como sea posible el régimen cardenista; concentración del poder, y su institucionalización, el sacrificio de mecanismos democráticos como vía para conseguir mayor justicia social y desarrollo económico. De ser así, los símbolos republicanos y democráticos de Juárez y Madero servirían sólo para encubrir, disimular, la recreación del régimen cardenista, poco democrático. Y si una de las aportaciones de Juárez fue el Estado laico, éste no parece tener como defensor a AMLO, que habla y declara como predicador religioso, incluyendo citas bíblicas.

En todo caso, habrá que ver hasta dónde llega este nuevo impulso de cambio social (el cambio verdadero, le llaman) y en qué sentido se dirige. Pero todo apunta a una regresión política en términos de concentración del poder, como ocurría con el presidencialismo priista y en términos económicos, la vuelta a un pasado idílico como el desarrollo estabilizador o compartido, lo que podría pensarse como una "utopía regresiva", según llamó Fernando Henrique Cardoso a los proyectos socialistas o de izquierda populista de los países latinoamericanos.[26] Sólo después de cierto tiempo podrá evaluarse si en efecto se trató de una profunda transformación de México, o bien de otra más de las múltiples ocurrencias y promesas incumplidas de los gobernantes mexicanos. O peor aún, una franca regresión política y económica. Como lo dice Wichy García:

Como en [otros] países previamente maltratados por el populismo de izquierda, México podría estar a las puertas del uso viciado, automático, casi catatónico de un concepto grandilocuente, uno que suena hermoso a los oídos de una masa de seguidores dispuesta a repetirlo a cada minuto.

Esto, con independencia de que esté aconteciendo una verdadera transformación en el país, o sólo se siga etiquetando, de manera triunfalista, un proceso conservador disfrazado de reformismo, o bien uno desintegrador de las potencialidades económicas y socioculturales de la nación.[27]

López Obrador hizo una promesa enorme, casi una utopía. De concretarla de manera suficiente, desde luego que la historia consignaría este proceso como una genuina Cuarta Transformación, la más profunda y definitiva de todas las previas. De no conseguirse tan elevadas metas de manera satisfactoria, y de caer la "nueva" élite gobernante en la tentación de beneficiarse del poder (como hicieron las élites de las otras tres revoluciones y del periodo de democratización), lo de la Cuarta Transformación quedaría como otro eslogan publicitario más, como mera retórica política, muy eficaz en su momento, pero hasta ahí.

VII. MORENA
Y EL FORO DE SÃO PAULO

Durante el proceso presidencial de 2006 el PAN difundió propaganda equiparando a Hugo Chávez con López Obrador y añadiendo que por esa razón era "un peligro para México". Dicha imagen quedó como parte de la campaña negativa (o guerra sucia) en esa elección. En dicha publicidad se hacía una comparación entre Hugo Chávez, el gobernante populista de Venezuela, y el estilo político de López Obrador, sugiriendo que en eso desembocaría un eventual gobierno obradorista. AMLO siempre negó cualquier cercanía con ese régimen o sus dirigentes (tanto Chávez como su sucesor Nicolás Maduro). Sin embargo, algunos miembros del PRD cercanos al obradorismo expresaban de vez en vez su apoyo al modelo venezolano de Chávez, la llamada "revolución bolivariana". Bajo el gobierno de Chávez hubo expropiaciones arbitrarias, control o supresión de medios de comunicación y creciente centralización política, lo que generó fuga de capitales y reducción de las inversiones. Lo que empezó como un avance económico, dados los elevados precios del petróleo, terminó en un desastre económico, incluso catalogado como crisis humanitaria. Un decrecimiento económico de 18% en 2018, y 1 299 724% de inflación. Sobre la situación de Venezuela, escribió Octavio Rodríguez Araujo:

> Una inflación de tres dígitos (que amenaza con ser de cuatro), desabasto de medicinas y alimentos, mercado negro de divisas y de comercio, salarios de hambre semejantes a los de Cuba (30 dólares mensuales sin las prestaciones que el Estado ofrece en la isla), etcétera.
>
> En pocas palabras, mayor pobreza, hambre y desesperanza, por lo que la oposición no es sólo de quienes se identifican con las derechas sino de quienes apoyaban a Maduro hace unos años.

Caos económico que no sólo ha sido provocado por los empresarios dere-
chistas y acaparadores sino también por la impericia del gobierno y su corrupción [...] Y yo que pensaba que las izquierdas deben ser más democráticas
que las derechas.[1]

Hacia la elección de 2018 aparecieron videos donde dirigentes y
miembros destacados del recién creado Morena respaldaban la revolución bolivariana como modelo a seguir. Pero poco antes de las elecciones de 2017 apareció un tuit de la embajada de Venezuela agradeciendo
el franco apoyo de Morena a la causa del presidente Maduro: "Celebra-
mos el acompañamiento del partido Morena, su solidaridad y apoyo
irrestricto a la Revolución Bolivariana".[2] La dirigencia de Morena de
inmediato desmintió dicho respaldo, y la embajada retiró sus mensa-
jes en Twitter. Pero en un evento junto a la embajadora de Venezuela
(octubre de 2016), la ahora secretaria general de ese partido, Yeidckol
Polevnsky, pronunció las siguientes palabras:

> Maduro ha sido un presidente leal a los principios chavistas, ha sido un pre-
> sidente leal a su pueblo [pero] que ha tenido una guerra en contra [...] El
> gobierno de Venezuela, es un ejemplo para nuestra América [...] ayúdenos
> a hablar de la grandeza de Hugo Chávez y de lo grande que es el gobierno
> Bolivariano de Venezuela, de la admiración y el respeto que nos genera [...]
> Yo no puedo hacer otra cosa que honrar a Hugo Chávez.[3]

Por su parte, Héctor Díaz Polanco, dirigente de la Comisión de
Honestidad de Morena, había afirmado en una conferencia: "Digámos-
lo directo, la integración de México en la revolución bolivariana [...]
haría a mi juicio una gran diferencia con la situación que tenemos ahora. Necesitamos ampliar esa revolución".[4] Morena es uno de los muchos
partidos de izquierda latinoamericana que pertenecen al Foro de São
Paulo, fundado en 1990 por el Partido de los Trabajadores de Brasil. De
acuerdo con sus fundadores, el Foro fue constituido para reunir esfuerzos de los partidos y movimientos de izquierda, para debatir sobre el
escenario internacional después de la caída del muro de Berlín, así como
las consecuencias del neoliberalismo en los países de Latinoamérica y el
Caribe. Desde luego hay una directriz de tipo socialista que podría

abarcar desde un socialismo moderado hasta el proyecto marxista, adaptado a las nuevas circunstancias y a las condiciones de cada país.

En efecto, documentos elaborados en ese espacio parten del esquema marxista seguido por la Revolución cubana y varios movimientos guerrilleros de América Latina, con una diferencia sustancial en la forma de acceder al poder; ya no por la revolución armada dadas las dificultades que eso entraña en la mayoría de los casos, sino por la vía democrática a partir de la apertura política del subcontinente desde los años ochenta. La democracia política es la mejor manera de proteger y expandir los derechos de las minorías, así como de acceder al poder eventualmente. Pero dicho régimen no aparece ahí como un fin en sí mismo, sino más bien como un medio provisional, que puede ser modificado o incluso desechado una vez alcanzado el poder. Coincide con el esquema de la "democracia iliberal", que da acceso a líderes y partidos no precisamente democráticos que aprovechan la democracia para conquistar el poder, y desde ahí desmantelan gradualmente ese régimen para sustituirlo por uno centralizado. Y desde luego, económicamente prevalece una postura antineoliberal. En 2014 el vicepresidente de Bolivia, Álvaro García, señaló en ese foro que en "América Latina ha surgido de manera genérica un modelo posneoliberal [...] hoy el neoliberalismo es un arcaísmo que lo estamos botando al basurero de la historia, de donde nunca debió haber salido".[5]

En otro de los documentos del Foro, titulado *Consenso de Nuestra América*, y firmado en Managua, Nicaragua, en 2017, "año del centenario de la Revolución de Octubre y 50 aniversario de la caída del Che", está dedicado al comandante Fidel Castro, "y es una respuesta a la ofensiva imperial de nuestros adversarios, pues constituye el primer documento programático que ofrece el Foro de São Paulo a las fuerzas de izquierda y al pueblo latinoamericano". Se concibe ahí a la democracia política de manera parecida a como el marxismo lo hacía respecto de la "democracia burguesa", un régimen diseñado para favorecer a la burguesía (u oligarquía, o élites privilegiadas), por lo que no era lo adecuado para realizar una revolución social: "No debemos olvidar que las instituciones de la democracia funcional a los grupos de poder y al imperio en la mayoría de nuestros países, han sido construidas para limitar el ejercicio de los derechos democráticos de las mayorías en función del interés de las oligarquías locales". En esta óptica, la democracia política sirve a los grupos del poder y el imperio (estadounidense) para frenar la participación de las mayorías. Pero al mismo tiempo es un canal para que los partidos de izquierda (incluso los antidemocráticos) puedan acceder al poder, por lo cual: "Un asunto fundamental a tener en cuenta es que cuando en un sistema pluripartidista las fuerzas políticas con opción de poder representan intereses de clase antagónicos entre sí, las instituciones se convierten en trincheras de lucha y por tanto, el uso de esos espacios pasa a ser una prioridad estratégica de la lucha mientras el viejo modelo político no haya sido sustituido por el nuevo". Se trata por tanto de utilizar ese régimen, e incluso preservarlo, pero sólo "mientras no haya sido sustituido por el nuevo modelo político".

¿Y en qué consiste ese modelo que sustituiría a la democracia oligárquica o burguesa? En un régimen altamente centralizado, para así poder realizar las profundas transformaciones socioeconómicas que se plantean estos partidos. Algo no muy distinto a lo planteado en el marxismo a propósito de la "dictadura del proletariado". Dado que las transformaciones sociales afectarán a diversos grupos privilegiados, éstos recurrirán a los espacios democráticos para defender sus intereses, por lo cual cabe eliminar gradualmente a la democracia para neutralizar el poder de esos grupos. Así, dice este documento:

> El poder popular se expresa como el control del poder político del Estado, por un bloque histórico de fuerzas populares, que tengan un programa que se proponga las transformaciones estructurales que emanan del estudio de la realidad en cada país [...] Aparece como una propuesta y una experiencia en marcha, encaminada a superar la democracia liberal burguesa, punto de partida de nuestras transformaciones.

Se trata pues de "superar la democracia liberal-burguesa", es decir, desmantelarla para ser sustituida por un "poder popular" que controle no sólo el gobierno, sino la totalidad del Estado: "La lucha contra y por el control y transformación de las instituciones, implica una lucha por la hegemonía, siendo ésta una tarea mucho más difícil en la medida que no contemos con una mayoría política que apoye las transformaciones políticas, económicas y culturales". Se busca, en efecto, una hegemonía que implica tener mayorías políticas. Si no se tienen dichas mayorías y control suficiente, deben buscarse y ampliarse: "El proyecto de fortalecer y consolidar los avances de la economía social, implica insertarla dentro de una estrategia de la revolución y el socialismo, donde las tareas de la revolución política, entendida como la influencia, el control y la transformación democrática de las instituciones públicas, siguen siendo importantes, por las vías que sean posibles". Se utilizarán primero los canales democráticos (elecciones, partidos, competencia pluripartidista), y después se irá concentrando el poder gradualmente "por las vías que sean posibles". Y es que al plantearse un programa revolucionario que encontrará oposición, el pluralismo deja de ser operativo; es indispensable plantear las cosas de manera maniquea; enemigos y amigos del pueblo, beneficiario de dicha revolución: "Cuando hay procesos de cambio de orientación socialista y un sistema político que es pluripartidista, la posibilidad del desarrollo de fuerzas contrarrevolucionarias es obvia, aparecen desde el mismo momento en el que arriban al poder las fuerzas revolucionarias. El debate sobre revolución y contrarrevolución, sobre la hegemonía, es un punto central de este problema planteado".

Revolución frente a la contrarrevolución; los disidentes y opositores de ese gobierno revolucionario o transformador en automático se convierten en contrarrevolucionarios, por lo cual pierden toda legitimidad, y su supresión política se justifica. En México, esa misma idea empieza a expresarse; los adversarios pertenecen al antiguo régimen que ha sido derrotado, y se contraponen a la Cuarta Transformación que se realizará en beneficio del pueblo. Cuestionar a la Cuarta Transformación o desacatar al gobierno que la encarna equivale a confrontar al pueblo y ser una reminiscencia del antiguo régimen, responsable de todos los males del país. Las instituciones autónomas, al no estar subordinadas por definición al gobierno revolucionario o transformador, son parte de la contrarrevolución o del antiguo régimen, por lo que procede eliminarlas o someterlas. De ahí, que este documento del Foro de São Paulo establezca: "Una fuerza, política y socialmente organizada, se define por una posición política empeñada en acceder a la influencia y el control de las instituciones públicas del Estado: gobierno, parlamento, alcaldías, poder judicial y electoral, fuerzas armadas; así como por la construcción de una opinión pública que dispute la orientación moral e intelectual de la sociedad".

En otras palabras, reducir los contrapesos políticos y espacios de autonomía para así crear una nueva hegemonía que facilite llevar a cabo el proyecto socialista. La democracia política, por tanto, estorba como un fin en sí mismo, aunque haya sido un importante medio para acceder al poder. Una vez cubierta la primera fase —la conquista del poder— por vía democrática, la democracia política se constituye como obstáculo para realizar la revolución social (la Quinta República de Venezuela, la Nueva Argentina de Perón, o la Cuarta Transformación).

El orden neoliberal vigente debe combatirse "bajo una orientación socialista, combinando los aportes del socialismo estatista, en cuanto a la posesión de empresas públicas y la planificación, con las del socialismo asociativo, en cuanto a las relaciones sociales, o lo que es lo mismo, emprender la revolución y el socialismo desde arriba y desde abajo". Pero los cambios deben ser graduales, tanto en materia económica como política, para no generar desestabilización. El objetivo último es, con todo, sustituir tanto a la democracia liberal como el libre mercado:

> Valorar la importancia del mercado y de la democracia representativa no significa excluir una estrategia propia que los supere, democratizando la democracia burguesa y hacerla que funcione a favor de los nuevos intereses [...] Debemos tomar en cuenta al mercado para mantener la estabilidad económica y política, mientras crecemos, transformamos o sustituimos las instituciones del capital por las instituciones del trabajo.

Democratizar socialmente, centralizando el poder en el genuino representante del pueblo, y adecuarse temporalmente al mercado, con vistas a superarlo. Y es que las leyes del mercado internacional constituyen una fuerza que se percibe como obstáculo al cambio profundo socialista: "Es mucho más difícil eliminar el mercado que sustituir el capital privado por un capital público o por un capital privado-colectivo. El mayor problema dentro de las experiencias de transición al socialismo durante el siglo pasado, fue la lucha frente al mercado más que la lucha contra el capital privado".

Por otra parte, cabe la pregunta: ¿en qué consiste democratizar la democracia burguesa para que sirva al interés de la izquierda? En ampliar la democracia participativa tanto como sea posible: "El poder popular se basa en la democracia participativa directa y protagónica en los campos político y económico, en los cuales se plantea al máximo nivel la lucha de clases, así como en la disputa por la hegemonía ideológico-cultural". Se busca que la democracia participativa complemente a la democracia representativa, siempre y cuando no abarque todas las tomas de decisiones, y se haga por vías institucionales y equitativas. Pero puede ser un instrumento de presión a las instituciones que no estén subordinadas al gobierno, y eventualmente sujetas a control y manipulación. De modo tal que, dice el Foro: "Debe instaurarse paulatinamente otra democracia, cuya característica fundamental sea el ejercicio directo del poder por los ciudadanos como nuevos protagonistas de la vida política, suprimiendo así la mediatización política ejercida tradicionalmente por las clases dominantes a través de la usurpación de la soberanía popular".

En esta lógica, son las instituciones de la democracia representativa las que han usurpado la soberanía popular. La democracia directa devolvería dicha soberanía popular a sus dueños originarios. Sólo que en las sociedades modernas la democracia directa sin cortapisas se traduce, bien en tendencias anárquicas, bien en manipulación por parte de un autócrata. Por otra parte, los cambios políticos y económicos deben ser respaldados por una revolución de la conciencia, que no sólo destaca valores éticos y de honestidad, sino que incluye la ideologización socialista: "Alcanzar la hegemonía revolucionaria en lo ideológico-cultural es la meta revolucionaria más importante, ya que de ella depende el predominio en la conciencia social y en la actitud de los individuos, de valores morales y principios éticos respectivamente, indispensables para la efectividad del orden social al que aspiramos los revolucionarios". Para lo cual habrá de utilizarse como canal de adoctrinamiento el aparato educativo en su conjunto:

> Aquellos partidos que estén gobernando deben prestar particular interés en los programas y políticas educativas de su gobierno, tanto desde el punto de vista de su contenido, como en cuanto a los métodos y formas de impulsar la educación [...]
>
> La definición desde los gobiernos de izquierda, del *contenido curricular en las instituciones educativas,* orientado al patriotismo, el antiimperialismo y la ideología revolucionaria.

AMLO EN LA BALANZA

Y también se recomienda: "La educación no debe limitarse a escuelas propias, sino que hay que apostar llevar nuestro programa a los centros educativos convencionales, a través de los sindicatos de profesores y estudiantes, los medios de comunicación y otras formas de propaganda". La idea no es sólo aplicar políticas distintas a las neoliberales, sino enterrar de manera definitiva ese modelo, para lo cual es necesario satanizarlo en la mente colectiva, de modo que predomine un pensamiento único a favor del socialismo de este corte, lo cual no abona a favor de la democracia liberal (al fin burguesa), sino que desmantela sus bases de pluralismo y competencia legal. No se trata pues de defender y promover una opción política dentro de las reglas democráticas, aceptando la legitimidad del adversario, sino de eliminar las condiciones en que puedan resurgir las opciones distintas a la propia. De ahí que el documento destaque que "Lenin decía que *el problema fundamental de la revolución [...] es el problema del poder,* y que *lo decisivo es qué clase tiene el poder".* Es decir, debe despojarse de todo poder a los adversarios como condición para llevar a cabo la revolución social que se pretende.

Se podría pensar que los resultados arrojados por esa estrategia en Nicaragua, Venezuela y otros países dentro de este esquema generarían algunas dudas sobre su conveniencia. Por el contrario, destacan los logros en ésos y otros países miembros del Foro:

Las estrategias implementadas por el Frente Sandinista en Nicaragua, el PSUV en Venezuela, la Alianza País en Ecuador, el Movimiento Al Socialismo en Bolivia, y las particularidades del proceso de acumulación histórica y la consolidación del Frente Amplio de Uruguay, deben ser estudiadas y compartidas con los miembros del Foro, no como una receta sino como un ejemplo de construcción de un modelo transformador en el cual se tiene definido con claridad el sujeto de la transformación y los instrumentos de acción que permiten ir avanzando, accediendo, defendiendo y manteniendo el control de las instituciones [...]

Sería deseable divulgar, además, las experiencias de la democracia y el socialismo en Cuba, poco conocida en el exterior; la experiencia de las Misiones en el socialismo bolivariano de Venezuela; la experiencia de la Revolución Ciudadana en Ecuador, así como la experiencia del Socialismo Comunitario en Bolivia.

Al ser Morena parte de este Foro y firmante de este documento, no estaba quizá tan alejada la crítica de que ese partido veía con buenos ojos los modelos aplicados en varios países socialistas (y populistas) de América Latina. Ésta podría ser al menos en parte la línea y estrategia que siga el gobierno de López Obrador, o al menos eso sugiere su discurso político y algunas acciones emprendidas desde que tuvo lugar su triunfo electoral.

VIII. EL DESENCANTO
DEMOCRÁTICO

Un cambio de gobierno, una alternancia entre partidos, y con mayor razón un nuevo régimen, genera grandes expectativas en la población, en particular quienes pugnaron y votaron por ese cambio. La oposición suele presentar una narrativa en la cual todos los males del país en cuestión son consecuencia, bien del partido gobernante, bien del régimen político vigente, bien del modelo económico (o una combinación de ellos). La élite política tradicional suele ser presentada como un enemigo de la nación, una clase demoniaca que ha dañado gravemente el país, responsable de todos los problemas vigentes. Además, parte del discurso opositor consiste en exagerar los problemas para que se asimile la idea de que el cambio es urgente e indispensable. Sin duda que la élite gobernante puede haber incurrido en diversos abusos de poder, privilegios injustificables, así como omisiones, irresponsabilidad, descuido, soberbia y cinismo (lo que es frecuente en regímenes autoritarios u oligarquías de clase o partidocráticas). Así, la percepción ciudadana tiende en esa medida a ver la realidad política en términos maniqueos; los malos absolutos (que pueden serlo en buena medida, pero no siempre ni necesariamente de manera total), y los puros y honestos (la nueva clase gobernante, que probablemente no sea tan honesta ni tan pura, pero que ha logrado vender esa imagen); héroes impolutos de un lado y villanos irredentos del otro. En la medida en que muchos ciudadanos aceptan esa narrativa construida por los opositores, no sólo se movilizarán contra el régimen vigente —algo comprensible y generalmente sano—, sino que también se generará una gran expectativa de mejoría en diversos planos; político, social y económico a la llegada de la oposición, o por la instauración de la democracia en general. La oposición democrática ofrece el "oro y el moro", es decir, la solución a los varios problemas (no sólo una solución relativa, sino radical y definitiva), además de una sensible mejoría del nivel de vida para la sociedad en general. El problema con ello es que las expectativas generadas difícilmente pueden ser cumplidas cabalmente —algunas de las promesas simplemente son inalcanzables— y mucho menos en poco tiempo. Pero numerosos ciudadanos esperan que haya excelentes y prontos resultados. Sostiene Huntington: "En muchos países la lucha por instaurar una democracia fue vista como moral, peligrosa e importante; el colapso del autoritarismo generó entusiasmo y euforia".[1] De ahí las grandes expectativas de que los problemas endémicos serán resueltos eficaz y velozmente; algo imposible de conseguir.

En la medida en que eso es así, se genera un típico fenómeno en las transiciones político-democráticas: el desencanto con la democracia (y con el gobernante y el partido que en ese momento la encabeza). Y en efecto, una democracia incipiente podrá tener algunos logros de índole política, como mayores libertades, mayor respeto a los derechos humanos, menor impunidad ante el abuso de poder, mayor pluralidad política y posibilidades de alternancia de gobierno. Y aun eso puede llevar tiempo garantizarlo y sobre todo consolidarlo. Pero es difícil que en poco tiempo el nuevo régimen pueda satisfacer las demandas de orden económico —mayor crecimiento, empleos, inversiones— y social —más y mejor educación, mayor equidad y movilidad social, menor pobreza—. Dice Huntington: "En la gran mayoría de los casos, parece poco probable que [las nuevas democracias] puedan manejar estos problemas eficazmente y probablemente no serán más exitosas de lo que fueron sus predecesores autoritarios. Las insurgencias, la inflación, la pobreza, la deuda, la desigualdad y las excesivas burocracias continuarán en términos parecidos que en las décadas previas".[2] En la medida en que el cambio no ocurra, o no con la intensidad y prontitud esperada, sobreviene el desencanto en cada vez más amplios segmentos de la población. Si en la nueva democracia (o nuevo gobierno, o nuevo modelo económico) se van alcanzando algunos logros, quizá la decepción tardará más y sea menos intensa. Y si las cosas van muy bien no se presentará, o no en grado alarmante. Pero si los logros son insuficientes y más lentos de lo que esperaba la población, la decepción será más rápida y profunda. En esa medida, la democracia va perdiendo respaldo y legitimidad. Lo que a su vez puede dar lugar a nuevas regresiones, populistas, dictatoriales —incluidos golpes de Estado— e incluso revolucionarias.

En México, la no reelección del presidente (tras la muerte de Obregón) permitió una mayor continuidad del régimen de partido hegemónico, pues por un lado impedía la prolongación de la misma persona en la presidencia, con lo cual había cambio de gobierno, personas y a veces de política económica, aunque se diera dentro del mismo partido. Existía incluso la "teoría del péndulo" según la cual a cada tiempo se oscilaba de un gobierno más de derecha a otro más de izquierda (pasando quizá por uno más centrista). Eso sustituía en cierta medida el efecto renovador y esperanzador de las alternancias de gobierno en un sistema democrático y competitivo. A cada sexenio se generaba una nueva esperanza de mejoría y cambio con el nuevo presidente. Evidentemente, eso se fue debilitando, lo que implicaba pérdida de legitimidad del partido gobernante (el PRI) pero también del régimen hegemónico que garantizaba su continuidad en el poder, fuera cual fuera su desempeño. En esa medida, la élite gobernante se fue viendo obligada a abrir gradualmente el sistema político (si bien también registró retrocesos en ciertas circunstancias), permitiendo cada vez mayor competencia real. En 2000 se combinó una caída en votos y legitimidad del PRI con un nivel suficiente de competitividad electoral, tras varias reformas electorales en los años previos (siendo decisiva —que no definitiva— la de 1996).

Al generarse la primera alternancia pacífica, con Vicente Fox a la cabeza, éste hubo de enfrentar un caudal de elevadas expectativas de mejoría y cambio; crecimiento económico, fin de la impunidad, mejoras sociales y educativas. "No nos falles", le pidieron la noche de su victoria. En realidad, Fox no entendió ni el momento histórico ni la responsabilidad que cayó en sus manos; le pareció que lo único que el país anhelaba era la salida del PRI del gobierno, sin comprender que ése era el medio y no un fin en sí mismo; se trataba de que el nuevo partido gobernante hiciera los cambios que el PRI no quiso hacer. Fox dedicó la primera mitad de su gobierno a intentar algunas reformas estructurales rezagadas (en particular una energética y otra fiscal); pero el PRI, que mantuvo una mayoría relativa en el Congreso, lo bloqueó. Por otro lado, habiendo prometido combatir seriamente la corrupción y terminar con la impunidad, decidió darles carta de amnistía a los corruptos del gobierno anterior, y más bien permitió que miembros de su propio gobierno y partido (y familia política, según varios indicios) incurrieran en aquello que había combatido. La decepción democrática no tardó en llegar; en la elección intermedia el PAN perdió —en lugar de ganar— cerca de 100 curules en la Cámara Baja. En la segunda mitad de su gobierno Fox ya se enfocó en poner trabas para que López Obrador no fuera candidato, o una vez ahí no lograra su victoria (cosa que en efecto sucedió).

Ante todo lo cual, el favorito para 2006 era en efecto López Obrador. Una combinación de errores cometidos por él y de un esfuerzo gubernamental y empresarial para detenerlo provocó un triunfo dudoso y cerrado del candidato panista: Felipe Calderón. En ese momento no había ya muchas expectativas respecto al nuevo gobierno (el desencanto con el PAN ya se había dado durante el gobierno de Fox). Peor aún: es plausible la tesis de que para obtener la legitimidad que no obtuvo en las urnas, Calderón incurrió en una guerra frontal contra el crimen organizado. No que no hubiera motivos para ello, pero lanzó una estrategia precipitada, con un mal diagnóstico, sin planificarse, sin consultar a expertos y pactar con los aliados necesarios para obtener algunos resultados. El desconocimiento del tema por parte del ciudadano promedio provocó que la estrategia se tradujera en cierta legitimación por el desempeño de Calderón, los dos primeros años. Al cabo de ese tiempo, cuando la violencia, lejos de aminorarse, empezó a crecer, esa política se le revirtió, pues se le empezó a culpar de un grave error que dejaría al país en una situación de inseguridad y violencia sin parangón en décadas. Los homicidios, que venían disminuyendo desde años atrás, empezaron a incrementarse. De nuevo, en la elección intermedia el PAN sufrió un grave descalabro, perdiendo también cerca de 100 diputaciones. En la segunda mitad, la popularidad presidencial empezó a decaer y en la elección presidencial de 2012 la candidata panista quedó en tercer lugar con 25% de votación.

En esa elección, el público en general seguía experimentando desconfianza hacia López Obrador por su reacción poselectoral de 2006 y otros movimientos poco habituales. Y por otra parte, un segmento mayoritario del electorado decidió que había que dar una nueva oportunidad al PRI (que había reconstruido su gobernabilidad interna, no sin dificultad), probablemente bajo la expectativa de que ese partido, que por décadas había administrado el narcotráfico con bajos costos sociales y violencia limitada, podría recomponer el tiradero dejado por Calderón. No ocurrió así, pues Peña Nieto no modificó en casi nada la estrategia seguida por el panista y, como se sabe, mismas recetas generan mismos resultados. El número de muertes por el crimen organizado fue incluso algo mayor que el arrojado por el calderonismo. En cambio, los gobernantes priistas se dedicaron a saquear sus ámbitos de acción (a nivel federal y estatal). Pareciera que, lejos de haberse renovado y reformado, como lo aseguraban, los priistas llegaron a resarcirse de lo que habían dejado de robar durante los dos sexenios que quedaron en la oposición (al menos a nivel federal). Pensaron que su retorno al poder sería en los mismos términos que cuando prevalecía su hegemonía, y no sería penalizada en las urnas ni en la opinión pública. La decepción respecto de lo que se esperaba del gobierno de Peña fue enorme, y acompañada por un enorme enojo de buena parte de la sociedad. De hecho, se empezó a reflejar en las urnas en los comicios estatales de 2015 y sobre todo en los de 2016, que fue una debacle histórica para el PRI (aunque menor que la que sufriría en 2018); de 12 gubernaturas en disputa, el PRI se quedó con cinco. En la elección presidencial el tricolor obtuvo la votación para el Congreso más baja en su historia: 16% (frente al 22% que había tenido en su punto más bajo, en 2006), y para su candidato presidencial. En el Congreso le fue algo mejor, pero no mucho (según se vio ya).

Comenta Huntington que el deseo de retornar a un pasado idílico (y no muy democrático) tras la decepción democrática ocurre más frecuentemente en países donde "el autoritarismo ha sido suave, donde tuvo un relativo éxito económico y donde el régimen aceptó más o menos voluntariamente permitir la transición a una democracia".[3] Claramente es el caso de México frente a dictaduras unipartidistas y militares altamente represivas. Dice también Huntington que "las democracias se consolidan cuando la gente aprende que son una solución al problema de la tiranía, pero no necesariamente para otras cosas".[4] No fue el caso de México —ni de otros países—, donde se esperó que la incipiente democracia resolviera los viejos y nuevos problemas socioeconómicos, y al no hacerlo se genera la idea —consciente o inconsciente— de regresar a un modelo anterior, presumiblemente más exitoso.

El retroceso democrático en el mundo, derivado en buena parte de la decepción con la democracia, afecta a 25 países, entre los cuales están Estados Unidos, Brasil, India, Turquía, Rusia, Polonia y Hungría, de acuerdo con el indicador de *Varieties of Democracy*. Algunas de las razones de este retroceso democrático en el mundo son: "1) El debilitamiento de los valores democráticos entre la población y las élites políticas; 2) rezago o crisis económica bajo el nuevo esquema democrático; 3) polarización social y política (provocadas desde el gobierno o la oposición) ofreciendo mayores reformas socioeconómicas para resolver los problemas muy rápido; 4) el quiebre del Estado de derecho a consecuencia del terrorismo o insurgencia".[5] También, como apunta Francisco Valdés:

> El proceso comienza con la percepción social de que las condiciones de vida han empeorado o no mejoran suficientemente, seguido de encontrar en la gestión pública y sus actores a los culpables de la situación [...] Con ello el caldo de cultivo para el oportunismo de líderes mesiánicos no se hace esperar.
>
> Sean de izquierda o derecha, lo que tienen en común y los hace profundamente retardatarios es que alientan el resentimiento popular y atacan no sólo a sus adversarios en el poder, sino a las instituciones democráticas.[6]

En México hubo en 2018 la disposición de darle el mayor poder posible al nuevo presidente (restaurar el presidencialismo y la hegemonía legislativa) para que resuelva esos problemas, aun al costo a sacrificar los contrapesos y equilibrios democráticos difícilmente logrados en los años previos. O incluso con la idea de que la concentración del poder sí ayudará a darle solución a esa problemática. Esto podría representar o explicarse en el marco de la decepción democrática de los años 2000 a 2018, y podría implicar la regresión hacia un modelo centralizado y vertical de ejercer el poder, bajo la creencia de que o bien ese modelo funcionó mejor que la democracia, o que ahora lo hará dado el liderazgo ético y comprometido de López Obrador (el mito platónico). El electorado que votó por la opción obradorista espera por tanto un cambio profundo y espectacular en varios rubros, además de que serían definitivos en la larga marcha del país desde su independencia: la Cuarta Transformación mexicana. Esa combinación provocó el quiebre de los partidos tradicionales y el surgimiento de Morena como partido dominante.

Desde luego no ayuda a la resistencia y consolidación democráticas que la decepción con ese régimen sea tal que un porcentaje creciente de ciudadanos no esté satisfecho con su propia democracia, o peor aún, con la democracia en general como régimen político. En América Latina, según Latinobarómetro, el porcentaje que así piensa ha crecido en los últimos años: de 51% en 2009, a 71% en 2018.[7] Y quienes sí se muestran satisfechos con su democracia cayeron de 44 a 24%. Un reportaje de *The Economist* agrega: "En los dos mayores países de Latinoamérica, Brasil y México, ese sentimiento se ha traducido en la elección de presidentes que hasta hace poco habían sido considerados demasiado radicales para dirigir sus países".[8] Y justo en estos dos países es donde mayor percepción existe de que "se gobierna para unos cuantos grupos poderosos en su propio beneficio"; 90% en Brasil y 88% en México. En México la satisfacción con la democracia era de 16% en 2018, apenas arriba de Venezuela (12%) y Brasil (9%). Contrasta con Uruguay, Chile y Costa Rica, donde los niveles son cercanos a 50%. También en México la aprobación del gobierno descendió de su punto más alto en 2006 (60%) a su punto más bajo en 2018 (18%). En la región los más jóvenes y quienes tienen menos recursos son los que menor confianza y respaldo otorgan al régimen democrático, así como los segmentos de más baja escolaridad. Así pues, esos datos conforman la fotografía del reflujo democrático que al menos en América Latina podría estar teniendo lugar. Y según el Spectator Index, en 2017 México aparecía muy debajo de la escala a nivel mundial, en lo que hace a la satisfacción con su democracia.

CUADRO VIII.1. *Índice de satisfacción con la democracia*

País	Porcentaje satisfecho
India	79
Alemania	73
Canadá	70
Indonesia	69
Rusia	59
Reino Unido	52
Polonia	51
Japón	50
Estados Unidos	46
Sudáfrica	43
Nigeria	41
Francia	34
España	25
Líbano	8
México	6

FUENTE: The Spectator Index.

Evidentemente, la insatisfacción con la democracia puede llevar a una alternancia por una opción distinta a los partidos tradicionales (como ha ocurrido en varios países, y desde luego en México en 2018). De modo que a partir de la nueva alternancia en México quizá la satisfacción democrática suba (al considerar los obradoristas que, ahora sí, ese régimen ha sido instaurado cabalmente en México). Pero también dicha insatisfacción puede provocar que se justifique y apoye la sustitución de la democracia por un régimen autoritario (más aún si mantiene una conveniente formalidad democrática, como lo fue el régimen priista). En todo caso, el reflujo democrático de la tercera ola no necesariamente sigue las pautas de antiguos quiebres de la democracia, como lo eran los golpes de Estado, la disolución unilateral de los congresos o el desconocimiento de la constitución vigente. Ahora la tendencia apunta hacia el desmantelamiento gradual de las instituciones democráticas desde el poder, cuando llega a la presidencia algún personaje que no tiene compromiso con la democracia.

IX. ¿UN NUEVO RÉGIMEN?

López Obrador ha insistido en su discurso de que el suyo no es sólo un gobierno más, sino un nuevo régimen, y de ahí también la idea de una cuarta transformación histórica de México, comparable a la Independencia, la Reforma y la Revolución. Pero no sólo es un cambio socioeconómico, sino también de régimen político. ¿En qué consistirá el nuevo régimen político del que habla el gobierno de López Obrador, y al hablar del antiguo régimen a cuál exactamente se refiere? A simple vista el antiguo régimen fue el que prevaleció hasta 2018 en los años del neoliberalismo. En lo económico tiene sentido hablar de un modelo distinto, dado que se denuncia el neoliberalismo y se ofrece una alternativa (¿neoestatismo?). Pero en lo político se ofrece también un nuevo régimen. ¿A cuál se refiere? No está claro, porque resulta que ya hubo antes un cambio de régimen político. En efecto, a partir de 1988 se tomaron medidas para cambiar en buena medida el régimen electoral (parte esencial, pero no única, de la democracia): creación del IFE, reconocimiento de triunfos de la oposición en mayor medida, nuevas leyes electorales más competitivas. En cada nueva reforma se fue profundizando la democracia electoral: 1990, 1993, 1994 y 1996. En esta última se cruzó el umbral de competitividad electoral, separando al IFE de Gobernación, lo cual se tradujo en la pérdida para el PRI de la capital y varias entidades, así como la mayoría absoluta en la Cámara Baja, en 1997. Mayor equidad electoral, más pluralismo, más contrapesos, más autonomía relativa en el Congreso y la Suprema Corte. También se fueron multiplicando las instituciones autónomas para contrapesar el poder: Derechos Humanos, Instituto de Transparencia, INEGI, Instituto de Evaluación Educativa, Banco de México, Comisión Federal de Competencia Económica (Cofece), Instituto Federal de Telecomunicaciones (Ifetel), entre otras. Se amplió igualmente la libertad de expresión (sin serlo al 100%, y no igual en todos los espacios, pero más de lo que hubo durante la hegemonía priista). Una muestra decisiva de ese proceso fue la alternancia del poder en 2000, la primera de tipo pacífico de la historia de México. Algo nada menor. La alternancia presidencial quedó como posibilidad abierta en adelante; una nueva alternancia (hacia la izquierda) casi ocurrió en 2006, volvió a registrarse en 2012 (a favor del PRI) y culminó en 2018 hacia la fuerza política que no había ocupado el poder federal: la izquierda surgida en 1988. Bastaba comparar los comicios de ese año con los de 2018 para percibir el cambio sustancial de régimen político que se había registrado en esos 30 años. Que hubo cambio de régimen político a partir de esa fecha lo reconoce Porfirio Muñoz Ledo, promotor de la ruptura del PRI en 1987 y cofundador del PRD: "[2018] es la culminación de un ciclo histórico que iniciamos en 1988: la transición democrática de México".[1] Pero en el obradorismo en general tiende a menospreciarse ese proceso como una mera simulación que permitía sólo la alternancia entre partidos neoliberales, lo que implicaba no tomar en cuenta los múltiples triunfos del PRD a nivel estatal, empezando por la Ciudad de México desde 1997, y que la puerta estaba abierta a la izquierda a nivel presidencial, como quedó claro en 2018. La dudosa elección de 2006 no hubiera sido tal de no haber llegado ambos partidos en empate técnico; de haber preservado AMLO la ventaja que registraba todavía en abril, no hubiera habido fraude que le quitara su triunfo. Pero cometió numerosos errores de campaña, reconocidos por sus cercanos en ese proceso. Pudo haber habido fraude, sin duda, pues en condiciones de empate técnico basta un número pequeño de irregularidades para modificar el resultado. Pero con un margen mayor el fraude se vuelve imposible, como quedó claro en varios estados y en 2018. Así, en estricto sentido se puede hablar de que a partir de 1988 se gestó un régimen distinto a la hegemonía partidista con presidencia imperial que prevaleció desde 1929 hasta 1997-2000.

Desde luego, todo ello fue insuficiente para lograr otra meta esencial de la democracia: el fin de la impunidad (vinculada con el combate a la corrupción y con lo que llamamos genéricamente "rendición de cuentas"). La diferencia respecto de lo que había en 1988 es enorme. La democratización exige profundizarse: mejorar la autonomía institucional, combatir la corrupción y dar fin a la impunidad. Pero ahora se habla de un nuevo régimen. La pregunta es: ¿qué tipo de régimen? Si se trata de profundizar en la democracia en aquello que ha faltado —corrupción, impunidad, límites a los poderes fácticos—, entonces no sería un nuevo régimen sino su fortalecimiento y perfeccionamiento. Si hablamos de un régimen distinto al que hubo hasta 2018, la pregunta sería de nuevo: ¿por cuál régimen sería sustituido? Se podría decir que se perfilan nuevamente mayorías aplastantes del gobierno en el Congreso; cooptación o desaparición de las instituciones autónomas; un padrón social realizado por miembros del partido oficial con fines clientelares; partidos paraestatales (PES, PT, PVEM, más los que se sumen); oposición fragmentada y débil; fortalecimiento del presidente (incluyendo el boato y la parafernalia de antaño); realineación del corporativismo sindical, uso propagandístico de los medios públicos, superdelegados estatales que son militantes del partido oficial en su mayoría y que pueden crear una estructura territorial clientelista para buscar la candidatura a gobernador. Y desde luego, podrán ser candidatos naturales para buscar la gubernatura del estado encargado al llegar el momento. Ocurrió ya con el delegado federal en Baja California, Jaime Bonilla, candidato a gobernador por Morena en 2019.

Vinieron también otras medidas arbitrarias de mayorías locales de Morena para imponer su voluntad a despecho de la ley (2019), como en Veracruz, donde se despojó al fiscal nombrado por nueve años en la Junta de Coordinación del Congreso, en lugar de hacerlo, de ser el caso, por un juicio político. Había controversia entre el fiscal y el gobernador, pues al ser aquél nombrado bajo un gobierno panista le estorba al nuevo gobierno. Es un patrón que se ha visto en el gobierno de López Obrador frente a instituciones autónomas de Estado y órganos públicos de control. Todos éstos son rasgos muy parecidos aunque no idénticos a los de la hegemonía hiperpresidencialista del antiguo PRI, pero ahora sobre la base de una estructura institucional debilitada, por lo que no se parecería tanto al PRI de los sesenta sino al de sus años originales, donde prevalecía el caudillo por encima de las instituciones. En ese sentido, se podría decir que si en 1928 México pasó —en palabras de Calles— de un país de caudillos a otro de instituciones, 90 años después podríamos estar pasando de un país de instituciones (así fueran corregibles, insuficientes, que pueden ser mejoradas y corregidas) a uno de caudillos, o más bien dicho, de un caudillo. En su momento podrá derivar de nuevo en un sistema de partido dominante institucionalizado, esencialmente vertical y centralizado, pero por ahora prevalece un caudillismo personalizado.

X. DEL FEDERALISMO
AL NEOCENTRALISMO

El discurso oficialista poco a poco incorpora la idea de la necesidad de reconcentrar el poder para llevar a cabo una revolución socioeconómica —la misma justificación del PRI hegemónico—. La nueva dominación o hegemonía de Morena estaría basada no sólo en su control virtual del Congreso, sino también de varios estados a partir de mecanismos que le darán un fuerte control sobre ellos. Morena ganó cinco de las nueve gubernaturas que estaban en disputa en 2018 (y en Puebla, donde ese partido perdió oficialmente, se alegó fraude a favor de la candidata panista, y tras su muerte hubo elecciones extraordinarias). También, en cerca de 19 congresos locales hay ya una fuerte presencia de ese partido, y podrá ampliarse en futuros comicios. Los gobernadores de esos y otros estados están cada vez más acotados, su autonomía se ha visto mermada pues no pueden controlar a voluntad sus respectivos poderes legislativos (como frecuentemente lo habían hecho hasta ahora). Pero un nuevo dique que les quitará bastante poder y autonomía es el nombramiento de un solo superdelegado del poder presidencial, que sustituirá a los varios delegados que cada secretaría enviaba a cada entidad federativa. Esta figura tendrá el control de los programas federales, por lo que su poder de negociación e influencia rivalizará con el del gobernador mismo. Estos coordinadores han sido comparados con una figura de otros países y épocas donde se ejercía un fuerte poder central por encima de entidades y provincias: procónsules romanos, prefectos napoleónicos o comisarios soviéticos. La justificación de esta figura, que evoca también a los antiguos delegados durante el régimen hegemónico del PRI, y que también ejercían un fuerte control político sobre los gobernadores (los del Programa Nacional de Solidaridad bajo Salinas, por ejemplo), es la austeridad: se ahorrarán recursos eliminando a los muchos delegados por secretaría para concentrar dichas funciones en un solo coordinador por estado (si bien contará a su vez con un equipo que lo auxilie en esas tareas). Informalmente se ha manejado otra función que podría ser esencial: evitar el dispendio, el abuso y corrupción de los gobernadores. Algo que ha sido la norma desde que el régimen presidencialista se relajó y dotó de mayor poder, autonomía y recursos a los gobernadores en aras de instituir un auténtico federalismo, pero que en realidad derivó en una forma de feudalismo: gobernadores que no rinden cuentas ni al gobierno federal ni a sus propias instituciones de control y autónomas, cooptadas por el Ejecutivo estatal. Por ello, en términos generales fue bien recibido el anuncio sobre dichos delegados en buena parte de la opinión pública. Se le ve como un dique de contención a los múltiples abusos y excesos de los gobernadores que difícilmente podrán seguir extrayendo, dilapidando y robando los recursos de sus respectivos estados. Una medida más acorde con la lucha anticorrupción que con la austeridad (aunque también ayude a ésta en cierta medida).

Puede decirse que históricamente el federalismo jamás ha funcionado cabalmente en México. Muchos legisladores y políticos pensaban desde la independencia misma que el federalismo no era consustancial a la evolución histórica de México, a diferencia de Estados Unidos, por lo cual lo único que podría funcionar sería el régimen centralista. Decía fray Servando Teresa de Mier, prócer independentista, por ejemplo:

> La acción del gobierno, ahora más que nunca, debe ser enérgica para hacer obrar simultánea y prontamente todas las fuerzas y recursos de la nación [...] yo creo que la federacion a los principios debe ser muy compacta, por ser así más análoga a nuestra educación y costumbres [...]
>
> La prosperidad de esa república vecina [Estados Unidos] ha sido, y está siendo el disparador de nuestra América porque no se ha ponderado bastante la misma distancia que media entre ellos y nosotros.[1]

De intentarse el federalismo, se generaría más bien dispersión y desorden, más parecido al feudalismo que a la democracia, pues los gobernadores no serían sujetos a controles institucionales y eventual rendición de cuentas, por lo que más bien dispondrían de un enorme poder discrecional en sus respectivas entidades (feudos): "Protestaré que no he tenido parte en los males que van a llover sobre los pueblos de Anáhuac. Los han seducido para que pidan lo que no saben ni entienden, y preveo la división, las emulaciones, el desorden, la ruina y el trastorno de nuestra tierra hasta sus cimientos".[2] Simón Bolívar también veía en el modelo estadounidense ciertos problemas de adaptación para América Latina, pero puso los ojos en un sistema con un modelo tibiamente democrático, cuyo Ejecutivo era más acotado: Inglaterra, pues temía igualmente los excesos de una figura muy poderosa y veía en el naciente parlamentarismo una mejor fórmula para controlar al Ejecutivo.[3] Eso, en realidad, representaba una gran visión de futuro, pues el régimen monárquico de Inglaterra aún tenía pocos rasgos democráticos.

Un observador europeo de la experiencia americana, Alexis de Tocqueville, apuntaba sobre las diferencias entre Estados Unidos y México:

La Constitución de los Estados Unidos se parece a esas creaciones de la industria humana que colman de gloria y bienes a aquellos que las inventan; pero permanecen estériles en otras manos. Esto es lo que México ha dejado de ver en nuestros días. Los habitantes de México [...] tomaron por modelo y copiaron casi íntegramente la Constitución de los angloamericanos, sus vecinos.

Pero al trasladar la letra de la ley, no pudieron trasponer al mismo tiempo el espíritu que las vivifica. Se vio cómo se estorbaban sin cesar entre los engranajes de su doble gobierno [...] Actualmente todavía México se ve arrastrado sin cesar de la anarquía al despotismo militar, y del despotismo militar a la anarquía.[4]

Más tarde, Justo Sierra expresaría su preferencia por el centralismo: "La apatía y la ignorancia de las masas, cuando se combina con la preferencia reaccionaria de la élite social y de la Iglesia, significan inevitablemente que México necesitaba un Poder Ejecutivo central fuerte si es que el país ha de progresar".[5] Los adversarios del centralismo lo vieron como inherentemente autoritario, lo cual no necesariamente es el caso, si bien el riesgo de ello es inminente en países donde no ha arraigado cierta cultura democrática. Esto opinaba Miguel Ramos Arizpe: "El sistema central de gobierno emparentaba un poco más con la opresión, el despotismo y la arbitrariedad".[6] Y en efecto, pese al triunfo definitivo de los federalistas frente a los centralistas (y liberales frente a conservadores) en el siglo XIX, el país en realidad ha oscilado entre una república central (aunque no lo sea formalmente) y algo muy parecido al feudalismo, donde los gobernadores se tornan en auténticos caciques locales "de horca y cuchillo", es decir, donde hacen impunemente su voluntad sin rendir cuentas, sin controles externos o internos. Ocurrió durante las primeras décadas tras la Independencia —época que no por casualidad ha sido bautizada por los historiadores como "de anarquía"— hasta que el Porfiriato tomó el control de los estados —en una república central en los hechos—. La Revolución de 1910 esfumó el poder central generando una nueva dispersión del poder que dotó nuevamente a los jefes militares y caciques locales de poder autónomo que aplicaban discrecionalmente: de nuevo el feudalismo. Poco a poco, y no sin dificultad, el régimen posrevolucionario fue concentrando nuevamente el poder en el centro del país, y en concreto en el presidente de la República —dando lugar al famoso presidencialismo hegemónico o imperial—. El país, pese a ser federal nominalmente, volvió a funcionar como una república centralista. La democratización iniciada en los noventa relajó nuevamente el poder central, y los gobernadores fueron cobrando mayor poder y autonomía. Pero la relativa democratización ocurrió sobre todo a nivel federal: pérdida de poder presidencial, autonomía y pluralidad en el Congreso, independencia creciente en el Poder Judicial, creación de instituciones autónomas. Sin embargo, eso no se correspondió con lo ocurrido en los estados, pues si bien creció la pluralidad y hubo alternancias en ese nivel (desde 1989), los gobernadores —de cualquier partido— pudieron mantener sometidas las instituciones que en principio serían contrapesos del Ejecutivo: Congreso, institutos electorales, tribunales, institutos de transparencia, comisiones de derechos humanos, etcétera. Las instituciones formalmente autónomas caían fácilmente ante el peso del gobernador, sea mediante presiones o dinero, por lo que en realidad sería muy difícil tener contrapesos eficaces y, mucho más complicado aún, permitir una genuina rendición de cuentas. El único control político visible es la alternancia, a partir de que se aceptó como opción real a nivel estatal en 1989. Pero las múltiples alternancias no se tradujeron —como se esperaba— en reales controles o penalización de quienes hubieran incurrido en abusos y corrupción.

Sólo excepcionalmente ha ocurrido eso. Los gobernadores quedaron así exentos del antiguo control presidencial, pero también por encima de los contrapesos locales, que lo fueron sólo formalmente, pero no en los hechos. Volvió el país a operar más como un régimen feudal que como uno federal.

En los albores de la primera alternancia, en el año 2000, varios analistas advirtieron sobre los riesgos de intentar un federalismo sin los contrapesos adecuados; parecía evidente que pese a los avances de contrapesos a nivel federal, en los estados éstos eran mínimos, y los que se hubieren conseguido eran más vulnerables al embate de los gobernadores. El control que ejercía el poder presidencial sobre los gobernadores se fue debilitando a partir de los noventa, cuando Roberto Madrazo, tras haber incurrido en ilícitos electorales, pretendió ser removido (y llevado a la Secretaría de Educación) por el presidente Zedillo. Madrazo se rebeló con el respaldo de las élites locales (debidamente movilizadas por el gobernador) y se sostuvo en el cargo. Al llegar Fox a la presidencia desoyó las advertencias sobre fortalecer económicamente a los gobernadores (en aras del federalismo) sin generar mecanismos eficaces de rendición de cuentas, ante lo cual el antiguo control presidencial sobre los gobernadores se debilitó aún más, hasta casi desaparecer. Eso se fue traduciendo, como cabía esperar, en diversos abusos, corrupción, endeudamientos ilimitados, desfalcos a sus respectivos estados. A veces incluso, lejos de ser frenados o castigados por el presidente de la República, éste los solapó cuando se trataba de correligionarios. Eso, además de que Fox prolongó el pacto de impunidad a los gobiernos estatales de cualquier partido; más dinero sin transparencia y un ambiente de impunidad favoreció, en lugar de inhibir, la tentación de corrupción también a nivel estatal.

La tendencia se exacerbó al llegar al poder Enrique Peña Nieto en 2012, pues varios gobernadores priistas, que presumiblemente habían dispuesto cuantiosos recursos (del erario estatal) a la campaña presidencial, una vez logrado ese propósito se sintieron con la confianza de echar mano de sus presupuestos locales y endeudar al estado para disponer de mayores recursos para sus triangulaciones ilícitas. Dice al respecto Jaime Sánchez Susarrey:

El nuevo gobierno [de Peña Nieto] optó por la cooperación con los ejecutivos locales y abandonó cualquier veleidad de resistencia. Más aún cuando eran de casa. La complicidad y tolerancia han sido los sellos de esta administración.

Fue así como el proceso de consolidación de los virreyes se elevó a la 5a potencia y llegamos a extremos nunca vistos (los dos Duarte, Roberto Borge, Roberto Sandoval, etc.). La ambición desmedida y la certeza de impunidad fueron las madres de este desastre.[7]

Fueron típicamente los casos de Chihuahua, Veracruz y Quintana Roo (si bien otros estados habían incurrido en lo mismo, al margen de los colores partidistas). La Auditoría Superior de la Federación puso sobreaviso de lo que ocurría en esas entidades, ante la indiferencia del presidente. El hartazgo sobre la corrupción estalló justo durante los comicios de 2015 y 2016 para renovar gubernaturas; la ciudadanía castigó la rampante corrupción provocando una alternancia en diversos estados (en algunos casos por primera vez). Así, Sonora, que había sido ganado por el PAN, retornó al PRI, y el gobernador saliente fue acusado de corrupción. En Nuevo León el hartazgo tanto del PAN como del PRI favoreció a un candidato independiente, dado que la izquierda aún no tenía arraigo en esa entidad. En 2016 se pusieron en disputa 12 gubernaturas: el PRI gobernaba nueve de esas entidades, y perdió seis pero recuperó dos, quedando con cinco de las 12 en total, y de tres estados que habían llegado bajo las siglas del PAN-PRD se perdieron Oaxaca y Sinaloa… a favor del PRI (única alternativa en esas entidades). El mensaje de enojo ciudadano contra la corrupción fue muy claro (y adelantaba lo que ocurriría en 2018, pero para un receptor que no era aún opción viable en 2016: Morena). Ante ello, el gobierno federal decidió proceder penalmente contra algunos de los gobernadores involucrados en los escándalos (Javier Duarte, de Veracruz; Roberto Borge, de Quintana Roo; Guillermo Padrés, de Sonora; entre otros). Pero varios quedaron nuevamente cubiertos por la tradicional impunidad al menos en lo inmediato (entre ellos César Duarte, de Chihuahua, o Rodrigo Medina, de Nuevo León). Ante lo cual dice Andrew Paxman:

Una de las razones por la que en años recientes la figura del gobernador ha parecido tan autócrata, tan corrupta y, por ende, tan despreciada es la existencia de una cultura política arraigada a nivel estatal, según la cual muchos gobernadores se consideran autorizados a ejercer un poder absoluto y a incurrir en abusos de derechos civiles, violencia represora, gasto excesivo, falta de transparencia, cooptación de la prensa, desvío de fondos, nepotismo, machismo desenfrenado, impunidad y falta de empatía frente a las necesidades y el sufrimiento del pueblo.[8]

No debe pues sorprender que ante el fracaso del nuevo intento de federalismo el reflujo vuelva a concentrar un mayor poder en el gobierno federal. Eso explica en parte la decisión de nombrar superdelegados estatales de la Federación en cada estado, aún más que la austeridad y los ahorros que podrán hacerse de esa forma. Es el argumento que esgrime Germán Martínez Cázares (expresidente del PAN y ahora legislador de Morena), al defender la medida:

> El triunfo de López Obrador quiere desandar ese camino (feudalismo), y restaurar, regenerar, una presidencia eficiente y responsable en todo el territorio. Por eso Andrés Manuel nombró a 32 coordinadores estatales para reconstruir, desde la democracia, una presidencia fuerte. ¿No es una defensa de las pillerías de los gobiernos locales el ataque a esta decisión?
>
> ¿No eran unos virreyes sexenales los Duartes, Borge o Yarrington que actuaban con la mirada cómplice de muchos de los delegados federales? Hospitales, carreteras, compras, se decidieron en un esquema de complicidad entre funcionarios federales y estatales. Complicidad pura y dura.[9]

Y de ahí que la disposición haya sido bien recibida por gran parte de la sociedad, al margen de haber votado o no por López Obrador. Es un retorno al control de los gobernadores que la democratización no pudo ejercer y, por el contrario, provocó el feudalismo abusivo e impune que se empezó a ver poco antes de la llegada de Fox a la presidencia. El argumento de la reducción de gastos, que también podría ser loable desde la perspectiva de la austeridad, queda en realidad opacada por el impacto político que podría tener esta medida. Justificado o no por la corrupción de los gobernadores (que quizá podría combatirse a través de otras opciones), eso impulsará la renovación del hiperpresidencialismo al viejo estilo, en el que incluso podría haber facultades metaconstitucionales para incidir sobre las decisiones de los gobernadores. Sobre esto Denise Dresser afirma que los delegados serán:

> 32 virreyes capaces de saltar por encima del andamiaje establecido, sin rendir cuentas, creando clientelas con el argumento de atender necesidades. El proyecto lopezobradorista de delegados de Morena se asemeja al proyecto salinista de delegados de Pronasol. Presidentes distintos, métodos similares, épocas diferentes, objetivos semejantes: usar al Estado dadivoso para apuntalar al partido hegemónico.[10]

Los coordinadores dispondrán de tal poder al manejar los programas federales en cada entidad, que podrían ser una especie de poder paralelo del gobernador, o incluso algo parecido a lo que fue el maximato, pero a nivel estatal. Decía aquella anécdota: "Aquí vive el presidente, pero el que manda vive enfrente", refiriéndose a Plutarco E. Calles. Guardadas las distancias, los coordinadores podrían opacar el poder del gobernador e imponerle diversas decisiones de orden económico, administrativo e incluso político. Pregunta al respecto Jorge Castañeda: "¿A quién van a pedir audiencia los políticos locales, los empresarios, los medios de comunicación, el obispo o cardenal, el rector de la universidad o el abogado más distinguido de la comarca? ¿Querrán entrevistarse con el gobernador, sin recursos ni accesos en México, o con el representante personal de López Obrador en Chilpancingo o Culiacán?".[11]

Si además, como ocurre en varias entidades, el Congreso estatal está dominado por el partido oficial pero distinto al del gobernador, éste no contará para efectos prácticos de poder real, sino sólo formal. Reinarán, pero no gobernarán. Agrega Georgina Morett:

> Estos coordinadores se convertirán de facto en vicegobernadores y pueden ser incluso más poderosos que el propio gobernador, ya que la gran mayoría de los recursos de los estados provienen de la Federación; y si son estos personajes quienes manejarán el dinero, sólo queda recordar el refrán que señala: "El que paga manda" […] más que volver a la centralización lo que se debe buscar es tener instituciones autónomas y fuertes en los estados para acabar con la corrupción, manteniendo el federalismo, porque alguno de los 32 superdelegados también se puede corromper.[12]

Otro riesgo es que esos delegados, siendo nacidos en el estado y miembros de Morena, fácilmente podrán utilizar los programas con fines electorales al ser candidatos naturales a gobernadores en la elección subsiguiente, de manera parecida a como ocurrió bajo el PRI por décadas. Podría ser una forma de compra o inducción indirecta de votos a favor del partido oficial, e incluso personalmente para el delegado en turno, quien tomaría decisiones con un fin político a favor de comunidades, líderes sociales, agrupaciones y corporaciones de su entidad. Dice sobre el particular Macario Schettino: "En los hechos [será] un jefe político como el que usaba Porfirio para dividir y gobernar. Algo también parecido a la estructura corporativa creada por Cárdenas con el mismo fin: líderes de las corporaciones *versus* líderes territoriales en todo el país".[13] De esa forma, dichos recursos podrían utilizarse para crear una estructura territorial de Morena, como partido de masas que tiende a ser, de manera parecida al viejo esquema priista, con lo cual se reducirán las probabilidades de otros partidos de ser competitivos. Leo Zuckermann señala:

> Interesante ver la lista de quiénes serán dichos coordinadores. Tienen un perfil más político-partidista. Con el gran poder que tendrán, muchos se encargarán de fortalecer la estructura territorial de Morena en cada estado […] AMLO estará armando un ejército político para que su movimiento se quede en el poder por varios lustros.
>
> Cada uno de sus coordinadores realizará la "leva" utilizando el gran poder de la administración pública federal […] Se trata de un proceso de recentralización del poder en México. Como en el pasado autoritario priista, el Poder Ejecutivo Federal mandará sobre los gobiernos locales.[14]

Y en efecto, hay una clara vinculación de los miembros y coordinadores del cuerpo Servidores de la Nación, encargados de hacer el padrón para los programas sociales, con el partido oficial. Los beneficiarios de los programas reciben una carta personalizada del presidente, con el siguiente mensaje claramente partidista: "Como sabes, en las pasadas elecciones triunfamos con el apoyo de la gente y ahora estamos por iniciar la cuarta transformación de la vida pública de México. Te recuerdo que en el pasado han tenido lugar tres transformaciones: la

Independencia, la Reforma y la Revolución. Y ahora, juntos volveremos a hacer historia".[15]

Justo López Obrador considera que algunos de los grandes líderes históricos de México fracasaron por no contar con una base política que apoyara sus proyectos. Lo ejemplifica con Madero, quien "no había logrado hacerse de una base social para sostener un proyecto democrático y enfrentar la reacción conservadora". Para alcanzar sus objetivos sociales y democráticos, Madero tendría que haber generado un bloque de respaldo dándoles tierra a los campesinos, pues de esa forma "habría contado con la lealtad y apoyo de la fuerza social más numerosa del país para respaldar a su gobierno".[16] De ahí que crear estas clientelas parece ser una prioridad para AMLO. Y eso tiene desde luego efectos electorales, lo cual es legítimo siempre y cuando no se condicione el voto ni se haga promoción personalizada al entregar los recursos, cosa que ha empezado a suceder. El mensaje que suele expresarse al anunciar los programas es de clara promoción presidencial:

> Reciban un saludo del presidente de la República [...] Él diario ve el esfuerzo que ustedes hacen, él sabe perfectamente, todos los días revisa el andar de ustedes [...] Compañeros y compañeras [...] vamos a continuar, porque en los seis años vamos a consolidar la Cuarta Transformación, de abajo hacia arriba [...] ¡Que viva la Cuarta Transformación, que vivan los servidores de la Nación, que viva el presidente de la República licenciado Andrés Manuel López Obrador y que viva México![17]

El propio López Obrador había denunciado desde la oposición ese tipo de programas personalizados y de entrega directa de los recursos, que hacía el PRI, como claramente clientelares y con sesgo electoral.

> Ya no utiliza el PRI los mismos métodos. Ya no hay robo de urnas, falsificación de actas, carruseles. Ahora hay un procedimiento moderno [... que] consiste en utilizar el presupuesto público. Ellos [el PRI] apuestan mucho a derramar recursos para crear un ambiente artificial de prosperidad. Utilizan recursos para dar ayudas personalizadas y obtener los votos. Ésa es la esencia de la nueva estrategia del PRI y del gobierno.

Ahora repite ese mismo esquema que antes condenó. Ante tales proyectos de control central, el INE ordenó que los Servidores de la Nación al realizar su labor no utilizaran las camisetas oficiales con la imagen del presidente. Y algunos gobernadores expresaron su protesta. El entonces gobernador priista de Campeche, Alejandro Moreno, exclamó:

> Los estados, conforme al artículo 40 constitucional, tienen gobiernos libres y soberanos en todo lo concerniente a su régimen interior. En consecuencia, ningún orden de gobierno es jefe de otro orden de gobierno. Y por ello mismo, ninguna figura federal puede convertirse en autoridad intermedia entre el gobierno federal y los gobiernos estatales [...]
>
> Todo será conforme a la Constitución federal: de gobierno a gobierno. Ésa es la esencia del federalismo, que haya una relación de equilibrio entre los intereses federales y los intereses locales. Antes que contraponerse, se deben complementar en beneficio de nuestros ciudadanos.[18]

Pero ante el embate de López Obrador, los gobernadores parecen haber quedado esencialmente indefensos. Bien como mecanismo para controlarlos, pero altamente riesgoso en términos de la concentración de poder que eso podría suponer.

XI. CONCENTRACIÓN DE FUNCIONES ADMINISTRATIVAS

Otro aspecto del retorno al antiguo hiperpresidencialismo está relacionado con centralizar ciertas funciones que estaban un tanto dispersas por razones de agilidad administrativa. Es el caso de concentrar la comunicación social en la presidencia, eliminando o subordinando a los voceros y comunicadores en cada una de las secretarías de Estado. Afirma sobre esto Raymundo Riva Palacio:

> Para que la política y la economía se unifiquen mecánicamente en una misma línea, López Obrador necesita tener el control de la comunicación, que es un arma que le dé el espacio que necesita para construir los consensos que requiere para gobernar, al mitigar las eventuales críticas en la opinión pública [...]
>
> El control centralizado de información y mensaje será acompañado de sus conferencias mañaneras diarias, donde su equipo ha sugerido que harán gestiones ante la Cámara de la Industria de la Radio y la Televisión para que sean transmitidas en vivo, lo que le permitirá fijar la agenda sin intermediarios y, disfrazado de información, diseminar propaganda.[1]

Algo no muy diferente a lo que ocurría bajo el presidencialismo priista. Otro aspecto que puede detectarse, asociado a la reconcentración del poder, es la arbitrariedad en las decisiones administrativas y económicas, que no sólo podrían ser abusivas sino también inadecuadas en términos de racionalidad y eficacia. Los contrapesos políticos sirven también para eso, no sólo para prevenir el abuso de poder sino también la toma de decisiones inadecuadas, potencialmente dañinas. Si un solo hombre puede decidir sobre las diversas políticas públicas sin participación de otros poderes autónomos, podría estar convencido de sus bondades (a partir de sus objetivos), pero en realidad podrían resultar irracionales (en términos de adecuación de los medios elegi-

dos a los fines perseguidos). Algunas de las decisiones adelantadas por
López Obrador podrían caer en eso, al no realizarse estudios precisos
y fidedignos, por ejemplo sobre el umbral de recortes, reducción de
salarios y gasto público, que no entorpezcan la eficacia del proceso de gobierno. Se teme, por ejemplo, que la reducción drástica de
salarios provoque que se vayan los más aptos y se queden los menos
eficientes, o quienes lo hagan por idealismo y compromiso con el proyecto obradorista, lo cual es respetable pero no implica que tengan la
preparación y experiencia adecuadas. Lo que podría traducirse en un
gobierno menos eficiente.[2]

Igualmente, podría resurgir el viejo patrimonialismo, la idea de que
quien gobierna puede disponer del patrimonio público como si fuera
privado, herencia de la época virreinal. Sobre ello destaca Jesús Silva
Herzog-Márquez:

> Detrás del llamado a la austeridad se revela una convicción patrimonialista
> que no puede ser anticipo de buena gestión. El presidente decide qué hacer
> con la casa presidencial como si ésta le perteneciera. El presidente decide vender
> el avión presidencial sin examinar si esa operación es una forma razonable de
> cuidar los recursos comunes o, más bien, un despilfarro [...]
>
> Estamos en presencia de un nuevo experimento patrimonialista. Por sus
> primeros gestos, López Obrador se acerca a la administración pública como
> un hacendado se relaciona con sus peones [...] Aunque se dé ínfulas de car-
> tujo, López Obrador ejerce un liderazgo patrimonialista que, seguramente,
> terminará siendo una nueva fuente de derroche, ineficiencia y corrupción.[3]

En efecto, las decisiones administrativas apuntan a reconstruir el
andamiaje de ese presidencialismo que pretendió ser modificado y superado desde la década de los ochenta, y que había seguido una ruta lenta
pero clara, y desde luego, no siempre ni en todos los aspectos exitosa.
Mauricio Merino escribió en 1993 sobre los retos de la transición democrática en México, que por definición pretendía desmantelar la hegemonía partidista y el hiperpresidencialismo, para ser sustituidos por
una arquitectura de pesos y contrapesos, de pluralidad y consecuente
rendición de cuentas:

La vida independiente del país se ha desenvuelto sobre tres grandes tendencias que cobraron forma desde principios del siglo XIX, que acompañaron la instauración del liberalismo como ideología nacional y que han cruzado la historia de México hasta nuestros días: 1) La tendencia hacia la definición de grandes proyectos políticos y económicos, concebidos por una élite, sobre una realidad social y compleja. 2) La tendencia de los grupos políticos a concentrar el poder en una sola persona —la del presidente de la República, en la mayor parte de la historia mexicana— como núcleo de la capacidad de dominación del Estado. 3) La tendencia del propio Estado a ejercer su dominación más allá de los límites que establece la ley, lo que ha supuesto que las formas jurídicas pocas veces hayan coincidido con las prácticas políticas reales.[4]

En efecto, ahora la sociedad decidió no continuar por ese camino democratizador, no perfeccionando o corrigiendo las instituciones y procesos que le son propios, sino retornando al esquema vigente presidencialista por tantos años. Mucha gente no tiene conciencia de la nueva concentración que se gesta, y otros consideran que el renovado centralismo arrojará mejores resultados que el viejo autoritarismo y que la incipiente democracia. Una tendencia que por cierto se ha mostrado en varios otros países, algunos que intentaron una genuina democratización y relativa descentralización política, y otros donde se ha venido reafirmando el liderazgo concentrado y vertical del poder. Escribe Amparo Casar sobre esta renovada concentración del poder en el presidente:

La visión concentradora y centralizadora del poder está cantada: desde minucias como los nombres que se han dado a los proyectos preparados por sus equipos —en el área económica *pejenomics*, en el área de medio ambiente *naturamlo*, y en desarrollo territorial *amlópolis*— hasta el anuncio de que todos los programas y estructuras publicados: oficialías mayores, oficinas de prensa, oficinas de publicaciones, defensorías jurídicas, oficinas de compras, contralorías internas, delegaciones y otras [...] se centralizarán en una sola unidad o coordinación.[5]

Eso, desde luego, lejos de facilitar una administración fluida y eficaz, puede por el contrario entorpecerla. Un ejemplo de eso es la renuncia en mayo de 2019 de Germán Martínez Cázares al Instituto Mexicano del Seguro Social (IMSS) debido a dicha concentración de funciones en Hacienda, que entorpeció, en el breve lapso en que estuvo al frente, la eficaz administración de la entidad. En su carta de renuncia, señaló: "Ahorrar y controlar en exceso el gasto en salud es inhumano. Ese control llega a escatimar los recursos para los mexicanos más pobres [...] Acuso que los funcionarios de Hacienda no quieren dialogar con el IMSS, quieren imponer [...] La ineficacia, igual que la corrupción, juegan en el lado de los mismos que construyeron la sociedad de privilegios mexicana que el presidente busca y quiere desaparecer".

Por otra parte, puede considerarse el ejercicio de la revocación de mandato que se pretende aplicar a mitad del sexenio como una argucia para que el presidente haga campaña abierta en la elección intermedia (donde la Cámara Baja y varias gubernaturas se renovarían), y que, como ocurrió en 2018, los electores identifiquen los cargos en disputa con la figura (ya no la candidatura) de López Obrador. Dice Luis Rubio: "[El objetivo de Morena] será absorber al menos al PRI y regresar al proyecto hegemónico original que emergió de la Revolución. Para eso es imperativo llenar todos los espacios y controlar todos los resquicios de poder".[6] Este fenómeno de restauración del viejo presidencialismo podría iniciarse no tanto a raíz de la alternancia, que como se ha visto es en sí mismo sano como procedimiento, sino de los rasgos personales y estilo político de quien detenta la presidencia y sobre todo, de haber recibido un enorme poder, así haya sido mediante un proceso innegablemente democrático, y en parte por eso mismo (por la legitimidad que ello arroja y que permite tener un mayor margen de discrecionalidad). Como lo afirma Ezra Shabot:

Es difícil suponer que un poder absoluto, como el surgido de la elección del 1º de julio, pueda autocontenerse e intentar conciliar posiciones cuando no tiene necesidad alguna de hacerlo, al menos durante los próximos tres años.

Sólo una visión de Estado capaz de prever las consecuencias negativas que tendría, para su propio futuro y el del país, el intentar soluciones basadas en recursos inexistentes, podría evitar la catástrofe económica derivada de un nuevo presidencialismo sin límites.[7]

Un caso de regresión autoritaria a partir de la democracia es el de Cristina Fernández de Kirchner, de Argentina, al ganar su reelección con gran margen de votación (54%), pues semejante resultado "insufló al gobierno electo un aire de autosuficiencia que rápidamente se transformó en rasgos de prepotencia; 'Vamos por todo' dijo Cristina, y Argentina empezó a preocuparse. De ahí en más se agudizó el proceso, la ideología dominó absolutamente la gestión y toda voz crítica fue sometida a todo tipo de desprestigio".[8] Otro ejemplo de tentación autoritaria desde la democracia fue el gobierno de Franklin D. Roosevelt en 1937, en Estados Unidos, a quien López Obrador ha emulado como un ejemplo. Dicen Levitsky y Ziblatt: "A la sazón Roosvelt era un presidente sumamente popular: acababa de ser reelegido por una mayoría histórica y sus aliados demócratas ostentaban sólidas mayorías en ambas cámaras del Congreso. Pocos presidentes de Estados Unidos han disfrutado de tal fortaleza política".[9] Una situación en la que los equilibrios democráticos pudieron haberse trastocado dando paso a un régimen semiautoritario: "El presidente, en el punto álgido de su popularidad y poder, intentó forzar los límites de la autoridad constitucional y fue bloqueado".[10] Lo que propició dicho bloqueo fue la situación de autonomía de la que gozan los partidos políticos, de tal manera que el propio Partido Demócrata de Roosevelt constituyó un freno junto a los legisladores republicanos. En la actual situación de México, López Obrador llega en una situación parecida a la de Roosevelt en 1937. La pregunta es si su propio partido, que goza de mayoría legislativa, será un contrapeso junto con legisladores opositores para frenar un eventual abuso de poder. Morena no parece gozar de la fuerza propia y autonomía del Partido Demócrata estadounidense en aquel entonces. Morena es nuevo y depende enteramente de su líder; de hecho, la gente cruzó la boleta de la coalición obradorista debido a López Obrador y no a los candidatos específicos en cada pista y demarcación (a los que probablemente no conocía). No se ve probable que sus legisladores constituyan un freno a las eventuales arbitrariedades en que pudiera incurrir AMLO. Así, si ese poder (en el Legislativo y en los gobiernos estatales) es utilizado para concentrar aún más el poder, debilitando a las instituciones autónomas y otros contrapesos, podríamos enfrentar una auténtica regresión política en detrimento de la incipiente e inacabada democratización mexicana.

XII. PRESIDENTE PLATÓNICO *VERSUS* REALISMO DEMOCRÁTICO

La democracia moderna tiene sus bases en la corriente realista de la filosofía política. Parte de la naturaleza egoísta del ser humano, que sólo puede ser controlada institucionalmente, con frenos sociales, leyes y castigos a quienes la transgredan. De esa forma se logra mitigar y refrenar los impulsos egoístas que llevan a cometer abusos, explotación, asesinatos, robos, violaciones, extorsiones a los semejantes, para satisfacer los intereses y ambiciones personales (más allá de las necesidades legítimas). El Estado se crea justo para eso, como lo señalaba Thomas Hobbes en su *Leviatán*, congregando la fuerza suficiente para aplicar los castigos correspondientes a los transgresores de las reglas de convivencia social, y así mantener el orden. Pero políticamente, el problema es que quien sea designado para ejercer ese poder estatal también es un ser egoísta, que por tanto podría abusar de ese poder para igualmente satisfacer sus ambiciones. En otras palabras, ¿quién controla al controlador máximo? Ése es el problema de un poder altamente concentrado; quien lo detente fácilmente puede caer en la tentación de abusar del poder en beneficio propio y los suyos (familiares, amigos, leales). Dice al respecto John Stuart Mill: "El principio mismo del gobierno representativo descansa en la presunción de que los que poseen el poder abusarán de él en provecho propio; no porque siempre sea así, sino por ser la tendencia natural de las cosas, tendencia que las instituciones libres (democráticas) tienen por objeto regular". Y agregaba: "Quien posee el poder más fuerte está cada vez más propenso a abusar de él".[1]

Una medida que ayuda a mitigar ese riesgo, así sea parcialmente, es la división del poder para que distintas instituciones se controlen mutuamente. Uno de los exponentes más importantes de esta corriente es Maquiavelo, que por ende defendía la república como un régimen de división institucional del poder. El gobernante no podrá abusar fácilmente del poder no porque no sea egoísta —y en cambio sea solidario, honesto, altruista con sus conciudadanos—, sino porque, primero, se le da sólo una porción de poder y no el poder absoluto. Y por lo mismo, será más difícil abusar de ese poder o tomar decisiones que puedan ser inadecuadas para la comunidad. Éstas tienen que ser compartidas, sancionadas o matizadas por otros poderes que no dependen directamente de él. Además de incurrir en un abuso grave del poder que detenta, podrá ser institucionalmente removido de su cargo y en su caso sancionado penalmente. En cambio, poner todo el poder en unas solas manos conlleva el altísimo riesgo de que el autócrata abuse de él en perjuicio de la comunidad. Decía Hamilton:

> El presidente de los Estados Unidos podrá ser acusado, procesado y, si fue convicto de traición, cohecho u otros crímenes o delitos, destituido, después de lo cual estaría sujeto a ser procesado y castigado de acuerdo con las disposiciones legales ordinarias.
>
> La persona del rey de la Gran Bretaña es sagrada e inviolable; no existe ningún tribunal constitucional ante el que pueda ser emplazado, ni castigo alguno al que se le pueda someter sin suscitar la crisis de una revolución nacional.[2]

Ése es el origen de la democracia moderna: dividir el poder, crear controles institucionales, contrapesos políticos, vigilancia mutua de diversos actores, participación ciudadana, para que un gobernante no detente todo el poder, y en esa medida contenga su propensión natural al abuso. De esa misma corriente surgen los constitucionalistas estadounidenses. James Madison decía: "Si los hombres fuesen ángeles, el gobierno no sería necesario. Si los ángeles gobernaran a los hombres, saldrían sobrando lo mismo las contralorías externas que las internas del gobierno". Por lo cual, siendo los hombres como son por naturaleza, no conviene dotarlos del poder absoluto, pues la probabilidad de que abusen de él o tomen decisiones arbitrarias e inadecuadas (irracionales) será muy elevado. También decía Madison: "La gran dificultad de idear un gobierno que han de ejercer unos hombres sobre otros radica, primero, en capacitar al gobierno para dominar a los gobernados, y después, en obligar al gobierno a dominarse a sí mismo".[3]

En contraparte, la corriente idealista de la filosofía política —uno de cuyos principales representantes es Platón— habla de la naturaleza esencialmente buena de los seres humanos, si bien ésta no se da naturalmente, sino que debe ser desarrollada. Quien logra la virtud moral (altruismo, desapego, generosidad) no tiene ya ambiciones desmedidas ni egoísmo o intereses oscuros, y por lo tanto si dispone de poder no abusará de él; gobernará en beneficio de sus súbditos o ciudadanos, hará lo posible por el bienestar de su comunidad. Platón hablaba del rey filósofo, es decir, moralmente virtuoso, que caía en esa categoría; no tiene ya propensión de abusar del poder y cometer perjuicios contra sus gobernados, además de tener la sabiduría y sensatez suficiente para tomar decisiones adecuadas, racionales, benéficas para su comunidad. Por todo lo cual recomendaba Platón no dividir el poder del Estado, sino dárselo por completo a ese rey, pues así podría realizar más eficientemente sus programas, que por definición serán benéficos para sus súbditos. No abusará del poder para satisfacer su interés particular. En cambio, de dividir el poder dándole al rey filósofo sólo una porción de él, el resto podrá caer en manos perversas (Platón no asume que todos los hombres son virtuosos, sino esencialmente el rey), y en esa medida lo utilizarán —ellos sí— para buscar sus intereses particulares y defender sus privilegios. También lo podrían usar para entorpecer los programas que impulse el rey en beneficio colectivo pero que podrían afectar los intereses de los grupos privilegiados. De ahí que en el esquema platónico, cuando aparece un rey virtuoso, conviene darle el mayor poder posible, todo incluso (el poder absoluto), pues hará buen uso de él, en beneficio de la colectividad y no de sus intereses particulares y de grupo. Rousseau, heredero indirecto del platonismo, sostenía que el espíritu de la nación "residiría en una minoría iluminada que ha de actuar para su ventaja política".[4] Justo recuerda Krauze la idea rousseauniana de concentrar el poder de quien será un líder virtuoso y comprometido:

Semejante a la "voluntad general" de Rousseau, la noción del "pueblo" como un "todo" ligado al líder, y ontológicamente superior a sus partes, contiene el germen de la dictadura. Si los adversarios del líder son los adversarios de la "voluntad general" cuya autoridad es absoluta, ¿no es el deber del líder, como humilde siervo del pueblo, suprimir sus libertades y, en un extremo, suprimirlos a ellos mismos? No otra cosa hizo el Comité de Salud Pública bajo Robespierre. No otra cosa hicieron todas las revoluciones del siglo xx que desembocaron en regímenes totalitarios.[5]

Platón recelaba por esa misma razón de la democracia, pues no siendo virtuosos la mayoría de los hombres, tomarían decisiones torpes e impedirían la convivencia racional y civilizada. Mejor darle todo el poder a un hombre virtuoso. Pero tendría que serlo auténticamente, so riesgo de caer en una tiranía. Un derivado de la filosofía platónica es la idealización de las monarquías absolutas en manos de hombres virtuosos y sancionados por la voluntad divina. O la teocracia, poniendo todo el poder en manos de un representante de Dios (un santo) o grupo de ellos (el clero), pues a partir de su virtud harían un buen uso de ese poder absoluto. Otro derivado de esta concepción se halla también en el marxismo, donde en lugar de dividir el poder (una "democracia burguesa") se promueve concentrarlo enteramente en una entidad específica (la dictadura del proletariado), para así transformar la sociedad en beneficio de la colectividad (estatizando por ejemplo la propiedad privada de los medios de producción).

Todo ello daría lugar a una era dorada de esa sociedad (el comunismo). En cambio, debería despojarse de poder a los grupos privilegiados (aristocracia, terratenientes o empresarios) porque éstos podrían utilizarlo para obstruir dicha transformación, y proteger sus intereses particulares (en detrimento de los colectivos). En la dictadura del proletariado el poder quedará concentrado esencialmente en un hombre (o una reducida junta), el secretario general del partido único por ejemplo, cuya virtud es más social e histórica que moral, pues representa a los obreros, clase social clave para dicho cambio hacia la sociedad sin clases, sin explotación, sin enajenación. Y los regímenes militares o de carácter cesarista igualmente legitiman el poder a partir de un principio semejante; el líder providencial, o Fürer, o Duce, tiene la genialidad y virtud política de modo que sus decisiones favorecerán en esencia al pueblo, del que son la misma encarnación.

Históricamente esos regímenes derivaron en tiranías, y Platón diría que eso ocurrió por haber confundido a un hombre ordinario —por lo tanto egoísta y potencialmente abusivo— con un gobernante genuinamente virtuoso. Justamente ése es el riesgo de dicho modelo: que tales regímenes, aunque de inspiración platónica, deriven en uno de corte abusivo, despótico, dictatorial, que implica la limitación o violación de derechos políticos y humanos, justificándose por un ideal superior, un programa de transformación social que beneficie a las mayorías. Por lo cual la intimidación, represión o desaparición de los grupos disidentes (con métodos antidemocráticos) quedarán plenamente legitimadas. Libertades como las de expresión, conciencia, libre asociación serán suprimidas (o limitadas) en aras del bien común, interpretado éste por el líder supremo que a su vez encarna la voluntad popular. El resultado de ese experimento suele ser desastroso, al menos política y humanamente (al margen del relativo éxito económico o social que se pudiera alcanzar). Así ha ocurrido innumerables veces en la historia humana. Mijaíl Gorbachov escribió sobre la experiencia soviética: "La historia nos ha legado [a los comunistas] una penosísima herencia. Dado que los órganos del poder no se sentían responsables de la situación ni estaban sometidos a ninguna clase de control, podían hacer y dejar de hacer lo que quisieran".[6]

Y es que, decía Thomas Hobbes, difícilmente se podrá hallar a un hombre idílico (como el rey platónico), pues ello "implica una generosidad que raramente se encuentra, en particular en quienes codician riquezas, mando o placeres sensuales, y ellos son la mayor parte del género humano".[7] De ahí que el realismo insista en que es mejor a todas luces dividir el poder, contenerlo, contrapesarlo, vigilarlo, para evitar abusos y dictaduras, dado que la probabilidad de encontrar un auténtico hombre virtuoso, en sentido platónico, es remota. En cambio poner todo el poder en una sola persona (o partido, o junta militar), por más que la intención sea buena socialmente, derivará en tiranía, persecuciones, injusticias, violaciones a derechos fundamentales. El resultado, lejos de una bonanza y justicia para la sociedad, será un desastre, al menos desde la perspectiva política. Maquiavelo decía que la probabilidad de que llegue al poder un hombre ordinario —por tanto egoísta y propenso a abusar del poder— es enorme. Difícilmente se hallará a un príncipe virtuoso como el que pintaba Platón. Y en tan excepcional caso, tampoco conviene darle todo el poder por tres razones: *a)* se puede fácilmente confundir a un hombre ordinario con uno moralmente virtuoso (como lo prevenía el propio Platón); *b)* el hombre genuinamente virtuoso y sensato podría, pese a ello, enloquecer con tanto poder, devotos incondicionales y aduladores a su alrededor; *c)* o bien, cuando desapareciera del escenario político el gobernante virtuoso dejará vulnerable a su sociedad, pues, decía el florentino: "El reino cuya existencia depende de la virtud de quien lo rige pronto desaparece. Consecuencia de ello es que los reinos que subsisten por las condiciones personales de un hombre son poco estables, pues las virtudes de quien los gobierna acaban cuando éste muere, y rara vez ocurre que renazcan en su sucesor".[8]

Frecuentemente se ha caído históricamente en el error de confundir a un hombre ordinario con uno platónicamente virtuoso, en cuyo caso el poder absoluto que se le entregue no será utilizado en beneficio colectivo (al menos no totalmente), y sí en cambio puede ponerse a su servicio particular. Viene como ejemplo el respaldo que le dio Rafael Caldera a Hugo Chávez en Venezuela para medrar con el prestigio de este último (al haberse enfrentado a la partidocracia de su país a través de un fallido golpe de Estado en 1992). Dijo Caldera sobre Chávez:

> Es difícil pedirle al pueblo que se sacrifique por la libertad y la democracia cuando cree que tales libertad y democracia son incapaces de darle alimentos que comer, de evitar la subida astronómica del coste de la vida o de poner fin definitivo al terrible flagelo de la corrupción que, a ojos de todo el mundo, devora las instituciones venezolanas a cada día que pasa.[9]

Sugería de alguna forma que era mejor un poder concentrado en manos que tuvieran un compromiso social: el desmantelamiento de los equilibrios democráticos en aras de un proyecto de igualdad social (origen ideológico de diversos autoritarismos de corte populista). Desde la presidencia, Caldera liberó a Chávez en 1994, que purgaba su condena en la cárcel por el golpe. Y más adelante respaldó Caldera la candidatura de Chávez para alcanzar la presidencia, lo cual ocurrió en 1998. Para 2018 Venezuela quedaba económicamente devastada, con un crecimiento negativo de 18% y una inflación incontrolable de más de un millón por ciento. Caldera, uno de los fundadores de la democracia, abrió la puerta a la destrucción de la misma.

En México hemos tenido una tradición que evoca el platonismo (sin ser necesariamente una herencia directa), en que un líder o caudillo providencial, que se supone moralmente virtuoso y políticamente diestro, podrá resolver la problemática nacional. Para lo cual solicitará (y se le dará) un poder absoluto, y así cumplir sus propósitos altruistas, sociales, populares, sin riesgo de que ello derive en una nefasta tiranía, pues no optará por abusar del poder, sino por utilizarlo en beneficio colectivo. En cierto momento y de distinta manera así fueron vistos el cura Hidalgo (nombrado su Alteza Serenísima), Agustín de Iturbide (aclamado como emperador), Antonio López de Santa Anna (Benemérito de la Patria en Grado Heroico) y Porfirio Díaz (un "portento de la historia", diría de él Alejandro Dumas). En tales casos, México se convirtió en el "país de un solo hombre".[10] Todos abusaron en mayor o menor medida, pues resulta que eran hombres ordinarios en el sentido maquiavélico, y no los gobernantes virtuosos y altruistas que imaginaba Platón. Más tarde, en cierta forma, el régimen de la Revolución mexicana adoptó parte de esa filosofía platónica; sin ser un régimen comunista, legitimó también la concentración del poder en un partido emanado del movimiento revolucionario, y en la cúspide de la pirámide se hallaba el presidente de la República. Dicha centralización del poder se justificó en aras de las causas sociales de obreros, campesinos, sectores populares. El presidente, más allá de su carisma personal, quedaba por su investidura con el aura del caudillo providencial (así fuera acotado levemente por ciertas reglas no escritas y alguna institucionalidad, como la no reelección), pero incluso con un poder que rebasaba el dispuesto por la Constitución (los que Jorge Carpizo llamó poderes metaconstitucionales). Ese esquema prevaleció durante décadas, en la medida en que se obtenían ciertos resultados palpables en términos sociales, y un crecimiento económico importante (el "milagro mexicano"). Daniel Cosío Villegas recordaba dicha tradición histórica aplicada al presidencialismo:

La creencia de que el presidente de la República puede resolver cualquier problema con sólo querer o proponérselo es general entre todos los mexicanos, de cualquier clase social que sean, si bien todavía más, como es natural, entre las clases bajas y en particular entre los indios campesinos. Éstos, en realidad,

le dan al presidente una proyección divina, convirtiéndolo en el Señor del
Gran Poder, como muy significativamente llaman los sevillanos a Jesucristo.[11]

Sin embargo, el liderazgo providencial toleraba cierto grado de abuso
de poder, represión y corrupción. La sociedad lo tomó como un pago aceptable ante los beneficios económicos y sociales recibidos en esos años (más
al estilo hobbesiano). Las crisis económicas subsiguientes al final del
modelo del desarrollo estabilizador (con Luis Echeverría y José López
Portillo) generaron un déficit creciente de legitimidad. No había ya
legitimidad de origen revolucionario ni por desempeño económico, ni
por sustento democrático (por los fraudes electorales, el carácter hegemónico del partido, el corporativismo vertical, etcétera). Por lo cual,
el régimen (con Miguel de la Madrid) decidió cambiar de modelo económico, e ir abriendo gradualmente el régimen en dirección democrática
(con altibajos). El inicio del proceso de transición democrática podría
ubicarse en 1988, dada la agitación electoral de ese año, que fue obli-
gando al régimen abrirse en mayor medida (creación y evolución del
IFE y el reconocimiento de triunfos opositores a nivel estatal). Eso provocó pasar de un esquema de inspiración platónica (centralizar el poder
para efectos sociales), a otro democrático basado en el realismo político
(dividir el poder, generar contrapesos) para generar mayores equilibrios políticos y, al menos como aspiración, terminar con la impunidad
y contener la corrupción, una demanda creciente de la sociedad.

Los cambios en ese sentido se tradujeron en mayor distribución del
poder en distintos niveles e instituciones de gobierno. Se reconocieron triunfos de la oposición a nivel estatal, y el PRI perdió la mayoría
absoluta en la Cámara Baja en 1997. En el 2000 se generó la primera
alternancia pacífica de la historia de México. El poder siguió dividién-
dose, generando crecientes controles sobre el Ejecutivo. Pese a lo cual la
impunidad prevaleció y la corrupción continuó. Y si bien se generaron
contrapesos en la toma de decisiones (con una creciente autonomía de
varias instituciones, así como equilibrios en el Congreso y la Suprema
Corte), uno de los objetivos fundamentales de la democracia política (el
fin de la impunidad) no se logró cabalmente. Los partidos establecie-
ron una especie de pacto de impunidad, que lejos de inhibir la corrupción la prolongó y socializó. Eso, más varias decisiones desafortunadas,

como la estrategia precipitada frente al narcotráfico, y un desempeño económico limitado, provocó la decepción respecto de las expectativas que generó la democratización, un malestar que López Obrador fue capitalizando conforme se fue acumulando. Una ventaja adicional y fundamental de AMLO es su imagen de honestidad y austeridad, lo que en medio de la gran corrupción política se convierte en una gran virtud. De modo que en crecientes segmentos de la población se fue creando la idea de que AMLO es un hombre virtuoso, entregado, comprometido con el pueblo en general, y diestro en el manejo político. Eso, en combinación con sus promesas de cambio verdadero, de regeneración del país, y una profunda Cuarta Transformación de México que solucionará de manera definitiva y radical los grandes problemas nacionales, generó la imagen de un nuevo caudillo providencial.

De ahí que López Obrador, cuando se le exige que haya mecanismos de vigilancia, suele responder que en su caso (o de su partido) no es necesario, pues es honesto, un ave cuyo plumaje no se mancha. Se trata de un acto de fe que muchos de sus seguidores creen a pie juntillas, propio de la visión platónica pero que contraviene la idea de Estado de derecho (en términos del realismo político). Y por ello, de acuerdo con la vieja idea platónica, conviene dotar al nuevo presidente de un poder amplio justo para que cumpla cabalmente su misión histórica. Y afloró un debate: ¿Otorgarle a AMLO mayorías en el Congreso y los estados, además de la presidencia, o mejor mantener ésta un tanto acotada? Él mismo, con cierta confianza de su triunfo (según las encuestas), concentró su campaña en solicitar el voto en todas las pistas y no sólo en la presidencia, apelando a la conveniencia de que se le concediera el mayor poder posible justo para cumplir mejor sus proyectos, que serían en beneficio social y no de él mismo (ni de sus colaboradores). Algunos autores, en cambio, sugerían que si se decidía votar por AMLO, sería mejor no darle todo el poder, por aquello de la pérdida de contrapesos y equilibrios, además de los consecuentes riesgos de que se tomaran medidas inadecuadas, así como la siempre presente tentación de abusar del poder cuasiabsoluto que eso podría conllevar. Entre los electores potenciales de López Obrador se había ya arraigado la idea de que AMLO tenía la suficiente virtud moral y personal como para que se le confiara el mayor poder posible (cruzando su partido en todas la boletas, en todos los niveles). Lejos de verse como riesgoso, eso se consideró como un impulso para la prometida regeneración del país. En otras palabras, una buena parte del electorado decidió pasar del maquiavelismo democrático que tomó fuerza en México al menos desde 1988 (y que resultó insatisfactorio a partir de las expectativas despertadas), para regresar a un paradigma de concentración platónica del poder. Escribió al respecto Federico Berrueto: "Los mexicanos optaron por el salvador de la patria. Es un voto por el poder mágico y su referente se llama López Obrador".[12] Por su parte, Aguilar Camín señala: "Fue, quizá, la nostalgia de un presidente poderoso y un partido cuasi único, y la confianza en que ellos harán por sí solos las transformaciones que la nación necesita, luego de dos décadas de frustrante experimentación democrática".[13] Pero Lorenzo Meyer, desde una perspectiva más platónica, afirma que dicho poder será bueno en esencia, pues tiene un origen netamente democrático:

> El PRI tenía la mayoría porque controlaba la vida pública desde que nació. Esta mayoría de Andrés Manuel la saca de la votación, que no fue comprada […] el ciudadano se la dio […] pero el ciudadano ya sabe que tiene el poder y que puede cambiar la naturaleza del sistema político mexicano. Esa mayoría que tenía el PRI, diputados y senadores, no se representaban más que a sí mismos. Esto será diferente.[14]

Y de hecho, compara la alternancia obradorista como una auténtica revolución, aunque pacífica y de origen democrático, pero que tenderá a concentrar el poder en aras del profundo cambio social que pretende: "Si esto no es producto de una revolución, sí se parece. No hay ningún cambio de la naturaleza del que se supone vamos a vivir en que no haya habido una concentración del poder. Es casi una ley histórica".[15] Es una justificación platónica de la autocracia; sin un poder altamente concentrado en un gobernante comprometido con el cambio social (un rey filósofo), no habrá ese cambio. En realidad, la concentración derivada de las revoluciones se debe más al hecho de que son violentas y terminan concentrando el poder militar en los vencedores, lo que provoca la desaparición política (y a veces física) de sus adversarios, lo cual deriva de manera natural en un monopolio político, una autocracia. La democracia tiene otra lógica, pero es verdad que en ciertas condiciones los gobernantes pueden usar el poder que se les otorga para minar la institucionalidad democrática, justificando esa reconcentración del poder a partir de la magnitud de los cambios socioeconómicos que pretenden, incluso llamando a esos procesos como auténticamente revolucionarios (como la revolución bolivariana de Venezuela).[16] Es lo que ya se conoce como "democracia iliberal", según la expresión de Fareed Zakaria: la cancelación democrática de la democracia, o en concreto, "los regímenes que tenían elecciones pero no respetaban el Estado de Derecho y anulaban, sobre todo, el sistema de pesos y contrapesos".[17] Si bien el término suscita que un régimen semejante sigue siendo democrático, cuando en realidad sólo lo es en el formato (como de hecho lo fue el régimen priista). Por lo cual Jan Werner Müller advierte: "Los observadores externos deberían tener muy claro que a quien daña el populismo es a la democracia misma".[18] Eso porque además sigue dando la apariencia de democracia; se beneficia de la legitimidad nacional o internacional que ofrece la democracia y al mismo tiempo desmantela la eficacia de los contrapesos, de la disidencia ciudadana y de la oposición formal. Y todo eso en nombre de una concentración del poder que se justifica por la virtud moral del líder. Un poder que se utilizará no para abusar de él, sino para tomar sin trabas las decisiones pertinentes en beneficio de todo el pueblo. De ahí la definición sintética de populismo que hace Krauze, pariente de la que hizo Zakaria de democracia iliberal: "El populismo es el uso demagógico de la democracia para acabar con ella".[19]

En ese sentido, está la declaración del senador Ricardo Monreal al comentar que si bien el gobierno de López Obrador podría repetir políticas que a otros gobiernos se les condenó, en su caso será para bien debido a su honestidad inherente: "Él [AMLO] tiene un respaldo social de 30 millones de personas. Es su responsabilidad y creo que así va a actuar [...] hay que darle oportunidad, hay que darle toda la confianza porque es un hombre honesto".[20] Por su parte, John Ackerman afirma que en el caso de la violencia del crimen organizado, debe valorarse de manera distinta en el caso de Calderón y Peña Nieto respecto de AMLO, porque aquéllos eran perversos, en tanto que López Obrador es bien intencionado:

[Los opositores] Imaginan que lo que causó tanta indignación entre la población en contra de Calderón y Peña Nieto fue la mera existencia de la muerte y la violencia, cuando en realidad lo que generó el repudio tan frontal de la ciudadanía en contra de estos expresidentes fue el hecho de que estábamos convencidos de que eran líderes traidores y apátridas que generaban intencionalmente la destrucción del país.[21]

De nuevo el platonismo; al gobernante honesto y virtuoso se le justifica todo aquello que a los demás no, porque son perversos. La concentración de poder se justifica en el primer caso, pero no en otros. De hecho, una mayoría ciudadana parece respaldar tales posiciones: 55% considera que el cambio es conveniente, aunque "desaparezcan algunas instituciones". Es decir, los resultados socioeconómicos que se esperan bien valen un retroceso democrático. Una mayoría de 56% considera que AMLO es democrático, frente a 31% que lo ve más como un personaje autoritario. Y 55% considera que su gobierno fortalecerá la democracia, frente a sólo 29% que ve en su gobierno un riesgo para la democracia. Pero por otro lado, un no reducido 40% lo ve como un gobernante populista.[22] Otra encuesta refleja que 40% aprueba que AMLO obstaculice a la oposición para llevar a cabo su proyecto, frente a 46% que lo desaprueba; 40% estaría de acuerdo en que AMLO buscara su reelección en 2024, y 39% considera que lo intentará (frente a 36% que no lo cree así). Y desde el triunfo de AMLO, quienes consideran mejor un régimen autoritario pasaron de 14 a 25 por ciento.[23]

Por su parte, en una lógica platónica, el sacerdote activista Alejandro Solalinde afirmó que AMLO "tiene mucho de Dios".[24] Si es así, ¿por qué habría que limitarle el poder, ponerle contrapesos, vigilarlo cercanamente, pulir instrumentos de rendición de cuentas, si alguien como Dios (el cristiano, se supone) no haría daño a nadie, sino sólo bien? El problema no sería que el padre Solalinde piense así, sino que muchos millones piensen algo semejante, pues entonces otorgan un respaldo incondicional en lugar de ejercer una sana crítica y presión cuando se vea que no se conduce platónicamente. Además, alguien así (que se parece a Dios o al menos al rey virtuoso de Platón) no se equivocará en sus decisiones, y por ende no tendrían éstas que tomarse entre varios poderes. Si por alguna razón surgen políticas y medidas aparentemente irracionales o inadecuadas, en lugar de revisarlas y en su caso cuestionarlas, lo que se impone en esa óptica es algo así como "los caminos de AMLO son inescrutables". Aunque no se entiendan, hay que respaldarlos. Paradójicamente, de esa forma se podría frustrar el "cambio verdadero" que se pregona, al menos en lo político. En cambio, si el grueso de obradoristas denunciara esas licencias y le exigiera a AMLO no incurrir en ellas, su margen de maniobra para eso se reduciría, y en efecto lo pensaría dos veces antes de seguir por esa ruta. En tal caso, para AMLO las ganancias obtenidas con el pragmatismo extremo serían menores que perder el apoyo y la credibilidad de su base. Por lo cual los incondicionales de López Obrador, por su número e incondicionalidad, minan con su gran condescendencia las probabilidades de que se avance en el cambio ético que buscan, justo para que las cosas no se sigan haciendo como las hacía la mafia del poder. A mayor incondicionalidad, menor impulso al cambio. A eso se refiere Jorge Zepeda Patterson al señalar:

> [A AMLO] le hacen un flaco favor todos aquéllos que salen en su defensa agrediendo y descalificando sumariamente a todo el que no esté de acuerdo con el líder […] Se requiere responder con argumentos a los contraargumentos, defender la pertinencia de las políticas públicas en las que creemos, a pesar incluso de que puedan reconocerse pifias en el camino. Lo que menos necesita López Obrador son *hooligans* a su alrededor […] Necesita de simpatizantes, que lo sigan no por una fe ciega e incondicional.[25]

En otras palabras, se asume en el platonismo que un poder concentrado, si tiene origen democrático y estará encabezado por un gobernante honesto, será esencialmente bueno. Sobre lo cual comenta Roberto Gil Zuarth: "El gobierno del pueblo bueno no requiere instituciones dotadas de autonomía ni garantes de la imparcialidad: el pueblo no se equivoca y, por tanto, no necesita límites ni tutores. La superioridad moral de la mayoría es mucho más barata que la tediosa maquinaria de pesos y contrapesos, de equilibrios y controles, de desconfianzas y supervisiones".[26]

La historia revela casos de gobiernos fuertes que surgieron legítimamente de las urnas, pero utilizaron su mayoría para concentrar aún más el poder, e incluso desarticular el sistema de competencia electoral, tornándose en autoritarios. El PRI mismo gozó durante sus primeros años de gran legitimidad, si bien no emanada de las urnas, pero sí originada por la Revolución mexicana, de donde surgió. Pero esa legitimidad seguramente se expresaba también en las urnas, si bien el régimen siempre recurrió al fraude y la manipulación para garantizar el triunfo y los números que le convenían en cada caso. Quizá el mejor ejemplo de ese momento estelar fue Lázaro Cárdenas. Pero dicho régimen revolucionario se tornó en un autoritarismo abusivo y corrupto, como suele ocurrir tarde o temprano con todo poder concentrado. Por lo mismo, muchos de quienes no votaron por López Obrador temen que, no siendo en realidad el presidente platónico y virtuoso que sus leales suponen, representa un elevado riesgo para la democracia al poner tal concentración de poder en sus manos (como lo sería en las de cualquier otra persona).

De haber un genuino compromiso democrático de su parte, se ha dicho, no pasaría por alto los avances logrados y, por el contrario, utilizaría su poder para avanzar en la institucionalización democrática, así eso implicara renunciar a parte del poder otorgado. Se trataría de fortalecer las instituciones encaminadas a contener el poder. Al respecto, Ortiz Pinchetti asegura que el contrapeso a López Obrador provendrá de su propia conciencia; su carácter democrático evitará que el nuevo presidencialismo que él encabezará se torne en uno semejante al que prevaleció en la era priista.[27] Pero si no resultara ser ese adalid democrático y virtuoso que dice ser, sino un político más ordinario y pragmático (así mantenga su austeridad personal), podría malutilizar el enorme poder puesto en sus manos, sin contrapesos eficaces, en perjuicio de la democracia, y eventualmente del país en otros temas. En todo caso, para muchos resulta más que dudoso que López Obrador use su poder para autocontenerse y limitarse; más bien piensan que en él prevalecerá el viejo adagio de que "el poder no se comparte, sino se ejerce". E incluso ese poder podría utilizarlo para expandirlo y concentrarlo aún más. Está pues por verse de qué manera ejercerá AMLO el enorme poder que el electorado —y la ley electoral— puso en sus manos.

XIII. UNA AUTOCRACIA REVIVIDA

El poder es la capacidad de tomar decisiones que afectan a terceros. El problema para todo régimen es la distribución del poder; sin poder político (anarquía) no se pueden tomar decisiones (ingobernabilidad), mas si se concentra en una persona (autocracia) es posible tomar decisiones y ejecutarlas sin problema; habrá gobernabilidad. Pero dependiendo de cómo se use ese poder concentrado, habrá consecuencias positivas o negativas para la comunidad política en cuestión. Si desde ahí se toman decisiones racionales se podrá mejorar el país económica y socialmente, pero si se toman decisiones inadecuadas, se puede provocar un desastre. Además, la concentración de poder da pie al abuso, es decir decisiones que benefician a quien detenta ese poder pero en detrimento del resto de la sociedad. No hay en ese caso contrapesos ni controles institucionales, ni por ende rendición de cuentas. El abuso de poder quedará impune, pues ninguna institución tendrá la autonomía y fuerza suficientes para impedir, detener y en su caso sancionar dicho abuso. La autocracia se convierte fácilmente en una tiranía. Decía Maquiavelo que la monarquía absoluta tiene "más autoridad" (más poder) que el sistema feudal, donde el poder estaba más disperso.[1] Pero entre los extremos (anarquía y autocracia), como un punto de equilibrio, se halla la democracia; el poder no está totalmente disperso, pero tampoco totalmente concentrado, sino que se divide entre varias instituciones que se contrapesan y vigilan mutuamente. Eso favorece la rendición de cuentas, evita el abuso de poder y, en caso de haberlo pese a todo, facilita la rendición de cuentas (la remoción del gobernante abusivo, aun durante su mandato, y su sanción legal dependiendo de las circunstancias). Pero la democracia conlleva también algunos inconvenientes: la toma de decisiones se entorpece un tanto, se complica, se hace más lenta, si bien no necesariamente cae en completa parálisis (como en la anarquía). Y eso permite que quienes se oponen a un programa de gobierno eventualmente puedan detenerlo o echarlo abajo. Desde el Congreso o el Poder Judicial (u otras instancias), quienes ven afectados sus intereses por un proyecto o modelo determinado pueden entorpecerlo e incluso hacerlo inviable. De ahí que en ciertas circunstancias la tentación de centralizar el poder puede ser enorme, en aras de un cambio social o económico, y dicha autocracia ser legitimada en esos términos; se pretende justificar la suspensión de la democracia y la concentración del poder (así sea temporalmente) en atención de aquel proyecto. Es una variación del platonismo antes revisado; el bien del pueblo, del país, de la mayoría justifica suspender la democracia, los contrapesos, la rendición de cuentas.

Varios países se vieron orillados a centralizar el poder político para llevar a cabo reformas modernizadoras en sus primeras etapas; lo hicieron en algunos casos bajo monarquías absolutas (Luis XV de Francia, Pedro el Grande de Rusia) o bajo dictaduras (Porfirio Díaz, o Abdel Nasser en Egipto) u oligarquías (los gobernantes Meiji en Japón). De modo que "para poner en vigor sus reformas modernizadoras, el monarca tiene que buscar la centralización [política] con incansable celo".[2] En etapas más avanzadas de modernización, el papel podía recaer también igualmente en dictaduras (Perón en Argentina, Pinochet en Chile, Rojas Pinilla en Colombia) pero sobre todo en partidos políticos monopólicos (Unión Soviética, China, Turquía, Taiwán o México). Las autocracias y la limitación de derechos políticos se justificaban en términos de los avances sociales y económicos que podían lograrse por esa vía. En cambio, cuando se intentaba el cambio en las primeras etapas por vía feudal o democrática, la modernización social podía entorpecerse por el poder en manos de los grupos tradicionalistas (nobleza feudal, iglesias cristianas); tal como ocurrió en la Francia, Alemania, Rusia y Japón feudales (preabsolutista). Hubo en esos países que centralizar el poder para avanzar en la modernización social. En América Latina, pese a que los liberales estuvieran en el poder y permitían la democracia, los conservadores (oligarcas, Iglesia, terratenientes) utilizaban el poder del que disponían para detener el avance social; en el caso de México ocurrió en 1832, en 1858 y más tarde en 1913 con Francisco Madero. En cambio, pudo avanzarse en cierta medida bajo dictaduras personalistas o de partido que tuvieran un compromiso con la modernización social; el porfiriato y el régimen priista. Lo mismo en varios países árabes: Irán de los Pahlavi, Turquía de Mustafá Kemal, Irak de Sadam Hussein o Libia de Muamar Gadafi, que redujeron el poder de los grupos tradicionalistas y feudales.

Hay ahí un dilema: o se avanza en la modernización a costa de la democracia, o se impulsa la democracia a costa del rezago social. "Ello postula el dilema clásico de la primera fase de la modernización [...] el pluralismo tradicional se enfrenta al despotismo modernizador [ilustrado]; la libertad choca contra la igualdad".[3] La dictadura modernizante o el partido revolucionario (sean bajo el capitalismo o el socialismo) intentan el cambio y quizá en alguna medida lo logren, pero no siempre con total éxito. En cambio, siempre terminan en tiranías desastrosas y represoras políticamente (con mayor o menor intensidad). Véanse los casos de las propias dictaduras árabes y latinoamericanas (o africanas) y de los partidos únicos (en la Unión Soviética, China, Cuba, México en cierta medida), en los que se eliminan la pluralidad, los contrapesos y las libertades políticas, y se afectan gravemente los derechos humanos. Eso ocurre también con las monarquías modernizadoras, como señala Huntington: "El monarca puede tratar de mantener su autoridad mediante la persecución del esfuerzo de modernización, pero intensificando a la vez la represión necesaria para mantener dominados a los conservadores que se oponen a las reformas, y a los liberales que se oponen a la monarquía" (a la autocracia en general).[4]

Todo en aras de un proyecto socioeconómico que no siempre arroja resultados satisfactorios (como es el caso de muchos populismos latinoamericanos). Los costos político-humanitarios de tales regímenes provocan tarde o temprano fuertes tensiones para abrir el régimen político e intentar una democratización. De ahí que las dictaduras modernizantes y los regímenes de partido monopólico tengan un margen de estabilidad menor que las democracias consolidadas. Y por ello también, tras el agotamiento de las autocracias, surgen las llamadas transiciones democráticas u "olas democratizadoras", como las llamó Huntington. La primera oleada se dio a principios del siglo XX, lo que no implica que no hubiera ya algunas pocas democracias (Inglaterra, Francia, Estados Unidos, al menos). La segunda oleada se da justo tras la Segunda Guerra Mundial, cuando cayeron varios regímenes autoritarios vinculados al Eje: típicamente Alemania, Italia y Japón, además de algunos países recién independizados que adoptaron un formato democrático, como la India. Finalmente, la tercera oleada fue más extensa y coincide con el agotamiento de diversas dictaduras militares o regímenes de partido monopólico, a partir de los setenta y durante los siguientes años: Portugal (en 1974), España a la muerte de Franco, varios países de América Latina tras dejar atrás sus respectivas dictaduras militares (Argentina, Brasil, Chile, Bolivia, Paraguay, Uruguay) o bien países con partidos monopólicos que llegaron a una crisis de continuidad: la Unión Soviética y los países de la cortina de hierro europea, así como Taiwán y México, entre otros. Dicen Levitsky y Ziblatt: "El periodo comprendido entre 1990 y 2015 fue fácilmente el cuarto de siglo más democrático en la historia mundial, en parte porque las potencias occidentales respaldaron de manera generalizada la democracia".[5]

Pero dado que las democracias no son inmunes en sus primeras etapas debido a que sus instituciones son incipientes, pasados algunos años muchas de ellas pueden caer en una situación de inestabilidad e ingobernabilidad. Los oleajes democráticos se dan cuando la evolución política de un grupo de países está madura para intentar una transición política. Pasado un tiempo, los problemas que la democracia no puede resolver genera una fuerte decepción, que a su vez puede provocar el debilitamiento y el retorno a una nueva etapa de autoritarismo. Es decir, a cada oleada democrática sobreviene años después un reflujo en sentido contrario que pone a prueba la fortaleza de las instituciones hasta entonces creadas, ante lo cual algunas democracias quedan en pie pero otras caen. Dicha ruptura puede darse cuando el poder se dispersa más allá de lo que una democracia resiste, derivando en cierta anarquía, ingobernabilidad e incluso guerras civiles (la república de España, Salvador o Guatemala), o bien ocurre cuando se genera una excesiva reconcentración del poder. Tras la primera oleada democrática de principios del siglo XX cayeron en una autocracia Alemania, Italia y Japón al menos, formando el Eje en la Segunda Guerra Mundial. En el segundo reflujo democrático cayeron en el centralismo político varios países de Europa oriental (Polonia, Hungría, Yugoslavia, Checoslovaquia), y varios países latinoamericanos como Argentina, Chile, Brasil y

Uruguay. Y tras la tercera oleada democrática han caído en la concentración política Nicaragua, Venezuela, Turquía, Polonia y Rusia, entre otros. Pero ese reflujo amenaza incluso a otros países como Grecia, Portugal, y quizá México, pero también democracias más avanzadas (España, Italia, Holanda, y no falta quien advierta ese riesgo en Estados Unidos, ante el torbellino de Trump). En ello han tenido que ver múltiples variables como el fracaso en los modelos económicos mundiales adoptados para satisfacer las necesidades de buena parte de la población, los grupos afectados por la globalización, las crisis económicas (en particular la de 2008) y la ineficacia de los partidos políticos tradicionales (partidocracia) para arrojar resultados satisfactorios y detener la corrupción. Tal como lo afirma el almirante estadounidense retirado, y excomandante de la OTAN, James Stavridis:

> Hoy, uno puede ser perdonado por creer que la era de la democracia ha terminado. Dos grandes naciones, Rusia y China, tienden hacia un régimen unipersonal. La lista de países inclinándose hacia las órbitas autocráticas está creciendo. En América Latina incluye a Venezuela, Bolivia y Nicaragua, que han mostrado los síntomas de una frágil democracia.
>
> En el otro lado del Atlántico, Turquía, Hungría y Polonia, aunque todavía reconocidas como democracias, tienen un poder centralizado que controla la prensa, manipula los tribunales y aplasta las protestas.[6]

Todo lo cual tiene como marco general una decepción o desencanto democrático, que mina el apoyo y la legitimidad del nuevo orden de pluralismo y contrapesos institucionales, y da pie bien a una situación de ingobernabilidad o a una reconcentración del poder político (es decir, alguna nueva forma de autoritarismo, hegemonía partidista o hiperpresidencialismo).

XV. ¿AUTONOMÍA INSTITUCIONAL
O FISCALES CARNALES?

Al lograr su triunfo electoral, López Obrador ofreció respetar la autonomía de las instituciones que fueron pensadas como contrapeso del Poder Ejecutivo: "Ofrezco al Poder Judicial, a los legisladores y a todos los integrantes de entidades autónomas del Estado, que no habré de entrometerme de manera alguna en las resoluciones que únicamente a ustedes competen".[1] En varias ocasiones en su larga marcha hacia el poder, López Obrador se había quejado de la falta de autonomía real de diversas instituciones políticas y de Estado. Se ha intentado avanzar en esa dirección en institutos tan diversos como la Comisión Nacional de los Derechos Humanos (CNDH), el Instituto Federal (o Nacional) Electoral (IFE e INE), el Banco de México, el Instituto Federal (o Nacional) de Acceso a la Información (IFAI e INAI), el Instituto Nacional de Estadística y Geografía (INEGI) y varios otros. La idea era crear una especie de cuarto poder del Estado, que no fuera directamente dependiente del Ejecutivo, pero tampoco del Legislativo o del Poder Judicial, de modo que tuviera la suficiente autonomía y actuara con imparcialidad en su campo específico.

La fórmula para el nombramiento de sus dirigentes y colegios respectivos suele involucrar a dos o más de los poderes tradicionales, o bien es decisión de alguna de las cámaras legislativas por mayoría calificada. Por lo cual, lo que ha ocurrido es que tales nombramientos surgen a partir de un reparto de cuotas entre los principales partidos. El problema ha sido que suele haber un vínculo político o ideológico entre esos funcionarios y los partidos que los promocionan, restando en los hechos la imparcialidad que se quiere imprimir. Con todo, el reparto de cuotas ha brindado al menos un cierto equilibrio de representación entre esos partidos, pero no siempre. En 2003, por ejemplo, el IFE quedó con representación sólo del PRI (cinco consejeros) y el PAN (cuatro consejeros), quedando el PRD sin representación alguna. Justo el candidato de ese partido para la elección presidencial de 2006 era López Obrador, que desde ese momento expresó su desconfianza hacia ese nuevo Consejo del IFE, y durante el proceso muchas de las decisiones de ese instituto en una elección sumamente cerrada fueron interpretadas —no sin fundamento— como favorables al panista Felipe Calderón, y en detrimento de AMLO (como lo fue limitar al máximo la apertura de paquetes electorales cuando lo que se exigía era la mayor apertura posible).[2] En algún momento de ese proceso López Obrador lanzó la expresión: "Al diablo con sus instituciones", implicando que tales instituciones respondían al interés del gobierno, o del PRIAN o de la mafia del poder más genéricamente (frecuentemente se refirió a las autoridades de tales instituciones como alcahuetes o lacayos de la mafia). Y en varios casos en efecto ocurría que tales autoridades eran cuotas de partidos (y a veces, amigos de los encumbrados). Les cuestionaba la falta de autonomía que en principio debían tener. Por lo cual se podía suponer que desde el poder él propiciaría la verdadera autonomía de tales instituciones: despartidizarlas y darles real independencia de los poderes y los partidos.

Ha surgido en varias ocasiones la propuesta de que dichos nombramientos se despartidicen, eliminando las cuotas que negocian los distintos partidos, para que sean propuestos por comités formados por instituciones académicas, organizaciones civiles y personalidades independientes. De modo que al menos no exista un vínculo directo entre los funcionarios en cuestión y los partidos, y así no haya ese elemento de dependencia y de hacer desde tales instituciones carrera partidista. Es lo que diversos grupos de la sociedad civil y académicos han impulsado desde hace varios años bajo la consigna: "Ni cuotas ni cuates". Sin embargo, la posición de López Obrador al obtener la presidencia no parece ir en ese sentido, sino en el de que las instituciones en cuestión sean dirigidas por gente que le resulte confiable a él, es decir, que se conviertan en "sus instituciones" (las de AMLO, no ya las de la mafia o las del PRIAN). Ha dicho AMLO: "Se crearon supuestos organismos autónomos, independientes; toda una constelación de organismos. Otro gobierno para operar el saqueo, entregar contratos y permisos a empresas particulares […] en todos estos organismos, la mayoría de los consejeros representaba al grupo de intereses creados [...] y nos vendieron la idea de que esto era la independencia, la autonomía, la llamada sociedad civil".[3]

Recela de toda persona que no le guarde lealtad personal. De nombrar en tales cargos a sus leales —como ya ocurre—, habrá menos autonomía aún de la que se había logrado. En lugar de avanzar en ese tema iríamos hacia atrás. Así, ante el impulso de crear una serie de fiscalías autónomas (como la General de la República, que sustituiría a la Procuraduría General, la de Delitos Electorales o la Fiscalía Anticorrupción), la posición de López Obrador ha sido la de promover leales para esos cargos. Contando con la mayoría en el Congreso, la tarea se facilita. Desde luego él destaca que son personas con una trayectoria proba y honesta, además de que tienen capacidad profesional, pero el hecho es que los nombres que ha propuesto son sus cercanos. En cuyo caso, pese a que se cumplan los requisitos de probidad personal y capacidad técnica —algo de celebrar—, fallaría el de la autonomía respecto del Ejecutivo, con lo cual la imparcialidad buscada también quedaría trunca. Ortiz Pinchetti (nombrado justo fiscal electoral, pese a ser militante de Morena) aseguraba que AMLO respetaría la autonomía de los fiscales, pero no permitiría que fuesen nombrados sin su visto bueno, pues podrían los enemigos introducirle un "caballo de Troya". Entonces, la autonomía de los fiscales no surgiría de un arreglo institucional sino de la palabra ofrecida por AMLO de no incidir sobre las decisiones de ellos.[4] Pero habiendo lealtad de los directivos de tales instituciones, podía suponerse que por sí mismos, sin orden presidencial, se adherirían al proyecto de gobierno.

El origen de ello parece estar en la percepción de que la realidad política está dividida en dos bandos únicamente: la mafia del poder que se le opone, y sus leales, que representan las causas nobles del pueblo. No hay puntos intermedios, grupos independientes, matices entre esos dos polos. No hay neutralidad, dado que según él es tiempo de definiciones; o con él (es decir el pueblo) o con sus adversarios (es decir, los enemigos del pueblo). Eso, que ha sido parte de su discurso político desde hace años, y que poco a poco fue permeando en amplios sectores, al parecer no fue solamente una estrategia de campaña electoral, sino que refleja cómo percibe en realidad la vida política. De ahí su concepto de PRIAN (que después se modificó a PRIANRD); no son dos partidos en competencia y rivalidad reales, pero tienen afinidades sobre el modelo económico que debe regir (desde que el PRI se tornó neoliberal en 1985). Para él configuraron una misma fuerza con dos (o tres) expresiones distintas; una especie de divina trinidad política. Y por tanto son los partidos manipulados por la mafia, sus socios y sus líderes (en la cúspide, Carlos Salinas de Gortari, jefe supremo de esa agrupación mafiosa). De ahí la dificultad para reconocer que durante el proceso electoral de 2018 se hubiera dado una confrontación real entre el PRI y el PAN que en realidad terminó favoreciendo a AMLO.

Ante los "caballos de Troya" que la mafia pudiera introducir en las instituciones autónomas, la única alternativa es que éstas sean dirigidas por gente de confianza de AMLO, con lo cual se eliminará cualquier viso de autonomía en ellas. Eso es lo que explicaría que AMLO se oponga a que algunos cargos como el del fiscal de la República, o Anticorrupción, o la Fepade (Delitos Electorales) sean propuestos por una comisión formada por instituciones académicas y grupos de la sociedad civil (como sí ocurrió en Chihuahua con el fiscal Anticorrupción). Él insiste en que debe de ser el Ejecutivo (ahora por él ocupado) quien haga o seleccione tales propuestas, de modo que sea uno de sus fieles quien encabece tales fiscalías.

De ahí su descalificación sistemática de las instituciones autónomas de estar en manos de la mafia, por lo que deben ser rescatadas por sus fieles. Esa descalificación se aplica también a las organizaciones civiles, al menos aquellas que no acompañen el proyecto obradorista. Dice Werner:

> Los populistas en el poder tienden a ser severos con las organizaciones no gubernamentales (ONG) que los critican [si bien] hostigar o incluso suprimir a la sociedad civil no es una práctica exclusiva de los populistas, pero para ellos la oposición desde la sociedad civil crea un problema moral y simbólico específico; potencialmente socava su afirmación de ser los únicos representantes morales del pueblo. Así, se vuelve crucial argumentar que la sociedad civil no es en absoluto sociedad civil.[5]

Sobre dicha percepción maniquea de la política, según la cual quien no esté sometido al obradorismo será inevitablemente un alcahuete de la mafia, conservador irredento o representante del antiguo régimen, dice el obradorista Hernán Gómez:

> Una distorsión común —que resulta de nuestra inmadurez democrática y grandes dosis de ingenuidad— consiste en creer que todo lo que viene de la sociedad civil es bueno, puro e impoluto, y todo lo relativo al Estado y a los partidos es opaco, oscuro y malévolo [...] No veo una gran diferencia entre una fiscalía autónoma del poder político, que no lo sea del poder económico.[6]

Y en esa misma lógica asegura Luis Hernández Navarro:

> Ante el descalabro del PAN y la balcanización y desfondamiento del PRI, la sociedad civil tutelada y auspiciada por los señores del dinero que fue planchada por los comicios de julio, junto a algunos medios de comunicación, aspira a convertirse en el relevo de la nueva oposición de derecha al nuevo gobierno. El pulso alrededor del nombramiento del fiscal no fue más que el primer aviso de un pleito anunciado.[7]

Y otro obradorista, Luis Linares, apunta en el mismo sentido: quienes impulsan un fiscal autónomo "se manifiestan urgidos por introducir modulaciones al más que claro, contundente y libre mandato popular. No les parece apropiado que un gobierno futuro, por más legítimo que sea, tenga tan amplio y discrecional margen de maniobra. En su mero fondo le temen y, por ello, han desatado una cruzada en pos de controles que protejan y salvaguarden sus intereses y prerrogativas alcanzadas".[8] Y Gibrán Ramírez, propagandista de Morena, reconoce que sí existe por parte del obradorismo "una embestida contra los órganos autónomos, contra la institucionalidad del viejo régimen [es decir, el neoliberalismo] que no sirvió para remediar los problemas para los que estaba planteada, y tuvo ya su tiempo de prueba".[9] El propio AMLO afirmó al respecto:

> Eso de la sociedad civil, se la apropiaron la derecha y el conservadurismo, es muy raro encontrar que haya un agrupamiento de la sociedad civil progresista. Y hay gente bien intencionada en la sociedad civil, pero por lo general todas las empresas promueven a organismos de la llamada sociedad civil, independientes, que son independientes del pueblo, no de los intereses creados [...]

Los expertos y los de las organizaciones de la sociedad civil, pues no sé qué estén pensando, porque ya basta también de la simulación, de estar nada más haciendo análisis de la realidad sin transformarla. Puro experto, puro diagnóstico, estudios, contratación de asesores, pero no se hace nada por cambiar las cosas.[10]

Ricardo Monreal señaló que tales instituciones tenían como propósito "evitar que modelos políticos y económicos distintos al neoliberal logren modificar las políticas públicas de su matriz de origen".[11] Por lo cual, si tales instituciones y organismos no rindieron todo lo que se esperaba de ellos, en lugar de mejorarlos o corregirlos conviene desaparecerlos y devolverle al gobierno su control, directo o indirecto, a través de leales (que AMLO llamaba alcahuetes). En efecto, el debate sobre la forma de designar al nuevo fiscal general refleja la percepción maniquea que sobre la política tiene AMLO (y sus adeptos más duros). Y esta corriente se apoya en lo ocurrido en Brasil: el juez Sergio Moro determinó cárcel para Luis Ignacio Lula da Silva impidiéndole competir en la elección presidencial de 2018, que según encuestas hubiera podido ganar. Y al subir al poder el ultraderechista Jair Bolsonaro invitó a Moro a ser su fiscal, con lo cual se vio su decisión sobre Lula como parte de un ardid de un adversario desde el Poder Judicial con fines claramente políticos. Ante lo cual se afirma que AMLO no debe ceder ningún espacio, así sea de formal autonomía, a personas o grupos que no dependan de él o le sean confiables, pues en automático implicará —en su óptica— cederlo a sus enemigos (y por tanto, enemigos del pueblo). Al respecto, Macario Schettino escribió: "Conviene recordar que el populismo electoral, es decir, el recuerdo ficticio de un pasado grandioso perdido por culpa de una élite malvada, tiende a convertirse en populismo político, donde el líder destruye las instituciones mediadoras para comunicarse directamente con el pueblo".[12] En efecto, el problema de mantener la fiscalía bajo control (indirecto, pero real) del Ejecutivo prolongará el esquema del viejo presidencialismo en el que, también aquí, la justicia fácilmente puede estar politizada a favor del gobierno en turno, contrariamente a lo que ocurre en diversos países democráticos donde la procuración de justicia presenta autonomía institucional respecto del jefe de gobierno. Y eso es posible hacerlo legalmente a partir de la mayoría que se detenta en el Congreso. El apropiamiento y control de tales instituciones autónomas e incluso judiciales se hará por la vía legal. Pero el hecho de que las instituciones formalmente autónomas caigan bajo el control del Ejecutivo, apelando incluso una razón democrática o de Estado, implica el riesgo de una mayor concentración de poder (autocracia) y el desmantelamiento de los contrapesos institucionales. Y puede favorecer el abuso de poder y la impunidad de quienes detentan el gobierno. Levitsky y Ziblatt lo ponen en estos términos:

> Si el control de tales organismos [autónomos] queda en manos de personas leales, puede servir para los objetivos del autócrata en potencia y proteger al gobierno frente a investigaciones o demandas legales […]
>
> El presidente puede infringir la ley, amenazar los derechos de la ciudadanía e incluso saltarse la Constitución sin tener que preocuparse por que tales excesos sean investigados o censurados. Con los tribunales repletos de personas afines y las autoridades que velan por el cumplimiento de la ley metidas en cintura, los gobiernos pueden actuar con impunidad.[13]

Detentando la mayoría en el Congreso, es posible modificar la ley para rediseñar ciertas instituciones y ponerlas bajo control del Ejecutivo. Y agregan estos autores: "Con frecuencia, ese apoderamiento de los árbitros se lleva a cabo despidiendo discretamente a los funcionarios y otros empleados públicos ajenos al partido y reemplazándolos por personas leales".[14] En ello coincide el exministro de la Suprema Corte José Ramón Cossío: "La democracia, en el apoderamiento de los órganos de Estado, está suponiendo que puede hacerse desde los órganos de Estado lo que venga en gana, porque a final de cuentas se tiene un gobierno legítimo y mayoritario".[15] Así ocurrió, por ejemplo, en la Bolivia de Evo Morales, donde "el sometimiento de la justicia al poder ha facilitado que se instrumentalice la justicia para la persecución de opositores y disidentes, así como para obtener fallos de altos tribunales constitucionales en claro beneficio de los designios del presidente Morales". Por lo cual "el estilo de gestión que ha prevalecido en los tres periodos de gobierno de Evo Morales ha consistido en un presidencialismo exacerbado, muy cercano al autoritarismo; el sometimiento de todas las instituciones del

Estado al poder Ejecutivo".[16] Y en Venezuela se resolvió la falta de mayoría en el Congreso por parte de Nicolás Maduro a través de una extraña facultad constitucional: la de convocar a una Asamblea Constituyente como decisión unilateral, sin el visto bueno del Congreso vigente:

> La perpetuación del poder de Maduro ha recurrido a una evidente concentración de la autoridad, cuya prueba más ostensible es la instalación de una Asamblea Nacional Constituyente [...]
>
> Esa asamblea, impuesta desde 2017, ha desplazado al Poder Legislativo legítimo, de mayoría opositora, y ha avalado la usurpación de las instituciones por parte de la élite madurista. De ser un autoritarismo competitivo, con una gran capacidad de distribución de derechos sociales, el régimen venezolano ha transitado abiertamente hacia la dictadura.[17]

En México, un ejemplo del riesgo de embate contra la autonomía institucional fue la reacción de López Obrador ante la multa de 200 millones de pesos impuesta por el INE a Morena, su partido, en virtud de un fideicomiso anunciado por el propio candidato para ayudar a algunos de los damnificados por el sismo de 2017. A raíz de ese sismo, varios partidos anunciaron que darían parte de su financiamiento para ayudar a los damnificados, el INE advirtió que ello estaba prohibido por la ley, y que en todo caso podrían renunciar a una parte de sus recursos para que éstos, a través de la Tesorería, fueran canalizados a las víctimas. Así lo hicieron varios partidos, pero Morena dijo, pese a esa advertencia, que haría las cosas a su manera, pues no confiaba en ninguna autoridad ni institución manejada por la mafia del poder. Sin embargo, la Ley General de Instituciones, Partidos y Procesos Electorales (LGIPPE) en su artículo 209-5 especifica:

> La entrega de cualquier tipo de material que contenga propaganda política o electoral de partidos, coaliciones o candidatos, en el que se oferte o entregue algún beneficio directo, indirecto, mediato o inmediato, en especie o efectivo, a través de cualquier sistema que implique la entrega de un bien o servicio, ya sea por sí o interpósita persona está estrictamente prohibida a los partidos, candidatos, sus equipos de campaña o cualquier persona.

López Obrador anunció públicamente que el Consejo Nacional de su partido crearía un fideicomiso, y que no utilizaría recursos públicos para dar la ayuda, sino los recabados por militantes y simpatizantes a título individual. Pero los partidos tampoco pueden repartir dinero privado, pues se asume que ello puede tener implicaciones clientelares. Por lo cual Morena insistió en que se trataba de un fideicomiso privado, y que el INE no tenía por qué enterarse de su constitución (algo que exige la ley en caso de fideicomisos creados por un partido) ni intervenir en su operación. El INE insistió en que todos los elementos indicaban que se trataba de un fideicomiso partidario (como lo reconoció el propio AMLO durante el primer debate presidencial), pues de los 58 fideicomitentes, 47 eran diputados militantes de Morena y tres eran senadores. Además, la dirección oficial del fideicomiso coincidía con una oficina del partido. Por lo cual el INE consideró que sí aplicaba la legislación respectiva. En cuyo caso la entrega de fondos a la población (así fuese en efecto el destino final) violentaba la ley y ameritaba una multa. Pero el asunto en torno a la autonomía de las instituciones tiene que ver menos con el litigio en particular y más con la reacción de AMLO y sus seguidores. Él señaló en un video que la multa era parte de una "venganza vil" del INE y su implicación con la mafia (y con Hacienda, quien por ley aportó información a solicitud del INE) para dañar su imagen. Comparó entonces a los consejeros electorales (a 10 de los 11 que votaron por la multa) con los conservadores del siglo XIX, pues así como Santa Anna y Miramón habían confrontado a Juárez, sus herederos en pleno siglo XXI lo hacían ahora contra él (AMLO). De nuevo, la autoidentificación con los grandes héroes, en este caso Juárez. Se trataba, en su ideologizada visión, de una venganza por haber ganado la elección presidencial, y la mafia le respondía con ese golpe a través de una de sus instituciones sometidas, el INE. En concreto, dijo López Obrador:

La multa impuesta por INE a Morena por 197 millones de pesos es una vil venganza. No existe ningún acto inmoral con el fideicomiso a damnificados por el sismo. Nosotros no somos corruptos ni cometimos ilegalidad. Por el contrario, buscan enlodar una acción humanitaria [...]

Pensaron [...] que nos íbamos a quedar callados, como ya ganamos [...] yo voy a seguir actuando con mi autenticidad de siempre. Una cosa es tener un cargo, la responsabilidad, ejercerla con seriedad, con respeto, y otra cosa es quedarnos callados cuando hay una vileza como ésta.[18]

Algunos de sus voceros e ideólogos respondieron con igual enojo, incluyendo una amenaza a los consejeros mismos del INE. John Ackerman, por ejemplo, escribió: "Los juristas y analistas cercanos a López Obrador tendríamos que ser los primeros en denunciar el atropello y exigir un castigo ejemplar a los responsables por traicionar los estrictos principios de honestidad y de legalidad de Morena [...] Quien debe ser sancionado no es Morena, sino los consejeros de consigna del INE".[19] No podía aceptar AMLO que simplemente el INE aplicó una multa más como la que ha impuesto a otros partidos, que podía ser interpelada por algún dirigente del partido ante el TEPJF en caso de no ser correcta, pero no implicaba parte de ninguna conjura conservadora o de la mafia. En torno a esta sobrerreacción de López Obrador, escribió José Woldenberg:

> [La] arremetida [de AMLO] contra la resolución del INE que multó a Morena por el mal manejo de un fideicomiso, llegó al extremo de mencionar por su nombre y apellido a consejeros acusándolos de instrumentar una venganza, lo cual desató una catarata de insultos y amenazas contra ellos. El próximo presidente tiene el derecho de debatir [...] Pero cuidado, su poder es demasiado y tiene que refrenar sus impulsos. Recuerdo que en los duros años setenta, un buen amigo priista decía: "el presidente de la República está obligado a ser más que cuidadoso. Ni en privado puede darse el lujo de hablar mal de una persona, porque sus colaboradores y subordinados pueden leer mal el mensaje, y en aras de hacerle un favor al jefe.[20]

Y agregó: "Si nuestro próximo presidente desea ser un estadista republicano y demócrata tiene que asimilar que detenta un gran poder, pero no todo el poder, y que durante su gestión tendrá que convivir (en ocasiones en colaboración y otras en tensión) con otras instituciones y poderes constitucionales".[21] Pero siguiendo ese razonamiento, si AMLO no desea ser un estadista republicano y demócrata, intentará pasar por alto los contrapesos y subordinar a las instituciones autónomas y poderes constitucionales. Podría justo utilizar el enorme poder que ahora detenta para desmantelar los contrapesos que las instituciones formalmente autónomas podrían representar a su gobierno, a través del nombramiento directo o indirecto (a través de su partido y de su mayoría en el Congreso) de incondicionales para ocupar esos cargos. En lugar de avanzar por el camino de la auténtica autonomía e imparcialidad de tales instituciones, se desandaría incluso el camino penosamente recorrido en las últimas décadas. Detentando la mayoría en el Congreso, es posible también modificar la ley para rediseñar ciertas instituciones y ponerlas bajo control del Ejecutivo. De hecho, así lo anunció, cuando dijo de algunos de los miembros de esos órganos: "Son muy leguleyos [...] los impulsores del gobierno paralelo de esta constelación de órganos autónomos que crearon en el periodo neoliberal para favorecer a las minorías y para simular [...] Afortunadamente, ya se les están venciendo los plazos. Y ahora nos corresponde [nombrarlos]".[22]

Así, en junio de 2019, en el Foro por la Reforma Electoral y del Estado, surgió una iniciativa de Morena para reducir el número de Consejeros del INE de 11 a siete, bajo el pretexto de la austeridad. Dicha reforma podría aprovecharse para sustituir a los consejeros vigentes por otros cercanos al presidente o al nuevo partido oficial. Y también se propuso desaparecer a los Organismos Públicos Locales Electorales (OPLE) de modo que fuera el propio INE el encargado de organizar los comicios estatales. De esa forma, se podría llegar a los comicios de 2021 con el control del árbitro electoral tanto en elecciones federales como locales. Ante lo cual el presidente del INE, Lorenzo Córdova, declaró: "Una reforma con cambios mal planeados, mal procesados o claramente mal intencionados, puede implicar una regresión antidemocrática".[23] Pero el legislador de Morena, Pablo Gómez, señalaba: "Lo que vamos a proponer es cambiar todo el andamiaje y cambiar los métodos; que desaparezca el Consejo General del INE, no sólo reducirlo. Propondremos convertir al INE en lo que siempre debió haber sido: un organismo técnico y no político".[24] El riesgo es que el INE quedara enteramente en manos oficialistas, como en los viejos tiempos del PRI. Esa y otras posibles medidas (como eliminar a los diputados de representación proporcional) implicarían una fuerte regresión político-electoral, de 40 años o más (dicha figura surgió en 1964 en estado embrionario, como diputados de partido).

Y un ejemplo de la presión presidencial se vio en el Tribunal Electoral del Poder Judicial de la Federación (TEPJF) al dictaminar el caso del Fideicomiso morenista. Desde que llegaron los actuales magistrados del TEPJF dejaron en claro su falta de imparcialidad. Cuatro de los siete magistrados fueron propuestos por el PRI, con lo cual ese partido garantizaba que los fallos lo favorecieran (al menos en buena parte de ellos). Hay al menos tres casos para ilustrar esto:

a. La negación de la famosa Tarjeta Rosa que el PRI utilizó con abundancia en el Estado de México y Coahuila en 2017; ese partido aducía que no había entrega directa de fondos a los ciudadanos, lo que podría equivaler a la compra del voto, sino que la oferta era a futuro, en caso de ganar, como ocurre con otras ofertas electorales. El INE consideró que contravenían el artículo 209 de la LGIPE, pues ahí se prohíbe también la promesa de recursos a futuro, pero el TEPJF consideró que no, por lo que validó el uso de esas tarjetas. Era lo que convenía al PRI.

b. Surgió la posible anulación de la elección de Coahuila (2017) en la que se reunían los supuestos previstos por la ley para ello (sobregasto en 5%, ventaja menor a 5%). Así lo consideró el INE, y demostró el sobregasto de campaña del PRI, pero el Tribunal cambió los criterios del INE y validó tan dudoso triunfo. Era lo que convenía al PRI.

c. El INE negó la candidatura de Jaime Rodríguez, el Bronco, por no haber conseguido el número de firmas exigido por la ley. El Tribunal consideró que el Bronco, pese a no cumplir, merecía aparecer en la boleta, y juzgó que el INE no le había dado las suficientes audiencias (sí las hubo, pero el Tribunal consideró que debía haber más). En tal caso, lo que procedía era ordenar al INE abrir más audiencias al equipo del Bronco. Pero no; ordenó el Tribunal que sin reponer el procedimiento se aceptaba al Bronco. Era lo que convenía al PRI para así fragmentar el voto (estrategia que resultó contraproducente).

Al parecer la lealtad de los magistrados no era al PRI, sino al partido gobernante en turno; antes al PRI, y después del 1º de julio, a Morena. El Tribunal decidió arriar la bandera del priismo e izar la de Morena, al dictaminar la multa del INE a ese partido en relación con el fideicomiso vinculado a las víctimas del sismo. El Tribunal descartó el caso señalando presuntas deficiencias del INE, como no haber consultado a la Asociación Bancaria y al SAT (cosa que sí hizo el INE, lo que sugiere que los magistrados no leyeron bien la documentación pertinente), o no haber dado suficientes audiencias a los miembros del fideicomiso. Y también, que el INE no probó a dónde se había ido ese dinero, pero el fideicomiso mismo reconoció que llegó a las víctimas (y difundió videos al respecto), algo que la ley también prohíbe. En tal caso el Tribunal debió regresar el caso al INE para cubrir las presuntas deficiencias, pero los magistrados decidieron por unanimidad desechar la multa y cerrar el caso, garantizando así la impunidad a Morena. Así convenía, ya no al PRI, pero sí al nuevo partido gobernante. Pero además se sienta un peligroso precedente: los partidos podrán manejar legalmente los enormes recursos privados que hasta ahora reciben ilícitamente sin merecer sanción alguna. Basta con que abran un fideicomiso para ello y entreguen esos recursos a distintos sectores damnificados, negando que ese fideicomiso sea del partido aunque lo manejen dirigentes y candidatos del mismo. El Tribunal podría haber pasado a formar parte de la maquinaria de Morena en detrimento de la autonomía institucional.

Y a propósito del Banco de México ha dicho López Obrador que respetará su autonomía, pero en una declaración controversial señaló que de ir mal las cosas en las finanzas públicas, sería por malas decisiones del banco central (si bien señaló también factores externos), lo que llevó a algunos a inferir que el banco podría ser el chivo expiatorio, el responsable en el discurso del gobierno si las elevadas metas económicas prometidas no pudieran ser alcanzadas. AMLO había ofrecido crecer al 4%, el doble del promedio en tiempos neoliberales, para terminar el sexenio con 6% de crecimiento económico (y de ahí en adelante continuaría ese crecimiento en virtud del nuevo modelo económico). Sin embargo, la proyección hecha por Hacienda en la presentación del presupuesto fue de 2.5 como promedio del sexenio. Y varios analistas y bancos incluso hicieron un pronóstico menor para los primeros años, señal de que el crecimiento no sería tan sencillo como lo planteó López Obrador en su larga campaña de 12 años. De ser el crecimiento menor a eso, la autonomía del Banco de México quizá sea utilizada para deslindar de responsabilidades al nuevo gobierno. Más tarde, en noviembre de 2019, al hablar de las instituciones autónomas en general, señaló que habían sido una simulación para favorecer a los gobiernos en turno. Entre ellas, incluyó al Banco de México.[25] Hizo ya AMLO dos postulaciones a su Consejo (Gerardo Esquivel y Jonathan Heath), dos prestigiados economistas que difícilmente cederán su autonomía frente al Ejecutivo. Pero al menos en el discurso, AMLO demerita la función y credibilidad de esta esencial entidad pública.

Y sobre el Instituto Nacional de Acceso a la Información (INAI), afirmó: "Cuesta 1 000 millones de pesos mantener ese organismo. Se creó y ¿en qué ha contribuido para reducir la corrupción? Al contrario, la corrupción creció como nunca, a la par de que se creó este organismo. Los sueldos de los del Instituto de la Transparencia hasta de 300 000 pesos mensuales".[26] Las cifras no son correctas. También lo descalificó por haber escondido la información del caso Odebrecht.[27] Fue a la inversa: el INAI ordenó a la PGR divulgar la información que había ocultado. O AMLO no está bien informado, o busca justificaciones para deshacerse del INAI o terminar con su autonomía y someterlo a su control. En realidad, al INAI no le toca combatir la corrupción directamente, sino proporcionar un instrumento esencial para hacerlo. Y afirmó que justo al crear el IFAI (en 2001) fue cuando menos transparencia hubo, pues sus comisionados estaban bajo la orden del Ejecutivo (lo que tampoco se corresponde con la verdad).[28] Como en el caso de otras instituciones, podrían indicarse fallos, errores e insuficiencias y proceder a corregirlas en lugar de plantear desaparecer la institución o subordinarla al Ejecutivo. Más parece una nueva expresión de molestia hacia la autonomía institucional, y en este caso en concreto hacia la transparencia, como lo reflejan los conflictos que tuvo AMLO con el instituto de transparencia capitalino cuando fue jefe de Gobierno del DF Así pues, la concentración del poder en el Congreso y varias legislaturas estatales podría ser utilizada para minar la autonomía de algunas instituciones.

También surgió un conflicto con la Suprema Corte, al congelar la ley para reducir los salarios de funcionarios que afectaría el salario elevado de algunos miembros del Poder Judicial. Más allá de la justeza o no de dicha disposición, lo que se pone en juego en ese conflicto es la autonomía de la Corte, que podría verse amenazada por contravenir al Ejecutivo y Legislativo en este punto. Algunos miembros y legisladores de Morena plantearon la posibilidad de desconocer ese fallo, e incluso de replantear la composición de la Corte. El senador morenista Félix Salgado Macedonio amenazó: "Si los ministros no aceptan ajustarse a la austeridad y quieren seguir viviendo como virreyes, habrá que plantear al presidente Andrés Manuel López Obrador [que] los liquide y envíe al Senado las ternas de los nuevos ministros. Ernesto Zedillo también lo hizo. AMLO puede hacerlo".[29] Y Lorenzo Meyer escribió: "La insurgencia electoral del primero de julio de 2018 acabó con el viejo régimen en la presidencia y el Congreso pero no en el Poder Judicial, al que no podemos votar. Ahí está el último bastión del PRIAN y está dando la batalla".[30] Es el viejo discurso obradorista de que quien no es su aliado o se le subordina, es parte del viejo régimen responsable de los males del país, y amerita ser sustituido por fieles. Es decir, concentrar el poder sin autonomías ni contrapesos. Y detrás de ello podría estar la ancestral idea de López Portillo de crear un tribunal constitucional que sustituyera a la Corte. Como sea, las dos primeras sustituciones en la Corte que han tocado a AMLO fueron ocupadas por cercanos a él. Y el nuevo presidente, Arturo Zaldívar, es afín a él. Se podría decir que se siguió la misma tónica hasta entonces vigente por otros gobiernos; cierto, no hubo cambio respecto del antiguo régimen, pero la fuerza del gobierno morenista, no gozado por los anteriores desde 1988, podría llevar a que dicha colonización institucional fuera más contundente por parte del gobierno de AMLO.

Por otra parte, dos vacantes en la Corte fueron ocupadas por leales a AMLO, además de contar con la fidelidad del presidente de la Corte, Zaldívar. Pero sucedió otro incidente: al ministro Eduardo Medina Mora se le amedrentó por posibles movimientos ilícitos apuntados por la Unidad de Inteligencia Financiera, que congeló sus cuentas y las de varios familiares involucrados. Él respondió que nada tenía que ocultar y que no renunciaría. Pero dos semanas después renunció sin decir la razón, siendo que la ley exige que debe ser por causa grave que el interesado tendría que exponer. No lo hizo pero se le aceptó *fast track* su renuncia. Al día siguiente sus cuentas y las de sus familiares fueron desbloqueadas. Todo indica que hubo un acuerdo: abandonar el cargo para ser ocupado por otro leal a AMLO, a cambio de preservar su impunidad. Un claro uso político de la justicia, en este caso para seguir colonizando la Corte. Al contar con cuatro magistrados de 11, ya será posible bloquear cualquier acción de constitucionalidad (que exige ocho votos), por lo que Morena podría modificar leyes de manera inconstitucional sin que la Corte lo corrigiera.

Y también se colonizó a la Comisión Nacional de los Derechos Humanos (CNDH). En noviembre de 2019 terminó el mandato de Luis Raúl González. Había tenido una relación tensa con AMLO al señalar lo que para él fue violación a los derechos de niños y madres cuando fue desmantelado el sistema de guarderías infantiles. AMLO reaccionó con enojo y descalificación. Para sustituirlo, López Obrador expresó públicamente su preferencia por Rosario Piedra Ibarra, hija de la activista de izquierda Rosario Ibarra de Piedra. Fue elegida por el Senado en abierta violación a la ley. Estaban presentes en la sesión 118 senadores, y se requiere de dos terceras partes de ese voto. Piedra obtuvo 76 votos, lo que no alcanza esa mayoría calificada de 118 votos, pero la presidencia del Senado cantó 114 votos (en cuyo caso sí se requería de la mayoría exigida). No obstante, el artículo 102 constitucional y el artículo 10 de la Ley de la CNDH señalan que se requiere el voto de dos terceras partes "de los miembros presentes" en la sesión (118) no de los votos efectivos (114). Por lo que los 76 votos de Piedra no alcanzaban para cumplir el requisito. Pocos días después Ricardo Monreal anunció que la elección se repetiría dado que el anterior había sido esencialmente ilegal, y que se buscaba integrar al CNDH en plena legalidad. Pero eso lo hizo bajo el cálculo de que tendría las dos terceras partes del voto de los presentes, y así garantizar una designación constitucional de Piedra. Pero en el camino no obtuvo esos votos, por lo cual se puso a votación si procedía una nueva votación o se quedaban con la anterior, pese a haber sido reconocida como ilegal. En términos prácticos, equivalía a poner a votación si se respetaba o no el artículo 102 de la Constitución, como si fuera posible decidir por mayoría legislativa si la Constitución debe cumplirse o no. Una aberración jurídica que sin embargo se llevó a cabo como si fuera algo normal. Perdió evidentemente la opción de sí respetar la Constitución (con ayuda de senadores priistas), y Rosario Piedra tomó posesión en medio de protestas y gritos de "fraude" y "espuria" por parte de la oposición.

Pero había algo más: Piedra ocupaba un cargo en el Consejo Nacional del partido, siendo que la ley de la CNDH señala como requisito de elegibilidad: "No desempeñar, ni haber desempeñado un cargo de dirección nacional o estatal, en algún partido político en el año anterior a su designación" (art. 9). Los estatutos de Morena y el INE consideran al Consejo Nacional como órgano de dirección de los partidos, y así lo registró el propio partido (con el nombre de Piedra incluido).[31] No había confusión al respecto. Pero Piedra mintió al respecto ante el Congreso y ante la prensa. Con todo ello, perdió toda credibilidad y autoridad moral para desempeñar justo ese cargo. AMLO justificó el inconstitucional nombramiento de Rosario Piedra, al margen de si era legal o no, porque sería una injusticia no nombrar en esa posición a una activista como ella (la justicia subjetiva por encima de la ley establecida). Cinco comisionados de la CNDH presentaron su renuncia, y diversos organismos de derechos humanos nacionales e internacionales expresaron su objeción a la forma ilegal en que se había nombrado a la nueva *ombusperson*, lo cual anunciaba que la eficaz operación se vería entorpecida por la falta de legalidad, legitimidad y autoridad moral de la nueva titular de la Comisión. Varios organismos de derechos humanos y de abogados cuestionaron el nombramiento. Gobernadores y alcaldes panistas anunciaron que no reconocían la legitimidad de la nueva titular de la CNDH. El Alto Comisionado de Derechos Humanos de la ONU emitió un mensaje donde expresó sus "dudas de la elegibilidad de la candidata a quien tomó protesta, y cuestionamientos respecto a si en la votación se alcanzó la mayoría calificada que exige la Constitución". Y agregó que "para el ejercicio cabal de su mandato, la CNDH necesita estar dotada de plena independencia y legitimidad".[32] Duro pronunciamiento y adelanto de las dificultades que tendrá la Comisión en su interlocución internacional. Por su parte, Sergio Aguayo señaló:

Lo más lamentable de [esta] barbaridad […] son las consecuencias negativas sobre las víctimas […] En el trasfondo está un olvido imperdonable de Morena, un partido-movimiento repleto de mexicanas y mexicanos lastimados. La CNDH es una institución de Estado, sí pero su función es representar a las víctimas de actos de agentes de gobierno […] y lo hace teniendo como su mayor fortaleza una cualidad etérea llamada autoridad moral […] Es insuficiente con recibir el título de presidenta o directora. Se debe contar con el respeto de los demás.[33]

Una encuesta reflejó que la opinión sobre el asunto dividió por mitades a la opinión pública.[34]

Por otra parte, muy pronto se determinó la desaparición de una de esas instituciones; el Instituto Nacional de Evaluación Educativa (INEE). Su cancelación formó parte de la revocación de la reforma educativa, y se le sustituirá por otro organismo que dependerá de la SEP, es decir, del Ejecutivo. De acuerdo con autoridades de ese Instituto, su cancelación "es volver a dejar la evaluación de diversos componentes del sistema educativo a la misma autoridad encargada de prestar el servicio educativo [...] Hacerlo es equivalente a que de nueva cuenta fuera la Secretaría de Gobernación la que organizara las elecciones y contara los votos".[35] Dice Guillermo Valdés al respecto: "Sus tareas fundamentales eran aportar esas evaluaciones que permitieran saber qué mejoras habría que impulsar en qué partes del sistema educativo. De esa manera, el INEE debiera convertirse en un centro de inteligencia del sistema educativo, pues la información y el conocimiento generado a través de sus evaluaciones sería la brújula del cambio hacia la calidad". Y agrega: "Gran parte de lo ganado en ese sentido se puede ir a la basura".[36]

Vienen después los embates declarativos hacia algunas de estas instituciones, como la CNDH. Tras la tragedia de Tula, Hidalgo, donde más de 100 pobladores perdieron la vida al extraer gasolina de un ducto perforado, la CNDH pidió información a las agencias públicas involucradas para hacer el informe que por oficio y ley está obligada a elaborar. Eso fue tomado por AMLO como una acusación al Ejército. En absoluto, pero logró fomentar en sus seguidores una mala percepción sobre la CNDH a partir de información falsa, sobre la base de que sus feligreses todo lo creen. Más tarde la CNDH hizo una recomendación en la que se acusaba violación de derechos humanos de los niños y sus madres con la desaparición de las guarderías infantiles. Ante lo cual la Secretaría del Bienestar respondió con graves acusaciones:

> Durante el periodo autoritario neoliberal [la CNDH] en lugar de defender a la población de atrocidades cometidas por autoridades, se convirtió en un instrumento de simulación para mantener la impunidad del régimen de injusticia, corrupción y privilegios. Tampoco actuó con independencia y nunca exigió justicia en hechos ocurridos durante los sexenios de Felipe Calderón y

Enrique Peña Nieto, quien dejó sin castigo los crímenes de Tlatlaya, Tanhuato y se esmeró en ocultar la desaparición de los 43 estudiantes de Ayotzinapa y de innumerables casos de violación a los derechos humanos por parte de las autoridades del Estado mexicano, para luego referirse a la tragedia de la guardería de Hermosillo y acusarla de defender el modelo privatizador de subrogación de servicios a particulares.[37]

Una respuesta nada técnica y completamente ideologizada. Desde luego, la CNDH respondió que eso era falso, pues en los casos mencionados hizo también recomendaciones. Acusaciones graves y sin fundamento. En una entrevista poco después, López Obrador señaló: "Si los militares violaran derechos humanos (y yo no lo permitiría), ya tendríamos recomendaciones de la CNDH. Esa que se hizo de la vista gorda durante el periodo neoliberal".[38] Pero, además de la falsedad de que la CNDH ignoraba esas violaciones, ¿de qué servirían dichas recomendaciones si son ignoradas por el actual gobierno? Al parecer se preparaba el terreno para nombrar un nuevo titular que respondiera a AMLO, con lo cual perdería todo viso de autonomía. Y así fue. En noviembre de 2019, al terminar su mandato Luis Raúl González (no optó por la reelección, sabedor de que no tenía posibilidad alguna), la mayoría de Morena en el Senado, con algunos votos de la oposición (comprados, pactados o intimidados), eligió a Rosario Piedra como nueva titular. Era la candidata de AMLO, lo que compromete su autonomía, además del hecho de ser militante de Morena (y excandidata el año anterior). Algo que los obradoristas hubieran condenado fuertemente de haberse tratado del PRI o el PAN, pero ahora se le presentaba como normal. Pero además la elección de Piedra quedó manchada con la duda, pues votaron 116 senadores, pero sólo aparecieron 114 votos (en elección secreta). Esos dos votos determinaban que no se alcanzara la mayoría calificada que exige la ley. La oposición señaló que debía esclarecerse por qué faltaban dos votos, e incluso que de haberse anulado (como sostenía Morena) debían contabilizarse para calcular el porcentaje. Que dos votos faltantes fuesen determinantes en el resultado lleva a lo que determina la ley electoral: que si algunas inconsistencias (dolosas o no) resultan determinantes en el resultado, y no pueden ser clarificadas, el proceso debe repetirse, ante la incertidumbre generada.

Eso tendría que haber aplicado a este proceso, pero Morena, antes tan quisquillosa en estos aspectos, se negó, ahora que dichas inconsistencias le favorecían. Tal como hacía el PRI (y el PAN en 2006) en su momento.

Finalmente, al INEGI le fueron recortadas 14 de las encuestas que elabora, sin las cuales será difícil contar con información pertinente tanto para la elaboración de políticas públicas como para el debate público y la investigación académica. Como afirma Benjamín Hill: "La democracia mexicana pierde calidad sin estas encuestas. No solamente porque la ausencia de información abre un abismo en el diálogo entre sociedad y gobierno, también se pierden contrapesos sociales para prevenir que desde el poder público se impongan decisiones de política discrecionales, puestas a capricho y sin sustento en la realidad".[39] José Woldenberg recuerda lo que en este tema ocurrió en la Argentina de los Kirchner, en 2007, cuando el gobierno sustituyó la dirigencia del Instituto Nacional de Estadísticas y Censos de la República Argentina, justificándolo como "un requerimiento técnico-administrativo". El Instituto perdió credibilidad y sus datos dejaron de ser referente:

En lugar de rectificar, el gobierno argentino combatió política y jurídicamente a las instituciones y organizaciones que pretendían disputar el monopolio de la manufactura y publicidad de las estadísticas nacionales [...]

Lo que debía ser fuente de información y confianza se convirtió en terreno de disputa [...] Nadie ganó, se quebró la posibilidad de una discusión medianamente racional y la mentira organizada reblandeció el espacio institucional encargado de producir certeza.[40]

Otro caso emblemático ocurrió con la Comisión Reguladora de Energía (CRE), que tendría que ser conformada por cuatro nuevos elementos. La ley respectiva señala que el Ejecutivo mandará una terna por cada cargo, y el elegido tendrá que ser aprobado por mayoría calificada del Senado. En caso de no pasar, el Ejecutivo enviará una "nueva terna", y en caso de que tampoco fuese aprobado ninguno de los candidatos, el Ejecutivo podrá nombrar a quien desee para ese cargo. Ante la falta del control de la mayoría absoluta, los partidos habían resuelto el asunto, como con otros organismos, a través de cuotas partidistas, lo cual, pese a estar lejos de ser la mejor opción, al menos establecía la necesidad de acuerdo entre distintas bancadas y permitía cierto equilibro en tales organismos. Pero a AMLO no le gusta la autonomía o el equilibrio en esos colegios, sino la subordinación total al Ejecutivo, como en los buenos tiempos del PRI hegemónico. AMLO decidió no negociar con nadie, enviando ternas conformadas por puros leales a él (si bien técnicamente poco capacitados). Tras el rechazo de las primeras ternas por él enviadas, optó por enviar a los mismos candidatos en la segunda ronda (11 de 12), dando la vuelta al espíritu e incluso la letra de la ley. Absurdo que habiendo sido reprobados por el Senado se presentaran los mismos candidatos de nueva cuenta. La estrategia clara era provocar un segundo rechazo, en cuyo caso López Obrador estaría en libertad de nombrar a todos los consejeros a su gusto, sin equilibrio. Ante lo cual Woldenberg comentó:

> El tortuoso nombramiento de los comisionados de la CRE está develando uno de los peores resortes del presidente de la República. Su incapacidad para asumir cabalmente la corresponsabilidad con otro poder constitucional, su afán por subordinarlo y el reflejo bien aceitado que, al parecer, piensa que la autoridad o es autoritaria o simplemente no es. No una presidencia que busque la convergencia y colaboración con otro poder legítimo y legal; no una presidencia flexible, abierta a otras opiniones.[41]

Al ser rechazadas las ternas de López Obrador por la oposición en el Senado, optó por nombrar a los que, en cada terna, habían obtenido el mayor número de votos. Logró tener así una CRE a modo. "No son achichincles, por eso no los quieren", señaló sobre sus prospectos.[42] Más bien parece ser a la inversa: AMLO no quiere consejeros ni comisionados independientes justo porque no responden a sus directrices, y lo que desea ahí son personas sumisas (achichincles). Que el senado hubiera rechazado las ternas fue considerado por AMLO como un avance democrático, donde ya no prevalecerían las cuotas, sino sólo el nombramiento directo por el Ejecutivo: "¿A poco no es una nueva etapa? Ya no es el Ejecutivo el poder de los poderes. Esto es inédito, es un auténtico Estado de derecho, lo que había antes era un Estado de chueco, predominaba la politiquería, el reparto de cargos, cómo se integraban los órganos [...] ¿Desde cuándo no se le rechaza una terna por dos ocasiones al presidente de la República? Que yo recuerde, pues no".[43] Para él, fue pues un acto de autonomía del Senado y no, como ocurrió, una estratagema para darle la vuelta a la ley, evitar negociar con la oposición e imponer a sus allegados en todos los cargos. Por su parte, Martí Batres, presidente del Senado, justificó la decisión en términos del cambio de modelo económico: "Hay una nueva estrategia para el sector energético. No tiene nada de raro. Hubo discursos opuestos en esta materia durante la campaña electoral y la ciudadanía optó por el cambio. Lo extraño y criticable sería que hoy se avalara a los mismos equipos, perfiles y proyectos de la etapa neoliberal".[44]

Y cita a Lenin: "La política no es otra cosa que economía concentrada".[45] Y otro publicista del obradorismo, John Ackerman, escribió:

Habría que celebrar este arreglo institucional, ya que una comisión totalmente "autónoma" sería sumamente débil y se expondría a la captura por las grandes empresas petroleras y energéticas trasnacionales en su desenfrenada búsqueda de más ganancias para sus accionistas y mayores bonos para sus altos ejecutivos a costa del bienestar del pueblo mexicano. Afortunadamente, la larga noche neoliberal no acabó totalmente con la rectoría del Estado en materia energética.[46]

Bajo esa lógica, el posneoliberalismo justifica la subordinación de las instituciones autónomas al Poder Ejecutivo para que haya congruencia con el nuevo modelo económico. De nuevo, un cambio revolucionario exige la centralización del poder, aunque eso deteriore la democracia política y los contrapesos, que en ese caso obstruyen el cambio. Ocurrió también con el Consejo Nacional de Evaluación de la Política de Desarrollo Social (Coneval), al que pese a tener un presupuesto reducido, le fueron aplicados recortes que le impedirían realizar adecuadamente sus responsabilidades. Ante la protesta de su titular, Gonzalo Hernández Licona, éste fue removido en julio de 2019. Una de las razones que se adujeron para su despido, dijo López Obrador, fue que "tiene una formación distinta a la que distingue al gobierno; su corriente de pensamiento es más cercana al neoliberalismo".[47] Es decir, para dirigir las instituciones autónomas es menester que lo haga gente que comulgue con el proyecto del gobierno. Otra razón aducida fue que "estos servidores públicos no tienen comunicación con el pueblo, no conocen ni siquiera las comunidades. Imagínense, un instituto encargado de evaluar la pobreza en donde los representantes no conocen las regiones más pobres de México. Todo es un trabajo de gabinete".[48] En realidad quien capta esa información es el INEGI (también calificado por AMLO como neoliberal), y el Coneval realiza la evaluación a partir de dicha información. Todo lo cual refleja que la verdadera razón del embate contra el Coneval es que no se desea una evaluación realmente independiente que pudiera contravenir los datos del gobierno o cuestionar sus logros.

Ante todo ello Salomón Chertorivski sostiene que los nuevos gobernantes "desprecian deliberadamente el conocimiento, desdeñan la buena política pública, de los técnicos, y lo sustituyen por intuiciones o prejuicios [...] Si se desprecia el conocimiento me temo que no hay forma de mejorar las condiciones de existencia de millones de manera sostenible y duradera".[49] Una de las estrategias para desprestigiar públicamente a las instituciones autónomas es acusarlas de corrupción (lo que no se descarta del todo), en cuyo caso procedería investigar y sancionar, por un lado, pero por otro mejorar y depurar la institución respectiva para evitar que ocurra en el futuro. Pero también ha recurrido AMLO al expediente de vincular las instituciones incómodas con la mafia del poder, de estar a su servicio o de la minoría rapaz, pero también como algo intrínseco al satanizado modelo neoliberal, lo cual también ayuda a legitimar su desaparición o subordinación al gobierno. Si tal o cual institución es producto del neoliberalismo y sirve a la mafia del poder, merece desaparecer o subyugarse al nuevo poder honesto y redentor. En realidad, dichas instituciones responden más al orden político que al modelo económico; están vinculadas y son parte no del neoliberalismo, sino de la democracia, que es lo que estorba sobremanera a López Obrador por los contrapesos que implica. Sobre la amenaza a la autonomía institucional en general, escribió José Antonio Aguilar:

Los contrapesos institucionales que aún permanecen sanos son la Suprema Corte y las agencias autónomas [...] Pero reformas constitucionales podrían minar severamente tanto su prevalencia como su capacidad para contrapesar el gobierno. Ya hay pláticas sobre una reforma constitucional que pudiera dividir a la Suprema Corte en dos cuerpos diferentes.

También es probable que agencias autónomas sean arrinconadas y presionadas por la nueva administración para que cooperen con ella. Así, parecería que una completa restauración del pleno presidencialismo ha ocurrido, y mientras éste ha sido un fenómeno no democrático en México, esta vez es el resultado de una elección libre. Lo cual presenta un desafío distinto para los liberales.[50]

En efecto, el riesgo de un retroceso a partir de la desaparición, sumisión o control de los contrapesos duramente logrados hasta ahora, podría hacer retornar al presidencialismo fuerte, pese a que su origen surge de las urnas mismas. Surgió en abril una iniciativa de Ricardo Monreal, coordinador de los senadores de Morena, en el sentido de incrementar el número de ministros de la Corte a 16 (en lugar de 11). Los nuevos serían nombrados por AMLO, lo que con los dos que nombró antes (y el apoyo del presidente de la Corte, Arturo Zaldívar) tendría el control al menos para no entorpecer sus decisiones y políticas públicas. En Estados Unidos lo hizo Franklin Roosevelt al incrementar los ministros de la Corte de nueve a 15, con lo cual pudo someter ese poder para que no entorpeciera su programa de New Deal. La iniciativa no fue aprobada pero algunos de los ministros, ante la presión, cambiaron su orientación a favor del presidente, con lo cual la Corte quedó subordinada al Ejecutivo. Y en Venezuela Hugo Chávez incrementó el número de ministros de la Corte de 20 a 32, con lo cual la subordinó a su control. Como sea, la concentración del poder, goce o no de legitimidad de orden democrático, representa un desafío y un riesgo para la genuina democracia, para el control gubernamental y la eficaz rendición de cuentas. Y se resalta su voluntarismo para enfrentar y resolver los problemas, en lugar de hacerlo fortaleciendo las instituciones. Paradójicamente, la mayor parte del público (60%) está por defender y fortalecer la autonomía de estas instituciones, y 61% confiaba en que AMLO las respetaría.[51] El jurista Elisur Arteaga advierte sobre los riesgos de tal iniciativa:

Se correría el riesgo de que una administración pública gobierne al margen o en contra de la Constitución de manera permanente, no habría declaraciones de inconstitucionalidad de leyes federales. Lo anterior acabaría con el Estado de derecho, los medios de control de la constitucionalidad dejarán de serlo [...] el país se encaminaría a constituirse en una semidictadura. No es una exageración. Una minoría [...] paralizaría los sistemas de control constitucional que existen.[52]

Así pues, la posible pérdida de la autonomía institucional podría derivar en un retroceso en términos de equilibrios y contrapesos de poder, esenciales en la democracia política.

XV. MEDIOS Y CRÍTICOS CONSERVADORES Y GOLPISTAS

También hay dudas sobre cuál será la postura de López Obrador frente a los medios de comunicación y la crítica. A los grandes medios AMLO siempre los vio como parte de la mafia, y a los críticos los ha descalifica-do ideológicamente, más que responder con argumentos. Desde luego su discurso es a favor de la democracia, la tolerancia, la pluralidad y la libertad de expresión. Ha prometido una y otra vez que: "Habrá plena libertad de expresión y nunca más se conspirará desde el poder para cancelar programas como los de José Gutiérrez Vivó y Carmen Aristegui. Nadie será censurado o perseguido por su manera de pensar; haremos valer el derecho a disentir: en otras palabras, marcaremos la diferencia, en los hechos, entre autoritarismo y democracia".[1]

Hay, sin embargo, recelo entre muchos periodistas y analistas sobre si realmente respetaría López Obrador este principio, pues a quienes lo cuestionan, difieren de él o le hacen preguntas incómodas los des-califica de inmediato como lacayos al servicio de la mafia.[2] Una actitud que puede ser peligrosa desde el poder justo para la libertad de prensa. Cuando un jefe de gobierno siente que encarna al pueblo, la historia o la patria, cuestionarlo implica estar en contra de la patria o del pue-blo. Al respecto, Federico Berrueto dice: "A López Obrador lo asedian los fantasmas que él mismo crea, y confunde el escrutinio público, al que todo personaje público está obligado, con una conspiración en su contra".[3] Por su parte, Denise Dresser apunta: "La peor característi-ca de AMLO (si bien tiene unas muy buenas) es pensar que la crítica no puede ser constructiva, es pensar que los críticos son enemigos, es decir que quien te critica es que apoya al PRIAN, es no entender que aun dentro de la izquierda hay heterogeneidad, pluralidad, que no se puede ser incondicional".[4] AMLO descalifica sistemáticamente a sus críticos como conservadores, herederos de quienes se oponían a Juárez y, peor aún, como la prensa golpista contra Madero. Dijo López Obrador en entrevista periodística:

> Si ustedes revisan la historia, los que le hicieron más daño al movimiento revolucionario maderista fueron los fifí. Ayudaron a los golpistas, y hubo prensa [...] que se dedicó a denostar al presidente Madero. Bueno, esa prensa y los fifís quemaron la casa de la familia Madero. Cuando detienen al hermano de Francisco I. Madero y asesinan cobardemente a Gustavo A. Madero, los fifís hacen caravanas con sus carros y festejan.
>
> Y luego esa prensa siempre apostó a apoyar la militarización, el golpe de Estado, y tiene que ver mucho con el conservadurismo, venían del régimen porfirista, eran serviles [... Madero] garantiza libertades plenas, y se portaron muy mal, no sólo con Madero, sino el país, le hicieron mucho daño a México, fueron los que atizaron el fuego para que se volviese cruenta la Revolución mexicana y se perdieran muchas vidas humanas. Entonces, lo del fifí viene de eso, para darle una ubicación histórica, entonces eso sí se los voy a seguir diciendo, porque son herederos de ese pensamiento y desde el proceder.[5]

Esa postura es también reflejo de su pretendida identificación con Madero; sus críticos son golpistas como lo fueron los de Madero, en su lucha por superar el porfirismo (o neoporfirismo ahora). Lorenzo Meyer avaló dicha imagen con su propia interpretación de la relación entre los medios y López Obrador, equiparándola con la que hubo entre el porfirista *El Imparcial* y el gobierno de Madero: "El mundo de los medios mexicanos es hoy muy heterogéneo, pero si se suman a sectores importantes de esta heterogeneidad —varios periódicos nacionales y regionales, un buen número de columnistas y de conductores de informativos de radio y televisión— se tiene una masa crítica que pudiera considerarse, por sus formas y contenido, a un *El Imparcial* de la Cuarta Transformación".[6]

En cambio, en una democracia cabal se considera a la crítica como un contrapeso no institucional pero eficaz al poder, así como reflejo de la pluralidad de percepciones y valores, y un ejercicio del derecho de conciencia y expresión. Pero AMLO la cataloga como golpismo en su contra, como parte de una conjura de los grupos privilegiados a los que afectará con la Cuarta Transformación (como también lo hace Trump con la prensa crítica en su país). En un embate contra la revista *Proceso*, apuntó: "Estamos buscando la transformación y todos los buenos periodistas de la historia siempre han apostado a las transformaciones".[7] Es de nuevo parte de la visión maniquea de que "quien no está conmigo está contra mí", que por tanto exige actos para derrotar a ese conservadurismo golpista y así tener una prensa leal. De nuevo, la búsqueda de un poder concentrado en aras de un proyecto social y popular. Evidentemente es posible que un presidente pueda responder a la crítica, aclarar, informar, desengañar cuando es el caso. Incluso hacerlo personalmente y no necesariamente a través de sus voceros. Pero lo adecuado sería que lo hiciera con información, argumentos, razones que pudieran esclarecer el punto de controversia, o desmentir al crítico si se incurre en falsedad o ambigüedad. Sería parte del intercambio de ideas y del debate público. El problema radica en que el presidente tiene un peso político sobre la opinión al grado de que muchos consideran desigual ese diálogo. Pero justo por ello sería sano y aceptable si está basado en argumentos y razones, y no casi exclusivamente en descalificaciones personales o ideológicas (vendido, conservador, golpista). Pues de tales calificativos se derivan acusaciones que podrían ir desde atentar contra el pueblo hasta traición a la patria (ambos, pueblo y patria, encarnados por el líder supremo). Así, ante las expresiones de defensa de la libertad de expresión, se responde que en realidad lo que se defiende son privilegios de clase. Dice por ejemplo Federico Arreola sobre el diario *Reforma*: "En realidad lo que defienden es la violencia de los ricos contra los pobres que en algunos países como Francia ha provocado ya una seria crisis social".[8] Eso ya no suena en absoluto a la aceptación democrática de la crítica y el debate. Carmen Aristegui respondió a la campaña permanente de desprestigio al *Reforma* por parte de López Obrador: "El presidente no puede ponerse de tú a tú como si fuera un simple ciudadano. No lo es. Su figura representa no sólo a uno de los poderes de la República, sino que en un régimen como el nuestro representa al propio Estado mexicano". Y hace la comparación con lo ocurrido entre Trump y el *New York Times*:

Cuando Donald Trump inició su insólita campaña de descalificación a la prensa independiente y crítica, provocó una reacción en cadena: 350 periódicos

de 50 estados publicaron un editorial con un llamado a la sociedad nortea-
mericana: "Una prensa libre te necesita". Invitaba a la sociedad a exigirle al
mandatario que parara los ataques a la prensa.

El *NYT* publicó: "Insistir en que las verdades que no le gustan son noticias falsas, es un peligro para la sangre que le da vida a la democracia. Punto"
[...] López Obrador no es Trump. Deberá rectificar una estrategia dañina
para él, para este periódico y para la democracia.[9]

Cuando en marzo de 2019 se anuncia que el *Reforma* era investiga-
do por el SAT, lo que fue considerado como intimidación por su postura
crítica, AMLO lo negó, diciendo que él no es como los de antes que sí
censuraban, pero no dejó de señalar sobre ese diario: "No cuestionó
el saqueo del periodo neoliberal, que simuló que combatía la corrupción señalando, acusando a funcionarios menores, a chivos expiatorios,
que ayudó en el fraude electoral, ésas son nuestras diferencias con el
Reforma".[10] En realidad, *Reforma* mantuvo una posición crítica desde
su surgimiento en 1994, lo mismo con gobiernos priista que panistas.
Dice Silva-Herzog Márquez:

Advierto que el reflejo de la descalificación, esa imaginación que lo lleva a dividir el mundo en patriotas y traidores me preocupa menos por lo que pueda
influir en la prensa que por lo que pueda provocar en su gobierno.

¿Cuál puede ser el espacio de razonabilidad bajo el imperio de la ideología? ¿Quién se atrevería a confrontarlo con malas noticias? ¿Quién osaría
reconocer ante él un error de cálculo? Un fanático de sí mismo prefiere ser
engañado a ser contrariado.[11]

Por su parte, José Woldenberg advierte:

Su método [de AMLO] no consiste en rebatir los argumentos, en colocar
mejores diagnósticos sobre la mesa, en matizar o desmontar las aseveraciones
de sus contrarios, sino en la descalificación de bulto [...]

Educado en un arcaico código autoritario que establece que hay momentos para obedecer y otros para mandar, durante varias décadas asumió lo primero y desde hace algunos años no activa más que el resorte de ordenar. Una conducta renuente a la deliberación, incapaz de apreciar los valores de la disensión.[12]

En mayo de 2019 la presidencia circuló una lista de "chayoteros" (que reciben dádivas del gobierno para hablar bien de él) durante la administración de Peña Nieto. Se trataba de una treintena de periodistas y comentaristas, la gran mayoría críticos de AMLO, que recibieron diversos montos a empresas mediáticas o culturales de ellos o de las que son socios. El asunto es que se trataba de sólo 1% de ese presupuesto, por lo que se consideró como un ejercicio no de transparencia, sino con intencionalidad política para desprestigiar a esos críticos en particular. Eran acciones legales, por lo que no había delito, sólo se buscaba exhibirlos como aduladores, partiendo de la falsa premisa de que recibir fondos publicitarios del gobierno o contratos varios implica inescapablemente subordinar la autonomía o condicionar la opinión de los beneficiarios. Al respecto, Jacqueline Peschard, expresidenta del INAI, escribió:

> Una "transparencia" sesgada e incompleta es peor que la opacidad. Cuando una entidad gubernamental, que es un sujeto obligado de transparencia, ofrece información parcial y sin consistencia, no sólo no cumple con la apertura, sino que parece una burla al derecho fundamental de los ciudadanos de saber y conocer cómo se gastan los recursos públicos.
>
> En la lista de periodistas y empresas que ofreció el gobierno federal no incluyó a todos los beneficiados por la publicidad oficial y no precisó si se trata de una asignación personal o de un contrato con la empresa que representan. Así, ¿es posible confiar en que efectivamente cambiarán las cosas?[13]

Todo lo cual genera cierto temor de que, como en el antiguo régimen priista, los medios decidan autocensurarse o al menos moderarse en su crítica para no confrontar el poder que se dice asediado por una prensa golpista. O bien que ese poder ejerza presiones para deshacerse de algunos de los críticos más incisivos y persistentes. De ser el caso implicaría un retroceso en el arduo camino por asegurar la libertad de expresión, si bien ésta no ha sido cien por ciento garantizada en los gobiernos previos. Ésa fue la impresión de muchos ciudadanos sobre la salida de Carlos Loret de Mola, duro crítico de AMLO, de Radio Centro primero, y después de su espacio en Televisa, en agosto de 2019. Con todo, en los últimos 30 años hubo, pese a casos notorios de censura, un avance no menor en esa ruta. Y el lenguaje de descalificación a los críticos sobre la premisa de que quien no está con el presidente está en su contra, y sobre todo, contra el pueblo que aquél representa, contribuye a la polarización social. Lo cual, a su vez, dificulta el diálogo e intercambio eficaz de ideas, así como una discusión seria y racional sobre los métodos más adecuados para conseguir los fines propuestos. Y es que "cuando los partidos rivales se convierten en enemigos la competición política deriva en una guerra y [las] instituciones se transforman en armas. El resultado es un sistema que se halla siempre al borde del precipicio".[14]

Es parte de lo que explica la mala gestión de Cristina Fernández de Kirchner en Argentina. Explica Alberto Fernández que:

> La aplicación de una política maniquea a partir de la cual se definieron amigos y enemigos del poder, convirtió al país en un centro de permanentes disputas siempre irreconciliables [...] En estos años, Cristina profundizó su lógica de ejercer la política a partir de la confrontación.
>
> Y [...] es muy difícil administrar la política cuando con cada decisión se enciende una controversia que siempre divida a la sociedad entre "buenos" y "malos" [...] No cabe en la conciencia social la idea de que cualquier cuestionamiento a los modos del poder pueda ser respondido con la diatriba descalificadora del criticado.[15]

La polarización social contribuye a desgastar la democracia, pues el gobierno puede propiciar esa situación como medio para justificar mayor concentración del poder en sus manos. Dicen al respecto Levitsky y Ziblatt:

> La polarización puede despedazar las normas democráticas. Cuando las diferencias socioeconómicas, raciales o religiosas dan lugar a un partidarismo extremo, en el que las sociedades se clasifican por bandos políticos cuyas concepciones del mundo no sólo son diferentes, sino además mutuamente excluyentes, la tolerancia resulta más difícil de sostener.
>
> Cuando la división social es tan honda que los partidos se asimilan a concepciones del mundo incompatibles, y sobre todo cuando sus componentes están tan segregados socialmente que rara vez interactúan, las rivalidades partidaristas estables acaban por ceder paso a percepciones de amenaza mutua.[16]

Y agregan: "La Constitución estadounidense no recoge que haya que tratar a los rivales como contrincantes legítimos por el poder, y hacer un uso moderado de las prerrogativas institucionales que garantice un juego limpio. Sin embargo, sin estas normas el sistema constitucional de controles y equilibrios no funcionará como esperamos".[17] Esa polarización se alimenta en efecto cuando se presenta a los adversarios, disidentes y críticos del gobierno como enemigos de la nación. Algo que sugirió AMLO frente a efectivos del Ejército al señalar al neoliberalismo como causante de la violencia que generó bajas de soldados y marinos. Al respecto, comenta Jorge Javier Romero:

> Es de suyo preocupante que el próximo presidente de la República se dirija a un cuerpo de servidores profesionales del Estado, que por definición debería estar al margen de las definiciones ideológicas particulares —aunque sus integrantes en lo individual puedan profesar creencias políticas distintas—, para pedirles que lo sigan en sus convicciones personales, las que inevitablemente guiarán su actuación, pero que no por ello dejan de ser parciales y no pueden ser impuestas como credo oficial a los cuerpos del Estado, principalmente a los armados.
>
> La visión de la historia del nuevo presidente no es la de un demócrata con un proyecto que se reconoce como parte de una sociedad compleja y con intereses diversos y contrapuestos a la cual quiere guiar durante un tiempo, sino la del salvador de la patria que viene a continuar una gesta histórica predestinada.[18]

De hecho, en el Foro de São Paulo celebrado en Managua en 2017, un documento (suscrito por Morena) diseñaba una serie de estrategias para los partidos de izquierda:

> La izquierda debe proponerse la toma de todas las instituciones y no solamente la presidencia o las diputaciones. Es importantísimo la toma del poder judicial, los aparatos militares y los medios de comunicación [...] La izquierda debe proponerse tomar todos los espacios posibles de radio, prensa y televisión, aunque sea a nivel de programas pagados, para erosionar a los partidos de derecha y propagar nuestro proyecto.

La pérdida de los avances democráticos en México, insuficientes pero genuinos, es un riesgo real, aunque no necesariamente el desenlace de este proceso. Pero conviene tener las alarmas encendidas sobre ese escenario. En resumen, hay focos rojos como los señalados por Levitsky y Ziblatt:

> Capturando a los árbitros, comprando o debilitando opositores y reescribiendo las reglas del juego, los dirigentes electos pueden establecer una ventaja decisiva (y permanente) frente a sus adversarios.
>
> Y dado que estas medidas se llevan a cabo de manera paulatina y bajo una aparente legalidad, la deriva hacia el autoritarismo no siempre hace saltar las alarmas. La ciudadanía suele tardarse en darse cuenta de que la democracia está siendo desmantelada, aunque ello suceda a ojos vistas.[19]

Y es que resulta difícil, en todo caso, que como muchos sugieren, el enorme poder concentrado sirva para autolimitarse, fortaleciendo la descentralización y los contrapesos. Eso suele ocurrir ante un fuerte déficit de legitimidad (como le ocurrió al PRI desde al menos los años ochenta). Pero cuando llega un poder altamente concentrado con legitimidad y origen democrático, más fácilmente puede utilizarse para justificar una mayor centralización política y el desmantelamiento gradual pero eficaz de los contrapesos institucionales y la oposición formal o informal.

XVI. DE MERCADOS
FINANCIEROS

Cuando quedó claro que institucionalmente López Obrador tendría pocos contrapesos —dado que manejaría mayorías en el Congreso federal y en muchos otros estatales—, algunos analistas señalaron que al menos tendría dos, aunque informales: *a)* sus asesores, que le harían ver las consecuencias de malas decisiones y normarían su política pública; *b)* los mercados internacionales, que le servirían como indicador para elaborar también sus políticas de modo que éstas beneficiaran al país sin afectar su economía y finanzas. Sobre el papel de los mercados internacionales como freno al gobierno de AMLO, escribió Enrique Quintana:

A mi parecer, el contrapeso fundamental del futuro gobierno serán los mercados internacionales. Ellos no van a ser influidos por los discursos, ni encantados por los gestos. Van a juzgar por las decisiones objetivas y por las acciones [...] Si hubiera políticas que no les gustaran, no tendrían ninguna compasión y actuarían de manera despiadada vendiendo activos en pesos, en caso de percibir riesgos excesivos [...]

Si por alguna razón le pierden confianza, el efecto sobre la economía de ese país puede ser devastador. Si López Obrador desea cumplir una parte razonable de las promesas que hizo en la campaña, no puede darse el lujo de tener una crisis financiera [...] Tenemos una economía abierta y fuertemente dependiente de lo que suceda en los mercados internacionales, al margen de quien sea el presidente de la República.[1]

A raíz de la decisión de clausurar el Nuevo Aeropuerto Internacional de México (NAIM) en Texcoco, en octubre de 2018, quedó claro que esos contrapesos no funcionarían necesariamente. Desde tiempo antes de la elección presidencial López Obrador había cuestionado al NAIM, ubicado en Texcoco, como un proyecto inviable por varias razones: una obra faraónica, excesivamente costosa, con contratos llenos de corrupción, que además podía generar graves problemas ecológicos, lo cual implicaría "tirar a la basura miles de millones de pesos [...] Estaríamos hablando de un despilfarro mayúsculo que redundaría en beneficio de la especulación inmobiliaria, pero que no traería aparejada utilidad pública alguna".[2] Durante la campaña presentó como una opción que el NAIM se concesionara completamente a la iniciativa privada, y así el Estado no desembolsaría más recursos (y recuperaría los ahí invertidos). Su interlocutor frente a los empresarios, Alfonso Romo, había garantizado a sus pares que Texcoco continuaría. Pero una vez electo, AMLO decidió hacer una consulta pública para determinar si el proyecto vigente continuaría o se desplazaría al aeropuerto militar de Santa Lucía, pese a no haber estudios ni un proyecto ejecutivo en ese lugar. El equipo de AMLO pidió su opinión técnica a los tres colegios de ingenieros del país sobre dónde convenía instaurar el aeropuerto internacional. Y todos coincidieron en que en Texcoco, y dijeron que Santa Lucía era inviable. La principal autoridad mundial en aeronáutica, Mitre, opinó también que el aeropuerto debía hacerse en Texcoco y no en Santa Lucía. Lo mismo respondió la Organización de Aviación Civil Internacional (OACI): Santa Lucía era inviable en el largo plazo y Texcoco era el lugar más adecuado. Tales opiniones fueron desechadas sin más.

La consulta se llevaría a cabo semanas antes de tomar posesión, lo que permitió que se celebrara sin cumplir los requisitos especificados por la ley (pues además ésta sólo contempla una consulta cada tres años, ya que debe coincidir con las elecciones federales). Muchos analistas pensaron que esa consulta podría ser manipulada para que coincidiera con la decisión que previamente hubiera tomado López Obrador, lo cual era perfectamente posible por no existir ningún tipo de control o vigilancia externa, pues el proceso sería realizado por militantes y simpatizantes de Morena. Fue una consulta partidista que sin embargo tendría un efecto vinculante a partir de la decisión de AMLO de obedecer el resultado. Además, se instalaron sólo 1 000 casillas, menos de 1% de las que se instalan en procesos federales (150 000), y las boletas impresas alcanzarían como máximo para que 2% de los ciudadanos pudieran emitir su opinión. Y las casillas fueron dispuestas a partir de un patrón sumamente sesgado, pues privilegiaba las zonas donde López Obrador había ganado con mayor contundencia, en tanto que en los estados donde la votación para AMLO fue menor, apenas se instalaron unas cuantas casillas. Podía asumirse que, por razones políticas, los fieles de López Obrador se inclinarían mayoritariamente por la opción que abiertamente él y su equipo habían promovido: votar en contra de Texcoco. Y la mayoría de quienes estaban por ese proyecto descalificaba la consulta por su carácter no constitucional y sesgado, por lo cual consideraban que asistir a ella era legitimar un ejercicio que no garantizaba la confiabilidad y certeza del resultado. Los dados estaban más que cargados en contra del NAIM, pese a que todas las encuestas públicas en ese momento reflejaban que una clara mayoría de la ciudadanía en conjunto estaba a su favor. Los resultados reflejaron que en efecto había una clara relación entre las zonas donde había ganado López Obrador con mayor holgura, y una votación favorable a Santa Lucía. Sin embargo, poco después de esta consulta se llevó a cabo otra más en las mismas condiciones, sobre la construcción del Tren Maya, la refinería de Dos Bocas, varios programas sociales y la instauración de internet gratuito en todo el país. Se podía interpretar que tales consultas hechas bajo ese formato le garantizaban a AMLO un resultado positivo, y al mismo tiempo le permitían compartir la responsabilidad de sus decisiones con el pueblo (o la parte mínima que podría votar en esas consultas).

Volviendo a la consulta sobre el aeropuerto, había dos versiones básicas sobre cuál sería la decisión de López Obrador, considerando distintos tipos de racionalidad: *a)* Algunos vaticinaban que los asesores tecnócratas del presidente electo (incluido Carlos Urzúa, quien sería su primer secretario de Hacienda) lograrían convencerlo de lo perjudicial que sería clausurar Texcoco desde el punto de vista financiero, tanto por el dinero que habría que desembolsar como por la desconfianza que generaría en los mercados internacionales y las calificadoras. Dijo más tarde Urzúa al respecto (tras haber renunciado al gobierno): "Creo que la obra estaba muy avanzada y había demasiado dinero de por medio. Si bien es cierto que muchos terrenos aledaños estaban controlados por gente vinculada a la administración anterior, un gobierno como el de López Obrador pudo haberlos expropiado por razón de Estado".[3]

Pero como había prometido a su base electoral que cerraría el nuevo aeropuerto, esta hipótesis implicaba que AMLO se arroparía por la consulta (que según esta tesis resultaría favorable a Texcoco) para justificar su cambio de postura. *b)* La otra posibilidad era que por razones estrictamente políticas y para fortalecer su posición frente al empresariado, decidiría clausurar Texcoco, pero convenía hacerlo con un supuesto respaldo popular. En cuyo caso el riesgo sería perder buena parte de la confianza y credibilidad en ese ámbito. Eso fue lo que ocurrió. Esa decisión sugirió varias cosas sobre la forma en que podría gobernar López Obrador en adelante. Alfonso Romo quedó en buena parte desacreditado, pues como interlocutor del empresariado su palabra ya no tendrá mucha confiabilidad. Días después, confesó el propio Romo:

> Nos equivocamos en el proceso, eso lo digo a título personal. Se hizo con la mayor voluntad y el resultado fue una pérdida de confianza fuerte, más de la que podíamos imaginar. Inmediatamente platicamos con el licenciado Andrés Manuel López Obrador, presidente electo, e inmediatamente actuamos, porque estamos de aquí en adelante, con este tropezón —y seguro va a haber otros—, decididos a conquistar la confianza otra vez de todos los inversionistas.[4]

Sobre lo cual comenta Enrique Díaz Infante:

> Es de celebrarse el acto de constricción de Romo. Lo malo es que AMLO y Morena parecen no haber acusado recibo del mismo. En la semana AMLO anunció la realización de una nueva consulta nacional, a finales de mes, para decidir sobre 10 "temas prioritarios", incluidos el Tren Maya y la refinería en Tabasco, entre otros.
>
> Esto nuevamente manda, al igual que en el caso del NAIM, una señal populista […] Si se equivocan, los mercados castigarán al país y ningún buen oficio de Romo y Carlos Urzúa, próximo secretario de Hacienda, alcanzará para evitarlo.[5]

Más adelante, en junio de 2019, Romo volvió a sufrir un nuevo revés. Habiendo convocado una reunión entre el presidente y la cúpula empresarial (el CCE principalmente), los empresarios ofrecieron invertir 32 000 millones de dólares a cambio de tener mayor certeza jurídica y confiabilidad para la inversión; es decir, correcciones a una política económica considerada como errada. Pero ese mismo día el gobierno decidió cancelar las rondas de contratación petrolera —*farmouts*—, lo que generó mayor desconfianza, en lugar de menor, entre los empresarios. El presidente del CCE, Carlos Salazar, al buscar una explicación de Romo, señaló: "Vinimos a mostrarle nuestro asombro [...] porque por un lado firmamos un convenio para promover la inversión, entre otras cosas, del sector energético, y por otro lado, esta sorpresa, que sin decir agua va, se cancelan los contratos".[6] Romo se dijo también sorprendido, lo que reflejó que en realidad no tiene mayor influencia sobre su jefe. Varias reuniones cupulares se han dado entre empresarios y el presidente, donde prevalecen la buena disposición de trabajar juntos, de cooperar, pero en general todo queda en protocolo pues los indicadores no reflejan que se haya restaurado la confianza entre los inversionistas. Dice al respecto Aguilar Camín:

> De todas esas reuniones salen mensajes de confianza en México, promesas de inversión, señales de acuerdo y compromisos mutuos. Lo que sucede en los hechos es todo lo contrario: desinversión, desconfianza, incertidumbre. Anteayer el INEGI anunció que la inversión productiva cayó 6.9% en mayo, luego de haber caído -3% en abril, -5.7 en marzo y -2.6 en febrero. La explicación de esto se antoja muy sencilla: los inversionistas le dicen una cosa al presidente y hacen otra con su dinero, de hecho, la contraria.[7]

Por su parte, tras lo de Texcoco Carlos Urzúa quedó como alguien cuyos consejos (seguramente sensatos y racionales) no necesariamente serían tomados en cuenta por su jefe. Lo cual sería mala noticia desde la perspectiva de la racionalidad y estabilidad económicas, pues como señaló Enrique Quintana:

> Si los criterios que prevalecen son los que de manera más sensata respaldan personajes como Carlos Urzúa o Alfonso Romo, quizá se pueda sortear exitosamente el despegue de la nueva administración en diciembre y el primer semestre de 2019.

Si resulta que las decisiones del presidente López Obrador a partir del 1°
de diciembre, tienen más influencia de los sectores que tienen como criterio
el afianzar poder político más que preservar la estabilidad y el crecimiento,
entonces estamos en aprietos.[8]

Al final, Urzúa entró en contradicción con la política económica de
AMLO en general, y terminó renunciando en julio de 2019. Decisión
que justificó de la siguiente manera:

> Discrepancias en materia económica hubo muchas. Algunas de ellas porque
> en esta administración se han tomado decisiones de política pública sin el
> suficiente sustento. Estoy convencido de que toda la política pública debe
> realizarse con base en evidencia, cuidando los diversos efectos que ésta pueda
> tener y libre de todo extremismo, sea éste de derecha o izquierda.
>
> Sin embargo, durante mi gestión las convicciones no encontraron eco.
> Aunado a ello, me resultó inaceptable la imposición de funcionarios que no
> tienen conocimiento de la Hacienda Pública. Esto fue motivado por persona-
> jes influyentes del actual gobierno con un patente conflicto de intereses.[9]

Evidentemente, el sector sensato y moderado (de corte socialdemó-
crata) era derrotado a favor de otros más radicales (provenientes del
añejo priismo o identificados con la línea del Foro de São Paulo, típicamente populista de izquierda). Clausurar Texcoco tuvo pues más bien
una racionalidad política: demostrarles a propios y extraños quién manda aquí. Es decir, el pueblo encarnado por AMLO: "¿Quién manda?
¿No es el pueblo? ¿No son los ciudadanos?", dijo.[10] Otro tanto hicieron en su momento Luis Echeverría y José López Portillo. ¿Cuál fue la
ganancia política de ello, frente a los costos económicos que generaron?
Desde luego, muchos presidentes deben marcar su territorio al llegar,
establecer formas de interlocución, fortalecerse frente a ciertos actores.
Y así fue interpretado por numerosos analistas: un manotazo de AMLO
frente a los empresarios para advertirles que no sería un "florero", según
dijo después. Pero era algo más ambicioso: el inicio de la separación del
poder político respecto del poder económico (algo que algunos compararon con la separación del Estado y la Iglesia en tiempos de Juárez).
Al respecto, Lorenzo Meyer escribió: "A estas alturas el corazón del

problema no es ya técnico sino político. Su resolución determinará en dónde va a estar no sólo el Nuevo Aeropuerto Internacional (NAIM), sino el centro del poder político [...] Esta vez AMLO eligió el momento, el terreno y las condiciones del choque con esa parte de la élite del poder que por decenios fue parte integral de "los que mandan" en México".[11]

Y comparó el episodio con confrontación del general Cárdenas con el Jefe Máximo, Plutarco E. Calles: "El resultado final de la confrontación de alguna manera determinó la naturaleza del proyecto del gobierno que se inició en diciembre de 2018, de modo semejante a lo ocurrido en 1935 a raíz del choque entre el presidente Cárdenas y el Jefe Máximo, por citar un ejemplo que dio paso a un cambio social sustantivo en el poder [...] fue un enfrentamiento por decidir quién tendría el poder y para qué".[12]

Pero la habilidad política consiste justo en fijar posiciones sin generar costos que pueden complicarle al gobierno su desempeño económico y financiero. Si López Obrador ofreció un crecimiento económico de 4 a 6% (en contraste con el poco más de 2% de promedio en los años del neoliberalismo), así como varios planes de ayuda social y la creación de siete millones de empleos, sólo sería posible incrementando significativamente la inversión pública y privada. Restringir el presupuesto gubernamental (por las indemnizaciones a los inversionistas de Texcoco así como los costos de Santa Lucía) y desincentivar las inversiones (nacionales o internacionales) no parece ser la mejor forma de facilitar el logro de esas ambiciosas metas. Así, las opciones para posicionarse frente a los empresarios no eran sólo clausurar Texcoco o aceptarlo sin chistar. Había puntos intermedios como, según se había contemplado, rectificar el proyecto, limpiarlo, corregirlo, reducir sus costos, e incluso revisar casos de corrupción (no hubo ninguna imputación legal a nadie). Y pudo también concesionar el proyecto a la iniciativa privada para que el gobierno federal evitara los costos elevados de mantenimiento. Queda pendiente el costo económico de todo ello (más allá de los movimientos en indicadores macroeconómicos, pues la pérdida o disminución de confianza podrá ser un elemento que inhiba nuevas inversiones a lo largo del sexenio). Se calcula que el costo inmediato de la cancelación oscila los 170 000 millones de pesos, a lo que habría que agregar los 75 000 millones que se calculan para Santa

Lucía y las adecuaciones al actual aeropuerto. Pero también se calcula la pérdida de 200 000 empleos proyectados (además de los 40 000 que ya había y se cancelaron), y de frenar 2 000 millones de inversión que se frenó para 2019.[13] Por su parte, en enero de 2019, José Antonio Meade presentó una proyección sobre el costo de oportunidad de México en los siguientes años por la cancelación de Texcoco más allá del costo directo de la operación; calculó una pérdida de 165 000 millones de dólares. Por toda respuesta el gobierno obradorista dijo que se trataba de las "cuentas alegres de un hombre triste", o bien se le acusó de complicidad en el caso de corrupción conocido como Estafa Maestra. Pero no se ofreció ningún dato que cuestionara su proyección. Se trató, como es habitual en el gobierno de AMLO, de una descalificación *ad hominem* en lugar de una contraargumentación racional y fundada. En junio de 2019 el gobierno anunció que inundaría las instalaciones del NAIM, a un costo de 1 600 millones. La idea al parecer era inhabilitar definitivamente dicho proyecto, para que no hubiera la posibilidad de que más adelante, quizá otro presidente, decidiera revivirla. Mejor gastar más dinero para darle al NAIM cristiana y definitiva sepultura. Un tribunal ordenó suspender dicha medida hasta que múltiples amparos contra la destrucción de Texcoco fueran desahogadas. Ante la falta de recursos, AMLO decidió tomar 100 000 millones de pesos del Fondo de Estabilización de los Ingresos Presupuestarios (FEIP) previsto para enfrentar crisis económicas internacionales, y alcanzó para 2018 la cifra de 280 000 millones de pesos, para pagar parte del costo del NAIM, dejando al país parcialmente desprotegido ante una contingencia económica internacional.

Preocupa también que los mercados internacionales sean vistos por AMLO como uno más de sus adversarios, como parte de la mafia del poder (ahora también internacional) a la que hay que enfrentar y poner en su sitio para que no abuse. Declaró al respecto: "El gobierno que está por iniciar su mandato es para todos, no para un grupo, no va a ser un gobierno al servicio de una minoría, va a prevalecer el interés general, les guste o no les guste […] Imagínense el Estado mexicano, democrático, de derecho al que aspiramos, supeditado a mercados financieros".[14]

Pero los mercados no son el Consejo Coordinador Empresarial (CCE) o la Confederación Patronal de la República Mexicana (Coparmex), a los que les puede poner un freno. Si les hace saber "quién manda aquí" a base de manotazos, los mercados e inversionistas podrían muy bien responder: "Queda claro que aquí manda usted; regresaremos cuando mande la sensatez". Al respecto escribió Juan Pablo Castañón, entonces presidente del CCE:

No se trata de cuál es el sentido de una decisión, sino sobre qué base se toma y a costa de qué compromisos previamente adquiridos o mandatos legalmente vigentes. Las decisiones de inversión pública deben tomarse por las necesidades que atiende y la rentabilidad que supone para la sociedad, no por motivos ideológicos.

La justificación política por encima de la reflexión técnica genera incertidumbre sobre las futuras decisiones de gobierno [...] Y esto no es que los mercados manden sino que reaccionan a una realidad de incertidumbre.[15]

Y al final el costo de eso no es para los inversionistas que buscarán opciones más confiables, sino para el Estado mexicano (y el país en general). Acerca de ello apunta Jorge Chávez Presa:

Los sectores privados y social prefieren invertir en donde no hay sorpresas. Por el contrario, prefieren arriesgar su capital y el ahorro de otros donde pueden anticipar lo que hará el gobierno sujeto a lo que establece el marco jurídico. La inversión que más rápido responde a señales favorables o adversas es la de los mercados financieros.

Estos mercados son sinónimos del ahorro de millones de trabajadores que contratan especialistas en medir y anticipar el impacto de eventos, así como de buenas y malas decisiones de los gobiernos [...] Que quede claro, los mercados financieros no son la "mafia del poder".[16]

Tan es así, que AMLO reaccionó ante el anuncio por parte del coordinador de la bancada morenista en el Senado, Ricardo Monreal, de que habría una iniciativa para limitar el cobro de comisiones de los bancos en México, que son más elevadas que las que prevalecen en la mayoría de los países (noviembre de 2018). Algo deseable desde el interés del consumidor. Pero eso contravenía una promesa que había hecho López Obrador durante la campaña a los banqueros: "No vamos a afectar a la banca en nada; tengan confianza".[17] Además, la forma y el tiempo en que se hizo este anuncio generó una nueva caída en la bolsa de valores (de alrededor de 6%) que provocó la reacción del gobierno electo. Carlos Urzúa llamó a los legisladores a no formular iniciativas de corte financiero o anunciarlas sin previa consulta a los especialistas del propio Congreso (y a Hacienda o el Banco de México, se podía inferir) para no generar movimientos abruptos y perjudiciales del mercado. No logró calmar los movimientos del mercado, por lo cual el propio AMLO hubo de dar una conferencia de prensa señalando que en los siguientes tres años no se modificaría la legislación financiera: "No vamos a hacer ninguna modificación al marco legal que tiene que ver con lo económico, con lo fiscal. En esta primera etapa del gobierno y para ser más precisos, en los primeros tres años, ninguna modificación", les dijo.[18] Es decir, AMLO se percató en ese momento de que deben tomarse en cuenta las reglas y movimientos del mercado al tomar decisiones, y en la forma de aplicarlas. Sobre lo cual advierte Jorge Zepeda Patterson:

> Es evidente que López Obrador es un consumado operador de la real política, un hombre con sentido práctico. Entiende que no puede gobernar enfrentado a la élite empresarial porque ello implica desafiar a los mercados financieros.
>
> El inoportuno y pueril ataque de Ricardo Monreal en contra de las comisiones leoninas de los bancos (el fondo de su argumento es cierto, la forma un desatino) ofreció una muestra del descalabro que puede provocar al peso y a la deuda externa una gestión unilateral de la economía.[19]

Con todo, en abril AMLO decidió cancelar las siete zonas económicas especiales (ZEE) que había implantado Peña Nieto para fomentar la inversión regional. Se habían contratado 8 234 millones de dólares que generarían 31 000 empleos directos, mismos que se esfumaron con esa medida. Pero además de nuevo se lanzó el mensaje de la poca confiabilidad en el país como un lugar adecuado para invertir. Como lo señaló Leo Zuckerman, el mensaje fue: "Aquí las reglas se aplican al gusto de los gobernantes. Tienen caducidad. Un gobierno puede comprometerse con ciertas condiciones favorables a los inversionistas. El siguiente sin embargo, puede llegar y de un plumazo cancelarlas. ¿A quién le da gana de invertir en un país así?".[20] Ese mismo mensaje se repitió en junio de 2019, cuando la Comisión Federal de Electricidad (CFE) anunció la cancelación de un contrato con firmas canadienses y estadounidenses para construir un gasoducto, ante lo cual el embajador canadiense en México, Pierre Alarie, declaró: "Estoy profundamente preocupado por las acciones de la CFE por la señal que envían de que, a pesar de las declaraciones de López Obrador, México no desea respetar los contratos de gasoductos".[21] Sobre lo cual dijo el exsecretario de Hacienda, Urzúa: "Mientras ese pleito dura, el gasoducto no se podrá utilizar, lo que nos dejaría imposibilitados de satisfacer un tercio de la demanda de gas. El pleito va a durar años y es muy probable que México lo pierda [...] Eso es jugar literalmente con fuego y con el bienestar de millones de mexicanos que viven en la península de Yucatán".[22]

Volviendo a Texcoco, justo por los movimientos en los indicadores macroeconómicos a raíz de esta decisión, es que López Obrador decidió negociar con los empresarios del aeropuerto, no para concesionarlos, según demandaron algunos líderes empresariales y recomendaron varios analistas, pero sí para limar asperezas y ofrecerles pingües contratos en otros proyectos, de modo que éstos decidieron no presentar demandas respecto de Texcoco (pues además se les pagarían puntualmente sus inversiones). Eso contribuyó a recuperar algunos de los indicadores macroeconómicos (el valor del peso, la bolsa de valores, las calificadoras). Ante ello los propios inversionistas extranjeros y las calificadoras decidieron darle una tregua al gobierno de AMLO y esperar nuevos indicadores, como sería la presentación del proyecto de presupuesto para 2019 (cuyas líneas se adelantaron en los primeros días de noviembre justo para tranquilizar a los mercados). En relación con ello, Enrique Quintana escribió: "La elección fue claramente por el menor de los males [...] Los inversionistas están expectantes respecto a lo que pueda ocurrir con otras decisiones de la nueva administración. Lo que sí se diluyó en los últimos días fue la sensación de que podríamos entrar en una secuencia de conflictos entre el gobierno y los empresarios".[23] El saldo inmediato de estos ires y venires durante la transición de gobierno derivó en lo siguiente: A inicios de septiembre un dólar costaba 19.20 pesos, y a finales de noviembre ya estaba en 20.50; es decir, una caída de 9%. La Bolsa de Valores estaba en septiembre en 50 000 puntos, y en noviembre bajó a 40 000, 18% de descenso; la tasa de interés del bono a 10 años estaba en 7.9, y en noviembre en 9.2%, por lo que el diferencial con la tasa equivalente de Estados Unidos pasó de 5 a 6.2%. En suma: el riesgo asociado a México se incrementó en 25% desde que se decidió echar abajo el aeropuerto de Texcoco.[24] Y el balance en el primer año fue muy cercano a 0% de crecimiento, lo que dificultaba el crecimiento de 2% para el primer año, según apostó López Obrador. Pero también hace más lejana la meta ofrecida por AMLO durante su larga campaña de 12 años de que se podría alcanzar un 4% en promedio de crecimiento en su gobierno, algo paradójicamente semejante a lo que logró Salinas de Gortari, el ícono del neoliberalismo. En su nuevo libro sobre *economía moral*, ya López Obrador no maneja esa meta de 4% en promedio, lo que sugiere que tras lo visto el primer año ve difícil alcanzar ese propósito.[25] Y en cuanto a la inversión extranjera neta, la Secretaría de Economía anunció que en 2019 se había incrementado en 7.8%, lo que fue manejado por AMLO como cifra oficial. Pero el Banco de México dio las cifras de inversión real, no la mera intención de invertir, que es la que maneja Economía, y en tal caso la cifra cayó en 4%. Si además, como aclaró Urzúa, se descuenta la inversión mexicana que sale al extranjero, resulta que la inversión extranjera neta cayó en 12% en el primer año.[26] Panorama nada alentador.

Por otro lado, hubo un cambio de clima y ánimo financiero, según relata Enrique Quintana:

> Era el lunes 27 de agosto [de 2018] a casi dos meses de las elecciones. La transición se estaba presentando excepcionalmente tersa […] El optimismo prevalecía en los mercados financieros […] La historia cambió en los siguientes meses […]
>
> La pérdida de valor de las empresas listadas en la Bolsa para ese lapso alcanza en números redondos el equivalente a ¡90 mil millones de dólares!, o algo así como 1.8 billones de pesos […]
>
> ¿Tiene remedio esta circunstancia? Desde luego que sí. La medicina se llama: confianza [… Pero] existe la percepción de que podríamos tener un gobierno errático, en el que no puede confiarse.[27]

El problema, en efecto, es que la confianza es algo que lleva mucho tiempo construir, pero puede perderse muy rápidamente. No es posible precisar el grado de confianza que se perdió con la decisión de Texcoco, ni el daño que esto generará en la economía mexicana. Pero sin duda alguna si la consecución de las metas económicas y sociales de López Obrador se veía difícil, tras esa decisión lo serán aún más. La decisión sobre el aeropuerto Texcoco, que Citibanamex definió como "el error de octubre", volvió a destacar la duda sobre si uno sería su discurso de campaña y otras sus decisiones de gobierno. Y sobre cuál sería su "estilo personal de gobernar". En realidad, el signo es de incertidumbre, pues en algunos temas podría intentar aplicar lo que ofreció, cualquiera sea el costo. Es el caso de Texcoco, sobre lo cual señaló Antonio Navalón:

En definitiva, no hay mucha sorpresa. La mayor parte de las cosas que está haciendo son las que anunció que haría. Acostumbrados estamos a que una cosa son las campañas y sus promesas y otra cosa es el gobierno.

Pero Donald Trump demostró que no es así, que uno en el gobierno puede hacer todo lo que dijo en campaña, aunque sean barbaridades una detrás de otra. Hay que ir abandonando la sorpresa y el discurso de lo que puede o no puede hacer, porque lo puede hacer todo.[28]

Así, con la cancelación del NAIM se envió el mensaje de que la racionalidad económica y financiera no necesariamente sería la guía para las decisiones de gobierno, sino más bien un criterio político que por lo visto es más importante para López Obrador.

XVII. DEL NEOLIBERALISMO AL NEOPOPULISMO

El término *populismo* ha tenido a lo largo del tiempo diversas acepciones, pues ha habido diversos tipos de populismo. Ante la crítica al populismo que hizo Peña Nieto en Estados Unidos, Barack Obama le replicó que él mismo, Obama, era populista. Evidentemente el significado que se da al término en Estados Unidos es distinto al que suele imprimírsele en América Latina o Europa. Dice Jan Werner Müller que "en Estados Unidos la palabra populismo sigue asociada a la idea de una genuina política igualitaria de izquierda", en tanto que en Europa "el populismo nunca puede combinarse con el liberalismo", es decir, se le considera como inherentemente autoritario. Y desde luego en América Latina ha adquirido una connotación asociada a la demagogia, el despilfarro y el centralismo político, como en los casos típicos de Juan Domingo Perón, Getúlio Vargas, Luis Echeverría, Hugo Chávez y Evo Morales, entre muchos otros.[1]

Hay además populistas de izquierda o de derecha (como se asume que lo son Trump y Jair Bolsonaro en Brasil). De modo que dependiendo de la definición que se le dé a populismo se podría decir si López Obrador lo es o no. Como se dijo, hay acepciones favorables del término, y justo ése fue su significado original. Los *narodniki* (populistas) rusos del siglo XIX dieron al término el significado de usar el poder para fomentar la igualdad, la justicia social, para favorecer a las clases más olvidadas y limitar privilegios y excesos de las clases más pudientes. Eso a todas luces es algo deseable (salvo para los directamente afectados). Dice Werner: "Algunos de los denominados populistas han contraatacado al asumir orgullosamente la denominación con el argumento de que, si populismo significa trabajar para el pueblo, entonces sí que son populistas".[2] AMLO lo ha dicho justo en esos términos ("Si estar con el pueblo es ser populista, pónganme en esa lista"). Varios obradoristas afirman que desde luego AMLO es populista, en esa connotación. Al respecto, Lorenzo Meyer dice:

El populismo de izquierda [...] propone una movilización en contra de la élite o el *establishment* en nombre de valores. Desde esta óptica, la visión es que las contradicciones que pueda haber entre los intereses de los diferentes sectores populares y medios, puede negociarse para encausar la energía de la mayoría contra la ciudadela que está en la cima de la pirámide social, contra la oligarquía, su corrupción y falta de solidaridad contra la nación.[3]

¿Y quién podría estar en contra de ello, salvo las propias élites privilegiadas o quienes se benefician de la corrupción? Aquí se menciona el propósito de estos gobiernos; la polémica y diferencias suelen surgir en torno a los medios elegidos para alcanzar esos propósitos. Y dependiendo de cuáles son los medios elegidos suele definirse otro tipo de populismos menos benéficos. Existe el término *populismo financiero*, que se refiere a programas sociales en sí mismo positivos, pero financiados con recursos insanos, sea obtenido por una excesiva deuda pública (nacional o externa), con nuevo circulante (oferta monetaria), o con recursos extraídos de otras áreas o programas afectando su viabilidad y eficacia (así sea relativa). Por lo cual dicha política suele redundar en una crisis que, lejos de beneficiar a los sectores humildes —incluso los beneficiados con esos programas sociales—, terminan perjudicándolos, así como al resto de la economía; pagos excesivos a la deuda, inflación, reducción de inversión y empleos, recesión, bajo crecimiento económico, etcétera. Y eso es justo lo que muchos especialistas, analistas, financieros, empresarios y calificadores ven en varias medidas económicas y sociales de López Obrador. La intención y dirección de tales programas sociales suele ser, además, la formación de una clientela política-electoral sólida y permanente (al menos mientras los programas puedan ser financiados). Hay también una connotación específicamente política del término *populismo*: la concentración del poder en nombre del pueblo, la encarnación del pueblo por parte del presidente, su relación directa con el pueblo sin intermediaciones, la descalificación de los rivales y adversarios como contrarios al pueblo (o a la patria), con lo cual se niega legitimidad a dichos grupos y partidos políticos no alineados con el proyecto gubernamental. Bajo este esquema, se impone la consigna: "El que no está conmigo, está contra mí" (es decir, contra el Pueblo, con mayúscula). En ese sentido, Werner-Müller señala algunos distintivos del populismo político:

> Además de ser antielitistas, los populistas son siempre antipluralistas; aseguran que ellos, y sólo ellos, representan al pueblo [...] El postulado de representación exclusiva no es empírico; siempre es de marcada naturaleza moral. Cuando están en campaña, los populistas retratan a sus rivales políticos como parte de la élite corrupta e inmoral; cuando gobiernan, se niegan a reconocer la legitimidad de cualquier oposición.[4]

Y agrega: "No puede haber populismo sin alguien hablando en nombre del pueblo como un todo [...] el postulado principal del populismo es [que] sólo algunos son realmente el pueblo". Los demás —adversarios, críticos, incluso no alineados— quedan excluidos de ese todo virtuoso, y por ende aparecen como enemigos de las verdaderas causas populares encarnadas por el líder populista. Es decir, en tanto los políticos demócratas aceptan que la representación popular "es temporal y falible [y] que las opiniones opuestas son legítimas [...] los populistas afirman que ellos y sólo ellos representan al pueblo verdadero".[5] Decía al respecto Bakunin: "El pueblo es la única fuente de verdad moral".[6] Y de ahí su estrategia de presentar a todos sus rivales políticos como si fueran parte de un solo bloque, más allá de sus diferencias, pues al fin son todos enemigos del pueblo (conservadores, oligarcas, minorías rapaces, mafia del poder, etcétera). De ahí la declaración de AMLO sobre la sociedad civil que hace extensiva a los expertos, los académicos, los críticos, los científicos que le cuestionen cualquier cosa: "La sociedad civil no es independiente, que no me vengan con ese cuento, será independiente del pueblo, no de la oligarquía".[7] Werner Müller agrega que "los populistas se deleitan al señalar que sus competidores a fin de cuentas son todos lo mismo, a pesar de sus declaradas diferencias ideológicas; de ahí la tendencia a fusionar incluso los nombres de los partidos establecidos para reforzar la idea de que sólo los populistas ofrecen una alternativa genuina (en Francia, por ejemplo, Marine le Pen solía hablar del UMPS, fusionando el acrónimo del partido de derecha de

Sarkozy UMP, con el de los socialistas, PS)".[8] Lo que recuerda la fusión que hacía AMLO entre el PRI y el PAN, PRIAN, y a la que después sus seguidores añadieron al PRD: PRIANRD. Viene también a cuento lo escrito en su momento por Juan Ramón de la Fuente: "En los movimientos populistas, entre el resentimiento colectivo y la frustración masiva que los nutren, se genera una cierta propensión a que surjan en su seno actitudes hostiles que puedan llegar al odio [...] Los líderes populistas, siempre con un peculiar carisma que polariza [...] son por definición, intolerantes a la crítica".[9]

Como lo señala el publicista del obradorismo Gibrán Ramírez: "El populista siempre afirma que sí existe el bien y el mal, y pone la moral sobre la mesa; y eso lo hace López Obrador".[10] Dicha moralización de la política entre inmaculados y perversos tiende a conducir a un régimen autoritario, pero revestido de legitimidad basada en el interés supremo del pueblo. En efecto, otra de las diferencias entre democracia y populismo es que "la primera permite que las mayorías autoricen a representantes cuyas acciones pueden o no terminar amoldándose a lo que la mayoría de los ciudadanos esperaba o habría deseado; el último pretende que ninguna acción de un gobierno populista pueda cuestionarse, pues el pueblo así lo ha deseado".[11] Así, el gobernante demócrata se distingue del mesiánico (cesarista o bonapartista) en que el primero es electo bajo contrato; es empleado de la ciudadanía y como tal tiene que rendir cuentas, ser sujeto a críticas y supervisión, y en su caso, removido de su cargo (eso, desde luego, en las democracias que más o menos funcionan). El gobernante cesarista, en cambio, considera las críticas a su persona o gobierno como si estuvieran dirigidas al pueblo o a la patria misma, y las califica como conductas "contrarrevolucionarias" o incluso como alta traición a la patria.[12]

Hay otros elementos clave del populismo desde la perspectiva política:

El gobierno populista manifiesta tres aspectos; procura apropiarse del aparato del Estado; recurre [...] al clientelismo de masas —intercambio de beneficios materiales o favores burocráticos a cambio del apoyo político de ciudadanos que se convierten en clientes de los populistas— y se esfuerza sistemáticamente por suprimir a la sociedad civil [...] incluso escriben constituciones [...]

En lugar de servir como instrumentos para preservar el pluralismo, aquí las constituciones sirven para eliminarlo.[13]

Y es verdad que los populistas no están formalmente contra la representación política, "siempre y cuando los representantes correctos representen al pueblo correcto para hacer un juicio correcto, y en consecuencia, hagan lo correcto", dice Werner.[14] Al respecto, suelen incluso considerar al término *pueblo* una connotación menos general y más específica, para así poder distinguir con más claridad a quienes pertenecen al pueblo —los aliados— y a quienes deben ser excluidos de él —los adversarios y críticos—. Dice Hernán Gómez, propagandista de AMLO: "El pueblo es una construcción social, una identidad que alude a grupos históricamente excluidos, marginados y agraviados; esa mayoría que la 4T (Cuarta Transformación) busca reivindicar".[15]Los ciudadanos son parte de la sociedad, pero no todos pertenecen al pueblo (el "pueblo bueno", agregaría el propio AMLO).

De ahí su propensión a concentrar el mayor poder posible y justificarlo en términos de hacer frente a los enemigos del pueblo y del cambio social. Carl Schmitt, ideólogo del nazismo, afirmaba que el fascismo podía concretar los ideales democráticos con más amplitud que la democracia misma. Eso, en virtud de la "identidad de gobernantes y gobernados" que caracterizaba, según él, dicho régimen (idea típica del populismo).[16] La concepción populista de la democracia destaca la comunidad (el pueblo) por encima del individuo. Es un derivado de los conceptos de Rousseau, donde lo importante era destacar el interés general así fuese a costa de los intereses individuales y derechos más básicos, incluida la propiedad privada. Decía al respecto Georg Jellinek que, según Rousseau: "El contrato social contiene una sola cláusula: la completa transferencia a la comunidad de todos los derechos del individuo. El individuo no tiene una partícula de sus derechos desde que el momento en que entra al Estado".[17] Algo que, según Isaiah Berlin, convierte a Rousseau en uno "de los más siniestros enemigos de la libertad en toda la historia del pensamiento moderno".[18] De la concepción rousseauniana de la democracia, heredada a diversos socialistas y a Marx mismo, surge la idea de que el Estado, que representa la voluntad popular, implica privilegiar el interés social, interpretado por los gobernantes que encarnan al pueblo, incluso por encima del interés individual. Y si la ley entorpece dicho propósito puede cambiarse a voluntad o incluso pasarse por alto, lo que se justifica en términos sociales y morales por encima de los preceptos jurídicos. Y si se trata de dotar a los sectores populares de bienes y oportunidades, no importa si se vulneran derechos de otros sectores, o incluso la norma legal vigente (optar por la justicia por encima de la ley, ha recomendado López Obrador).

De ahí que Cristina Fernández de Kirchner señalara que la democracia liberal, entendida como separación de poderes, era "la democracia ciencia ficción, sin pueblo".[19] Una versión moderna de la "democracia burguesa", que tiene en cuenta los procedimientos para contrapesar el poder y evitar su abuso sin contemplar la forma de generar igualdad. Por lo cual, si para promover esa igualdad es necesario sacrificar los contrapesos y equilibrios políticos e institucionales, pues sea. De modo que, según Friedrich Hayek, para el populismo de izquierda, antes de ser libres "había que abolir las trabas del sistema económico".[20] Un objetivo loable siempre y cuando no se altere la democracia liberal y los derechos individuales, tal como sucede en la socialdemocracia europea, pero no cuando implica la desarticulación virtual del régimen democrático en aras de un ideal justiciero (que por otro lado en general ha sido poco eficaz). Para Hannah Arendt, ese énfasis en la igualdad social por encima de las libertades individuales lo provocó el fracaso de todas las revoluciones sociales en su intento de conseguir la libertad.[21] En contraposición, uno de los ideólogos de la democracia liberal moderna, John Locke, señalaba que justamente ésta servía para poner límites a los gobernantes, y a la comunidad toda, en defensa de las libertades básicas del individuo (incluida la propiedad privada): "La libertad es ser libre de restricciones y de la violencia de los demás, lo que no puede haber donde no hay ley". Por ello, un país democrático es uno donde "quien tiene el poder legislativo o supremo de cualquier comunidad, está obligado a gobernar por leyes permanentes establecidas, conocidas y promulgadas por el pueblo y no por decretos extemporáneos, por jueces indiferentes y verticales".[22] Eso establece también límites a la acción del gobierno sobre cada uno de los individuos que conforman la comunidad política. Lo mismo pensaba John Adams, heredero de Locke, al sostener que el gobierno debe erigirse para "la preservación de la paz interna, la virtud y el buen orden, así como para la defensa de la vida, las libertades y propiedades".[23] De nuevo, bajo la óptica de la democracia liberal pueden y deben buscarse mejores posibilidades de igualdad, pero sin sacrificar las libertades individuales básicas, ni entregar todo el poder a un autócrata, quien probablemente abusará del poder afectando tales libertades individuales. Como ya se ha dicho, el populismo de izquierda (y el marxismo) abreva del idealismo político (que tiene su origen al menos en Platón y se actualiza con Rousseau), en tanto que la democracia liberal se sustenta en el realismo político, cuyos ejes son Maquiavelo, Hobbes y Locke, entre otros.

Steven Levitsky y Daniel Ziblatt escribieron un estudio sobre los riesgos a la democracia en los años recientes, a partir del triunfo de Donald Trump en 2016, pues ven en ese personaje un riesgo a la institucionalidad democrática estadounidense, pese a su fortaleza relativa.[24] De un análisis de lo ocurrido en otros países en donde la democracia se ha desvirtuado (Rusia, Turquía, Venezuela o Nicaragua, entre otros) hacen las siguientes advertencias:

1. Las democracias pueden fracasar a manos no ya de generales sino de líderes electos, de presidentes o primeros ministros que subvierten el proceso mismo que los condujo al poder, [en tales casos] las democracias se erosionan lentamente, en pasos apenas apreciables.

2. Los autócratas electos mantienen una apariencia de democracia, a la que van destripando hasta despojarla de contenido. Muchas medidas gubernamentales que subvierten la democracia son legales, en el sentido de que las aprueban bien la asamblea legislativa o bien los tribunales [y se venden] a la población como medidas para mejorar la democracia.

3. Se sigue publicando la prensa, si bien ésta está sobornada y al servicio del poder, o bien tan sometida a presión que practica la autocensura [...] Quienes denuncian los abusos del gobierno pueden ser descalificados como exagerados o alarmistas.

4. La población no cae inmediatamente en la cuenta de lo que está sucediendo. Muchas personas continúan creyendo que viven en una democracia [...] Para muchas personas, la erosión de la democracia es imperceptible.

5. Es bien sabido que de vez en cuando emergen demagogos extremistas en todas las sociedades, incluso en las democracias saludables [...] Cuando

el temor, el oportunismo o un error de cálculo conducen a los partidos establecidos a incorporar a extremistas en el sistema general, las democracias se ponen en peligro.

6. Si algo claro se infiere del estudio de las quiebras democráticas en el transcurso de la historia es que la polarización extrema puede acabar con la democracia.

7. Los populistas suelen ser políticos antisistema, figuras que afirman representar la voz del pueblo y que libran una guerra contra lo que describen como una élite corrupta y conspiradora. Los populistas tienden a negar la legitimidad de los partidos establecidos [...] tildándolos de antidemocráticos o incluso de antipatrióticos [...] Y prometen enterrar a esa élite y reintegrar el poder al pueblo.

8. Sin unas normas sólidas, los mecanismos de control y equilibro no funcionan como los baluartes de la democracia que suponemos que son. Las instituciones se convierten en armas políticas esgrimidas enérgicamente por quienes las controlan en contra de quienes no lo hacen [...] La paradoja trágica de la senda electoral hacia el autoritarismo es que los asesinos de la democracia utilizan las propias instituciones de la democracia de manera gradual, sutil e incluso legal para liquidarla.[25]

Por su parte, Arias Maldonado introduce como características distintivas de una situación populista, o propicia para ello, las siguientes:

a. La existencia de dos unidades de análisis homogéneas: élite y pueblo.

b. Una relación de amor y odio entre ambas, que conforma visiones e interpretaciones antagónicas entre soportes externos.

c. Valoraciones contrapuestas: a la positiva del pueblo se le contrapone la negativa de la élite.

d. La idea de soberanía popular, entendida como la voluntad general que prevalece sobre el resto y que es monopolizada por quienes se consideran garantes y deudores de dicha soberanía. El todo por la parte.[26]

Y Enrique Krauze hace un decálogo del populismo (2005):

1. "El populismo exalta al líder carismático". Y recuerda el pensamiento de Max Weber justo sobre los líderes carismáticos: "La

entrega al carisma del profeta, del caudillo en la guerra o del gran demagogo, no ocurre porque lo mande la costumbre o la norma legal, sino porque los hombres creen en él. Y él mismo, si no es un mezquino advenedizo, efímero y presuntuoso, vive para su obra. Pero es a su persona y a sus cualidades a las que entrega el discipulado, el séquito, el partido".

2. "El populista no sólo usa y abusa de la palabra: se apodera de ella [...] El populista se siente el intérprete supremo de la verdad general y también la agencia de noticias del pueblo. Habla con el público de manera constante, atiza sus pasiones, alumbra el camino y hace todo eso sin limitaciones ni intermediarios". Y recuerda a Aristóteles al hablar de la demagogia como un elemento riesgoso de las democracias: "Ahora quienes dirigen al pueblo son los que saben hablar", decía el filósofo griego.

3. "El populismo fabrica la verdad". Es la pretensión de los populistas de ser los auténticos y únicos intérpretes de la voluntad popular, que en realidad esconde sus propias ambiciones personales de bienes, poder o gloria (o todas las anteriores, según el caso). Y apunta Krauze que, por lo mismo, "los populistas abominan de la libertad de expresión. Confunden la crítica con la enemistad militante, por eso buscan desprestigiarla, controlarla, acallarla".

4. "El populista, en su variante latinoamericana, utiliza de modo discrecional los fondos públicos". Descuida la racionalidad de la economía, los mercados y la estabilidad financiera. "El populista tiene un concepto mágico de la economía: para él, todo gasto es inversión". Y por eso suele ocurrir que "la ignorancia o incomprensión de los gobiernos populistas en materia económica se ha traducido en desastres descomunales de los que los países tardan decenios en recobrarse".

5. "El populista, una vez más en su variante latinoamericana, reparte directamente la riqueza". Parte de su apoyo y popularidad reside en el énfasis que suele hacer de la justicia social, y la necesidad de repartir la riqueza y oportunidades de desarrollo. Un fin en sí mismo loable. Pero la forma de operar del populismo se traduce típicamente en programas que, además de que puedan ser financieramente insanos, buscan la retribución política, el agradecimiento,

el voto al partido gobernante o incluso al propio líder personalmente. Lo cual llevó a Krauze a pronosticar el desastre que se aproximaba en Venezuela (pero aún no ocurría): "La improductividad
del asistencialismo (tal como Chávez lo practicó) sólo se sentirá
en el futuro, cuando los precios [del petróleo] se desplomen o el
régimen lleve a sus últimas consecuencias su designio dictatorial".

6. "El populista alienta el odio de clases". Y empieza citando, de nuevo,
a Aristóteles: "Las revoluciones en las democracias son causadas
sobre todo por la intemperancia de los demagogos [...] que conci-
tan al pueblo contra [los ricos]". Pero aclara Krauze que, en el caso
latinoamericano, al menos, "los populistas [...] hostigan a los ricos
(a quienes acusan a menudo de ser antinacionales), pero atraen a
los 'empresarios patrióticos' que apoyan al régimen. El populista
no busca por fuerza abolir el mercado: supedita a sus agentes y los
manipula a su favor".

7. "El populista moviliza permanentemente a los grupos sociales [...]
apela, organiza, enardece a las masas. La plaza pública es un teatro
donde aparece 'Su Majestad El Pueblo' para demostrar su fuerza y
escuchar las invectivas contra los malos de dentro y fuera".

8. "El populismo fustiga por sistema al 'enemigo exterior'. Inmune
a la crítica y alérgico a la autocrítica, necesitado de señalar chivos
expiatorios para los fracasos, el régimen populista requiere desviar
la atención interna hacia el adversario de fuera".

9. "El populismo desprecia el orden legal [...] en la cultura política
iberoamericana un apego atávico a la 'ley natural' y una desconfianza
a las leyes hechas por el hombre. Por eso, una vez en el poder el caudillo tiende a apoderarse del Congreso e inducir la 'justicia directa',
remedo de una Fuenteovejuna que, para los efectos prácticos, es la
justicia que el propio líder decreta".

10. "El populismo mina, domina y, en último término, domestica o
cancela las instituciones y libertades de la democracia". Y es que
"el populismo abomina de los límites a su poder, los considera aris-
tocráticos, oligárquicos, contrarios a la voluntad popular". Y de ahí
su propensión a someter, cuando no cancelar tantos contrapesos
institucionales como sea posible. Una cosa es que, según se defi-
nen las democracias iliberales, se utilicen los canales democráticos

disponibles para alcanzar el poder, y otra muy distinta que desde el poder se respeten tales reglas e instituciones, pues estorban al proyecto de transformación social (al final revolucionario) que pretenden utópicamente instaurar los populistas.[27]

Desde luego, que así haya ocurrido en otros países no implica que tenga que recorrerse el mismo camino en México con AMLO, pero tampoco puede descartarse ese escenario, en virtud del poder político que ha concentrado tras la elección, y de algunos indicios de que no gusta de los contrapesos ni la autonomía de las instituciones que formalmente lo son. Y sin duda que algunos elementos que llevan a desvirtuar la democracia en estas condiciones han aparecido tras la elección de 2018, como son:

1. Polarización política y social entre críticos y seguidores del nuevo gobierno.

2. Un partido gobernante con más poder del que se había tenido desde 1988, es decir, antes de iniciar la transición democrática.

3. Una oposición debilitada, desprestigiada, dividida internamente y con otros partidos opositores, desorganizada, que en la medida en que no resurja como una opción organizada, creíble y atractiva, dejará el terreno despejado para la continuidad política de Morena y sus aliados.

4. El resurgimiento de un modelo presidencialista donde el poder se concentra en gran medida en el Ejecutivo y en el gobierno nacional frente a los estatales, con pocos contrapesos institucionales.

5. Apoyo incondicional y culto a la personalidad presidencial por parte de su amplia base electoral, que, lejos de ser un correctivo o una exigencia de buen gobierno, amplía el margen de arbitrariedad en el gobierno con bajos costos políticos.

6. La convicción de muchos de los seguidores de AMLO de que la democracia política y los contrapesos pueden ser un estorbo para la realización de lo que conciben como un cambio económico y social profundo, la llamada Cuarta Transformación.

Todo ello podría dar respaldo a medidas que pudieran restringir o limitar la democracia política en aras de prioridades de tipo social y económico. Si bien no es posible determinar como inevitable el desenlace previsto por Levitsky y Ziblatt (lo que podría llamarse un suicidio democrático), tampoco se le puede descartar sin más. Es uno de los posibles escenarios, dado que muchas condiciones presentes lo harían viable (incluso, probable).

Ésas son pues las características básicas del populismo político en contraste con la democracia liberal, y algunos (o varios) de sus rasgos empiezan a aparecer en el gobierno obradorista, por más que se diga que hoy por hoy no se le puede considerar así por completo. En efecto, pero tal y como apunta Pedro Esteban Roganto: "En sus apariciones públicas, lo mismo en sus declaraciones a los medios, el presidente [López Obrador] polariza y se muestra hostil contra sus adversarios. No duda en considerarlos sus enemigos o enemigos del pueblo, y gusta de mantenerlos bajo amenaza de enviarlos a la cárcel".[28] De ahí también su frecuente declaración de que "nada ni nadie estará por encima de la voluntad soberana del pueblo". Ese "nada ni nadie" son los opositores, los disidentes, los críticos, los contrapesos institucionales, las organizaciones civiles no alineadas a su proyecto. Y esa "voluntad soberana del pueblo" es su propia voluntad, porque él encarna al pueblo. O como señala Jorge Buendía: "Algunos de sus seguidores (de AMLO) creen que los límites a la acción gubernamental son equivalentes a limitar la voluntad popular reflejada en la mayoría electoral del presidente".[29] Es decir, no se respeta el principio fundamental de que las mayorías pueden decidir, pero no aplastar a las minorías ni desconocer sus derechos (un principio del que se benefició López Obrador durante su larga travesía hacia el poder). De hecho, en su ideario aparece la idea de que el individualismo —eje de la democracia liberal— es algo nocivo, y que debe sustituirse por una idea de colectivismo —que suele servir para justificar en los regímenes populistas el desmantelamiento de la democracia liberal—. Decía AMLO: "Es urgente revertir el actual predominio del individualismo por sobre los principios que alientan a hacer el bien en pro de los demás".[30] Roberto Gil Zuarth precisa esa forma populista de hacer política:

> La idea —y ejercicio— de la política como una arena de confrontación entre bandos moralmente desiguales. Una épica del poder que se define a partir de la existencia de una facción rival. De la épica y el adversario, surge un nosotros: la mayoría que se emancipa de una minoría rapaz.

La nación que recupera los bienes públicos, capturados por una mafia; el pueblo bueno que restaura la continuidad interrumpida de la historia por el asalto neoliberal. La superioridad moral es la esencia de la dualidad entre el pueblo y sus enemigos y, por tanto, de sus auténticos representantes.[31]

Y es que, dice Werner Müller: "El peligro es que el populismo [es] una forma degradada de democracia que promete hacer el bien bajo los más altos ideales democráticos [Que el pueblo mande ...] El peligro viene desde el interior del mundo democrático; los actores políticos que constituyen el peligro hablan el lenguaje de los valores democráticos".[32] Dice al respecto José Luis Villacañas: "No todo gobierno democrático tiene que ser populista, pero toda democracia puede llegar a serlo".[33] Sin embargo, en todos estos casos, "pese a que la democracia ha sido dañada, y requiere de una seria reparación [...] resultaría engañoso y prematuro hablar de una dictadura".[34] En todo caso, puede hacerse la distinción entre populistas radicales y moderados; en el primer caso estaría como prototipo Hugo Chávez, y en el segundo, Lula da Silva. La incógnita respecto de AMLO sería a cuál prototipo se aproxima más. Para muchos (yo incluido), AMLO reflejaría el tipo de populismo encarnado por Luis Echeverría, a partir de una visión nacional-revolucionaria previa al neoliberalismo (de donde surgió el PRD en 1989 tras la ruptura en el PRI en 1987). Sería un populismo moderado. Para otros, entre ellos Erick Guerrero Rosas, se parecería más a Lula da Silva que a Hugo Chávez, por lo cual las consecuencias políticas y económicas serían menos graves que lo ocurrido en Venezuela. En el gobierno, Lula no echó abajo muchos de los acuerdos neoliberales (el libre comercio) y respetó la propiedad privada (lo que Chávez lo hizo en mucho menor medida). En ese sentido, en materia económica López Obrador tendría en efecto más similitud con Lula.[35] Pese a lo cual AMLO ha tomado varias medidas de política económica que, lejos de generar confianza y certidumbre, han provocado justo lo contrario, al menos en su primer año de gobierno. Pero ha logrado establecer una alianza con figuras que en su momento fueron señaladas como parte de la "mafia del poder" o los empresarios rapaces, como Carlos Slim y Ricardo Salinas Pliego, lo que podría ser tranquilizador en materia económica pero una contradicción del discurso social de López Obrador. Es cierto que con el resto de la clase empresarial no se ha dado una confrontación abierta (salvo con ciertos sectores empresariales), pero el protocolo de reunirse y prometer actuar juntos por México ha quedado en meras declaraciones, mas no se ha visto reflejado en los números. Sin duda su trato con la clase empresarial marca una diferencia respecto del estilo de Chávez, y se asemeja más con el de Lula da Silva. En lo político, la pauta centralizadora diseñada en el Foro de São Paulo, y que siguieron puntualmente al menos Chávez, Daniel Ortega y Evo Morales, se está dando también en México. Como sea, en la medida en que el gobierno y estilo de López Obrador exhibe varios de estos rasgos, existe un riesgo de regresión política; la mexicana sería otra "democracia iliberal más" como las muchas que proliferan en varias partes del mundo, surgidas de un proceso democrático, legitimidad que sirve para justificar su cancelación real en alguna medida importante. La pregunta sería hasta dónde llegará dicha regresión, que de hecho ha dejado de ser un mero pronóstico y ya empezó en los hechos.

XVIII. EL ESTILO POPULISTA
DE GOBERNAR

Parafraseo el título del clásico libro de Daniel Cosío Villegas, *El estilo personal de gobernar*, sobre Luis Echeverría Álvarez (LEA), en parte por ser muy común la comparación que críticos y disidentes de López Obrador hacen con este presidente y, si acaso, con José López Portillo. ¿En qué podría haber parecido con López Obrador? Desde luego, en algunas de las políticas seguidas por aquellos presidentes, o bien del modelo económico que con ellos se agotó. Expresamente ha evocado López Obrador como directriz de su programa el desarrollo estabilizador que manejó por dos sexenios el secretario de Hacienda Antonio Ortiz Mena. Dicho modelo se agotó con Echeverría, en parte por el mal manejo que hizo de él (seguido por López Portillo). El PRD surgió de una ruptura del PRI nacionalista-revolucionario (parte de él) como reacción al giro neoliberal de De la Madrid. La idea era retornar en lo posible aquel modelo previo al neoliberalismo. Muñoz Ledo, Ifigenia Navarrete, Cuauhtémoc Cárdenas enarbolaron esa bandera.[1] En 1975 el propio Cosío Villegas había anticipado que un partido que realmente desafiara al PRI sería resultado "sólo de un desgajamiento del PRI", pero pensaba también que "si el mismo gobierno y lo que quedara del PRI actual lo consideraran heterodoxo y aun rebelde, lo combatirían hasta anularlo".[2] Desde luego que al PRD, fundado en 1989, se le combatió con todo desde el salinismo, pero los tiempos ya no daban para suprimirlo ni retirarle el registro, como se hizo en 1954 con el Frente de Partidos Populares de México que en 1952 postuló al general Miguel Henríquez Guzmán como candidato opositor. López Obrador también adoptó la bandera del nacionalismo revolucionario que los tecnócratas neoliberales dejaban a un lado en 1985, y por eso su triunfo vía Morena representa ahora la oportunidad de retornar a ese modelo, aunque ya no se le llame así (sólo se habla genéricamente de la Cuarta Transformación, o si acaso, del posneoliberalismo). Echar abajo la reforma energética y recuperar el control estatista de Pemex y la electricidad (veremos hasta dónde), volver a los precios de garantía, el retorno a la diplomacia aislacionista bajo la Doctrina Estrada, buscar la autonomía alimentaria, son parte de ese modelo. Pero podría haber también algunos paralelismos entre el discurso y el estilo de gobierno de Echeverría y de López Obrador, según muchos han sugerido. No está por demás hacer un breve repaso de aquel libro de Cosío Villegas.

Por un lado destacaba don Daniel la importancia personal del Ejecutivo en un régimen hiperpresidencialista como el mexicano: "Como en México no funciona la opinión pública, ni los partidos políticos, ni el parlamento, ni los sindicatos, ni la prensa, ni el radio y la televisión, un presidente de la República puede obrar y obra tranquilamente de un modo muy personal y hasta caprichoso".[3] Desde luego que la situación actual es muy distinta. Pero el hecho de que AMLO haya concentrado gran parte del poder institucional legislativo federal y en varios estados le brinda la plataforma para concentrar aún más el poder, según se ha dicho. Si esa tendencia se profundiza, se habrá regresado a una situación no idéntica pero sí parecida a la presidencia imperial de aquellos años. Recuerda don Daniel el ánimo político que prevalecía a la llegada de Echeverría al gobierno, que en algo recuerda al 2018. En primer lugar, había un agotamiento del "milagro mexicano", que podría equivaler al desencanto con el neoliberalismo que en su momento generó esperanzas de cambio profundo (con el Tratado de Libre Comercio, la apertura a la inversión extranjera, y otras políticas propias de ese modelo). "Poco a poco, pero con firmeza, se fue anidando en los mexicanos el presentimiento de que no podía durar mucho tiempo más el 'milagro mexicano', o sea el periodo de estabilidad política y de progreso económico [...] Así, se creó una atmósfera propicia a la creencia de que era inevitable un cambio, que un grupo deseaba y otro temía".[4]

Echeverría supo leer ese ánimo político e hizo lo necesario para despertar apoyos y generar expectativas (por más que tuviera asegurado su triunfo, a diferencia de AMLO). Dice Cosío: "Con una sorprendente locuacidad [LEA] habla de todos los problemas nacionales, los habidos y los por haber. Después [...] hace una campaña electoral perseverante y de una extensión desusada, de modo que llega hasta los pueblos y rancherías más remotos y desamparados del país". Todo lo cual "parecía indicar que estaba resuelto a hacer un gobierno distinto, aun opuesto al anterior, es decir, que intentaría cambiar el rumbo del país".[5] Ante ello, encontró además un electorado deseoso de ese cambio, y abierto a soñar que era algo absolutamente posible. Cosío recoge habla de un negociante que acompañó a Echeverría durante buena parte de su campaña: "Regresó muy impresionado, no cabía duda alguna de la salud y la energía física del candidato, de su buena fe, de la sinceridad de sus propósitos de hacer el bien. Y sin embargo [Echeverría] era un hombre muy pagado de sí mismo, de sus ideas y sus propósitos, de modo que cree saberlo todo, y por tanto, serle innecesario consultar o siquiera meditar él mismo". Sus ofertas de gobierno, como en el caso de muchos políticos, preveían casi una utopía que sería alcanzada durante su gobierno:

> Renovar sus instalaciones ferrocarrileras, incrementar sus formas de productividad, elevar la producción agropecuaria y los niveles de vida de los campesinos, descentralizar la industria [...] hacer más fácil y humana la vida en las regiones áridas, incrementar la producción pesquera [...]
>
> Transformar el sistema educativo [...] y dar empleo a los egresados en las escuelas [...] organizar el funcionamiento de los puertos [...] consolidar las nociones de solidaridad social de los mexicanos [...] "cambiar de raíz algunas estructuras mentales que heredamos de siglos".[6]

Consideraba que en provincia se hallaba una especie de "reserva moral" que había que fomentar y que provocaría un cambio de conciencia en el país. Decía: "Es allí donde las ideas mexicanas siguen en forma permanente, alimentando lo mejor de nuestro espíritu y delineando y acendrando lo mejor de la patria".[7] Por otro lado, el gusto por la expresión hablada, los foros y los mítines que tiene López Obrador fue también un rasgo de la personalidad de Echeverría: "No sólo se tiene la impresión de que hablar es para Echeverría una verdadera necesidad fisiológica, sino de que está convencido de que dice cada vez cosas nuevas, en realidad verdaderas revelaciones. Es más, llega uno a imaginarlo desfallecido cuando se encuentra solo, y vivo y aun exaltado, en cuanto tiene por delante un auditorio".[8] Sobre lo cual comenta Cosío Villegas: "Puede considerarse como imposible que un hombre, así sea de singular talento, de cultura enciclopédica y con un dominio magistral del idioma, puede decir todos los días, y a veces dos o tres al día, cosas convincentes y luminosas. En este caso particular resulta mucho más remoto porque la mente de Echeverría dista de ser clara y porque su lenguaje le ayuda poco".[9] A esto habría que agregar otra característica del estilo echeverrista de gobernar:

> La incapacidad de reposar, la prisa con que se mueve, la prisa con que quiere hacer las cosas y la prisa con que quiere que otros, todos, las hagan. Y esto, a su vez, está ligado a su insistencia en que él cumple cuanto ofrece [...]
>
> Su campaña electoral causó asombro por varios motivos, pero el principal fue el salto continuo y pronto, la movilidad de azogue que lo llevó prácticamente a todos los rincones del país.[10]

López Obrador también lleva prisa, dada la magnitud de su proyecto transformador. Y eso porque teme que los cambios podrían ser revertidos en caso de llegar de nuevo al poder el "conservadurismo", por lo cual es necesario apresurar el paso para que los avances queden arraigados: "Creo que debemos de trabajar de prisa y con profundidad porque, si desgraciadamente regresara al poder el conservadurismo faccioso y corrupto, ni siquiera en esa circunstancia podrían nuestros adversarios dar marcha atrás a lo establecido y ya logrado en beneficio del pueblo". Y agrega: "Les confieso que mi activismo, mi loca pasión tiene un fundamento racional [...] Considero que entre más rápido consumemos la obra de transformación, más tiempo tendremos para consolidarla y convertirla en hábito democrático, en forma de vida, y en forma de gobierno".[11] Probablemente eso mismo tenía en mente Echeverría, y de ahí también su prisa.

A lo cual habría que agregar que, ya en la presidencia Echeverría: "Sus escapadas semanarias a la provincia y su prédica diaria de que ver *in situ* los problemas, palparlos allí donde están, es el primer paso necesario para resolverlos".[12] Y de ahí una declaración del propio Echeverría: "Muchas veces los indispensables escritorios y teléfonos nos ocultan la realidad del país; frecuentemente nos burocratizamos los funcionarios más destacados de la República; frecuentemente nos aislamos de nuestros conciudadanos por obra y gracia de nuestras oficinas".[13] Dice

Cosío: "Creo que ningún otro presidente nuestro se ha expuesto tanto a la mirada pública [...] una exposición continua y a los cuatro vientos".[14] Seguramente así fue, pero ahora podría asegurarse que Echeverría es superado por López Obrador. Hay algo en que también podría haber alguna similitud entre ambos presidentes: la cerrazón ante la crítica o disidencia. Dice Cosío Villegas sobre Echeverría que su diálogo con la nación "se trata en realidad de un monólogo, pues la segunda persona necesaria al diálogo, es decir, la nación, no tiene manera de expresar sus ideas o afectos, ya que todos los medios usuales para hacerlo fallan en México [...] Esto, sin considerar que el gobierno, no ya la nación, elige el tema del monólogo y la forma de tratarlo". Y sobre lo cual agrega: "Nuestro presidente suele conducirse más como predicador que como estadista [...] es de observación corriente que el predicador acude a la exageración para convencer mejor a su grey". Y agrega: "El presidente Echeverría [...] no está construido física y mentalmente para el diálogo sino para el monólogo, no para conversar, sino para predicar. Mi conclusión se basa en la desproporción de sus reacciones o las de sus allegados ante la crítica, y en la pobreza increíble de los argumentos con que la contestan". Y ello en parte se debe a que "Echeverría está convencido de que, quizá como ningún otro presidente revolucionario, se desvive literalmente por hacer el bien a México y los mexicanos. De ahí salta a creer que quien critica sus procedimientos, en realidad duda o niega la bondad y la limpieza de sus intenciones".[15] Sin duda, hay muchas similitudes en el estilo de gobernar.

La mejor política exterior... ¿es la política interior?

Una diferencia sustancial (entre otras) entre Echeverría y López Obrador se encuentra en la política exterior, que Echeverría planteó en su caso como "la más importante transformación en la historia de México", en tanto que AMLO parece no darle demasiada importancia. Sin embargo, al principio Echeverría, como ahora López Obrador, quiso concentrarse en el país. Dijo don Luis que no iría al extranjero en exceso pues se proponía "viajar intensamente, pero dentro del país", y que lo esencial era "profundizar más en los problemas nacionales y echar a andar instituciones que hemos creado". Dijo también que para abordar "cualquier problema internacional con acierto", habría que inspirarse en la política interna del país, además de basarse en la "doctrina" Juárez sobre no intervencionismo.[16] Pese a ello inició en Naciones Unidas un activismo poco usual en las anteriores administraciones, impulsando la agenda del Tercer Mundo. Y le siguieron varios viajes a distintos países. Entonces dio un viraje discursivo, abandonando su nativismo para sustituirlo por un fuerte activismo internacional: "México no quiere ser espectador inerte de la historia" en medio del "final de una etapa histórica y el principio de otra" a nivel mundial, dijo.[17] Echeverría pecó, sin embargo, de falta de tacto diplomático, según reporta Cosío Villegas: "Es incuestionable que el presidente Echeverría renunció desde el primer momento a ejercer, o tratar de ejercer ese oficio". Y así, pronunció el presidente: "No vamos a hacer caravanas de tipo diplomático" que consideró como "un nuevo estilo [...] en la política de la vida internacional", estilo que consideró "tendrá efecto sobre el mundo entero".[18]

Pareciera que ésa podría ser también una deficiencia de AMLO, y al menos en relación con la crisis venezolana decidió separarse del grueso del hemisferio occidental para brindar un apoyo disimulado pero inequívoco al régimen de Nicolás Maduro, lo cual podría traducirse en cierto aislamiento respecto del resto de países en este hemisferio, en el que México actúa internacionalmente (pues poco tenemos que ver con Rusia, China o Turquía). La idea era probablemente alinearse con el Foro de São Paulo, al que Morena pertenece (igual que los partidos gobernantes de Cuba, Venezuela, Nicaragua y Bolivia), como ya se mencionó. De acuerdo con el citado documento del Foro titulado *Consenso de Nuestra América*, los partidos miembros que lleguen al poder se comprometen a ayudar a otros gobiernos y partidos del resto de América Latina para impulsar ese proyecto socioeconómico. En materia de cooperación interamericana de esos partidos y los gobiernos de ellos surgidos, se lee: "Nuestro objetivo es construir una correlación de fuerzas a favor del campo democrático popular para continuar avanzando contra el capitalismo salvaje y hacia un horizonte socialista". Una alianza regional entre gobiernos de esa tendencia y partidos que aún no hubieran llegado al poder, o los que hayan sido desalojados de él (como

XVIII. EL ESTILO POPULISTA DE GOBERNAR

en Argentina o Brasil). Se exaltan en el documento los avances que han tenido los miembros del Foro en la conquista del poder en sus respectivos países: "En América Latina se conocen varios procesos revolucionarios en marcha que han logrado instaurar nuevas constituciones, entre ellos Cuba, Nicaragua, Venezuela, Ecuador y Bolivia, los que se encuentran actualmente resistiendo y batallando por cambiar América Latina". Y se agrega:

> El momento revolucionario que se vive, es extraordinario [...] Evo Morales gana de manera contundente las elecciones presidenciales en Bolivia. Unos meses más adelante, la Revolución Sandinista resurge en su segunda etapa con la llegada al poder de su líder histórico, Daniel Ortega, y la revolución ciudadana de Ecuador llega al poder con el potente liderazgo de Rafael Correa Delgado. Y como alternativa al proyecto ALCA, ya los líderes, Fidel Castro y Hugo Chávez, inician la construcción del ALBA, signo de los tiempos de cambio.

A ello se suma un entorno internacional favorable al socialismo latinoamericano:

> Pese a la arremetida imperial, el mundo unipolar surgido tras el colapso del llamado campo socialista europeo y sustentado en el poder hegemónico de EUA ha disminuido.
>
> El enorme avance de China y Rusia, el cambio a favor de la izquierda y las fuerzas progresistas en América Latina y el Caribe, y el empantanamiento de EUA en sus guerras de conquista, fueron creando un mundo crecientemente multipolar, en el cual los poderes tradicionales ya no lo deciden todo.

Sin embargo, se requiere de una acción concertada de los países autollamados progresistas de la región para detener el embate del imperialismo yanqui. Los países que más han profundizado en su respectiva revolución, como Venezuela y Nicaragua, son los que más presiones reciben a través de los organismos regionales, que este Foro considera manipulados por Estados Unidos, como la propia OEA y su Carta Democrática Interamericana. Por lo cual, y como cabría esperar de acuerdo con esas directrices, el Foro pide a sus miembros un respaldo explícito al gobierno de Maduro "frente a las embestidas brutales de la oligarquía apátrida y el imperialismo, confirmando que la defensa de la soberanía nacional de Venezuela y del derecho de su pueblo de darse la forma de gobierno que desee, debe ser preservada". Pero dicho eje de São Paulo va en claro declive en el continente.

Hay varios hechos en la política exterior del gobierno de López Obrador que reflejan ese compromiso bolivariano. Durante las movilizaciones en Venezuela para exigir la renuncia de Maduro con la presión de varios países de América y Europa (principios de 2019), México adoptó una posición aparentemente neutral, pero en realidad de respaldo implícito al venezolano. Encubierto por la añeja Doctrina Estrada, México se deslindó de todos los países que exigían nuevas elecciones, ofreciendo en cambio sus buenos oficios para buscar una negociación entre gobierno y oposición. Algo que no sonaba mal, salvo que la oposición no confiaba en México por ubicarlo claramente como parte del Foro de São Paulo. No sería un intermediario imparcial, sino claramente inclinado a favor de Maduro. Y de hecho, la Doctrina Estrada quedaba violentada al aceptar que desde territorio mexicano el depuesto presidente Evo Morales de Bolivia, en calidad de exiliado, hiciera activismo político contra el gobierno que lo sustituyó. Así lo expresaron las nuevas autoridades de Bolivia, y varios expertos internacionales.[19]

En efecto, la tercera reelección de Evo Morales en Bolivia, en octubre de 2019, dio pie a un nuevo acto de lealtad bolivariana de nuestro gobierno. Una consulta popular celebrada en 2016 había rechazado la posibilidad de que pudiera haber una nueva reelección del presidente (51% en contra, 49% a favor). Pero Evo la pasó por alto con ayuda de un tribunal bajo su control, con el argumento de que se violaban "sus derechos humanos", es decir, su derecho a reelegirse *ad infinitum* (pues cualquier límite implicaría una nueva violación a sus derechos). De modo que, incluso sin modificar la Constitución, en noviembre de 2019 se celebró la elección para una posible tercera reelección (y así sumar 20 años en la presidencia). En la primera vuelta, Evo no parecía lograr el umbral de votos suficientes como para evitar la segunda vuelta (40% o más y 10 puntos de ventaja sobre el segundo lugar), pero estaba cerca de él. El flujo de información preliminar de pronto se suspendió (caída del sistema al estilo del 88 mexicano) para reaparecer horas después, pero ya con la ventaja necesaria para el triunfo en segunda vuelta. Pero ese umbral era menor a 1% (como ocurrió en el 2006 mexicano). Por lo cual estalló un conflicto poselectoral implicando movilizaciones y protestas de los opositores exigiendo una segunda vuelta. Tanto la OEA como la Unión Europea sugirieron que se fueran a segunda vuelta, pero Evo insistió en su triunfo.

México se adelantó a la resolución del litigio y, junto con Venezuela y Cuba, felicitó al presidente boliviano por su triunfo (como hiciera Ronald Reagan en la elección de 1988 de México antes de que concluyera el proceso). No puede interpretarse tal "madruguete" sino como lealtad firmada por Morena a los miembros del Foro de São Paulo, incluyendo el partido de Evo Morales. Al final la presión ciudadana —que Evo calificó de intentona golpista— y el reporte de la OEA que documentaba múltiples irregularidades lo orillaron a anular la elección y convocar a elecciones nuevas con árbitros electorales distintos (pues él controlaba a los vigentes). Pero la movilización popular ya no se conformó con eso y exigió la renuncia del presidente. Ante lo cual el Ejército decidió no seguir respaldando a Morales, alegando evitar un baño de sangre, y recomendó al presidente renunciar para evitar una mayor confrontación. Así lo hizo Evo, pues no le quedó otra opción.[20] ¿Cómo catalogar este movimiento? ¿Rebelión popular o golpe de Estado? Cada bando elige la etiqueta que mejor conviene a su causa. Pero los fenómenos políticos sueles ser complejos, y a veces no aceptan una sola etiqueta. Aquí se trató de una amplia movilización popular, derivada de un fraude electoral (lo que le brinda legitimidad) que derivó en la exigencia de renuncia, ante lo cual el Ejército se hizo a un lado, dejando de apoyar al gobierno vigente. Esa participación militar tiene un ingrediente de golpe de Estado, pero no típica (el Ejército no inició el movimiento ni removió por la fuerza al presidente, ni ocupó el vacío de poder). La ruptura de la estabilidad no es lo más adecuado; abre escenarios de violencia, sienta malos precedentes, y representan una regresión en el desarrollo institucional de la democracia. En esos mismos días en Argentina nuevos comicios presidenciales dieron el triunfo al candidato peronista Alberto Fernández (ahí sí sin dudas sobre su victoria, y por tanto, con plena legitimidad). Su primera visita internacional como presidente electo fue a México, donde López Obrador ofreció ayuda económica para solventar en alguna medida la enorme deuda argentina (pese a haber en México escasos recursos para sus diversas necesidades). Otra muestra más de respaldo a los miembros del Foro de São Paulo, de acuerdo con lo comprometido en las diversas reuniones de esa organización.

Evidentemente, un elemento de incertidumbre y preocupación sería la relación del nuevo gobierno de López Obrador con el de Donald Trump en Estados Unidos. Se trata de un agresor permanente de México y sus habitantes, lo que le ayudó a movilizar a los sectores racistas y xenófobos de su país como su base electoral. En 2015, todavía como candidato, un periodista le preguntó si limitar el libre comercio con México no generaría problemas que a su vez afectaran a Estados Unidos. Su respuesta fue: "A mí no me importa México, honestamente, no me importa México".[21] La posición de AMLO durante la campaña fue ambigua, como en muchos otros temas. Por un lado, ofrecía una posición firme frente a las frecuentes agresiones de Trump hacia México y los mexicanos, que contrastaría con la posición más bien débil o en exceso prudente que la mayoría del tiempo presentó Enrique Peña Nieto. Anunció que desde la presidencia respondería todos y cada uno de los tuits de Trump que agredieran a México, directamente, no a través de intermediarios. Pero más cercanamente a las elecciones, cambió el discurso por uno de mayor prudencia: hablaría con Trump para convencerlo, con razones, de que convenía a ambas naciones entablar una relación de amistad y respeto: "La misión será convencer y persuadir a las autoridades del vecino país de que, por el bien de las dos naciones, es más eficaz y más humano aplicar una política de cooperación para el desarrollo que privilegiar [...] la cooperación policiaca y militar".[22] Y en un viaje que hizo a Estados Unidos, en plena campaña, afirmó: "Lo primero es construir, aquí en la tierra, el reino de la justicia y de la fraternidad universal".[23] No es ése precisamente el estilo de Trump, sino la confrontación, la amenaza y la hostilidad. Por lo cual se le preguntó qué haría si tal política de "amor y paz" no resultaba eficaz frente a Trump: ofreció asistir a las instancias internacionales para enfrentar las políticas antimexicanas de Trump en caso de que éste no entendiera con un diálogo respetuoso y racional.[24] López Obrador confiaba, además, en que al ser su gobierno fuerte y legítimo, tendría más probabilidades de enfrentar a Trump con mayor eficacia que el gobierno de Peña Nieto, en materia comercial y otros temas: "Enrique Peña Nieto está muy debilitado, no tiene autoridad moral, autoridad política, está muy sometido y se corre el riesgo de que sea un contrato leonino en donde las ventajas sean para Estados Unidos".[25] Pero por lo visto la legitimidad con que llegó AMLO a la presidencia no es un factor que genere un contrapeso frente a Trump, en su embate para someter a México a su conveniencia político-electoral.

En junio de 2019 el presidente estadounidense Donald Trump había ya iniciado su precampaña de reelección, por lo que volvió a proferir insultos y agresiones a los mexicanos, aludiendo a la falta de compromiso de México para detener la migración de centroamericanos hacia Estados Unidos. La política de AMLO fue ignorar tales alusiones, por prudencia y con respeto (según él mismo aclaraba). Pero Trump anunció que elevaría varios aranceles a México, en 5% y hasta llegar a 25%, a menos que aceptara ciertas condiciones respecto de la ola migratoria de Centroamérica, que pasaba por México e iba creciendo con el tiempo. En mayo, los migrantes cruzando la frontera norte habían llegado a cerca de 140 000 personas. El origen del problema fue el anuncio que hizo López Obrador en octubre de 2018 respecto de los migrantes centroamericanos: se distinguiría de los anteriores gobiernos en que aceptaría a quienes quisieran salir de sus países para venir a México a trabajar. Desde luego que antes hubo muchos abusos y violaciones a los derechos humanos de los migrantes centroamericanos, y un gobierno que se presenta como progresista debía hacer algo para evitar tales abusos. Pero AMLO, en su afán por distinguirse de los gobiernos neoliberales, se siguió de largo y los invitó a venir a México, en su tradicional diplomacia de recibir perseguidos políticos, víctimas de la violencia y de crisis humanitarias.

Numerosos expertos en el tema detectaron al menos dos focos rojos: *a)* la política de "brazos abiertos" atraería a un número mucho mayor de migrantes centroamericanos a nuestro país, al grado de que no se les podría atender adecuadamente, y ello generaría tensiones con los mexicanos ávidos de empleos y oportunidades. Y *b)* esos migrantes probablemente no se conformarían con lo que México pudiera ofrecerles, sino que continuarían su camino a Estados Unidos, lo cual se traduciría en un número creciente y mayor que en otros tiempos de migrantes ilegales presionando la frontera norte. Y eso, evidentemente nos generaría un grave conflicto con el gobierno de Trump. Así ocurrió, pero AMLO, según su costumbre, despreció la opinión de esos expertos. Y el enojo estadounidense no se hizo esperar. Hubo varios avisos de ello, ante los cuales el gobierno puso oídos sordos, hasta que Trump decidió utilizar sus poderosos mecanismos comerciales para doblegar a López Obrador. Si por las buenas el mexicano no quiso prestar atención, por las malas sí lo haría. No había forma de ganar.

Desde luego, había división sobre qué tenía que hacer nuestro gobierno ante esa amenaza: ceder en materia migratoria para evitar el alza de aranceles, o bien apelar a las instancias internacionales ante una decisión ilegal de Trump, al tiempo de tomar medidas de retaliación para resistir. En defensa de la primera estrategia, resistir, Jorge Suárez Vélez escribió:

> El episodio que acabamos de padecer sienta un precedente peligroso. Donald Trump nos extorsionó, y cedimos. Lo volverá a hacer [...] Debimos retar a Trump a cumplir la amenaza de aranceles que violaría el acuerdo comercial vigente (y toda norma de la Organización Mundial de Comercio), y lo enfrentaría con su propio partido, abiertamente en desacuerdo. Debimos responder con otros aranceles de regreso, como lo hicieron Fox, Calderón y Peña con éxito.[26]

El gobierno decidió ceder de inmediato a las exigencias de Trump. De ahí que más que de una negociación, se hablara de una imposición. Y por supuesto, una cosa es desactivar una bomba que sin duda nos hubiera resultado económicamente muy gravosa (el mal menor), y otra celebrar con campanas al vuelo lo que en realidad fue una cesión con una bota de hierro en el cuello. El gobierno de López Obrador tendría que abandonar su política de apertura, dando un giro de 180 grados, pues el acuerdo exige un esfuerzo sin precedentes para detener dicha migración. Lo contrario de lo que proclamó inicialmente con bombo y platillo. Y la Guardia Nacional contribuirá a ello, según la directriz impuesta por Trump. También seremos finalmente algo muy cercano a un tercer país seguro (una "sala de espera segura"), algo que habíamos estado rehuyendo debido a las responsabilidades que de esa forma nos transferirá Estados Unidos. El costo económico y social puede ser elevado. Además, el acuerdo advierte que de no bastar dichas medidas, se podrán implementar otras nuevas. Lo que significa que Trump podría apelar a este acuerdo para seguir dictándonos nuevas medidas migratorias, so pena de acusarnos de incumplir y aplicarnos lo que ya vio que es un eficaz instrumento de presión. Así lo dijo claramente en uno de sus tuits: "Si por alguna razón desconocida no se da [la cooperación de México], siempre podemos recurrir a nuestra previa, muy eficaz, posición sobre las tarifas". Orgullo. El "gol del honor" para México fue que el canciller Marcelo Ebrard logró que Estados Unidos aceptara una política de inversión y ayuda a Centroamérica, sin especificar de cuánto sería su aportación. Y del flujo de armas de allá para acá no se dijo nada. Al final, México quedó en peor situación que antes de la política de "brazos abiertos", de la que se ufanó López Obrador meses atrás.

Probablemente la gustada frase de López Obrador de que "la mejor política exterior es la política interior" refleja el desconocimiento y temor que tiene de la política internacional y la geopolítica, incluyendo la relación México-Estados Unidos. Una especie de "agorafobia política": el temor a lo que hay afuera de México. Aquí tiene poder, legitimidad, el apoyo de millones que lo vitorean por donde vaya; en los mítines se encuentra en su hábitat natural, aplaudido por todo lo que diga. Fuera de México hay oscuridad, incertidumbre. Por lo cual siempre ha mostrado recelo respecto a lo internacional, por desconocimiento, falta de mundo e incomprensión de la complicada geopolítica. Escribió al respecto Juan Ignacio Zavala:

> Es claro desde hace años que al presidente López Obrador no le atrae el mundo, desconfía de él, le parece peligroso [… Y] como el conocimiento no está basado en México sino en el mundo, pues hay que desconfiar de él. No es extraño que no apoyara a los infantes que iban a la olimpiada de matemáticas (caso que generosamente tomó en sus manos el cineasta Guillermo del Toro), tampoco a los jóvenes pasantes de medicina que reciben menos que los *ninis*, y se pueden enumerar otros casos. Ha llamado la atención que la guadaña sobre científicos y académicos llegara al grado de que él personalmente autorizara los viajes que se requieren hacer.[27]

Ese temor es producto también de una visión parroquial del mundo. Lo foráneo como un peligro. De ahí su idea de que quienes estudian en el extranjero adquieren malas mañas que no había en México, de ahí su reticencia a que académicos y científicos viajen al extranjero, su idea de que la ciencia debe nacionalizarse antes que globalizarse. Y también seguramente por eso su rechazo a presentarse en Osaka a la cumbre del G-20. Se sentiría probablemente perdido, desubicado, sin poder asimilar lo que ahí ocurra. Muchos expertos y actores sociales lo urgen a presentarse a ese importante foro, tanto para encontrar a Donald Trump como para plantear la grave situación en que nos hallamos frente a Estados Unidos. Pero él y sus voceros insisten en que si no va es porque en México hay mucho qué hacer. Dicen que abandonar el país unos cuantos días hará que se hunda en el desconcierto; México exige su presencia constante, o se desvencija. Pero las necesidades del país, incluso muchas de gran relevancia, requieren a veces la presencia del Ejecutivo en dichos foros internacionales. El país no se hundirá, y en cambio la agenda mexicana podría posicionarse de manera favorable. La verdadera razón de su ausencia en esos foros es la agorafobia. Trump sacó a AMLO de su agenda interna al amenazar —con fecha precisa— elevar los aranceles a México de no aceptar sus condiciones migratorias. Y despertó la agorafobia de AMLO. De modo que Trump le cambió la jugada a López Obrador, pues por ahora "la mejor política interna es la política exterior", invirtiendo la premisa agorafóbica de AMLO. También en el tema de las drogas surgieron tensiones entre ambos países. La violencia derivada de la estrategia de Felipe Calderón y Enrique Peña fue capitalizada por López Obrador. AMLO empezó a condenar el uso de la fuerza armada contra los cárteles por la violencia que eso generaba. Por lo cual, desde entonces propuso justo lo contrario: retirar al Ejército a sus cuarteles y centrarse en mejorar las condiciones económicas y sociales de grupos desfavorecidos para inhibir su reclutamiento en el narco. Y también incorporó en su discurso el tema moral: "Abrazos en lugar de balazos", el exhorto a los mexicanos a deponer la violencia, a llevarse bien, a buscar la paz espiritual por encima de poder y la riqueza. Se parte de que dichos exhortos podrán alcanzar a los capos pese a las enormes ganancias de su ilegal ocupación. Una vez en la presidencia, el discurso de AMLO ha sido contradictorio y errático; tras consultar con los generales decidió que no había más alternativa que continuar con la lucha militar. También determinó que nada se ganaba con detener a los capos —por generar más violencia—, por lo que ése no sería ya el objetivo, y dijo que de hecho había concluido ya la guerra contra el narco. Pero entonces, ¿para qué la nueva Guardia Nacional? Para seguir combatiendo al narco, se dijo, aunque en realidad se le ha destinado esencialmente a detener migrantes como parte del compromiso con Trump.

Y el 14 de octubre de 2019 el gobierno sufrió un fuerte descalabro; intentó un operativo para detener a Ovidio Guzmán, hijo de Joaquín Guzmán Loera, el Chapo, quien quedó a la cabeza del poderoso cártel de Sinaloa. El operativo fue un fracaso, pues al detener a Guzmán los agentes estatales (alrededor de 30) fueron rodeados por huestes de Guzmán, quienes al mismo tiempo infundían terror en Culiacán y amenazaban a familiares de los militares. Los agentes no pudieron recibir ayuda oficial, y López Obrador decidió, ante esa situación, soltar al capo sinaloense a cambio de detener el embate. De cualquier manera murieron 14 personas y varias más resultaron heridas. Un elevado golpe a la imagen al gobierno y un costo político muy alto. Pero si AMLO había ofrecido ya no detener a capos, ¿a raíz de qué el operativo contra Guzmán? Porque Estados Unidos había solicitado meses atrás la detención y la extradición del capo. Al fracasar el operativo, Washington respingó sobre la continuación de la política de "abrazos, no balazos". Y el subsecretario de Estado para seguridad, Richard Glenn, solicitó al gobierno mexicano que explicara su estrategia (si es que hay alguna, dirían otros). AMLO lo tomó como una injerencia contra nuestra soberanía (y ¿no la hubo en materia migratoria?). La tensión se agravó cuando pocos días después una familia mormona pero arraigada en Sonora desde décadas (y con doble nacionalidad), los LeBarón, fueron asaltados y varios de sus miembros, mujeres, niños y bebés, fueron asesinados y cruelmente incinerados. Estados Unidos volvió a la carga. El presidente Trump subió un tuit donde señalaba:

Es el momento para que México, con la ayuda de Estados Unidos, dirija una guerra contra los cárteles de la droga y los arrase de la faz de la tierra. Simplemente esperamos una llamada de su gran presidente [...] Si México necesita o solicita ayuda en la limpieza de estos monstruos [los del crimen organizado], Estados Unidos está listo, dispuesto y capaz de involucrarse y hacer el trabajo de manera rápida y efectiva. El gran nuevo presidente de México ha trabajado sobre este gran problema, pero los cárteles se han vuelto tan grandes y poderosos que a veces se necesita un ejército para derrotar a un ejército.[28]

Evidentemente no sólo era un amable ofrecimiento, sino una presión velada para retomar la estrategia de confrontación directa contra los cárteles, pero con participación estadounidense (dada la incapacidad mostrada por el Estado mexicano para hacerlo con eficacia). Evidentemente AMLO agradeció pero rechazó la oferta, e insistió en que él creía en la paz y no en la guerra, y que el uso de la fuerza en este caso era propio de autoritarios y genocidas.[29] El senador republicano Cotton expresó que la política de "abrazos, no balazos, quizá pueda funcionar en un cuento de hadas para niños [...] pero en el mundo real cuando tres mujeres cuando tres mujeres y seis niños estadounidenses fueron baleados y quemados vivos, lo único que puede contrarrestar las balas son más balas, y más grandes". Y advirtió: "Si el gobierno mexicano no puede proteger a los ciudadanos norteamericanos en México, en Estados Unidos tal vez tengamos que tomar las cosas en nuestras manos".[30] Varios editoriales en la prensa estadounidenses coincidieron con la gravedad de la crisis de seguridad en México, sugiriendo la incapacidad del gobierno de enfrentarla adecuadamente. En un tono particularmente duro, *The Washington Post* reportó que el asesinato de los mormones había sido "un asalto brutal que subrayó el creciente control del crimen organizado sobre algunas partes del país".[31] Sobre lo cual comenta Riva Palacio:

En el contexto político interno en Estados Unidos, la relación con México se vuelve sumamente delicada, para los mexicanos, y compleja para López Obrador. No puede ceder de la manera grotesca como lo hizo cuando cambió aranceles por política migratoria, pero tampoco puede mantenerse en el punto donde está. Entre más rígida sea su posición, es más fácil de quebrar. Necesita mostrar un cambio en la estrategia de seguridad y buscar resultados. López Obrador no puede seguir mendigando plazos de gracia para que le salgan las cosas, sino componer lo que rompió, antes de que lo compongan desde el norte.[32]

Y Trump anunció que estudiaba la posibilidad de declarar como terroristas a los cárteles mexicanos, en cuyo caso Estados Unidos tendría la facultad de intervenir unilateralmente en contra del crimen organizado. El gobierno mexicano respondió que no aceptaba dicha posibilidad, pero que se podrían buscar acciones conjuntas de común acuerdo. López Obrador legitimó su estrategia de paz y amor señalando que el uso de la fuerza pública era equivalente al autoritarismo y genocidio. Si bien la estrategia seguida por Calderón y Peña Nieto no redujo la violencia, el opuesto de retirarse y dejar el campo libre a los capos difícilmente será una mejor solución. No es un problema sencillo y justo, por eso no son muy viables ni realistas las propuestas basadas en la prédica moral ("pórtense bien") o el exhorto a los criminales a mejor dedicarse a otras actividades.

La cuarta transformación… ¿bolivariana?

En la campaña panista de 2006 apareció la comparación de López Obrador con Hugo Chávez, asociada con aquello de "Es un peligro para México". Muchos analistas consideran que fue todo un éxito, y que justo por eso AMLO perdió los 10 puntos de ventaja que en promedio aún en marzo mantenía en las encuestas. Desde luego la propaganda negativa puede y suele tener efecto, pero no por sí misma; debe hacer énfasis o empatar con rasgos del personaje que la gente pueda identificar como reales. En 1991 hubo también propaganda negativa contra el doctor Salvador Nava en San Luis Potosí, pues el PRI utilizó el eslogan "Di no a la violencia". Cualquiera que conociera al doctor Nava (y los potosinos lo conocían de sobra) sabían que podía ser lo que fuera menos violento. Si perdió oficialmente no fue por dicha propaganda, sino por falta de equidad electoral. En 2006 AMLO estaba seguro de que ganaría, y cometió varios errores que le hicieron perder su ventaja. Y sabemos que en situación de empate técnico basta un monto reducido de irregularidades para modificar el resultado. Esos errores, en general, fueron: *a)* mantener un discurso dirigido a su voto duro, que le alejó muchos independientes y moderados; *b)* faltó al primer debate, lo que le hizo perder al menos cuatro puntos; *c)* no se reunió con banqueros ni empresarios (a los que generalizó como evasores de impuestos) para explicarles su política económica, lo que generó más desconfianza aún; *d)* se peleó con todos, siendo que cuando se ocupa el primer lugar no conviene hacerlo; el ejemplo típico de ello fue el "Cállate chachalaca"; *e)* no aceptó alianzas que le hubieran podido dar los votos que le faltaron, como reconciliarse con Cuauhtémoc Cárdenas o aceptar la declinación de Patricia Mercado a su favor a cambio de signar algunos puntos de la agenda del partido de Mercado.

Es decir, la comparación con Chávez estuvo acompañada de otros actos y errores de López Obrador, que hicieron suficientemente vendible aquella imagen. Ahora podríamos tener más elementos de comparación entre los dos personajes, por más que dicha comparación haya perdido eficacia después de 2006. ¿Hay semejanzas? Algunas, sin ser idénticos. Desde luego, Chávez ofreció una genuina transformación nacional (la Quinta República, que también recuerda a la Nueva Argentina de Perón), misma que llevaría a Venezuela a donde nunca había llegado: era la revolución bolivariana. Es típico de los proyectos populistas. Millones creen en esas utopías, que generalmente terminan en profunda decepción (cuando no en un desastre nacional). Hay varias coincidencias: un modelo político agotado, con partidos tradicionales que abusaron del poder y se hallaban altamente desprestigiados; un líder carismático de origen popular, con una promesa de transformación radical y definitiva del país a favor de los pobres y en perjuicio de las élites; un triunfo arrollador que dejó debilitada, dispersa y desprestigiada a la oposición. Y un discurso con elementos típicos del populismo.

Cuando se revisan diversos documentales y videos de Chávez, en discursos y entrevistas aparecen declaraciones que recuerdan en alguna medida la retórica de López Obrador: "Yo me siento bañado de amor", decía a sus seguidores. "El que quiera ver una democracia pujante, sólida, madura, venga a Venezuela", "El capitalismo siembra odio", "Los ricos no trabajan, son flojos... y viajan, y fiestas, y andan en la *high*", "Los ricos que sean dignos, salgan de su riqueza, como dijo Cristo mi Señor", "Esta revolución es profundamente cristiana", "Cristo es uno de los más grandes revolucionarios", "Algunos dicen que soy pastor evangélico", "El que es chavista, es chavista, no es que la mitad sí y la mitad no, si estás con Chávez, estás con Chávez, si no, estás contra Chávez", "Chávez ya no soy yo, Chávez es el pueblo". No necesaria ni inevitablemente México ha de transitar por esa ruta, que llevó a Venezuela a su actual ruina, pero hay algunos paralelismos con la parte inicial de la revolución bolivariana, que además siguen la directriz fijada en el Foro de São Paulo.

Símbolos políticos frente a costos económicos

A partir de las decisiones que tomó López Obrador en sus primeros meses de gobierno, se puede inferir que éstas son guiadas más por la ganancia política (y eventualmente electoral) que por una racionalidad económico-financiera. AMLO es muy bueno en el manejo de símbolos políticos, que le atraen simpatías, apoyos y hasta una devoción cuasirreligiosa. Es el caso de por ejemplo haber renunciado a Los Pinos como residencia presidencial, y convertirla en un museo. Es un gesto equiparable al de uno de los íconos históricos de López Obrador: Lázaro Cárdenas. La imagen imperial de monarcas y presidentes era el Castillo de Chapultepec. Cárdenas quiso mostrar su cercanía con los menos privilegiados cambiando la residencia presidencial a Los Pinos, dejando el Castillo como museo. Ahora eso mismo evoca AMLO. Lo cual fue respaldado por 53% de ciudadanos.[33]

Otro gran símbolo político es el avión presidencial. AMLO pudo hacerse de una nave más austera, menos ostentosa, pero el simbolismo que busca perdería su fuerza; al gran público le gusta verlo hacer fila y esperar su turno como cualquier ciudadano, así eso implique retrasos y riesgos para él y los demás pasajeros. Y también habrá un costo económico, pues se seguirá pagando la renta del avión así como su mantenimiento en Los Ángeles, mientras se deteriora. No importa, es rentable políticamente. El 53% de los ciudadanos estuvo de acuerdo con ello.[34] Decidir que su seguridad depende más del pueblo, que lo cuida, y estar en estrecho contacto con él, así como tomar café en Oxxo, no genera costos económicos (sino algún ahorro), pero sí implica riesgos de seguridad, no sólo para AMLO, sino para todo el país, pues se trata del jefe de Estado. No le hace, trae beneficio político. La desaparición del Estado

Mayor Presidencial fue aprobada por el 58% de ciudadanos.[35] Y la austeridad republicana podría generar ineficacia gubernamental e injusticias, dado que el recorte se hace con hacha, no con bisturí. No le hace; la austeridad es aplaudida por las masas (salvo quizá por quienes, habiendo votado por AMLO, pierdan ahora como consecuencia de ello parte de su salario, prestaciones o su empleo). Bajar el sueldo de funcionarios es aplaudido por 69% de los ciudadanos, y quitarles el Seguro de Gastos Médicos Mayores lo vio bien el 77%.[36] Los recortes en la burocracia, al margen de la forma precipitada en que se ha hecho y las injusticias cometidas, es bien recibido porque se dijo que era un recorte a los privilegios de la "burocracia dorada". En parte lo es, pero lleván- dose entre los pies a muchos otros empleados que no formaban parte de esa burocracia, además lastimando la efectividad del gobierno federal. Pero el simbolismo importa más. Dice Carlos Bravo que se trata de:

> Recortar como una demostración de poder antes que una habilidad de la inteligencia. Recortar sin calibrar, como sea, a cualquier costo. Recortar a lo bestia. Recortar por recortar. Recortar para alardear […] Recortar dañan- do, a sabiendas, a grupos vulnerables. Mujeres violentadas, niños de escasos recursos, enfermos de sida. Recortar sin ningún escrúpulo […] Recortar para acabar pronto y fácil, rehuyendo la minuciosa labor de evaluar, sancionar y reformar.[37]

Eso, para no hablar del aeropuerto de Texcoco. La decisión de cancelarlo nada tuvo que ver con una racionalidad económica, pues resultaría más caro cerrarlo que terminarlo. Y se paga por un proyecto que irá a dar al basurero. Todo ello sin considerar los costos indirec- tos en confianza y credibilidad. No importa; era más relevante enviar el mensaje de que el nuevo presidente no es florero de nadie, que él manda aquí, para la algarabía de sus seguidores. Y es políticamente correcto afirmar que un país del tercer mundo no tiene por qué tener un aeropuerto de primer mundo. Y es que ese proyecto representaría sim- bólicamente al neoliberalismo que se pretende enterrar, como lo era el palacio legislativo que estaba construyendo Porfirio Díaz y cuya obra básica quedó sólo como Monumento a la Revolución, en lugar de ter- minarlo para que sirviera al nuevo régimen. Y justo por ese simbolismo

vino el intento (hasta ahora) de inundar Texcoco para que ningún sucesor de López Obrador ose revivirlo, rehabilitarlo, lo que sería un duro
golpe simbólico a su gobierno y lo que desea abanderar. No importa
que se le destinaran a eso 1 600 millones de pesos más (además de lo
que se había perdido con la cancelación); lo importante era enterrar un
símbolo majestuoso del neoliberalismo.

Justo por eso resulta paradójico que el principal argumento para
continuar con una termoeléctrica en Morelos, proyecto que años antes
condenó, sea el desperdicio de recursos que eso implicaría. Comenta
Suárez Vélez al respecto: "¿Por qué [AMLO] aseguró que no se podía
convertir en chatarra una planta en la que se habían invertido 25 000
millones de pesos, pero sí puede serlo un aeropuerto en el que se invirtió
cinco veces más?".[38] La respuesta sería: porque la ganancia política de
cancelar la hidroeléctrica es menor y localizada, en comparación con
el mensaje político que quiso enviar al cancelar el NAIM. Sin embargo, eso
no fue respaldado por la mayoría ciudadana, pues sólo 30% lo valoró.[39]

Y no se diga con el Tren Maya, un proyecto que según expertos
es inviable económica y turísticamente, además de afectar fuertemente el medio ambiente, pero se presenta como detonador del desarrollo
del sureste. A propósito de ese proyecto, paga más políticamente hacer
ceremonias metafísicas (permiso a la Madre Tierra) que hacer proyectos
de viabilidad ecológica, turística o económica. En cambio, no pasó un
día sin que se corrigiera el recorte planeado a las grandes universidades
públicas. La idea era quitarles algo de ese presupuesto para las 100 universidades Benito Juárez y financiar los proyectos socioclientelares de
este gobierno. No hubo error, sino rectificación. Y eso, porque el costo político que pudo generarle sería enorme; miles de estudiantes que
votaron mayoritariamente por él movilizados en las calles no es precisamente la imagen de un presidente progresista y sensible a las demandas
populares. Mejor evitar ese costo político que preservar los pocos recursos
que de cualquier manera iba a economizar.

Por su parte, en lo que hace a la refinería de Dos Bocas, se pidió al
Instituto del Petróleo su opinión, que fue desfavorable por considerar
inviable el proyecto. El gobierno removió al director del instituto y nombró a otro que, ese sí, dio su visto bueno. Sobre ese proyecto comenta
el especialista Duncan Wood, director del Instituto Woodrow Wilson

de Washington: "En mi opinión sería más rentable invertir los miles de millones de dólares que cuesta una refinaría en la exploración y producción. Los márgenes son mucho más altos. Si inviertes 10 000 millones de dólares, el margen [de ganancia] será de 60%, comparado con los márgenes de refinación que se encuentran entre 5 y 8%. La lógica de AMLO no siempre es económica, su lógica es política".[40] El simbolismo y la rentabilidad político-electoral será al parecer el eje en la toma de decisiones de este gobierno, a casi cualquier costo económico, financiero o administrativo. Costo que, sin embargo, puede ser interpretado como una "inversión" social para que de las ruinas del neoliberalismo surja el nuevo orden posneoliberal, con las promesas cumplidas de una economía desarrollada y justa, sin corrupción. Es la lógica de las revoluciones en el sentido de que para construir la edad dorada es menester arrancar de raíz el pasado, y sembrar las del nuevo orden, tal como lo ofreció AMLO: "Nuestro querido México se convertirá en una potencia económica con dimensión social".[41] Ésta es la interpretación que da Blanca Heredia sobre los primeros cambios del obradorismo, aparentemente destructivos y desordenados, pero que guardan una racionalidad superior no fácil de vislumbrar en su primera etapa:

Si acaso el proceso de destrucción que estamos viviendo no es pura externalidad negativa, sino también proyecto intencional dirigido a romper los nudos que sostienen el privilegio y la exclusión, nos esperan a todos, y en particular a las élites, tiempos muy incómodos y costosos. Espero que ese proceso limpie el terreno para transitar a un orden social menos desigual e incluyente, pero, evidentemente, la moneda sobre si será así o no está en el aire.[42]

Sobre lo mismo, escribió Ricardo Monreal: "La Cuarta Transformación no puede erradicar [los vicios de corrupción] de manera sencilla, rápida y amigable, sino que se requieren cambios que, como hasta ahora se ha demostrado, cimbrarán a muchas de nuestras instituciones".[43] La idea aquí es que los vicios del pasado sean erradicados, además de despejar el terreno para que florezcan las semillas del nuevo orden social. Una idea constante en el pensamiento revolucionario de todos los tiempos que de realizarse sería un cambio profundo y positivo. Es una apuesta muy elevada y con elevados riesgos, pues podría salir mal. Como la historia lo sugiere, la destrucción original con magníficos propósitos podría no dar lugar al surgimiento del nuevo orden avanzado y justo que se busca, sino que implique un retroceso que llevaría muchos años corregir. En efecto, la moneda estará en el aire por los siguientes años.

Los qué y los cómo; la torre política de Babel

Hay algo elemental que no se está tomando en cuenta en el debate público: los fines, los objetivos, los qué, las metas planteadas, por loables que sean, no se podrán alcanzar si no se eligen los medios adecuados: los cómo. Lo que Max Weber llamaba racionalidad era justo la adecuación de los medios a los fines perseguidos. Las metas pueden ser discutibles, o bien, consensuadas, pero una vez adoptadas viene la discusión de la mejor forma de alcanzarlas. Obviamente eso mismo es complicado, pues implica un conocimiento amplio de las relaciones causales que hay en cada tema. Si no se conocen bien, así como las condiciones en las que se pretenden aplicar, las cosas pueden salir mal: no sólo la política será inútil, sino incluso puede ser contraproducente. Esto último es lo que en lenguaje coloquial se expresa como "tirar el agua sucia con todo y niño", o "sale más caro el caldo que las albóndigas", o bien "está peor el remedio que la enfermedad". Dice al respecto Liébano Sáenz: "La voluntad cuenta y mucho, pero también el orden, la claridad y los medios para alcanzar lo que se pretende. En los mexicanos hay consenso en lo que hay que hacer, pero no así en la manera de lograrlo".[44]

Desafortunadamente, el gobierno y sus plumas están negando este esencial debate sobre los medios. Se puede afirmar que hay un consenso sobre muchas de las metas de López Obrador. ¿Quién no querría que se acabe con la impunidad y la corrupción, que se termine la violencia del crimen organizado, que la economía crezca de 4 a 6%, que se generen al menos siete millones de nuevos empleos en el sexenio, etcétera? Pero una vez cerrando filas en todo ello, la siguiente pregunta es: ¿cómo lo van a hacer? Cuando surge la propuesta o se aplica la política respectiva, conocedores o involucrados pueden presentar sus reparos, cuestionando los medios. Lo que convendría ante ello es un debate racional y civilizado entre los que pueden aportar algo para encontrar los métodos más eficaces. En todo caso, a una crítica argumentada (sea válida o no, correcta o no) correspondería una respuesta también fundada, con razones, números y bases. Pero la respuesta del gobierno obradorista ante ello ha sido de dos tipos: *a)* La descalificación ideológica. A los críticos de una política se les responde *ad hominem*; quien cuestiona es corrupto, o conservador, neoporfirista, lacayo de la mafia o alcahuete de la minoría rapaz, por lo cual ni siquiera vale la pena responderle. A los números que sobre el NAIM presenta José Antonio Meade se responde con chistoretes o acusaciones de corrupción. No con cuentas alternativas. Pero eso no desmiente sus números y proyecciones. Ante ellas no hay respuesta. Se acabó el debate. *b)* Se confunden medios con fines, y se termina cuestionando que el crítico en realidad busque alcanzar las metas propuestas. Ejemplos sobran: *1)* Estamos de acuerdo con la democracia participativa pero que se aplique con todas las de la ley, y no a través de consultas sesgadas y a modo. Respuesta: en realidad no quieres que la gente decida, prefieres que las decisiones se tomen verticalmente. *2)* Deseo que se termine la impunidad y que se investigue y, en su caso, penalice a los expresidentes. Pero eso no debe estar sujeto a una consulta popular. La ley debe aplicarse sin más, cuando hay elementos para ello. Respuesta: lo que sucede es que tú no quieres que se penalice a los corruptos expresidentes. *3)* Apoyo el combate al huachicoleo, pero debió planearse con tiempo y cuidado para no generar desabasto de gasolina. Respuesta: más bien estás avalando que siga el robo de combustible. Igual te pagan los huachicoleros. *4)* Coincido en que se contemple el Tren Maya, pero deben hacerse los estudios de viabilidad y ambientales. Respuesta: realmente no quieres que se desarrollen las comunidades indígenas de la región. *5)* Estoy de acuerdo en la austeridad administrativa, pero debe hacerse con bisturí más que con machete. Respuesta: en realidad no deseas que acaben los privilegios de la burocracia dorada. *6)* Convengo con la Guardia Nacional pero bajo un mando civil, no militar. Respuesta: lo que sucede es que no quieres que se resuelva el problema de la seguridad, y le pones obstáculos. *7)* Desde luego deseo que el país crezca al 4 o 6%, pero alejando la inversión privada y restringiendo la inversión pública creceremos menos. Respuesta: reconoce que deseas que el país se hunda. *8)* Respaldo el fin de la impunidad y el combate a la corrupción, pero se requiere para ello investigar y en su caso penalizar a los peces gordos de la corrupción, y no aplicar un "borrón y cuenta nueva". Respuesta: lo que buscas es generar inestabilidad con una cacería de brujas. *9)* Estoy de acuerdo con que hubiera conmemoración de los 500 años de la Conquista y que el rey estuviera presente en un acto para refrendar la conciliación, pero los medios diplomáticos utilizados para ello no fueron los adecuados, y por tanto se provocó lo contrario de lo que se buscaba. Respuesta: en realidad eres racista, defiendes a los españoles y eres súbdito de la monarquía española.

Hay también un problema de comunicación derivado del tipo de lógica utilizado en la discusión pública. La lógica es un sistema para ordenar los pensamientos. No hay una única lógica universal, pues no está dada por la naturaleza: es cultural. Es un sistema convencional para que los hombres puedan entenderse, como lo son los deportes, las reglas de cualquier juego, y las señales de los semáforos. Son las reglas para razonar y extraer conclusiones. Así, quien utiliza una lógica determinada no podrá entenderse con quien piensa bajo otra lógica. Lo que para uno es trampa, para otro es una operación lícita. De modo que lo que para uno es un razonamiento correcto, para otro será una contradicción (es decir, una falta,). Lo que para uno es una conclusión válida, para el otro habrá surgido de la nada. Por ello, oír un debate entre dos personas que manejan lógicas distintas es semejante a dos personas que hablan diferentes idiomas. Jamás podrán entenderse (mientras no aprendan el idioma de su interlocutor). Igualmente, si dos polemistas responden a lógicas distintas —aunque hablen el mismo idioma— difícilmente podrán llegar a alguna conclusión común.

Los tres sistemas lógicos más reconocidos e influyentes son el aristotélico (que prevalece en Occidente), el de los opuestos (vigente por años en Oriente) y el dialéctico (también desarrollado en Occidente pero que guarda cierto paralelismo con el de los opuestos, sin ser idéntico). Así, por ejemplo, si uno lee los textos sagrados de Oriente (escritos con la lógica de los opuestos) bajo la lógica aristotélica parecerán ideas contrapuestas, incongruentes y contradictorias. Cada sistema lógico parte de un axioma sobre el cual surgen las reglas para ordenar el pensamiento. El axioma del que parte la lógica aristotélica es: "Ningún objeto puede estar en dos sitios al mismo tiempo y bajo las mismas circunstancias". En la dialéctica se parte de que de la tesis y la antítesis surge una combinación distinta, la síntesis. En la lógica oriental el axioma es: "Nada existe sin su opuesto"; si hay arriba es porque hay abajo; hay placer porque existe el dolor; salud y enfermedad, etcétera. Oriente decidió aprender lógica aristotélica para comunicarse con el mundo occidental (como también inglés). Y la lógica dialéctica parte de la interacción de la tesis y su opuesto, la síntesis, para dar lugar a una síntesis que a su vez será la tesis de un nuevo pensamiento.

Pues bien, en México tenemos ya otro sistema lógico adoptado por los obradoristas que López Obrador ha importado de fuera. Se trata de la lógica maniquea o binaria. Su axioma esencial es algo así como: "Todo aquello que no es blanco, es negro; y todo lo que no es negro, es blanco". En esta lógica es difícil (o imposible) incorporar en el razonamiento los puntos intermedios, los matices, la enorme diversidad de una realidad harto compleja; los rojos, azules o verdes del panorama, pues sólo se aceptan el blanco y el negro. "En ese trazado épico se borra cualquier complejidad. El mundo pierde entonces su riqueza, su variedad, su coloratura para volverse tontamente binario. Una excusa para no pensar", señala Silva-Herzog.[45] De ahí que en los debates se asomen premisas como: "Quien no está con AMLO está con la mafia". No hay matices, puntos intermedios, neutralidades o autonomías. "Nada de medias tintas", afirma AMLO frecuentemente. Ejemplos de un debate bajo dos lógicas distintas (la aristotélica y la binaria): 1) a) "Si cuestionas a AMLO es que eres del PRIAN". b) "No soy del PRIAN, no confío en esos partidos y los he cuestionado, pero tampoco Morena me convence". a) "Falso, si no eres de Morena, es que eres del PRIAN pero no lo reconoces". Fin del debate. 2) a) "Si cuestionas a Maduro es señal de que estás con Trump". b) "Con ninguno de los dos, pero creo que debe irse Maduro". a) "No mientas, estás con Trump y por eso condenas a Maduro". Fin de la plática. Y justo en esta lógica binaria puede inscribirse la idea expresada por AMLO de que prefiere las consultas populares para tomar grandes decisiones que la democracia representativa a través del diálogo parlamentario. Cuando se le preguntó si era mejor una opción entre sólo Sí y No al debate racional que en el Congreso toma en cuenta matices y puede arrojar decisiones intermedias, respondió que era mejor lo primero. Ante lo cual comenta Aguilar Camín:

Asumir como instrumento preferente de gobierno la consulta popular es abrir la ruta de colisión entre la lógica binaria de la voluntad en blanco o negro de la ciudadanía, y la voluntad negociada de la lógica representativa, por definición matizada, llena de grises.

La colisión de las lógicas de la democracia representativa (aristotélica) y la que López Obrador llama participativa (binaria), lejos de clarificar "la voluntad del pueblo", puede simplemente enredarla, crea legitimidades encontradas, mandatos contradictorios, y un horizonte sin fin de convocatorias a elecciones, querellas institucionales, discordancia entre poderes.[46]

El debate productivo se hace imposible en esas circunstancias. Es un diálogo de sordos, donde no se logra aplicar la racionalidad para, entre todos, encontrar los medios más adecuados para la consecución de los fines comunes. Y más bien se profundiza el alejamiento mutuo y la polarización entre dos bloques autoaislados y ensimismados. Tal como lo señala Woldenberg, esto da como resultado "una densa nube de adjetivos y reacciones inerciales, [que] acabarán por dinamitar los escasos y frágiles puentes para una eventual discusión medianamente racional".[47] En efecto, son éstas las peores condiciones para la reflexión fructífera y la convivencia civilizada, un desencuentro ciudadano que propicia y mantiene la polarización social, con el daño que eso implica para la democracia. Una especie de torre política de Babel.

Corrupción: Tirar al niño con todo y agua sucia

Desde la campaña misma, López Obrador esbozó una extraña lógica en el diagnóstico y estrategia para combatir la corrupción. Sin duda se trata de uno de los grandes males de México, pues corroe buena parte de la vida pública y privada del país. Pero a un mal diagnóstico le sigue una mala solución. Afirmaba AMLO que la corrupción se debía esencialmente al neoliberalismo (como casi todos los males del país). Si así era, el principal remedio sería cambiar de modelo económico (hacia lo que hubo antes del neoliberalismo, cuando no había corrupción). "La descomunal deshonestidad del periodo neoliberal supera con mucho lo antes visto y no tiene precedentes. Constituye un cambio cualitativo en la descomposición institucional". Y agregaba: "Ahora la corrupción se ha convertido en la principal función del poder público".[48] Hablando justo de los tiempos previos al neoliberalismo, sostiene López Obrador: "Aquellos gobernantes simpáticos, pícaros y sinvergüenzas serían como niños de pecho en comparación con Salinas y otros barones del poder y del dinero que padecemos en la actualidad. Enrique Peña Nieto haría palidecer a más de uno de los presidentes posrevolucionarios".[49] Asegura AMLO que el modelo neoliberal "está diseñado con el propósito de favorecer una minoría de políticos corruptos y delincuentes de cuello blanco que se hacen llamar hombres de negocios".[50] Sin duda hubo corrupción desbordada en esa fase, pero ¿no estaba el anterior modelo, agotado en 1982, diseñado igualmente para favorecer a unos cuantos gobernantes, dirigentes sindicales y, por cierto, también a sus socios empresariales? López Obrador sostiene que la corrupción era antes "un conjunto de prácticas aisladas e inconexas entre sí", en tanto que ahora es "un ejercicio sistemático y sistémico".[51] Y añade que el neoliberalismo "es ajeno a políticas públicas pensadas para promover el desarrollo o procurar la justicia. No se trata [ahora] de atender las demandas sociales con fines humanitarios […] tampoco se pretende gobernar con rectitud y honestidad".[52] Desde luego, pero de nuevo, ¿antes de De la Madrid las cosas eran realmente distintas? Curiosamente, AMLO admira el ensayo de Daniel Cosío Villegas "La crisis de México" (1947), donde prevé el fracaso de la revolución, y dice, entre otras cosas: "Ha sido la deshonestidad de los gobernantes revolucionarios más que ninguna otra causa, la que ha tronchado la vida de la Revolución Mexicana".

Por lo cual cabe preguntar: ¿la corrupción durante el neoliberalismo era consustancial a las políticas privatizadoras y el modelo en sí, o más bien respondió a la forma de hacerlas bajo el manto de la ancestral impunidad y corrupción mexicanas? ¿No es posible pensar en maneras alternas de llevar a cabo tales privatizaciones y políticas económicas de forma legal, equitativa y en beneficio también del consumidor, o esa opción es simple y llanamente inexistente dentro de ese modelo? Y mientras prevalecían los monopolios estatales en tales industrias, ¿no estaban sujetas también a la corrupción heredada del priismo nacionalista, aunque bajo modalidades diferentes? El problema consiste en el silogismo subyacente de que "la corrupción se debe al neoliberalismo", pues en lugar de combatir esa corrupción, limpiarla, penalizarla, corregir el modelo y tomar medidas para prevenirla en el futuro, la solución parece ser tirar el modelo y sustituirlo por otro distinto. En todo caso, un modelo debiera debatirse a partir de su racionalidad o falta de ella, su lógica interna, su vinculación o alejamiento de la realidad, la plausibilidad de sus premisas, etcétera, no por haber corrupción en él, pues ese mal puede darse en cualquier modelo económico (de hecho, se ha dado en todos los conocidos hasta ahora).

Pero AMLO supone que con el cambio de modelo económico se irá superando la corrupción: "Los comportamientos corruptos, aparentemente estructurales, se van a eliminar con relativa facilidad porque, entre otras cosas, el presidente de la República no será parte de esos arreglos y por el contrario, se convertirá en el principal guardián del presupuesto y en promotor decidido de la nueva cultura de la honestidad dentro del gobierno y en la sociedad".[53] A partir de varias decisiones que ha tomado AMLO, pareciera que otra política para solucionar la corrupción sería tirar la obra, la institución, el esquema o el modelo donde se detecte la corrupción y sustituirlo con otro, en lugar de limpiar, corregir, mejorar y prevenir sobre lo que ya hay. Así, la principal razón de cancelar el aeropuerto de Texcoco fue la corrupción, al margen del costo económico que sobrevendría. En tal caso, ¿no hubiera sido más racional exhibir la corrupción, sanear los contratos, castigar a los responsables, pero preservar el proyecto, en lugar de tirarlo todo por la borda? Si parte de la justificación de cancelar Texcoco era la corrupción que prevalecía en los contratos, en lugar de investigarlos a fondo y en su caso aplicar sanciones —de acuerdo con el combate a la corrupción que AMLO ha ofrecido emprender—, a los empresarios involucrados les ofreció nuevos proyectos incluyendo el de Santa Lucía. Algo que, además, no procede jurídicamente pues no se pueden trasladar en automático los contratos de un proyecto al otro, pues se tendrían que licitar unos nuevos en el nuevo aeropuerto de Santa Lucía. Después AMLO decidió que la obra la haría el Ejército (y administraría el aeropuerto), pero ofreció a los empresarios otros proyectos (indefinidos). Sobre esta nueva concesión al Ejército comenta Suárez Vélez: "¿Por qué si uno de los temas que más escandalizó en la obra del NAIM fue la corrupción en la construcción de la barda perimetral, hecha por el Ejército, ahora los premiamos con la construcción de Santa Lucía y dándoles la renta que de éste provenga?".[54]

En todo caso no hubo sanción a quienes presuntamente (y probablemente) incurrieron en tal nivel de corrupción, que ameritaba cancelar un proyecto de esas dimensiones, ya avanzado en 30%. Diego Petersen escribió al respecto:

> Lo más extraño en todo este proceso de por sí bizarro de cancelación del aeropuerto de Texcoco es que es un caso de corrupción sin corruptos. Todo el argumento de López Obrador es que lo que hay detrás de la construcción de NAIM es una enorme corrupción, pero nunca ha dicho quiénes son los empresarios y los funcionarios corruptos, ni qué acciones tomará, cuando asuma el poder, para castigarlos.
>
> Más aún, está ya negociando el cambio de contratos de los supuestamente corruptos, lo que en la lógica más elemental sólo provocaría perpetuar la corrupción. Pero no en la suya, porque él cree en el arrepentimiento, el perdón y el olvido.[55]

Fue pues un golpe político, sin medir o importar los costos económicos, pero en el que además el aspecto jurídico —la corrupción—, que fue la principal causa para justificar la cancelación (amén de aspectos ecológicos y técnicos), no fue cabalmente abordado. De haber sido así, hubiera procedido la exhibición de los contratos, contratantes y contratados que hubieren incurrido en corrupción, y la aplicación debida de la sanción legal. Más adelante, AMLO declaró que no había evidencia ni denuncias de corrupción en el NAIM, pese a que ésa fue la principal razón para clausurarlo.[56]

También la cancelación del programa de estancias infantiles, que quizá respondía a ahorrar recursos para sus otros programas sociales, se justificó en términos de corrupción. La exsecretaria de Desarrollo Social, Rosario Robles, señaló que las evaluaciones oficiales de dicho programa señalaban irregularidades en sólo 2%, por lo cual no se justificaba cancelar todo el proyecto. López Obrador respondió que según sus datos (que nunca muestra ni cuya fuente señala) eran dos terceras partes de las guarderías las que estaban manchadas de corrupción. Pero de nuevo, ¿no sería mejor revisar a fondo la corrupción, castigar a los responsables, y generar medidas de prevención a futuro, y no cancelar todo el proyecto? Eran 330 000 mujeres trabajadores quienes se beneficiaban de ese programa, y el dinero que se les enviaría directamente no necesariamente compensará el servicio en los mismos términos. También, bajo el argumento de corrupción, se suspende el programa de comedores públicos que alimentaban a más de 600 000 personas por 10 pesos. La lógica que se desprende de dichas acciones pareciera ser que si el barco tiene ratas, hay que hundirlo en lugar de limpiarlo de las ratas. Al respecto, escribió Alberto Aziz:

> Si con cada acción que hace el gobierno se destapa una cloaca de corrupción y de abuso de los recursos públicos, es esperable que las soluciones, las políticas públicas, ayuden a mejorar su desempeño. Pero si a cada factor de corrupción sigue una decisión de cancelar y cortar, para dejar una salida simple que vincule al gobierno directamente con el pueblo, estaremos muy lejos de la construcción institucional y la recuperación del Estado.[57]

Por su parte, la Comisión Nacional de los Derechos Humanos señaló en un comunicado: "Alegar presuntos actos de corrupción e irregularidades o problemas administrativos no exime a las autoridades de cumplir con sus obligaciones, ni justifica que se deje de lado el respeto de los derechos humanos [...] Si se cometió un acto ilícito debe investigarse y sancionarse a los responsables".[58] El saldo de dicha política puede ser negativo en términos económicos pero también de los beneficios que arroje el proyecto en cuestión. Desde luego, si cada proyecto cancelado fuera sustituido con otro mejor (no sólo en términos de corrupción sino también de eficacia), el saldo sería positivo. Pero no parece ser el caso con el sustituto aeroportuario de Texcoco ni de distribuir a los padres de los niños desprotegidos 800 pesos, que difícilmente compensarán el servicio de cuidado a sus hijos del que gozaban. Como sea, más parece que en estos casos (y otros que seguramente vendrán) la acusación de corrupción, sin ser falsa del todo, es un pretexto para cancelar un programa o proyecto que responde a otras razones, no fácilmente confesables.

Consultas. ¿Democracia suiza o república bananera?

Algo que también refleja la personalidad de López Obrador ha sido el recurso a las consultas populares sobre el Nuevo Aeropuerto Internacional de Texcoco, el Tren Maya y la refinería de Dos Bocas, realizadas fuera del marco legal y a una población mínima y sesgada. La relativa al aeropuerto de Texcoco dio ocasión para palpar la polarización y confrontación política que vive el país, o al menos sus sectores más politizados. Unos vieron en este ejercicio un enorme paso en dirección de una democracia participativa de corte escandinavo. Otros la vieron como una engañifa propia de un país bananero. A los primeros no les preocupó demasiado lo que los otros denunciaron: que sólo podría participar 1% de los convocados, que las casillas fueron ubicadas en una relación directa a la mayor votación que recibió AMLO en julio; que fue organizada por un partido sin mayores contrapesos en la organización del proceso; que no había garantías de limpieza y transparencia al grado en que falló la aplicación que se había anunciado para garantizar que no se pudiera votar más de una vez. Es decir, en materia de organización y formato, esta consulta representó un retorno al pasado. Un pésimo precedente. Era mejor modificar la Constitución para que permitiera un plebiscito legal cada año y poder realizar éste en 2019.

Para los obradoristas nada de ello fue impedimento para ver la consulta como un gran avance: integrar a la ciudadanía en decisiones trascendentales. Las irregularidades que los hubieran llevado a solicitar la nulidad en otras circunstancias, ahora aparecieron a sus ojos como *peccata minuta*. Sostienen que tratándose de un primer ejercicio de este tipo, no se podía esperar demasiado y que se puede ir mejorando (lo mismo que los priistas ante las insuficiencias del sistema electoral de antaño). En realidad ya había avances plasmados en la Constitución en materia de consultas populares. De hecho hay algunos antecedentes, si bien no federales: la consulta sobre el segundo piso en tiempos de AMLO y en 2016 el refrendo sobre la Constitución capitalina se realizaron en mucho mejores condiciones y dentro del marco legal. No había que empezar desde cero. En todo caso, otros consideraban que más allá del formato y la organización, en realidad este ejercicio sería una simulación para permitir a AMLO tomar una decisión presuntamente apoyado por el pueblo, y así deslindar parte de su responsabilidad como jefe del Ejecutivo en este caso. Esa tesis sugiere que el resultado —cualquiera que fuera— se confeccionaría a modo a partir de lo que conviniera políticamente al presidente electo. Al no haber candados, vigilancia externa o contrapesos internos, nada lo impediría. Hubo dos variantes en esa interpretación: quienes pensaban que AMLO ya había decidido clausurar Texcoco pero convenía hacerlo con respaldo popular, frente a los inversionistas y centros financieros internacionales. En cuyo caso el riesgo sería que de cualquier manera se perdería buena parte de la confianza y credibilidad en ese ámbito.

Otros vaticinaban que los asesores tecnócratas del presidente electo lograrían convencerlo de lo perjudicial que sería para su gobierno clausurar Texcoco. Por lo cual la consulta arrojaría esa decisión para así apaciguar a los seguidores de AMLO, la mayoría de los cuales le compraron completa su versión de que Texcoco es un auténtico desastre por donde se le viera. ¿Con qué cara podría decir AMLO que siempre sí mantendría Texcoco? Con la consulta podría recurrir al clásico "perdimos, compadre". Al fin que sus seguidores difícilmente se sentirían engañados o manipulados por él pues, fieles hasta la muerte, creen en todo lo que dice. Asimilarían dicho desenlace como la prueba fehaciente de que López Obrador es un auténtico demócrata que acepta un veredicto popular aunque contradiga su personal punto de vista. En tal caso, los inversionistas y mercados podrían ser comprensivos respecto a la simulación que implicaría la consulta; una medida pragmática para reducir los costos de contravenir a sus seguidores.

Al final se confirmó la tesis de que, en efecto, la consulta serviría para legitimar popularmente una decisión ya tomada por AMLO, pero en el sentido de cancelar el nuevo aeropuerto. El uso de las consultas populares —más allá de si son manipuladas a modo o celebradas en el marco constitucional— se ha convertido en una constante en el discurso obradorista de que "el pueblo manda, y hay que obedecerlo", combinado con su premisa de que "el pueblo es sabio". Tras la consulta sobre la termoeléctrica en Morelos (ya en 2019), AMLO se dijo satisfecho: "Esto es mandar obedeciendo", pese a que sólo participó 2.8% de la lista nominal de los municipios convocados. Y como lo señala Sebastián Garrido: "¿Qué legitimidad pueden tener las decisiones que se tomen con base en un instrumento de democracia directa en el que participó menos del 3% de los posibles votantes, más cuando el umbral de participación requerido por la Constitución para las consultas populares es de 40%? [...] ¿Esto es mandar obedeciendo?".[59] Pero ante las críticas sobre la metodología y falta de vigilancia y representatividad de dichas consultas, Manuel Bartlett respondió:

> Éstos son pretextos elitistas, que ven en las democracias sólo a través de procesos formales, con procesos, decisiones oficinescas, tecnocráticas, que terminan siendo decisiones que desprecian la participación popular. De fondo, cuestionan el mecanismo de consulta ciudadana por el temor que tienen de la democracia directa, participativa, cotidiana, popular, sobre cualquier tema que interese al gobierno o la ciudadanía.[60]

Bajo ese tipo de argumentos se descalifica todo tipo de crítica a las consultas o a otras medidas del gobierno. Se puede decir que las consultas son un elemento sustancial de las democracias modernas, que para ciertos temas combinan la democracia representativa con la directa. Podría implicar una auténtica voluntad de dar voz al pueblo en las decisiones públicas, algo compatible con el espíritu de una democracia. Sin embargo, en regímenes autoritarios y populistas ésta suele ser una palanca de manipulación y legitimación de decisiones tomadas por la cúpula gubernamental (o exclusivamente por el líder). En un régimen populista, dice Jan Werner Müller, "un referendo no busca detonar un proceso de deliberación abierto, entre verdaderos ciudadanos, para generar un rango de criterios populares bien pensados; más bien el referendo sirve para ratificar lo que [...] el líder ya ha discernido que es el genuino interés popular, y no para agregar intereses que puedan verificarse empíricamente".[61] Y desde luego, los temas a consultar son cuidadosamente seleccionados a partir del cálculo de si tienen mejores probabilidades de ser aceptados (más allá de la manipulación de la que pudieran ser objeto las consultas), o que sean simbólicamente pertinentes. Y así los líderes populistas pueden proclamar, como lo hacía Juan Domingo Perón, que "el gobierno hace lo que el pueblo quiere", lo que a su vez permite que los líderes puedan lavarse las manos y exclamar: "Pusimos en práctica exactamente lo que querían, lo que ustedes nos autorizaron; si algo sale mal, no es nuestra culpa".[62] De ahí que las encuestas señalaban que una clara mayoría estaba por terminar el nuevo aeropuerto de Texcoco, pero la consulta arrojó justo lo contrario. Incluso en una evaluación sobre el desempeño de AMLO en febrero de 2019, la medida peor evaluada era justo la cancelación del aeropuerto, con apenas 30% de respaldo y 50% de reprobación abierta.[63] Es en esa lógica que podría ubicarse la práctica de las consultas como palanca de una auténtica democracia participativa y elemento distintivo de la Cuarta Transformación.

Más tarde apareció otra modalidad de consulta; lo que podría llamarse consulta "fantasma", una que nadie vio ni detectó. En relación con el corredor transístmico, en abril AMLO anunció que dicha obra fue sujeta también a una consulta popular que evidentemente avaló el proyecto, pero de la que nadie se percató, que no fue anunciada ni publicitada en el momento de realizarla. Y en Juchitán AMLO realizó en un mitin una consulta a mano alzada sobre el mismo proyecto que, evidentemente, fue aprobado por los asistentes. Y aclaró: "Les digo a los del partido conservador y a los fifís ya se hizo la consulta para el proyecto del Istmo y nos dieron su apoyo y confianza".[64] En cambio, dichos proyectos se emprenden sin estudios de viabilidad técnica, rentabilidad e impacto ecológico. O incluso contra valoraciones profesionales en contra de tales obras. Pero se les sustituye con consultas a mano alzada, consultas fantasmas o permisos a la Madre Tierra (como el que solicitó en el sureste). En junio de 2019 en Durango celebró otra consulta más, en uno de los frecuentes mítines donde entrega ayuda social, al pedir que se votara la cancelación de un proyecto ya avanzado del Metrobús en esa entidad. No sólo se trataba de una muestra mínima sino absolutamente sesgada, consistente en seguidores suyos si no es que acarreados al viejo estilo. Y votar a mano alzada atenta contra el derecho al voto secreto, principio esencial de la democracia electoral y participativa. Dijo al respecto AMLO que la democracia a mano alzada era la forma democrática de tomar decisiones… en la Grecia clásica, con lo cual obviaba el adelanto que representó el voto secreto. En realidad, dichos ejercicios tienen poco que ver con la democracia y mucho con la demagogia y, de nuevo, el populismo. Evidentemente, tales consultas así realizadas, lejos de propiciar la participación democrática, representan más una burla a la ciudadanía, lo que probablemente ha generado desconfianza entre los actores económicos, calificadoras e inversionistas. Y es que tomar decisiones de políticas públicas de esa forma es, además de demagógico, altamente irresponsable.

Al diablo con su democracia

El régimen priista gozó en sus inicios de una legitimidad de origen revolucionario, que no es democrática pero fue muy eficaz por varios años. Conforme pasaba el tiempo, esa legitimidad se desgastó y debió ser sustituida por otra. Los gobiernos del PRI a partir de los cuarenta lograron legitimarse por desempeño, tanto por un crecimiento económico sostenido como por algunos avances sociales (si bien limitados). Cuando esa tendencia también perdió fuerza, el régimen se quedó sin legitimidad alguna (o muy poca). Esa falta de legitimidad lo obligó a ir abriendo gradualmente el sistema para obtener al menos un cierto grado de legitimidad política. En otras palabras, a menor legitimidad política de esos gobiernos, hubo mayor apertura democrática. Igualmente, la enorme corrupción obligaba a los gobiernos entrantes a llamar a cuentas a algún "pez gordo" cada vez más pesado: Jorge Díaz Serrano, Arturo Durazo, la Quina, Raúl Salinas (de la familia presidencial) son ejemplos de ello. Ello no terminó con la corrupción, pero al menos dejaba algunos precedentes contra ella. Bajo esa misma lógica, un gobierno que llegó con la mayor legitimidad democrática hizo muy poco por continuar al avance democrático; se trata de Vicente Fox, quien había prometido combatir seriamente la corrupción reciente, además de dar fin al corporativismo sindical. Nada de eso hizo; en cambio extendió carta de impunidad a los peces gordos del priismo, y no hizo gran cosa por combatir la corrupción (en la que incluso incurrieron cercanos a él), y se alió con el símbolo del corporativismo: Elba Esther Gordillo. ¿Cómo es que un gobierno con origen democrático y con gran legitimidad hizo tan poco por profundizar la democracia? Por eso mismo, por la legitimidad con la que llegó. Fox, a diferencia de los gobiernos priistas previos, no sintió la presión de seguir abriendo el sistema para legitimarse; ya tenía legitimidad de origen (electoral). Cierto que la fue perdiendo, pero él apostó a dicha legitimidad para dar incluso pasos en sentido contrario, como fue el caso del desafuero contra López Obrador, y no porque se tratara de una medida ilegal, pero sí claramente de un uso político de la justicia.

Cuando en 2012 regresó el PRI al poder con Peña Nieto al frente, varios de sus críticos y opositores señalaron la posibilidad —o casi inminencia— de que se restauraría el régimen presidencialista de partido hegemónico interrumpido al menos desde 1997. Mi pronóstico fue que si bien era probable que el PRI intentara dicha restauración (pues nunca se ha distinguido por su vocación democrática), difícilmente lo lograría. Eso debido no tanto a la fortaleza de las nuevas instituciones democráticas, pues no la tenían muy avanzada, sino por la dispersión del poder vigente entonces. El PRI no tenía mayoría parlamentaria, no contaba ya con todas las gubernaturas, y al menos la autonomía relativa de varias instituciones públicas ponían un límite al poder presidencial y el de su partido. Así ocurrió.

Paradójicamente, con López Obrador sí podría sobrevenir esa restauración al menos en cierta medida. Llega al poder tras un enorme desgaste y desprestigio de los partidos tradicionales, por vía democrática, y con el respaldo de 53% del electorado, el mayor y menos controvertible en décadas. Y justo por gozar de tanta legitimidad democrática y el respaldo —muchas veces incondicional— de millones de ciudadanos, podría no sentir una fuerte motivación para continuar y profundizar con la democratización iniciada entre 1988 y 2000. Al contrario, podría utilizar dicho respaldo y legitimidad para lo contrario, como hay indicios de que podría hacerlo: extender una nueva carta de impunidad a la cúpula gubernamental (o la mayoría de ella), restar fuerza y autonomía a instituciones que constitucionalmente la deben tener, limitar la influencia de la oposición, restringir a los gobernadores de oposición, usar los programas sociales con fines electorales (como lo hacía el PRI), rehacer a favor suyo el corporativismo sindical. Si tal tendencia se confirma, de nuevo la legitimidad democrática estaría jugando contra la democracia, como también ocurrió en cierta medida con Fox.

Desde luego, AMLO reivindica siempre su vocación democrática: "No luchamos para construir una dictadura, luchamos para construir una auténtica, una verdadera democracia".[65] Pero del dicho al hecho puede haber gran trecho. La vocación democrática de AMLO podría ser tan escasa como la de otros gobernantes, pero ésa no sería la razón principal para la restauración presidencialista (si bien es condición indispensable), sino que ahora el poder volvería a concentrarse en medida suficiente en manos del presidente, su partido o su coalición, como para remover en alguna medida las agencias democráticas construidas en estas últimas décadas. El poder que no tuvieron los presidentes panistas o Peña Nieto sí lo tiene AMLO. Cosa distinta sería si hubiera ganado la presidencia pero no la mayoría en el Congreso, pues justo eso le impediría concentrar más poder. En cambio, con esa mayoría parlamentaria puede hacer los cambios que desee (si bien al menos en Senado se preserva un bloque opositor capaz de frenar algunos de esos cambios constitucionales). Es decir, el poder que recibió vía las urnas, las distorsiones de la ley electoral más el enorme respaldo ciudadano (en muchos casos incondicional) le permiten concentrar aún más poder que sus antecesores. Y a partir de eso restaurar parcialmente el antiguo presidencialismo imperial. Sólo los contrapesos que subsisten (instituciones autónomas, Poder Judicial, oposición en el Senado) podrían entorpecer, impedir o retrasar dicha restauración presidencialista o hegemónica.

López Obrador siempre ha negado que lo que se construyó entre 1988 y 2018 fuera una democracia genuina, ni siquiera en ciernes y con insuficiencias. La prueba para negar que hubiera democracia es que no se le reconocían triunfos que él consideraba como claros, pero le eran arrebatados a la mala. No consideró en su evaluación de la democracia que el PRD hubiera conquistado nada menos que la capital del país en 1997, cuando él presidía el partido. Ni que en los años siguientes se le reconocieran otros triunfos como en Zacatecas, Tlaxcala y varios otros estados en coalición con el PAN (como Yucatán y Chiapas). Ni que él mismo haya podido llegar sin problemas a la jefatura de Gobierno capitalino en el 2000, pese a no cumplir los requisitos exigidos por la ley. Mientras no se le reconociera su triunfo a la presidencia, no habría democracia en México, en su visión. Descalificó las elecciones en que consideró haber ganado pero cuando, según él, le arrebataron su indiscutible triunfo, como en 2006 (donde ciertamente hubo dudas por el margen de distancia entre los punteros)[66] y en 2012 (donde sin duda hubo irregularidades, como en toda elección, pero con un margen mucho más amplio entre los punteros). Sólo hasta que él llegara a la presidencia (justo porque la democracia electoral sí funcionó en medida suficiente), empezaría la "hora de la democracia", la verdadera, la nueva república, porque la anterior había sido una farsa, una engañifa al pueblo (igual que algunas de sus instituciones clave, como las que son formalmente autónomas, a las que desacreditó con el ya clásico "al diablo con sus instituciones").[67] El rechazo a las instituciones vigentes que no se pliegan a los deseos del líder en cuestión es también un rasgo típico del populismo. Dice Werner: "Los populistas generalmente no están en contra de las instituciones [...]; sólo se oponen a aquellas instituciones que, desde su punto de vista, no logran producir los resultados políticos moralmente —y no empíricamente— correctos; y eso ocurre sólo cuando ellos son la oposición, pues al estar en el poder están de acuerdo con las instituciones —es decir, con sus instituciones—".[68]

Así, en el discurso de AMLO como en algunas de sus acciones se refleja que en realidad la democracia política no es una de sus prioridades; al contrario, como a muchos otros gobernantes en el mundo, parece estorbarle la democracia para realizar sus planes de profunda transformación social y económica, ésas sí prioritarias. Algo así como el desprecio de los antiguos marxistas a la "democracia burguesa", que en su visión sólo servía al capitalismo, en tanto que un cambio comunista requería de todo el poder concentrado: la "dictadura del proletariado". De ahí que, como señala Werner:

> El problema nunca es la imperfecta capacidad de los populistas para representar la voluntad del pueblo; más bien son las instituciones las que de alguna forma producen los resultados equivocados.
>
> Así que, incluso si parecen propiamente democráticas, algo debe suceder tras bambalinas que permite que las élites corruptas continúen traicionando al pueblo. Las teorías de la conspiración no son un curioso añadido a la retórica populista sino que están cimentadas y emergen de la propia lógica del populismo.[69]

En el discurso obradorista, además de satanizar al neoliberalismo como causa de todos los males de México (o casi), y que por tanto debiera ser desterrado definitivamente, se asocia la democracia que mal que bien coincidió con el surgimiento del neoliberalismo (sin ser lo mismo, pues uno es de índole económica y la otra de corte político). Eso, presentando a esa democracia como parte del neoliberalismo, como un arreglo institucional al servicio no de la democracia o los derechos ciudadanos, sino de intereses oscuros que se benefician del neoliberalismo. De ahí la permanente diatriba obradorista contra todo lo que pueda ser un contrapeso institucional, ubicándolo como parte de la mafia o lacayo de la mafia, y al servicio del neoliberalismo. Desde luego el PRIAN, pero también el INE, el TEPJF, muchos de los miembros de la Corte, así como las instituciones autónomas en general (Derechos Humanos, INAI, INEGI, Evaluación Educativa, y las comisiones reguladoras en distintos ámbitos). Y eso justifica que mande gente suya a dirigir o integrar tales instituciones, o en su caso debilitarlas o desaparecerlas. Servían en realidad al neoliberalismo, no eran contrapeso sino comparsas, muchos de ellos corruptos. Ahora, bajo control de AMLO, servirán a la Cuarta Transformación, es decir, al pueblo. De tal manera que la supresión gradual pero clara de lo avanzado hasta ahora puede encontrar respaldo y legitimidad en las amplias bases obradoristas, que han comprado el discurso de la farsa democrática durante el neoliberalismo, y que con el triunfo de AMLO llegó "la hora de la democracia", es decir, el inicio de un régimen genuinamente democrático, aunque paradójicamente desmantele lo que se había avanzado en ello.

El problema es cuando el nuevo gobierno adopta la idea de que sólo bajo un régimen centralizado es posible impulsar la agenda socioeconómica. En un país decepcionado con la democracia, a la que asoció con un modelo económico que quedó corto en las expectativas despertadas y la democratización misma, el terreno está abonado para que esa sociedad mayoritariamente respalde la sustitución de la democracia por un regreso al centralismo político. Es "el pueblo contra la democracia".[70] La ciudadanía juega pues un papel central en la conservación, demolición o restitución de una democracia, al margen de cuál sea la intención del gobernante en turno; sin amplio respaldo ciudadano no podría desarticular una democracia, pero tampoco restituirla. Como señalan Levitsky y Ziblatt: "Ningún dirigente político por sí solo puede poner fin a la democracia, y tampoco ningún líder político puede rescatarla sin la ciudadanía. La democracia es un asunto compartido".[71] Si la mayoría de mexicanos consiente en desmantelar lo que se había avanzado en la democracia entre 1988 y 2018 (así haya sido insuficiente), se procederá a su demolición y sustitución por un nuevo autoritarismo que por un tiempo gozará de legitimidad (como ocurrió con el régimen priista del siglo XX). Aunque desde luego, a ese nuevo régimen de poder concentrado se le siga llamando democracia, e incluso se le presente como la auténtica democracia, pues ahora estaría presuntamente al servicio del pueblo, no de las élites rapaces.

Patear el avispero

Vicente Fox había anunciado en su campaña que con el advenimiento de la democracia el problema de la seguridad y el crimen organizado se resolvería, dados los contrapesos y las nuevas instituciones que ello traería. Pero el fenómeno era bastante más complejo. Fox declaró una "guerra sin cuartel" a los cárteles. Varios expertos dijeron que, de llevarla a cabo en serio, las cosas empeorarían en lugar de mejorar. La guerra quedó más a nivel declarativo, pero sí se diluyeron los acuerdos que los gobiernos del PRI habían mantenido con los capos de la droga para administrar el problema sin mucha violencia (como la situación que prevalece en Estados Unidos). Los gobernadores no pudieron sostener los acuerdos locales para hacerse de la vista gorda como antaño, y la violencia empezó a incrementarse poco a poco. Paradójicamente, quien durante la campaña de 2006 ofreció utilizar al Ejército para enfrentar a los capos fue López Obrador, según lo recuerda Luis Astorga.[72] Incluso AMLO explicó al entonces embajador estadounidense Tony Garza que eso era "porque [el Ejército] es la menos corrupta de las agencias mexicanas y puede ser más eficaz" (lo mismo que poco después dijo Calderón). Pero cuando Calderón decidió aplicar esa estrategia AMLO cambió radicalmente su discurso. La política de Calderón consistía en "pegarle al avispero a lo tonto", según AMLO. Vemos de nuevo la doble vara del obradorismo; lo que propone el AMLO está bien, pero si otros lo hacen resulta condenable, y a la inversa, lo que se condena en otros en López Obrador se justifica plenamente. AMLO tomó como eje de su nueva narrativa que la narcoviolencia se debía esencialmente al neoliberalismo; un cambio de modelo económico resolvería el problema. Afirmaba también que "no es posible seguir con la misma estrategia fallida del uso de la fuerza", y que "no es con el Ejército como se pueden resolver los problemas de inseguridad y de violencia". Insistía en que "el Ejército no se utilice para suplir las incapacidades de los gobiernos civiles"; prevenía que "no se vayan a otorgar facultades excesivas al Ejército" e insistía en que "no podemos aceptar nosotros un gobierno militarista".[73]

Mientras tanto, la estrategia de Calderón fue bien recibida por la ciudadanía en un principio, viendo en ello un gesto de valentía al enfrentar al narco como nadie lo había hecho. Parametría reportó 89% de aprobación a su estrategia de seguridad (enero de 2007). Los expertos señalaron, sin embargo, que en dicha política había precipitación, falta de planeación y de complementación con otras medidas, así como ausencia de alianzas básicas. Y que el apoyo ciudadano pronto se le revertiría si no ajustaba su estrategia. No estaban errados. Algo parecido dijeron respecto de Peña Nieto más tarde: "A medidas similares, resultados similares". Y así fue. Con todo, alguien le sugirió a AMLO en 2017 la idea de crear una Guardia Nacional: "El Ejército no puede limitarse a la defensa nacional, sino debe agregársele el objetivo de la seguridad pública interior, de manera permanente [...] Se analizará [...] la pertinencia de crear una Guardia Nacional con el apoyo de los 220000 soldados y 30000 marinos que en la actualidad permanecen organizados bajo el mando de oficiales del Ejército y de la Marina".[74] Pocos repararon en ello pues en su discurso público prevalecía el eslogan de "abrazos, no balazos", y la condena a la violencia como solución. La Guardia Nacional es algo aparentemente nuevo, pero muy parecido a lo que AMLO había condenado los últimos 12 años. Legisladores morenistas que se oponían férreamente a la Ley de Seguridad Interior lanzada por Peña Nieto después defendieron férreamente otra aún más dura. De alguna forma, con la idea de la Guardia Nacional con integración militar se le daba la razón a las estrategias de Calderón y Peña Nieto, que resultaron fallidas. Pero como López Obrador presentó la Guardia Nacional y la estrategia concomitante como algo enteramente distinto. Incluso se presentó como una política de "desmilitarización" cuando en realidad se profundizaba en la militarización, por más que formalmente hubiera quedado bajo la

Secretaría de Seguridad, y no de la Defensa. Pero quien directamente se encargaría de la Guardia Nacional resultó ser un militar. Por ello se decía que ahora sí dicha estrategia arrojaría buenos resultados (como en su momento lo dijeron Calderón y Peña). Pero la mayoría de los expertos nacionales e internacionales en el tema insistieron en que la Guardia Nacional bajo mando militar en la práctica, podría resultar peor incluso que lo que hicieron Calderón y Peña.

Ante la gran oposición de varios actores nacionales e internacionales de que la Guardia Nacional tuviera mando militar, y sus efectivos gozaran de fuero militar, AMLO envió el mensaje de que habría mando civil, decisión que fue celebrada por tirios y troyanos, así como por los grupos y expertos que participaron en los foros del Congreso. Pero resulta que todo era una nueva engañifa para aparentar un mando civil cuando, en lo sustancial, seguirá siendo militar. El mando civil se encargaría de la parte administrativa (pagar salarios), pero la operativa, la importante, quedaría bajo mando militar. Y ante los ajustes que hicieron los diputados a la iniciativa ante este "viraje", AMLO pidió que fuera desconocido por los senadores. Sin embargo, en el Senado la coalición obradorista no consiguió la mayoría calificada, por lo cual hubo de aceptar un formato intermedio, con mando civil, pero con participación el Ejército por cinco años con cobertura legal, lo que no había hasta entonces. La oferta de AMLO consiste en que si bien se le seguirá pegando al avispero, ya no se hará "a lo tonto" como lo hizo Calderón. Había la gran contradicción entre continuar una lucha militar contra los narcos, pero con la oferta de que el Ejército, o en su momento la Guardia Nacional, no reprimirían jamás al pueblo. Buena idea, ¿pero qué tanto se puede considerar como pueblo a los grupos criminales? Eso no implica que no se busque aplicar protocolos de derechos humanos, pero eso es muy distinto a renunciar al uso de la fuerza legítima para enfrentar la ilegalidad y la delincuencia. Si se parte de que sólo hay dos opciones frente a la criminalidad, la represión (que implica violación a derechos humanos), o la rendición o inmovilidad, no se llegará muy lejos. Quizá la clave está en el desarrollo de protocolos más precisos para determinar tanto el respeto a los derechos humanos como la proporcionalidad de la fuerza utilizada en distintos casos. Queda por ver cuáles serán los resultados de esta nueva —o no tan nueva— estrategia.

Salud, expertos y floreros

Flotaba la pregunta acerca de quién de los miembros del gabinete presentaría primero su renuncia, y cuánto tiempo tardaría en ocurrir. Eso, bajo la premisa de que muchos de ellos (si no es que la mayoría) están relegados en los hechos, no se les consulta en varios temas que les competen, y no se les toma en cuenta en las sugerencias o reparos que puedan tener respecto de las decisiones presidenciales. En palabras más simples, figuran como floreros más que como secretarios o directores de una institución. La renuncia de Germán Martínez Cázares no se debió a razones personales o de salud. Bueno, sí fueron razones de salud, pero no la del director, sino de los usuarios del IMSS (y otros institutos de salud). También hubo razones personales: no quiere ser parte de una catástrofe que vislumbra. La salud pública está en entredicho y ha sido afectada. Salud escandinava, ofrece AMLO, pero adoptamos esquemas de Cuba y Venezuela (al decir de Julio Frenk). La renuncia de Martínez confirma lo dicho por múltiples expertos; los recortes en aras de la austeridad tendrían que hacerse con cuidado, no precipitadamente, para no generar despidos injustificados de personal calificado y sólo en aquellos rubros realmente prescindibles. Es decir, con pinzas y no con sierra eléctrica (para cambiar la figura).

En tal caso, el saldo sería negativo para la administración federal, pues la ganancia en ahorros sería menor que los costos en servicio y eficacia en las tareas de cada dependencia. Y desde luego, los más dañados serían, además de los empleados despedidos, los ciudadanos en general, al grito de "primero [se joden] los pobres". Es decir, dicho recorte con sierra sería altamente irracional respecto de las metas que en general se buscan. AMLO lo niega un día ("son inventos del hampa"), y al siguiente reconoce el desabasto, pero como siempre, responsabiliza al PRIAN de ello. Desde luego la herencia no es buena, pero se trataba de mejorar la situación, no de empeorarla. ¿Y ese dinero para qué? Para dos proyectos esenciales de este gobierno: 1) Programas sociales que si bien pueden justificarse en términos de oportunidades y servicios a grupos necesitados, no lo son si el daño estructural resulta mayor. Pero hay también un eventual uso político de dichos programas. Garantizar la continuidad de Morena en el poder es una condición para dar arraigo a la mal llamada "Cuarta Transformación". A un criterio de racionalidad administrativa se le antepone otro político-electoral, pero justificado en términos morales ("La austeridad no responde a un criterio administrativo —ha dicho AMLO— sino de principios"). 2) El otro proyecto vital son las grandes obras de infraestructura: Santa Lucía para compensar parcialmente lo que se perdió con Texcoco, el Tren Maya y la refinería de Dos Bocas, entre las más importantes. Todos los estudios al respecto hablan de su inviabilidad, de su baja rentabilidad, de la destrucción ambiental que podrían provocar. En otras palabras, serán elefantes blancos. Sobre eso mismo dijo Carlos Urzúa: "Yo no hubiera puesto tanto dinero este año para proyectos que no podían despegar rápido [...] Esto explica en gran medida por qué la inversión pública se cayó. Se ha puesto dinero en grandes proyectos que apenas están empezando a madurar [...] Hacer una refinería como la de Dos Bocas no es óptimo en las condiciones actuales [...] el problema de este gobierno es su voluntarismo".[75]

Igualmente menciona Martínez la centralización administrativa en Hacienda. Algo que también los expertos habían anticipado. Dicha concentración de ventas, permisos y trámites generaría un gran cuello de botella que provocaría desorden, retrasos y eventualmente desabasto de algunos servicios y bienes básicos. El objetivo es terminar con la corrupción. Buen propósito, pero de no hacerse racionalmente se tirará al niño con todo y agua sucia. Pero AMLO desprecia la opinión de los expertos: son conservadores y responden a intereses oscuros. Y si son de su propio gobierno, los ignora y listo. Son floreros a los que no vale la pena escuchar aunque tengan mucho qué decir y sugerir. Deben ser buenos floreros, aguantar sin chistar, no renunciar a la primera de cambios, hundirse con el barco si es necesario, seguir el virreinal precepto de "callar y obedecer". Floreros bien portados, pues. El aviso de Germán podría servir para corregir. Dejó de ser florero.

¿Una nueva Constitución?

López Obrador dijo que en algún momento, hacia el fin de su sexenio, propondrá una nueva Constitución que refleje el cambio de régimen sociopolítico que, según él, está encabezando. Está muy parchada, dijo, y se requiere algo nuevo y congruente. Antes, durante sus 12 años de campaña, había dicho que la actual Constitución mexicana había sido muy reformada, y que de llegar él al poder retornaríamos a la Constitución original de 1917, sin cambiarle una coma (lo que implicaría rechazar muchos de los derechos conquistados desde entonces y consagrados en la Carta Magna). Un auténtico retroceso. Pero en realidad se trataba más de retórica que de una intención real. En cambio, sí es posible que busque construir una Constitución nueva. ¿Con qué intenciones? Es verdad que durante las transiciones políticas de la última oleada las nuevas democracias requirieron e impulsaron una nueva constitución que reflejara el cambio de régimen que se estaba llevando a cabo. No ocurrió así en México. Pese a que el régimen político pasó de un autoritarismo de partido hegemónico a un pluralismo partidista y competitivo, sólo se hicieron enmiendas constitucionales para adecuar la Carta Magna a las nuevas condiciones en dirección democrática. Se habló y discutió la conveniencia de tener una nueva Constitución que reflejara el cambio del autoritarismo a la naciente democracia, lo mismo para protegerla que para profundizarla. De modo que se podría estar de acuerdo con AMLO en la necesidad de una nueva Constitución.

Sin embargo, ahora podríamos estar hablando de un cambio de régimen, pero no del autoritarismo a la democracia, sino a la inversa, de la incipiente e insuficiente democratización a un nuevo poder centralizado con partido dominante (y eventualmente hegemónico). El cambio de régimen que busca AMLO es el de un proyecto no sólo político, sino económico; enterrar el neoliberalismo para siempre. Lo que implica que a los partidos que enarbolan ese proyecto habría que cerrarles la puerta de manera definitiva. Y eso es algo típico de los neopopulismos de los años recientes: presentan su llegada al poder como el cambio de un régimen corrupto y fallido a uno genuinamente popular y que transformará al país para bien. Por lo que se justifica no sólo concentrar el poder, sino garantizar su proyecto en la Carta Magna. Así, varios líderes populistas que llegaron al poder en condiciones democráticas y competitivas utilizaron ese poder para acrecentarlo por encima de las normas democráticas y darle una base de continuidad frente a los opositores. Para lo cual el cambio constitucional es un instrumento ideal.

Pero la diferencia entre una constitución democrática y otra de corte autoritario-populista, radica en que la primera se negocia entre varios actores políticos para garantizar la pluralidad y la equidad en la competencia por el poder político, y la segunda pretende justo limitar dicha pluralidad y busca anclar al partido ahora gobernante en el poder tanto tiempo como sea posible. Y con ello apalancar el proyecto socioeconómico que enarbola ese partido. Así, dice Warner que "las constituciones con principios democráticos permiten un cuestionamiento de resultados abiertos de lo que esos principios podrían significar en un periodo dado; permiten que emerjan nuevos públicos con base en nuevos postulados de representación". En cambio, "las constituciones populistas están diseñadas para limitar en el poder de los no populistas, incluso cuando éstos conforman el gobierno. La constitución deja de ser un marco de referencia para la política y en su lugar se convierte en un instrumento meramente partidista para capturar el sistema político".[76] Y según Dieter Grimm, ese tipo de constituciones "fijan en piedra un número muy específico de preferencias políticas, cuando un debate sobre esas preferencias habría sido el material para la lucha política día a día en democracias no populistas".[77] Y una constitución generada por una mayoría del partido o coalición populista es presentada como una voluntad inamovible del verdadero pueblo (excluidos sus enemigos). Así, Viktor Orbán, de Hungría, ante las críticas a la nueva constitución por él propiciada, explicaba: "El pueblo dio un buen consejo, buenas órdenes al Parlamento húngaro [para adoptar la legislación básica], las cuales éste siguió. En este sentido, cuando se critica la constitución húngara no se critica al gobierno, sino al pueblo húngaro. La Unión Europea no tiene un problema con el gobierno, aunque así nos lo quieran hacer creer; lo cierto es que atacan a Hungría".[78]

En el caso de Hugo Chávez, muy pronto convocó a la elaboración de una nueva Constitución que sometió a referéndum, y a partir de ella minó la independencia de otros poderes, como el Judicial, que quedó por completo subordinado al Ejecutivo. Las nuevas constituciones contribuyen a que el partido populista ocupe mayores espacios en el Estado, e incluso a que se eliminen, modifiquen o colonicen las instituciones autónomas para quedar sometidas al control del presidente. El problema es por tanto que dichas constituciones, en lugar de generar un nuevo marco de relación y competencia entre partidos rivales para la mejor convivencia y lucha por el poder —esencia de la democracia—, hacen lo contrario: "Las constituciones populistas están diseñadas para limitar el poder de los no populistas [...] La constitución deja de ser un marco de referencia para la política y en su lugar se convierte en un instrumento meramente partidista para capturar el sistema político".[79]

Ésa parecería ser la intención también de AMLO. ¿A partir de qué? Ha insistido en la necesidad de llevar a cabo su proyecto de nación (la "Cuarta Transformación") tan rápido como sea posible —de ahí su prisa—, pero reconociendo que se requiere de más tiempo para que arraigue. Ha advertido que los opositores a su proyecto, de llegar al poder en poco tiempo, lo echarían abajo, por lo que se requiere de más tiempo de su partido en el poder. De ahí la conveniencia de apalancar ese poder y plasmar el proyecto mismo en la Constitución, de modo que no sea fácilmente reversible. Las constituciones democráticas se concentran más en los procedimientos que en los contenidos; las constituciones autoritarias (de derecha o izquierda) suelen reflejar también el contenido del proyecto oficial para así favorecer su continuidad, a despecho de los disidentes, opositores o críticos, y de que los ciudadanos pudieran desear cambiar de proyecto (como parte esencial del proceso democrático). De ahí que AMLO plantee el cambio constitucional hacia la segunda mitad de su gobierno, cuando busca contar con la mayoría calificada en ambas cámaras (a través de tránsfugas en ambas, como ya lo hizo con la Cámara Baja de 2018 a 2021). De lo contrario, la nueva Constitución tendría que ser negociada con la oposición, y en esa medida tendría que ser más bien una constitución democrática de procedimiento, más que de contenido ideológico. De conseguir mayorías calificadas en ambas cámaras del Congreso, podría diseñar una constitución a modo, con palancas que limiten la competencia política y con el contenido de su proyecto socioeconómico. Una constitución no para un nuevo régimen democrático, sino para un nuevo régimen socioeconómico con oposición limitada; es decir, un nuevo populismo de izquierda.

Sufragio efectivo, no ¿reelección?

En los sistemas parlamentarios no hay un mandato fijo para el jefe de gobierno, sino que sólo su desempeño determina cuándo un jefe de gobierno se va o se queda. Puede ser removido muy pronto (mediante voto de censura) o quedarse por varios años (incluso hay quienes han permanecido 15 o más). El sistema presidencial es más rígido, y por lo mismo conviene restringir temporalmente la reelección. La revocación de mandato también puede ser un instrumento para la remoción del poder de un presidente ineficiente o abusivo sin esperar a que termine su mandato. Pero dependiendo de las condiciones en que se aplique, puede ser benéfico o perjudicial para la democracia en turno. De ahí la importancia de discutir no sólo la figura en sí, sino las condiciones en que se aplicaría. Al final, la oposición logró posponer la revocación de mandato a 2022, para evitar que AMLO apareciera en la boleta durante la elección intermedia de 2021, lo que presumiblemente influiría de manera positiva en su coalición, como ocurrió en 2018. Con todo, amplias corrientes han expresado su recelo de que también la revocación de mandato sea un paso más para después buscar la reelección.

En México, el mandato de seis años es en efecto muy largo, pero uno de cuatro sin reelección resulta muy bajo (¿podría ser uno de cinco sin reelección, como punto de equilibrio?). Me parece bien que hubiera mandatos de cuatro años, con posibilidad de una reelección por otros cuatro, como ocurre bajo el formato estadounidense. La consolidación de la no reelección en México, tras la muerte de Álvaro Obregón (que rompió la no reelección como en su momento lo hizo Porfirio Díaz), permitió una sana circulación de las élites aun dentro del mismo partido hegemónico, lo que a su vez contribuyó a dar una estabilidad política que pocos países latinoamericanos lograron. Y es que hay el temor —no sin fundamento— de que la reelección, así sea por sólo un mandato más, pueda abrir la puerta al reeleccionismo indefinido, como ha sucedido en varios países latinoamericanos. Y es que las distorsiones democráticas que frecuentemente encontramos en nuestra región han provocado que la reelección derive en algún tipo de autocracia. De ahí el temor en México de revivir nuevamente el reeleccionismo presidencial. La fuerza de la no reelección aquí fue tal que muchos poderosos presidentes seguramente pensaron en quitarla y permanecer otro mandato más, pero no lo intentaron; se sabe que al menos Miguel Alemán, Echeverría y Salinas de Gortari lo contemplaron seriamente. Paradójico es que contando con mayorías calificadas no lo hubieran intentado. La posible explicación es que había un consenso en la ciudadanía de no tocar esa regla, para no incurrir en una posible dictadura y eventualmente en inestabilidad política.

El tema volvió a surgir porque muchos temen que la consulta sobre revocación de mandato de AMLO en 2022 pudiera servir de puente para su reelección en 2024. Algunos aseguran que sí lo hará (con casi 100% de probabilidades), en tanto que otros afirman que no (también con casi 100% de probabilidad). Yo me ubico a la mitad; no afirmo que lo hará, pero no aseguro que no lo intente (le pondría 50% de probabilidad a cada escenario). Y es que por un lado AMLO tiene la inquietud de garantizar que su proyecto posneoliberal (cualquier cosa que eso signifique) se arraigue, de modo que no se caiga o pueda ser echado atrás por "las minorías rapaces, los traidores a la patria y enemigos del pueblo". Su palabra en sentido contrario para mí y otros no vale, los políticos prometen e incumplen según les convenga (y AMLO no es la excepción, aunque millones crean que sí). No sería la primera vez que López Obrador faltara a su palabra. De hecho, en el escrito donde se compromete a no buscar la reelección (un documento con valor meramente simbólico, mas no legal) introduce una frase que podría considerarse como "la letra chiquita": "Ciertamente, fue elegido para ejercer la presidencia durante un sexenio, pero según nuestra Carta Magna tiene en todo momento el derecho de cambiar la forma de su gobierno; es decir, el pueblo pone y el pueblo quita". Y finaliza señalando: "También les digo con sinceridad y en buena lid que deseo de todo corazón y con toda mi alma que lo logrado para entonces sea muy difícil de revertir y que el país no retroceda a los inmundos y tristes tiempos en que dominaba la mafia del poder".[80] Lo que más bien generó nuevas dudas sobre su eventual reelección, más que la certeza de que no la buscaría. Si a su juicio no hay aún garantía de que su proyecto no hubiera arraigado lo suficiente, y retrocediéramos a "los inmundos y tristes tiempos" del neoliberalismo, ¿no apelaría a ello para buscar su permanencia en el poder por un tiempo más? Sobre todo considerando que él se piensa como el único capaz para dirigir dicha transformación. Así lo sugirió al abandonar el PRD para formar su partido Morena: "Mis adversarios han auspiciado una campaña para pedir el retiro de la vida pública [...] desean que allane el camino para dar paso a un liderazgo moderado, conciliador y, en una de esas, hasta colaboracionista".[81] Si eso pensaba antes de llegar a la presidencia, ¿no podría seguir siendo cierto hacia 2024?

El no tan probable (pero no descartable) escenario de reelección se concretaría pues en caso de reunirse varias condiciones: *a)* Que AMLO considerara que tiene el ánimo y la salud para continuar en la presidencia por seis años más, algo que no necesariamente ocurriría dado el desgaste que implica el ejercicio del poder. *b)* Que considerara que su misión de transformar el país no hubiera avanzado lo suficiente como para garantizar su continuidad, por lo que exigiría —en su óptica— mantenerse en la presidencia por más tiempo. *c)* Que contara con mayoría calificada en ambas cámaras del Congreso (algo indefinido por ahora) y el control de los congresos locales suficientes para modificar la Constitución (algo casi seguro). *d)* Que contara aún con una elevada popularidad que se tradujera en el visto bueno de la mayoría tanto para cambiar la Constitución como para votar por su reelección en 2024. Sin dicho apoyo, aun los presidentes de la época hegemónica que contaban con mayorías legislativas abrumadoras, no dieron ese paso por la posible reacción ciudadana en contra. En cambio, ahora algunas encuestas muestran la disposición de cerca de la mitad de ciudadanos a favor de la reelección presidencial, y de reelegir a López Obrador en 2024.

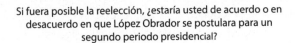

Si fuera posible la reelección, ¿estaría usted de acuerdo o en desacuerdo en que López Obrador se postulara para un segundo periodo presidencial?

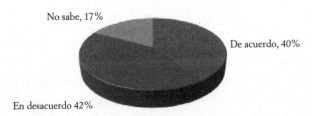

No sabe, 17%

De acuerdo, 40%

En desacuerdo 42%

Si se permitiera la reelección y Andrés Manuel López Obrador se
postulara para un segundo periodo de gobierno, ¿usted votaría
o no votaría por él?

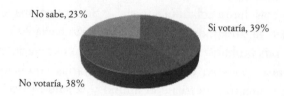

No sabe, 23%

Si votaría, 39%

No votaría, 38%

GEA-ISA, diciembre de 2018.

Desde luego no es sencillo que dichas condiciones se den de manera simultánea. Pero de cumplirse, entonces no habría impedimento para que López Obrador buscara su reelección exitosamente. De faltar alguna de estas condiciones, seguramente desistiría de ese intento.

La locura del poder

Diversos filósofos han advertido desde hace siglos el carácter adictivo del poder, así como el efecto distorsionador de la realidad que suele generar. Y también las alteraciones que tiende a provocar en la personalidad (prepotencia, soberbia, sensación de infalibilidad, aires de grandeza, megalomanía, paranoia, etcétera). Es como una droga poderosa que genera adicción y provoca alucinaciones. Y eso explica los esfuerzos por retenerlo, y también el efecto depresivo que suele acompañar el momento de tener que dejarlo. De ahí que numerosos pensadores políticos hayan advertido que "el poder enloquece". Maquiavelo recomendaba al Príncipe rodearse de asesores que no dudaran en decirle la verdad tal cual, pues los aduladores tienden a aislar al gobernante de la realidad y fomentar sensaciones de injustificada superioridad. Y ello puede provocar desvaríos que repercuten en las decisiones que se toman desde las alturas. Zapata no quiso fotografiarse en la silla presidencial porque estaba embrujada. El propio López Obrador ha dicho que el poder "hace tontos a los listos, y locos a los tontos". O podría decirse, a los listos primero los hace tontos, y después los vuelve locos.

Pero si bien el poder puede provocar cierto tipo de locura, el no poder (no conseguir lo que se pretende desde ahí) puede profundizarla aún más. Ante una estrategia que muestra ser fallida en cualquier campo, puede haber dos reacciones básicas del gobernante: *a)* La del estadista que acepta que sus decisiones no fueron adecuadas, que cometió errores y conviene corregir el rumbo, pese al orgullo herido. *b)* La del político menos sensato y más orgulloso, que se enconcha en su determinación, engañándose sobre que las cosas van bien pese a las evidencias, o se convence de que su fracaso se debe a sus adversarios y no a sus malas decisiones. En este caso puede tomar medidas más exasperadas e insensatas. Justo eso ocurrió en el último año de los gobiernos de Luis Echeverría y José López Portillo; el fracaso los llevó a cometer desvaríos que profundizaron aún más las crisis por ellos generadas.

Me temo que eso podría ocurrir a López Obrador, si la realidad insiste en contradecir sus múltiples fantasías. Quizá una muestra de eso la vimos ya al acusar AMLO un posible golpe de Estado como consecuencia del descalabro de Culiacán y el descontento expresado por algunos militares. Eso, aunado a la preocupación de que la economía no responde como se esperaba. Lo cual podría provocar que sus ambiciosos proyectos no funcionen, de modo que lejos de trascender a la historia al nivel de los padres y adalides de la patria —como pretende—, lo haga como otro presidente más que falló, que defraudó, que decepcionó, como tantos ha habido y hoy pueblan el "basurero de la historia". La propensión a descalificar a sus adversarios quizá no sólo responda a un guión que han utilizado históricamente diversos gobernantes, sino que va acompañada de genuino enojo. Es la frustración de no conseguir lo que se persigue y eso puede llevar a medidas descabelladas que, lejos de solucionar los problemas, pueda profundizarlos. Sobre ello reflexiona Blanca Heredia: "El introducir el tema del golpe de Estado tiene que ver con un gobernante que frente a su primera crisis importante pudiera estar, en lugar de intentando recuperar y rearmar la dignidad y el poder del Estado y del gobierno, más bien intentando erigirse, insisto, desde el gobierno, en pueblo acosado y, por tanto, libre para actuar sin freno".[82] Por su parte, Denise Dresser reflexiona:

Un presidente que se percibe a sí mismo como totalmente trascendental piensa que inevitablemente los franquistas o los pinochetistas o los huertistas o los hitlerianos tratarán de frenarlo. Su grandilocuencia lo llevará a urdir una amenazante y peligrosa resistencia. Inventará huestes y cabalgatas y motines y polvorines y estampidas de conservadores empeñadas en quitarlo del pedestal sobre el cual él mismo se ha colocado [...] Demasiado suspicaz, frecuentemente histriónico, presa de una peculiar paranoia que Elias Canetti describía como la enfermedad del poder.[83]

De ser así, en la medida en que las cosas no salgan como el presidente espera, más que correcciones —que muchos esperaríamos—, podría haber mayores y más graves desatinos. Y buscar salirse con la suya como sea (incluso pasando por alto la Constitución, como vimos en el caso de la CNDH). Si en cambio consigue éxitos, podría serenarse y tomar decisiones más racionales. Pero eso difícilmente será por un golpe de suerte, sino por decisiones atinadas y oportunas. Así pues, entraremos en un círculo virtuoso si —por la razón que sea— las cosas mejoran. O en un círculo vicioso, si desmejoran.

Entre la Biblia y Maquiavelo

Algo que distingue a López Obrador de otros presidentes es su frecuente recurso a frases religiosas y bíblicas. No mantiene su fe en el ámbito privado, la expone públicamente cada vez que puede. De ahí la comparación que algunos críticos hacen de las mañaneras con una homilía, y sus dichos con sermones desde ese elevado púlpito. En más de un caso sí lo son, como cuando advierte que los mentirosos no deben ir a misa pues eso sería una hipocresía farisaica. Y llama a la tolerancia ante el uso de edificios públicos por parte de alguna iglesia de corte protestante (la Iglesia de la Luz del Mundo, cuyo pastor espiritual, considerado el Apóstol de Jesucristo, Naasón Joaquín García, fue detenido en Estados Unidos por pederastia y pornografía infantil). En tal caso —antes de la detención de ese pastor— apeló a la tolerancia. Pero no se le cuestionaba que hubiera intolerancia a esa iglesia en particular, sino que se vinculara lo público con lo religioso (considerando que México tiene formalmente un Estado laico). Pues justo el Estado laico implica tolerancia a todas las creencias, a todas las religiones y a los agnósticos o ateos. Pero eso mismo exige que el Estado no promueva ni defienda a ninguna en particular, pues pone en desventaja (y eventualmente en riesgo) a las demás creencias.

Llamó la atención, por ejemplo, que al asumir la candidatura presidencial ante uno de sus aliados en 2018, el evangélico Partido Encuentro Social, se hayan leído pasajes del Antiguo Testamento, y se haya comparado a AMLO con algún profeta bíblico. Por su vocación religiosa, AMLO recurre frecuentemente a frases bíblicas, y algunos de sus discursos adoptan un tono de sermón. Aquí hay un ejemplo claro de eso: "Debemos insistir en que hacer el bien es el principal de nuestros deberes morales. El bien es una cuestión de amor y de respeto a lo que es bueno para todos. Además, la felicidad no se logra acumulando riquezas, títulos o fama, sino estando bien con nuestra conciencia, con nosotros mismos y con el prójimo".[84]

Y también: "Desde el Antiguo Testamento hasta nuestros días, la justicia y fraternidad han tenido un lugar preponderante en la ética social".[85] Incluso introduce temas religiosos al hablar de políticas públicas específicas. Cuando el presidente estadounidense, Donald Trump, amenazó con elevar los aranceles a productos mexicanos, por temas de inmigración, López Obrador se dijo esperanzado en la presión que el pueblo estadounidense ejercería sobre su presidente por ser un pueblo cristiano, y por tanto, preocupado por el bienestar del prójimo (en este caso, los mexicanos).[86] Sin embargo, más que oír un llamado a la unidad y reconciliación, prevalecen frases de división y confrontación contra los "malos" (conservadores, fifís, minorías rapaces). Es decir, en su discurso prevalece más el tono persecutorio e intolerante de Jehová que el conciliatorio de Jesús. Y presenta a Jesús más como un revolucionario (tipo Lenin, Castro o Che Guevara), que como un maestro espiritual (tipo Buda o Lao Tse). Repite frases como: "La verdad es revolucionaria y cristiana; la mentira es reaccionaria, del demonio". Él mismo aclaró que el nombre de su hijo menor responde a esa síntesis: Jesús (por Jesucristo) y Ernesto (por el Che Guevara).[87]

Pero en política no conviene cumplir cabalmente los preceptos religiosos, decía Maquiavelo. Si deseas cumplir los preceptos evangélicos, no incursiones en la política, pues ahí no podrás cumplirlos. O bien si quieres avanzar en la política, olvídate de la moral cristiana. Eso sí, en un país religioso el Príncipe debe usar ese lenguaje y aparentar en todo ser un devoto feligrés. Eso da bonos entre los ciudadanos y consigue votos. De ahí que diversos líderes —generalmente demagogos y populistas— recurran a ese lenguaje y se presenten como hombres profundamente religiosos, y utilicen esos preceptos en sus discursos. Decía por ejemplo Hugo Chávez: "Los ricos que sean dignos, salgan de su riqueza, como dijo Cristo mi Señor". "Esta revolución es profundamente cristiana". "Cristo es uno de los más grandes revolucionarios". Y hemos visto también dictadores asesinos (como en España, Chile o Argentina) asistir diario a comulgar al templo, y oír devotamente misa.

Sin embargo, la política exige engañar, prometer y después incumplir, sobornar, pasar por encima de intereses legítimos de otros, y frecuentemente cosas peores. López Obrador se presenta como alguien esencialmente impoluto, seguidor del evangelio, un ave cuyo plumaje no se mancha, con la conciencia tranquila. Y desde luego, desprecia discursivamente la máxima maquiavélica de que "el fin justifica los medios". Pero ha demostrado ser suficientemente maquiavélico, al menos en grado suficiente para triunfar políticamente (en 2018). Sí mantuvo esos principios esenciales en 2006 y 2012, pero —como Maquiavelo preveía— le entorpecieron su triunfo (como no pactar con impresentables de otros partidos, no flexibilizar sus principios, no ofrecer cosas que sabía que no podría cumplir). Cambió la estrategia en 2018, ofreciendo un paraíso inalcanzable —como hacen otros políticos, no tan impolutos—, y abrió las puertas del partido a quienes en 2006 las había cerrado; políticos con pasados oscuros, impresentables, defraudadores electorales, enemigos ideológicos, todo aquel que pudiera aportar algo al éxito electoral de Morena. Desde el gobierno, también conviene predicar el evangelio, pero no seguirlo puntualmente.

XIX. LA HOGUERA DE SAVONAROLA

Como ya se mencionó antes, el idealismo político —en contraposición al realismo político— concibe la posibilidad de que surjan reyes, gobernantes y líderes impolutos moralmente, en cuyo caso no hay necesidad de los pesos y contrapesos de la democracia para cuidar el interés social; por el contrario, conviene concentrar el poder en sus manos, pues lo utilizarán para el bien social, no en beneficio de sí mismos. Dado que dicho idealismo parte de que el hombre es bueno por naturaleza, pero son las circunstancias sociales y políticas las que lo hacen malo, es posible cambiar tales condiciones y entonces el hombre, masivamente, se tornará bueno, honesto, altruista; el "hombre nuevo" del que hablaba san Pablo, pero a nivel masivo. Una utopía que ha sido ensayada históricamente en varias ocasiones y que no se ha traducido en ese "hombre nuevo". En esa tradición se encuentran el propio Platón, San Agustín, Rousseau, Bakunin y Marx. A través de una república platónica, una teocracia católica, una democracia idealista, un socialismo utópico, un anarquismo o un comunismo marxista, surgirá ese "hombre nuevo" colectivamente. Decía Rousseau que un ejemplo de hombre no contaminado por la civilización (y la propiedad privada) se hallaba en América: el noble salvaje. Según él, los indígenas de América "no tenían entre sí ninguna especie de relación [...] no conocían la vanidad ni la consideración, ni la estima, ni el desprecio; no tenían la menor noción del bien ni del mal, ni alguna idea verdadera de la justicia [...] ni siquiera pensaban en la venganza".[1] En el idealismo bastaba con volver a los orígenes del hombre a través de alguna forma de organización social para rescatar la nobleza, el altruismo y la generosidad innatos del ser humano, pero contaminados por la explotación de unos sobre otros, productos de la complejidad social.

En contraposición, el realismo político (con Maquiavelo, Hobbes, Locke, Voltaire y Madison como principales exponentes) señala que en el hombre prevalece el egoísmo por naturaleza, lo que lo lleva a buscar primero su bienestar por encima del de los demás, incluso si debe afectar a estos últimos ("el hombre es el lobo del hombre", de Hobbes). Algunos de estos pensadores aceptan la posibilidad de que ciertos hombres logren alcanzar un genuino altruismo y desprendimiento, pero de manera excepcional; el resto mantendrá sus tendencias egoístas. Así, decía Charles Dickens sobre el mito del noble salvaje: "Es extraordinario cómo algunas personas hablan del buen salvaje como si hablaran de los buenos viejos tiempos [...] No creo en lo más mínimo en el buen salvaje. Lo considero una prodigiosa molestia, una enorme superstición [...] Sus virtudes son una fábula: su felicidad, una ilusión; su nobleza, una tontería".[2] Por ello, para el realismo político la convivencia civilizada exige un Estado fuerte (*Leviatán*), que a su vez aplique las leyes de convivencia social, castigando a quienes la incumplan (el derecho coercitivo). Puede haber diversidad de leyes y organizaciones políticas, pero sin dicho Estado y sin leyes coercitivas surgirá una anarquía política, una lucha de todos contra todos, la ley de la selva. "Es manifiesto que durante el tiempo en que los hombres viven sin un poder común que los atemorice a todos, se hallan en la condición o estado que se denomina guerra; una guerra tal que es la de todos contra todos", decía Hobbes.[3] Y acto seguido, para evitar el abuso de poder de los gobernantes (egoístas también), surgen los pesos y contrapesos institucionales propios de la democracia (Maquiavelo, Locke, Voltaire, Hamilton), justo porque no se puede confiar en el carácter bondadoso de los hombres, ni de quienes logran ocupar el poder para gobernarlos.

En López Obrador prevalece el idealismo político, la idea de que "los seres humanos no son malos por naturaleza; son las circunstancias las que llevan a algunos a tomar el camino de las conductas antisociales".[4] De ahí su convicción de que su gobierno podrá realizar una revolución de las conciencias, una *república amorosa*, donde los mexicanos se volverán honestos, solidarios, fraternales: "Por eso, no vemos otra salida que no sea la de renovar, de manera tajante, la vida pública de México; y ello implica, sobre todo, impulsar una nueva corriente de pensamiento sustentada en los valores de la dignidad, la honestidad y el amor a nuestros semejantes".[5]

Asimismo, en la declaración de principios de Morena se lee: "No hay nada más noble y más bello que preocuparse por los demás y hacer algo por ellos, por mínimo que sea. La felicidad también se puede hallar cuando se actúa en beneficio de otros, [...] cuando se hace algo por la colonia, la colectividad, el pueblo o el país". Incluso AMLO define ser de izquierda a partir de esos principios más que de ciertos proyectos económicos o sociales: "Ser de izquierda, en nuestro tiempo y circunstancia, más allá de otras consideraciones, es actuar con honestidad y tener buen corazón".[6] Podría ésta ser también la definición de un buen cristiano, o de un buen budista, tal como lo define el propio presidente: "¿Qué es en esencia el cristianismo? Es el amor, la fraternidad".[7] No habría pues diferencia básica entre ser cristiano o ser de izquierda: "La verdad es revolucionaria [y] cristiana; la mentira es reaccionaria, es del demonio".[8] De tal idea también se desprende el tono bíblico y de predicador que frecuentemente adopta en sus discursos y mítines (al ser nombrado candidato del Partido Encuentro Social, de corte confesional y evangélico, se leyó una homilía y se le comparó con los grandes profetas). Un ejemplo de dicha vinculación entre el discurso político y la prédica moral, cuasirreligiosa, es el siguiente: "El propósito es contribuir a la formación de mujeres y hombres buenos y felices, con la premisa de que ser bueno es el único modo de ser dichosos. El que tiene la conciencia tranquila duerme bien, vive contento. Debemos insistir en que hacer el bien es el principal de nuestros deberes morales".[9]

Para lograr la regeneración masiva de la sociedad, AMLO retoma la idea de elaborar una constitución moral, que será confeccionada por filósofos, humanistas y ciudadanos rectos: "Una vez elaborada esta constitución moral vamos a fomentar valores por todos los medios posibles. Los contenidos serán transmitidos en las escuelas, en los hogares y a través de impresos, radio, televisión y redes sociales". Y se convocará a los adultos mayores "a participar de manera voluntaria, para destinar un poco de su tiempo a dar consejos sobre valores culturales, cívicos y espirituales a sus hijos, nietos y otros miembros de la familia".[10] Habrá también campañas de moralización por parte de los jóvenes, la nueva generación de la Cuarta Transformación: "Los jóvenes pueden emprender la indispensable labor de crear una nueva corriente de pensamiento para construir una república amorosa con dimensión social y grandeza espiritual".[11] De esa forma, esa constitución permeará en el ánimo nacional y entonces surgirá una nueva moral y cultura de la honestidad, armonía, justicia y amor, que a su vez se traducirá en una felicidad generalizada: "Luego entonces el propósito es contribuir a la formación de mujeres y hombres buenos y felices, con la premisa de que ser bueno es el único modo de ser dichoso".[12] El objetivo, desde luego, es loable. El problema es que históricamente se ha detectado que los catecismos de todo tipo, incluso cuando llegan a internalizarse por sus receptores (lo que no siempre sucede), dejan de funcionar cuando el costo de cumplirlos es elevado en términos de riqueza, poder, oportunidades de ascenso social o profesional, ambiciones que difícilmente se borran con una educación moral o doctrinaria, por lo cual es imprescindible aplicar con sistematicidad penalizaciones legales cuando se incurre en conductas socialmente perjudiciales.

El propio AMLO es consciente de su idealismo, pero lo rodea de un aura de romanticismo y heroísmo dignos de exaltación: "Siempre existirán los señalados como idealistas, locos, soñadores, mesiánicos o simplemente humanistas que buscarán el triunfo de la justicia sobre la codicia y el poder".[13] Por lo pronto se ha publicado y se empieza la distribución de la *Cartilla moral* elaborada por Alfonso Reyes, una moral cívica y social que en buena parte ha dejado de tener vigencia. Pero el optimismo de López Obrador sobre la transformación moral —uno de los principales objetivos de la Cuarta Transformación— lo lleva incluso a pensar que, en poco tiempo, "no habrá necesidad de cárceles".[14] Tal como pensaban los anarquistas.

Pero el otro lado de la prédica moral es la de condenar con dedo flamígero a quienes se le oponen en algún tema a partir de acusaciones sobre su moralidad pública, bajo valores personales que rebasan el marco legal. Lo suficiente para generar animadversión pública y justificar el debilitamiento, la sumisión o la desaparición de la institución en cuestión. Es algo también típico del populismo. Así, el Partido Popular de Estados Unidos (1890) hablaba de sus adversarios como "los plutócratas, los aristócratas y todas las demás ratas".[15] De este modo Manuel Bartlett —entre todas las personas—, en presencia de López Obrador, leyó una lista de la ignominia acusando a varios exfuncionarios de gobiernos anteriores de haberse empleado en la iniciativa privada en temas relacionados con sus funciones públicas, lo que la ley impide sólo por un año tras dejar el cargo. Ninguna de esas personas había roto la ley, pues habían respetado los plazos estipulados. Silva-Herzog señaló al respecto:

> Ninguno de ellos recibe una acusación legal. Nadie enfrenta un proceso jurídico, nadie tiene oportunidad de defenderse en tribunales para limpiar su imagen. El jurado y el verdugo son el propio presidente de la República [...]
>
> Es sólo él quien ha inventado la infracción moral [...] El puritano los llama pecadores inmorales. Ese lenguaje de inquisidor implacable ha vuelto al discurso público [...] El presidente empleando su gigantesco poder para aniquilar moralmente a sus adversarios.[16]

Bartlett aclaró poco después ante las protestas y críticas a su labor inquisitorial: "La defensa orquestada, rabiosa, evidencia los intereses que representan los exfuncionarios ofendidos y sus defensores; los intereses de los beneficiarios de la privatización [...] de todo el sector público. Defienden sus intereses económico-políticos, oligárquicos, de clase, de casta". Y los comparó con la oligarquía española del Virreinato: "Esta casta divina reclama que no se venere su nombre [...] ¿Cómo se atreven plebeyos a tocar siquiera con el pétalo de una rosa a su casta divina?".[17] Y esa diatriba se debe a que los exfuncionarios decidieron trabajar en la iniciativa privada al no tener ya un cargo público, sin violar la ley, y en el caso de los críticos, por considerar que ese linchamiento moral no se corresponde con una democracia cabal, sino justo lo contrario. Todo crítico, por la razón que sea, en automático se constituye como parte y defensor del neoliberalismo aunque no lo haya sido, pero cuestionar a AMLO implica pertenecer a los enemigos del pueblo y del país, defensores de los privilegios, o bien corruptos, o incluso quienes trajeron en su momento a Maximiliano. Sin embargo, a los conflictos de interés o casos de nepotismo que aparezcan en miembros del gobierno se les trata con un rasero estrictamente legal; mientras no se violente la ley, no hay problema.

Está también el caso del director de la Comisión Reguladora de Energía, Guillermo García Alcocer, que al opinar sobre la falta de idoneidad de tres propuestas de López Obrador para integrarse al consejo de ese organismo fue de inmediato acusado de tener conflicto de intereses. Claramente se trataba de intimidarlo; el uso de la justicia con fines políticos, como lo hacía el PRI. Sobre esto opinó Riva Palacio que "la persecución de García Alcocer y su familia, la destrucción de su fama pública y su estigmatización como corrupto es un camino que hay que observar porque se va a repetir".[18] Y la presidenta de la Comisión Federal de Competencia Económica (Cofece), Alejandra Palacios, osó cuestionar un contrato del gobierno con el grupo de Ricardo Salinas Pliego por adjudicación directa (algo que por años condenó AMLO), justo por contravenir la competencia económica.[19] Acto seguido, se le convocó a comparecer al Senado para que explicara las razones de su opinión, aunque ya lo había hecho públicamente. Era evidente que se trataba, de nuevo, de intimidación política. También López Obrador amenazó con condenar públicamente a los legisladores que voten en contra de sus proyectos, así estén cumpliendo su labor en libertad de conciencia o a partir de la plataforma de sus respectivos partidos: "Voy a decir estos votaron a favor, estos votaron en contra, así abiertamente […] Fuera máscaras".[20] En junio de 2019 García Alcocer renunció a la CRE, quedando ésta exclusivamente en manos de leales a López Obrador, y perdiendo por ende toda autonomía.

Algo semejante ocurrió cuando se dijo que se investigaría a los empresarios vinculados a una serie televisiva sobre el populismo en América Latina que se intentó circular durante la campaña electoral y que incluía a AMLO entre los personajes populistas. No circuló la serie en su momento, pero López Obrador quedó con ese resentimiento y decidió que se investigara a quienes pudieron haber estado detrás de esa campaña, lo cual implicaba una nueva intimidación o persecución por razones ideológicas. Se decía que podía haber en efecto algún ilícito en el movimiento del dinero sobre dicho documental, pero en tal caso se estaría dando prioridad a casos vinculados con adversarios más que con otros de mayor magnitud, como Odebrecht o la Estafa Maestra, que al parecer caían en el pacto de impunidad entre Peña Nieto y AMLO. También surgió la lista de periodistas y analistas que recibieron dinero público de publicidad o de contratos, presentada de forma sesgada (sólo 1%) y con ánimo de linchamiento, lo mismo que becarios de la cultura (a través del Fondo Nacional para la Cultura y las Artes), sobre lo cual comentó José Luis Martínez:

> ¿Está mal informar sobre quienes han recibido o reciben dinero público? No, desde luego, pero no de la manera como se ha hecho: sin contexto, dando a conocer algunos nombres, omitiendo otros, pretendiendo minar el prestigio de los mencionados, provocando la indignación de las mentes sutiles, como las llama Emmanuel Carrère [...] Para algunos es intolerable la presencia constante de ciertos creadores entre los beneficiarios, ¿está prohibido? ¿Es ético exhibirlos en una infografía, como si fueran delincuentes? [...] ¿han infringido las reglas?, ¿han incumplido sus compromisos?, ¿realmente reciben estímulos "entre la opacidad y el despilfarro"?[21]

En esa misma lógica de linchamiento público más allá de la ley se ubica la consulta pública —de nuevo, fuera del marco constitucional— para que el pueblo decida si debe investigarse y en su caso penalizar a los expresidentes recientes (desde Salinas de Gortari hasta Peña Nieto). Las faltas por las cuales tendrían que ser juzgados según López Obrador serían: a Salinas por su política de privatización; a Zedillo por el Fobaproa, convirtiendo deuda privada en pública; a Fox por su traición a la democracia y el fraude electoral de 2006; a Calderón por utilizar la fuerza en materia de seguridad pública, y que "convirtió al país en un cementerio", y a Peña Nieto por corrupción. Podría no haber ilegalidad en la privatización de Salinas, en el Fobaproa (pues el Congreso lo avaló), en la traición de Fox a la democracia (el Tribunal Electoral lo exoneró), o en la estrategia militar de Calderón; no importa. En cambio sí podría haber responsabilidad penal por corrupción en el caso de Peña Nieto. Desde luego, no se descarta que esos presidentes hubieran cometido faltas a la ley, corrupción, fraude electoral u otros ilícitos, pero la aplicación de la ley no es algo que se deba someter a consulta pública, sino que debe aplicarse cuando hay pruebas de que fue violentada. Consultar sobre si la ley debe aplicarse o no constituye una aberración legal que vulnera, en lugar de fortalecer, el Estado de derecho. Y como AMLO ha hablado de mejor hacer un "borrón y cuenta nueva" con los corruptos del pasado inmediato, dicha consulta más bien parece tener el propósito de linchar políticamente a quienes formaron parte del neoliberalismo, incluso acusados de eso mismo (dado que para AMLO el neoliberalismo, al parecer, es un crimen en sí mismo). Difícilmente eso se traducirá en la aplicación de la justicia; quedará en mera estigmatización moral y mediática de los expresidentes sin que se les demuestre algún ilícito, aunque lo hubieran cometido. Serían condenados culpables por la opinión pública por su adhesión al neoliberalismo. El objetivo lo aclaró el propio AMLO: "Yo soy partidario de hacer un juicio al régimen neoliberal más que encarcelar a estos personajes".[22] No se dejaría con ello un precedente eficaz para terminar con la impunidad y fortalecer el Estado de derecho, sino que se usaría la máxima tribuna pública para denostar personajes por su falta de moral, según el presidente, o peor aún, por su ideología económica. Una especie de inquisición moderna, una cacería moral de brujas por fuera de la ley, sin debido proceso ni algo que se le parezca. Como dice Luis Cárdenas:

> Es jurídicamente imposible, por donde quiera que se le vea, iniciar un juicio penal por voluntad popular, violenta tratados internacionales, violenta la concepción misma del derecho [...] Si robaron, si cometieron fraude o si fueron responsables de genocidio no habrá castigo alguno, porque el juicio de López trasciende a la carne y al hueso, juzga una forma de ver el mundo, es como un Dios que juzga el pecado neoliberal, tecnócrata, el pecado original de los nuevos tiempos.[23]

Suena más a populismo que a democracia. Tal como concluye Ricardo Homs: "Cuando la respuesta a una opinión diferente es una burla, una ironía o de plano el ejercicio del poder en contra del revoltoso [...] esto se convierte en un show mediático, aprovechando la influencia del poder gubernamental, el mensaje que reciben los mexicanos es que no hay permiso para pensar diferente. Que simplemente hay que ver, oír y callar".[24]

Es algo que recuerda el viejo apotegma virreinal de "callar y obedecer". La consulta sobre los expresidentes quedó congelada en virtud de que no se había reformado la Constitución para modificar esa figura, si bien se podía tomar como un pretexto para no llevarla a cabo porque podría afectar el pacto de impunidad presuntamente celebrado con Peña Nieto (tampoco era posible no incluir su nombre entre los presuntos culpables de corrupción, pues ese probable pacto se haría más evidente aún).

Vino también la amenaza de AMLO en junio de 2019 frente a quienes interpusieron distintos amparos para detener el aeropuerto de Santa Lucía, así como la destrucción física del aeropuerto de Texcoco. El Poder Judicial determinó en efecto detener Santa Lucía hasta que hubiera estudios pertinentes, pues López Obrador pretendía iniciar los trabajos sin aquéllos. Y también determinó inundar las obras en Texcoco, lo que implicaría un costo adicional de 1 600 millones de pesos, para evitar que en el futuro alguien pudiera decidir resucitar ese proyecto (ante la eventual suspensión o fracaso de Santa Lucía). Probablemente le resultaría intolerable que el símbolo del neoliberalismo —y con el sello de Peña Nieto— resurgiera de sus cenizas. El enojo por dichos fallos del Poder Judicial fue tal, que una vez más amenazó con exhibir a quienes habían interpuesto esos recursos —presumiblemente los empresarios Claudio X. González hijo y Gustavo de Hoyos—, para quizá acusarlos de corrupción o defender intereses oscuros. Algo que la Barra Mexicana de Abogados consideró como una interferencia del Poder Ejecutivo sobre el Judicial, y que lastimaría el Estado de derecho. Escribió al respecto Roberto Gil Zuarth:

> Para el presidente, el litigio es un acto de traición. Una confabulación de la mafia del poder para estropear la cuarta transformación. En la cosmovisión presidencial, intereses inconfesables promueven las acciones y manipulan a los jueces a que concedan razón provisional o definitiva. No es relevante que el proyecto del aeropuerto en Santa Lucía carezca de los permisos y estudios que exige la ley.
>
> Con su advertencia, el presidente no sólo disuade a ejercer el derecho de acceso a la justicia, sino que también amaga a los juzgadores a no interponerse en sus designios. La descalificación desde el púlpito del poder de las acciones legales y resoluciones judiciales emitidas, es una forma de presión externa sobre la autonomía judicial.[25]

En contraste, se libera a aliados políticos sujetos a proceso o ya condenados, bajo el argumento de que son "presos políticos". Algo delicado, pues esa categoría es un estatus jurídico que debe justificarse antes de proceder a la liberación consecuente. Según explica el exministro de la Suprema Corte José Ramón Cossío:

> ¿Qué resulta al contrastar los hechos imputados a cada una de las personas cuyos casos se están revisando, frente a los criterios generales para identificar la condición de preso político? [...] ¿Cómo se podría determinar si los liberados son en efecto de verdad "presos políticos" o si son personas acusadas de la comisión de delitos ordinarios a las cuales se les quiere liberar anticipadamente por ciertas razones políticas?

En tal caso, una consecuencia de ello podría ser la ampliación "de la impunidad por la relación entre el delincuente y movimientos políticos", y "se estaría dejando a la autoridad administrativa la definición de la calidad de preso político", afectando gravemente el Estado de derecho.[26]

Viene después el tema de la doble moral de AMLO y sus seguidores. Se basa en aplicar distintos criterios de evaluación a los opositores y rivales respecto de las que se aplican a sí mismos, al partido o al propio líder. En términos generales el axioma es: "Lo que era condenable en los rivales, se justifica perfectamente en AMLO y Morena". Así, al advertirle que en sus consultas populares (Tren Maya y Texcoco) no había vigilancia alguna del voto, AMLO respondió que Morena no los necesitaba, pues no era un partido tramposo. Pese a lo cual se pudo inferir por los resultados que en algunas casillas hubo llenado de boletas, como lo hacía el PRI en los viejos tiempos (pues ahí se registraron hasta 11 votos por minuto de manera ininterrumpida durante toda la jornada electoral, algo imposible). Igualmente, al cuestionársele la asignación directa en varios contratos —algo que él previamente había condenado—, la respuesta de AMLO fue que con él no se aplicaban dichos controles porque "no tenemos problemas de conciencia".[27] Algo muy extraño; la ley y los controles institucionales deben aplicarse sólo a los corruptos; no son algo que ayude a prevenir la corrupción, sino que sólo vale para quien ya es corrupto. A los honestos (e incluso a los autoproclamados así) no es necesario aplicarles tales prevenciones y controles legales, pues su pasado de honestidad les impide cometer alguna falta a futuro. Y la honestidad y buena fe de AMLO le permiten justificar plenamente que incurra en aquello que condenó en otros (sus rivales), así sea en temas que rebasan la moral.

Igualmente, al nombrar en distintos cargos a gente leal pero sin experiencia en el ramo correspondiente, López Obrador suele señalar que entre la experiencia y la honestidad, prefiere lo segundo. "Antes era al revés, noventa por ciento de experiencia [...] buenísimos, además charlatanes, eso sí muy corruptos, firmaban todo por tener salarios de 300 000 pesos mensuales".[28] Un falso dilema, como si no hubiera personas con capacidad, preparación y experiencia que al mismo tiempo sean honestas. Para el presidente no es posible reunir experiencia y capacidad sin ser corrupto; y de ahí su permanente descalificación de los expertos en distintos temas que le cuestionan alguna decisión o política con argumentos racionales e información; les responde descalificándolos ideológicamente (conservadores, neoliberales, golpistas) o bien moralmente (corruptos, defensores de sus privilegios). Casi nunca responde con otros argumentos racionales. La fusión deliberada entre legalidad y moral le permite a AMLO fustigar a adversarios que, aunque no hayan roto la ley, a sus ojos han violentado la moral (su moral), pero el predicador no tiene por qué someterse al marco legal vigente, pues su honestidad —determinada y proclamada por él mismo a los cuatro vientos— le exime de dicha obligación de carácter universal. Es lo que se llama "legalismo discriminatorio", consistente en que "sólo una parte del pueblo disfrutará de la total protección de la ley; aquellos que no pertenecen al pueblo [los adversarios] o peor aún, quienes puedan ser sospechosos de trabajar contra el pueblo, deberán ser tratados con dureza" (moral o legalmente, según el caso).[29] Así, sobre el hecho de que AMLO reprodujera esencialmente la estrategia de seguridad que tanto condenó en Calderón, comenta Epigmenio Ibarra, uno de sus publicistas: "No es lo mismo el ejército al que un megalómano como Calderón ordena salir del cuartel a matar y morir que el que, comandado por López Obrador, tiene la tarea de prestar seguridad a la población respetando los derechos humanos".[30] Un fenómeno típico de los populismos: "Claramente, la percepción entre los simpatizantes de los populistas es que la corrupción y el amiguismo no son problemas genuinos siempre y cuando parezcan medidas emprendidas por el bien de 'nosotros'", dice Werner.[31] Y agrega: "Los populistas terminarán

haciendo lo mismo que el 'viejo sistema' o las 'élites inmorales corrup-
tas' supuestamente han hecho siempre, sólo que, como era de esperarse,
lo harán sin culpa y con una justificación supuestamente democrática".[32] Esto recuerda a lo dicho por Evo Morales, quien sostiene que él
como representante del pueblo no tiene por qué someterse a ninguna
ley que lo limite: "Por encima de lo jurídico, es lo político. Quiero que
sepan que cuando algún jurista me dice: 'Evo, te estás equivocando
jurídicamente, eso que estás haciendo es ilegal', después les digo a los
abogados: 'Si es ilegal, legalicen ustedes; ¿para qué han estudiado?'".[33]
AMLO, por su parte, declaró que entre la ley y la justicia, optaba por la
segunda. Todo lo cual evoca aquello que señaló el ciudadano que acompañó a Echeverría durante buena parte de su campaña, y es citado por
Cosío Villegas en su libro sobre ese presidente; don Luis le parecía un
hombre bien intencionado, pese a lo cual esperaba que "no nos resulte
un fanático, un Savonarola, porque entonces habría que quemarlo en
la plaza pública".[34]

XX. ¿ESTADO DE DERECHO O ESTADO DE CHUECO?

El presidente López Obrador ha insistido —correctamente— en la necesidad de que en México surja un auténtico Estado de derecho, porque lo que hemos tenido hasta ahora es un Estado de chueco (frase tomada de Gabriel Zaid). Desde luego. De nuevo, el problema es la ruta para conseguir ese Estado de derecho. De no aplicar las recetas históricamente comprobadas, se estará dando vueltas en círculo o peor aún, se puede desandar algo de lo poco, mucho o regular caminado hasta ahora. Podría ser el caso en este gobierno, pese a que en su primer informe de gobierno AMLO aseguró que ya teníamos, en esos pocos meses, un cabal Estado de derecho. No está nada claro. Está por un lado el combate a la corrupción e impunidad, tan necesario como conveniente para limpiar la vida pública. Algo que no se hizo en los gobiernos previos, a partir de un pacto de impunidad entre partidos y presidentes salientes y entrantes. Fox había hecho una promesa semejante y la dejó de lado bajo el argumento de que le dificultaría la gobernabilidad. Pero por ahora no queda claro que el criterio con que se hacía justicia en el pasado (en particular con gobiernos del PRI) sea distinto que el que ahora aplica López Obrador. Al menos en lo visto en este primer año de su mandato.

Está por otro lado la detención de Rosario Robles por el escándalo de la llamada Estafa Maestra. Ella tenía cuentas pendientes con López Obrador desde el asunto del videoescándalo, cuando AMLO era jefe de Gobierno. Eso no exime a Robles de su responsabilidad, pero sugiere que el criterio principal para aplicar la ley podría ser la venganza, en lugar de un criterio más universalista. En cambio, hay un criterio mucho más flexible cuando los ofensores son aliados o miembros del gobierno, como también ocurría con el PRI. ("A los amigos, justicia y gracia".) Y es que AMLO señaló en varios momentos que incluso los corruptos de otros partidos serían exonerados cuando cambiaran su chaqueta por la de Morena. Recordemos cuando un priista tildado de corrupto por AMLO, Evaristo Hernández Cruz, se acercó a Morena con miras a integrarse. AMLO dijo entonces, con toda claridad: "Todo el que está en el PRI y decide pasarse a Morena, nosotros pensamos que se le debe perdonar [...] Al momento en que se sale del PRI, se limpió".[1] Pero una cosa es el perdón personal (de buen cristiano) y partidista que AMLO decida conceder a los corruptos por el hecho de incorporarse a Morena, y otra que desde el gobierno se quiera exonerar y proteger a sus aliados. Carlos Lomelí, exdelegado en Jalisco, fue denunciado por Mexicanos contra la Corrupción y la Impunidad por tráfico de influencias desde su cargo. AMLO señaló entonces que era una campaña sucia contra su gobierno. Pero cuando la evidencia fue incontestable, la Función Pública se adjudicó haber descubierto el desfalco, y a Lomelí se le pidió su renuncia. Poco después se le sancionó con cerca de un millón de pesos (buen negocio para él, pues obtuvo contratos por 164 millones con el gobierno actual). Después Manuel Bartlett fue igualmente denunciado por falta de transparencia y posibles conflictos de interés, a partir de documentos oficiales. En 1995 AMLO había tildado de corrupto a Bartlett, pero al abandonar el PRI el obradorismo lo recibió con los brazos abiertos. Ahora AMLO protege a su aliado; ha dicho confiar plenamente en Bartlett y descalifica las denuncias, pues provienen de gente deshonesta, conservadores que quieren dañar a su gobierno, pese a lo cual la Función Pública le abrió una investigación. López Obrador dictó línea para exculpar a Bartlett y semanas después, a fines de diciembre, la secretaria de la Función Pública, Irma Sandoval, terminó exonerando a Bartlett señalando que su presunta concubina no lo era, pues cada uno tenía una dirección distinta, por lo cual no se veía obligado a declarar los bienes de ella. Una interpretación laxa de la normatividad, que a muchos recordó el dictamen de Virgilio Andrade, el titular de la SFP que se encargó de limpiar el asunto de la Casa Blanca en el gobierno de Peña Nieto, y que no convenció prácticamente a nadie. Sin embargo, en el caso de Bartlett los seguidores más fieles de AMLO decidieron respaldar a la SFP e incluso salir en defensa de la inocencia del titular de la CFE. Aplica, pues, la doble vara que utilizan todos los partidos sin excepción: lo que se condena con dedo flamígero en los demás, se justifica con lujo de maromas, y se defiende a capa y espada cuando se trata del partido o político favorito. ¿Quién iba a decirles en 1988 a los hoy devotos de AMLO que defenderían hasta la ignominia a Manuel Bartlett? En cambio, las críticas que desde la izquierda formula Cuauhtémoc Cárdenas se condenan como anatema.

Por otra parte, a López Obrador le molesta sobremanera que comparen su gobierno con otros; el suyo, para empezar, no es un gobierno más sino un nuevo régimen político. Tampoco le agrada que lo metan en el mismo costal con otros presidentes. Él está muy por encima de ellos, en pos de un sitio en la historia oficial. Por cierto, el PAN también se presentaba como partido impoluto, pero una vez llegado al gobierno quedó claro que no era el partido excepcional que pretendió ser. Incurrió en mucho de lo que condenó al PRI desde la oposición. Eso mismo parece estar ocurriendo con Morena. Y es que siglas nuevas no implican vino nuevo (parafraseando a AMLO que a su vez parafrasea a Jesucristo). Por lo pronto, que la corrupción sea un eje central en el discurso de López Obrador ha elevado significativamente la creencia de que ese esfuerzo va bien. El respaldo al combate a la corrupción pasó de 24% en 2017 a 61% en 2019, según Transparencia Internacional. Y quienes piensan que ha disminuido la corrupción pasaron de 6 a 21%. Nada mal. Pero para que el esfuerzo arroje resultados sólidos es necesario aplicar las sanciones correspondientes con un criterio universal, no de manera selectiva ni sólo por motivos políticos. Eso es lo que aún no queda claro.

Hasta ahora ha prevalecido muy poca o nula disposición del actual gobierno para hacer uso legítimo de la fuerza pública, y así preservar el orden y los derechos de terceros, responsabilidad esencial de todo Estado. Eso, a raíz de que se ha visto a varios grupos radicales incurrir en alguna forma de ilegalidad, incluyendo el vandalismo, sea para manifestar ciertas ideas o para obtener algunas demandas del gobierno, como cuando la CNTE tomó las vías ferroviarias de Michoacán a principios de 2019, generando elevados costos a diversas empresas. El gobierno no hizo nada para evitarlo, salvo satisfacer las demandas de los obstructores semanas después. La señal es muy clara: si tienes exigencias pendientes o buscas privilegios, genera daños a terceros para obtener lo que buscas; mientras mayor el daño, mayor será la probabilidad de tener éxito. Y no habrá costo alguno para el infractor. La justificación para dicha pasividad es que el gobierno ha renunciado a reprimir al pueblo, lo que refleja dos confusiones graves: ser pueblo exonera de actos delictivos, y el uso legítimo de la fuerza pública para preservar el orden se equipara a represión, término que implica violación a derechos humanos, violencia sobre manifestantes pacíficos y uso desproporcionado de la fuerza.

Es verdad que eso no sucede solamente en este gobierno; probablemente desde 1968 quedó el estigma de que el uso de la fuerza pública equivale a represión, porque ahí sí la hubo. También es cierto que cuando la fuerza pública se ha utilizado para preservar el orden, muchas veces ha derivado justo en represión. Pero eso está en uno de los extremos de la utilización de la fuerza pública; en el otro polo está la inactividad y permisividad total del Estado, que genera ingobernabilidad y estimula el chantaje al gobierno. Y entre ambos extremos hay una amplia gama de puntos intermedios. En medio está el uso proporcional de la fuerza pública, sin violación a los derechos humanos. Ese equilibrio es el que no se alcanza en México, salvo excepciones, porque no hemos aprendido a hacerlo, ni nos esforzamos mucho en ello. Así, frente al conflicto desatado en Ecuador, el gobierno mexicano señaló que la fuerza del Estado "debe emplearse excepcionalmente y siempre regida por los principios de legalidad, necesidad, proporcionalidad y responsabilidad". Totalmente de acuerdo, pero en México no se aplica ese criterio. De ahí que al actual gobierno le resulte mejor la permisividad total a que lo puedan acusar de cierto grado de represión, el que sea, pues eso correspondía exclusivamente al "antiguo régimen", y Morena es claramente distinto a los demás. Resultado: un creciente desorden, ingobernabilidad y eventualmente inestabilidad social.

De ahí el extremo de arriesgar mejor la seguridad e integridad de funcionarios capitalinos el 2 de octubre de 2019 para contener probables actos de vandalismo, en lugar de que el gobierno pudiera ser acusado de "represor". Pero algo que ocurrió en el Estado de México ya fue excesivo (septiembre de 2019): algunos normalistas robaron 92 camiones y secuestraron a sus choferes para chantajear al gobierno; querían la garantía de plazas magisteriales y otros privilegios, mismos que el gobierno federal aceptó otorgar a cambio de liberar a los rehenes. AMLO no consideró eso como delito, sino como una "posible infracción". Es decir, algo menor. De nuevo, ahí está la clave; los grupos que algo deseen del gobierno ya saben la receta. Las universidades públicas que se moviliza-ron pacíficamente (octubre de 2019) en diferentes puntos del país para solicitar más presupuesto (pues se les ha ido recortando) difícilmente obtendrán algo. Dijo al respecto AMLO que no estaría a expensas de chantajes. Es decir, no cuando recurren los manifestantes a violencia, secuestros o boicots económicamente costosos, pero sí cuando se incu-rre en cualquiera de esos actos de presión. El incentivo para los grupos y organizaciones diversas será recurrir a la ilegalidad en cualquiera de sus manifestaciones para conseguir sus propósitos. El acato a la ley y la civilidad resulta políticamente estéril. AMLO asegura que ya hay Estado de derecho en México, pero la realidad parece ir por otro lado.

Por otra parte, en varios momentos se habló durante los gobiernos de Calderón y Peña Nieto de que estábamos ya ante un Estado fallido, uno que ya no puede controlar el orden en su propio territorio, y la gobernabilidad se le va de las manos. Había buenas razones para sospe-charlo; en particular, la delincuencia desatada y la violencia del crimen organizado. Los que más sostenían esta tesis eran grupos e ideólogos de izquierda. Desde mi punto de vista, en realidad no se había lle-gado aún a esa situación, que es sinónimo de anarquía e ingoberna-bilidad. Pero sí puede aplicarse en algunas regiones del país. Pensaba, eso sí, que de no corregirse la situación podríamos avanzar hacia ese Estado fallido. Para comprender mejor ese fenómeno conviene repasar fundamentos de la teoría del Estado a partir de Thomas Hobbes en su *Leviatán*. Él parte de una sociedad sin orden cuyos miembros son egoístas por naturaleza y buscan su bienestar por encima de los demás, sin importar lo que sea, incluyendo la violencia ("el hombre es el lobo del hombre"). El resultado es un "estado de naturaleza", caótico, vio-lento e ingobernable, una ley de la selva de todos contra todos. El antí-doto es la creación de un Estado fuerte (lo contrario al Estado "fallido" o la anarquía), a partir de la concesión de cada individuo de una parte de su capacidad de decisión, para que la nueva entidad pública pueda imponer reglas mínimas de convivencia social y sancionar a quienes las transgredan. Única forma de preservar el orden, la seguridad y propie-dad de los miembros de dicha comunidad. El problema es que AMLO no parece ser adepto de Hobbes ni de otros filósofos realistas, sino de Platón y demás idealistas que consideran que es posible apelar a la bondad de los hombres para preservar la paz, la civilidad y la cooperación, partiendo de valores mas no de sanciones punitivas (de ahí su estrategia hacia los delincuentes exhortándolos a "portarse bien"). La historia ha demostrado que tal idea es utópica, y los intentos de aplicarla han resultado en desastres diversos.

La oferta en materia de seguridad de López Obrador, que criticó acremente las estrategias anticrimen del PAN y el PRI, consiste en regresar al país a una situación de pacificación, de orden y convivencia civilizada. Estupendo propósito que es compartido por todos. Pero la forma en que lo está haciendo podría profundizar aún más la ruta hacia el Estado fallido. Por un lado, mantiene la militarización contra el crimen organizado, que tanto criticó, a través de una Guardia Nacional de carácter formalmente civil pero integrada mayoritariamente por militares y bajo el mando directo de personal militar. Sin embargo, al mismo tiempo mandó que los soldados y guardias no se defiendan ante agresiones para no reprimir, pues Morena no reprime al pueblo. Soldados y guardias han sido vilipendiados y vejados en varias ocasiones por grupos delincuenciales o vandálicos, hasta que la Sedena, harta de la situación, emitió un comunicado donde anunció que ya no dejaría a sus miembros en la indefensión. López Obrador tuvo que respaldar dicha postura, que contraría sus órdenes originales.

En cambio, AMLO insiste en apelar a la prédica moral para que delincuentes y criminales se porten bien, y prevalece la idea de que utilizar la fuerza pública para preservar legítimamente el orden y el derecho de terceros es sinónimo de represión. Todo eso apunta a una claudicación del leviatán y no a una solución voluntaria y armoniosa de la violencia, la delincuencia y el vandalismo, según lo pretende desde su prédica moral. Mientras, dicha rendición del Estado fomenta la autodefensa de ciudadanos y comerciantes afectados, incrementando los riesgos de violencia en lugar de reducirlos. La confusión que tienen los obradoristas entre preservar el orden y la ley, por un lado, y reprimir al pueblo, por otro, puede ser muy dañina. Y ese riesgo se profundizó con el fallido operativo de Culiacán (17 de octubre de 2019) en que se pretendió detener a Ovidio Guzmán, hijo de Joaquín Loera Guzmán

XX. ¿ESTADO DE DERECHO O ESTADO DE CHUECO?

(el Chapo), para extraditarlo a Estados Unidos (a petición de Washington). La improvisación, la falta de experiencia en el ramo del secretario de Seguridad Alfonso Durazo, y graves problemas de comunicación interna provocaron una reacción de los sicarios de Guzmán al ser éste aprehendido, con la amenaza de provocar violencia y terror en la ciudad y ajusticiar a los familiares de los agentes federales y soldados involucrados en ese operativo. De modo que el gobierno hubo de soltar al capo, sentando un grave precedente de cómo es posible doblegar a este gobierno por parte del crimen organizado. Tras esta situación el gabinete de seguridad mintió a la ciudadanía al señalar que una patrulla de 30 elementos realizaba una ronda habitual, y de pronto fue atacada desde una casa frente a la que casualmente pasaban. Esos guardias encontraron y aprehendieron a sólo cuatro narcos, entre los que se hallaba Ovidio Guzmán (el Chapito). Según esa versión, éste dio la alarma y su gente cercó —ahí sí— a los agentes, generando violencia y terror en la ciudad —con muertos y heridos— para que soltaran a su jefe. Más tarde Durazo tuvo que admitir que se trató de un operativo fallido.

El presidente quiso minimizar el hecho al no suspender su planeada gira por Oaxaca, pues haberlo hecho habría significado reconocer la gravedad de lo ocurrido, más que considerarlo un acto de sensibilidad y responsabilidad, más propio de un estadista. En general su gobierno tiende a minimizar sus yerros y fracasos, por lo que la estrategia es seguir la agenda como si nada hubiera sucedido. Cosa que no hizo tampoco en la conferencia mañanera del día siguiente. Las cosas van muy bien, dijo, pero sus adversarios jamás lo reconocerían. Se quiso proyectar la imagen de que lo de Sinaloa fue más un percance y no un duro golpe a la imagen del gobierno. Muchos analistas señalaron la responsabilidad de Durazo, cuya incompetencia reflejaría lo que mucho se dijo tras su nombramiento: que jamás había ocupado un cargo relacionado con la seguridad. Otros consideraron que el operativo no pudo haber sido diseñado sólo por Durazo, sino por el Ejército (con exclusión de la Marina, que ha tenido varios éxitos en este tipo de operativos), en cuyo caso la cosa sería peor: ¿cómo el Ejército, que ha estado en la lucha contra el narco por al menos 12 años, diseñó tan torpe acción? Puede ser que no haya habido la suficiente consulta a los mandos militares, pues se sintieron ofendidos al cargar con parte de la responsabilidad, y así lo señalaron en algunos videos que dejaron correr, con claro sello militar.

AMLO justificó la decisión señalando que más valía la vida de personas que la captura de un capo. Sin duda, pero entonces ¿se renunciaría definitivamente a los operativos porque implican riesgos a la vida de agentes, narcos y ciudadanos? ¿Se reforzaría entonces la estrategia de "abrazos, no balazos", "becarios, no sicarios" y de "pórtense bien", que hasta ahora no ha servido —ni al parecer servirá—? AMLO señaló que así sería. El discurso oficial resulta contradictorio y errático en este tema; mentiras, correcciones, varias versiones, cambio de señales y de reglas a mitad del juego. En ese sentido, es preocupante la declaración del presidente de que él no estaba enterado del operativo de Culiacán. Más bien se puede interpretar eso como el viejo truco de lavarse las manos cuando las cosas salen mal, dejando toda la responsabilidad en los subordinados. Pero suponiendo que en efecto López Obrador no supiera del operativo, pues también sería grave que en asuntos de tan alto impacto y riesgo simplemente el presidente dejara todo a otros, al grado incluso de continuar con su itinerario a Oaxaca para ser vitoreado por escolares en lugar de estar atento al operativo. Y desde luego, esto exhibió con claridad la irresponsabilidad que implica desplazarse en aviones comerciales, quedándose incomunicado y sin posibilidad de modificar su ruta en casos de emergencia. La ganancia política y simbólica de viajar como cualquier otro ciudadano —tomándose *selfies* mientras espera el vuelo— es para él más importante que asumir plenamente la responsabilidad de un jefe de Estado. Es la campaña permanente para favorecer el crecimiento y continuidad de Morena. Quedó pues la impresión de que se están dando palos de ciego en este y otros temas, lo cual incrementa —en lugar de despejar— la incertidumbre sobre qué puede esperarse de este gobierno. Y eso no ayuda en nada al país.

Dos semanas después del operativo se ofrecieron los detalles del mismo ante la prensa, en varias mañaneras. En ese mes, el general retirado Carlos Gaytán expresó una fuerte protesta al gobierno, en un desayuno entre la cúpula militar con la presencia del secretario de la Defensa, Luis Crescencio Sandoval (octubre de 2019). El discurso fue enviado a *La Jornada*, que lo publicó, lo cual no puede considerarse como una filtración (lo que no ocurre en el Ejército), sino como una deliberada expresión de descontento respecto de lo que está ocurriendo en el gobierno actual. En ese discurso, el general en retiro Carlos Gaytán expresó, en síntesis:

> En México la sociedad está polarizada políticamente porque la ideología dominante, que no mayoritaria, se basa en corrientes pretendidamente de izquierda que acumularon durante años gran resentimiento. Los frágiles contrapesos existentes han permitido un fortalecimiento del Ejecutivo que propicia decisiones estratégicas que no han convencido a todos [...]
>
> Nos sentimos agraviados como mexicanos y ofendidos como soldados [...] es una verdad inocultable que los frágiles mecanismos de contrapeso existentes han permitido un fortalecimiento del Ejecutivo que viene propiciando decisiones estratégicas que no han convencido a todos.
>
> Ello nos ofende [...] pero sobre todo nos preocupa, toda vez que cada uno de los aquí presentes fuimos formados con valores axiológicos sólidos que chocan con la forma con que hoy se conduce al país [...] ¿Quién aquí ignora que el alto mando enfrenta, desde lo institucional, a un grupo de halcones que podrían llevar a México al caos y a un verdadero Estado fallido?[2]

López Obrador minimizó el mensaje e incluso descalificó la calidad moral del general Gaytán por haber sido subsecretario "en los momentos más oscuros y represivos" del gobierno de Felipe Calderón. Pero no se trataba de una opinión aislada la del general Gaytán, como pretendió presentarla el presidente, sino que fue aplaudida por los asistentes al evento (si bien todos ellos eran oficiales retirados, salvo el general-secretario).[3]

Pocos días después el presidente difundió un tuit en que denunciaba una conjura de golpe de Estado en su contra:

> Qué equivocados están los conservadores y sus halcones. Pudieron cometer la felonía de derrocar y asesinar a Madero porque este hombre bueno, apóstol de la democracia, no supo, o las circunstancias no se lo permitieron, apoyarse en una base social que lo protegiera y respaldara. Ahora es distinto [...] la transformación que encabezo cuenta con el respaldo de una mayoría libre y consciente, justa y amante de la legalidad y de la paz, que no permitiría otro golpe de Estado.[4]

Esa denuncia podía tener varias posibles explicaciones lógicas, cada una con distinto público dispuesto a creerlo.

1. Una primera posibilidad es que dicha conjura en efecto estuviera teniendo lugar, y AMLO simplemente la hace pública y advierte que, de intentarse, fracasará. De hecho el presidente y sus voceros llevaban tiempo ya manejando la tesis de que existía lo que llamaron "golpe blando", consistente en la difusión de *fake news*, críticas constantes y orquestadas desde los medios, movilizaciones anti-AMLO por sus adversarios; medios, críticos, opositores partidarios (y Felipe Calderón en primer lugar), empresarios (como Claudio X. González hijo y Gustavo de Hoyos, de la Coparmex), así como organizaciones civiles diversas. Elementos que en general podrían ser parte de un ejercicio crítico en toda democracia, pero en esta visión se interpreta en una lógica golpista. Ahora, tras el reclamo del general Gaytán, el golpe blando estaría ya concretándose en un golpe duro, es decir, golpe de Estado en forma, ya con la participación de grupos militares (el propio Gaytán en primer lugar). Dicha tesis fue avalada por gran número de seguidores y voceros del obradorismo, que dan por hecho tal conjura.

2. Los sectores no obradoristas consideraron que de ser genuina la conjura golpista el general Gaytán no hubiera pronunciado su discurso, que pondría sobre alerta al presidente sobre sus bajas intenciones. El mensaje de AMLO era entonces un mero distractor, dado el escándalo reciente del fallido operativo de Culiacán y quizá también el hecho de que tras una grabación de Olga Sánchez Cordero, secretaria de Gobernación, respaldaba la "ley Bonilla", que buscaba prolongar el mandato de Jaime Bonilla en Baja California de dos a cinco años, con lo que quedó claro a la opinión pública el visto bueno de AMLO a ese despropósito (algo que en público había negado). Una buena cortina de humo ayudaría a desviar la atención de esos delicados temas.

3. O bien el propósito de la denuncia sería buscar una justificación para ir concentrando mayor poder para desarticular el golpismo a la manera de diversos gobiernos populistas en otros países, y

siguiendo el recetario del grupo de São Paulo. Igualmente, varios críticos optaron por validar dicha tesis, más que la del simple distractor.

4. Finalmente cabía la tesis de que AMLO, en su desesperación porque las cosas no estaban saliendo bien (ni en materia económica ni en seguridad, al menos) empezaba a percibir realidades inexistentes, derivadas de un estado paranoico. Se partía de la tesis de que si las cosas se le salían de control, en lugar de aceptar sus errores y corregir el rumbo, como correspondería a un estadista sensato y responsable, reaccionaría de manera un tanto delirante, y esta visión de un golpe en marcha sería parte de esto. La denuncia del golpe no sería una estratagema deliberadamente pragmática para fines políticos, sino producto de una auténtica convicción, aunque sin fundamento real. En tal caso, sería también muy grave, pues en la medida en que las cosas siguieran saliendo de su control, sus reacciones mostrarían mayor desvarío, tomando decisiones cada vez más descabelladas.

Desde luego no es sencillo saber cuál de todas estas tesis es la correcta, pero no parece que la primera tenga asidero en la realidad. Y la última tesis, de ser la correcta, sería la más grave de las tres restantes, aunque es probable que esta estratagema sea una combinación de la segunda y tercera tesis. Tras el estruendo mediático que eso provocó, AMLO circuló un video donde llamó a la calma, señalando que nada ocurriría pues las cosas iban bien, y que sólo había advertido que un golpe no tendría posibilidad en México, por si a alguien se le ocurría organizarlo. De nuevo, ¿qué información tenía para suponer que a alguien podría ocurrírsele organizar un golpe de Estado? Y si no había tal información, ¿para qué introducir el tema? Dos días después aclaró que su mensaje fue una reacción al discurso del general Gaytán por ser éste excesivo en su tono, es decir, una expresión de descontento fue equiparada a una posibilidad golpista, lo que refleja que la minimización que hizo originalmente AMLO de dicho discurso en realidad le preocupó a tal grado de introducir en el debate público nada menos que el tema del golpe de Estado. El saldo probablemente no sería positivo; si los militares estaban descontentos, el mencionar un posible golpe seguramente generaría mayor enojo aún. ¿Y cuál sería la lectura de mercados e inversionistas? Que de ser real el riesgo del golpe, no convenía invertir, y si no era cierto, tampoco, pues un presidente que introduce el tema sin fundamento resulta todo menos confiable.

Otro manejo turbio de la ley tiene que ver con el cambio de reglas a mitad o al final del juego, lo que rompe con un elemento esencial del Estado de derecho: ofrecer certeza jurídica. Ocurrió con el nuevo aeropuerto de Texcoco al desconocer un contrato de Estado, lo que se traduce en incertidumbre para inversionistas sobre si el gobierno cambiará de reglas o desconocerá contratos a la mitad o al final del camino. Pero también ocurrió en el ámbito político, en particular en Baja California. Una vez que Jaime Bonilla ganó la gubernatura (2019) por dos años (con objeto de hacerla concurrente con la federal de 2021), el Congreso local saliente (donde Morena sólo tenía tres de 23 diputados), modificó en julio de 2019 el mandato a cinco años, lo que evidentemente es anticonstitucional, pues es posible cambiar el mandato antes de una elección, pero no después. Dado que la mayoría de los legisladores era del PAN y del PRI, surgió de inmediato la sospecha de que habrían sido sobornados por su voto. ¿Qué otra razón tendrían para tomar una decisión contraria a sus partidos? El PAN decidió expulsar a sus diputados locales, en tanto que la presidenta de Morena, Yeidckol Polevnsky, avaló la contrarreforma, bajo el argumento de que dos años era muy poco tiempo, y la gente se cansaba de elecciones tan frecuentes. López Obrador prefirió evadir el tema, lo que, conociendo su proclividad a opinar de todos los temas, sugería que habría dado también su visto bueno. Después condenó levemente el hecho para lavarse las manos del asunto: "No estoy involucrado en este asunto, es algo que incluso me produce pena, ¡me da pena! Porque no debe estarse discutiendo sobre estos asuntos, hay que respetar lo que establece la Constitución, las leyes, y no voy a meterme, sea quien sea, no tolero de nadie el que se viole la letra de la Constitución, yo soy partidario de la democracia".[5] Pero sería poco probable que Bonilla emprendiera tan temeraria intentona sin el visto bueno presidencial.

También hubo por días silencio de la secretaria de Gobernación, que por el tema de su competencia tendría que haberse pronunciado de inmediato. Hasta que el subsecretario de Gobernación, Ricardo Peralta, expresó su punto de vista también a favor de la prolongación inconstitucional del mandato de Bonilla. Desde luego él no consideraba que fuese anticonstitucional ese paso, pero los argumentos que ofreció eran endebles, incluso absurdos. Señaló que: "En la boleta electoral no se señala la vigencia del gobierno, sólo a los candidatos y los partidos". Es cierto, pero eso ocurre en todas las elecciones y no es motivo para que un Congreso pueda acortar o alargar el mandato para el cual fue electo el candidato en cuestión. Una falacia jurídica. Además, el subsecretario puso la política por encima de la ley al considerar que "si la naturaleza de la reforma obedeció para que la alternancia tuviera un profundo cambio de régimen y no de gobierno, bien vale la pena profundizar y no agraviar más a un pueblo que eligió la justicia por encima del poder".[6] Es decir, dado que estamos —presuntamente— ante un cambio deseable de régimen, se vale pasar por encima de la ley, cuando se suponía que el cambio de régimen sería para consolidar el Estado de derecho, no para vulnerarlo. Y finalmente, la secretaria de Gobernación señaló que respetaba la decisión del Congreso bajacaliforniano: "Creo que tenemos que avanzar para construir un Estado de derecho empezando por lo que estoy haciendo; respetando a todas las instancias y todos los poderes públicos".[7] Pero aclaró que como exministra opinaba que eso era anticonstitucional. Sin embargo, durante la toma de posesión de Bonilla por cinco años (en tanto la Corte no dispusiera de otra cosa), Sánchez Cordero, que asistió en representación del presidente, defendió la legalidad de la reforma y dijo que en todo caso había que esperar el dictamen de la Corte. Sin embargo fue grabada en privado con el nuevo gobernador, dándole el espaldarazo y asegurándole que sí se quedaría los cinco años. Después quiso arreglar las cosas aclarando que no sabía que la estaban grabando (en cuyo caso habría dicho más mentiras, se entiende).[8] Pero quedó más que claro el respaldo presidencial al atentado legal de Bonilla. De querer AMLO deslindarse de ese respaldo, habría separado a doña Olga del cargo de inmediato. Al no hacerlo, la avaló en los hechos. La posibilidad de salvaguardar la Constitución de este franco atentado fraguado por Morena y el propio Poder Ejecutivo queda en la Suprema Corte, que hasta ahora no ha sido totalmente colonizada por López Obrador, si bien ya se han dado importantes avances en esa dirección. Y como disposición a violentar la ley cuando así convenga a Morena o a su líder nato, recordamos la forma de nombrar a la titular de la CNDH, Rosario Piedra, pasando por alto la Constitución y la ley respectiva, al no cumplir los requisitos ahí exigidos. Morena y el propio AMLO cerraron filas para justificar ese atropello. Por todas estas razones, lejos de avanzar o afianzar el endeble Estado de derecho, en realidad bajo este gobierno nos mantenemos en el Estado de chueco, contrariamente a lo ofrecido por López Obrador, y creído a pie juntillas por millones de sus seguidores.

XXI. MORENA, ¿NUEVA HEGEMONÍA PARTIDISTA?

Tras el triunfo de López Obrador y las mayorías con que cuenta en el Congreso federal y varios estatales, surgió la idea de que Morena podría reproducir un régimen similar en cierto grado al que protagonizó el PRI en el siglo XX, es decir, un hiperpresidencialismo metaconstitucional apoyado por un partido hegemónico. ¿Qué tanta probabilidad hay de eso? El PRI nunca fue un partido único, sino hegemónico, es decir, compartía el espacio con una oposición legal pero en condiciones no competitivas; jamás podía la oposición disputar realmente los grandes cargos. Pese a haber recibido de la Revolución el monopolio del poder político, era complicado que surgiera un partido único por razones geopolíticas y de legitimación interna. Al haber sido la Revolución mexicana una expresión del liberalismo triunfante del siglo XIX —que se sintió traicionado por Porfirio Díaz— y al haber reivindicado la bandera democrática como estandarte, sería complicado legitimar plenamente un régimen unipartidista, como el soviético. Era mejor mantener un formato democrático pluripartidista, así estuviera encabezado por un partido de Estado que conviviría y compartiría formalmente el escenario con otros partidos y candidatos, si bien en condiciones en que su triunfo estuviera garantizado por encima de la voluntad ciudadana. Pero otra razón era la cercanía con Estados Unidos, que para justificar su relación especial con México (para bien o para mal) siempre exigió a nuestros gobiernos que mantuvieran al menos en la forma un régimen democrático. De no ser así, no otorgaría su reconocimiento al gobierno mexicano (como no lo hizo con el de Iturbide, el de Maximiliano ni el de Victoriano Huerta). Y no tener el reconocimiento estadounidense implicaba no tener el sostén económico y diplomático para sobrevivir mucho tiempo —los gobiernos que no recibieron el aval de Estados Unidos no pervivieron más allá de algunos pocos años—. En cambio, el reconocimiento implicaba ayuda de diversos tipos, incluyendo armamento para enfrentar a la oposición interna (cuando era armada), lo que contribuyó a la continuidad de tales gobiernos (como el de Juárez y el de Porfirio Díaz, pero también el posrevolucionario a partir de 1923, año en que Estados Unidos brindó su reconocimiento tras firmarse los acuerdos de Bucareli). De modo que era políticamente conveniente erigir mejor un régimen de partido hegemónico en lugar de único.[1]

Giovanni Sartori, un estudioso clásico de los partidos políticos, definió con precisión los límites de la competencia en un sistema de partido hegemónico:

> El partido hegemónico no permite una competencia oficial por el poder, ni una competencia *de facto*. Se permite que existan otros partidos pero como partidos de segunda, autorizados; pues no se les permite competir con el partido hegemónico en términos antagónicos y en pie de igualdad.
>
> No sólo no se produce de hecho una alternancia; no puede ocurrir dado que ni siquiera se contempla la posibilidad de una rotación en el poder. Esto implica que el partido hegemónico seguirá en el poder tanto si gusta como si no […]. Cualquiera que sea su política, no se puede poner en tela de juicio su dominación.[2]

Eso le dio al PRI mayor flexibilidad institucional y política que los partidos únicos, pues un sistema de partido hegemónico no sólo parece democrático, sino que también es menos represivo, más flexible, más tolerante hacia sus disidentes que otro de partido único. En este último los niveles de restricción en la expresión pública y de represión de los disidentes fue mayor que en los regímenes con partido hegemónico.[3] Pero el PRI, en aras de legitimarse democráticamente, se presentaba como un partido dominante democrático al estilo del Partido del Congreso de la India, el Social-Demócrata Sueco o el Liberal Democrático de Japón. Esos partidos conservaron el poder durante décadas, pero en condiciones de plena competitividad. Dicha dominación prolongada los distinguía de otros sistemas democráticos —"democracias diferentes", las calificó T. J. Pempel—,[4] pero también de los de partido hegemónico, pues ahí sí prevalecía la competitividad electoral. Así, a finales de 1990 Salinas de Gortari declaraba a una revista internacional: "Continuamente escucho que en México un partido ha detentado el poder desde hace 70 años, pero cuando pienso en cuánto tiempo un solo partido ha gobernado en Japón o Italia, pongo menos atención a las críticas".[5]

En el caso de los partidos dominantes democráticos su buen desempeño o prestigio político provocaba que los ciudadanos los refrendaran una y otra vez en el poder. No ganaban por ser partidos de Estado, como el PRI, sino por una genuina popularidad (que en cierta medida el PRI también tuvo al principio, hasta que la fue perdiendo gradualmente). Con todo, el PRI a su vez tenía paralelos con los partidos dominantes democráticos, pese a no ser competitivo: contar con redes clientelares, legitimidad de desempeño y temor ciudadano a que la oposición llegara al poder (que además suele hallarse fragmentada en varias alternativas).[6] En sentido estricto, puede decirse que el régimen de partido hegemónico es un híbrido de un partido único (al estilo soviético o chino) y uno de partido dominante democrático (Suecia, Japón, India). Es un partido de Estado sin duda, como lo son los partidos únicos, pero con multipartidismo formal que permiten una expresión legal a opositores y disidentes, lo cual constituye una válvula de escape al descontento ciudadano. Se halla en un punto de equilibrio entre ambos polos (el partido único y dominante democrático). El diagrama XXI.1 ilustra esta estructura del partido hegemónico como uno de tipo "híbrido":

DIAGRAMA XXI.1. *Dinámica electoral del partido hegemónico*

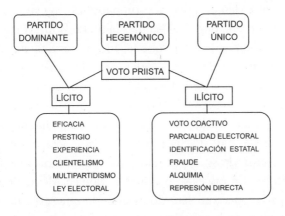

El partido hegemónico más prolongado en el tiempo fue el mexicano, que a través de múltiples reformas electorales buscó un punto de equilibrio para no caer en alguno de los dos extremos: ni partido único —porque en México no gozaría de legitimación interna y no sería aceptable para Estados Unidos— ni tampoco un régimen competitivo de partido dominante —pues eso implicaría el riesgo de perder el poder como de hecho ocurrió más tarde—. En 1977 Sartori hacía un reconocimiento a la hazaña política del PRI de preservarse como partido hegemónico por un lapso tan amplio: "Si el caso mexicano se evalúa por lo que es en sí mismo (un sistema de partido hegemónico) merece por lo menos dos elogios; uno por su capacidad inventiva, y el otro, por la forma tan hábil y feliz con que lleva a cabo un experimento difícil".[7] Cuando tras años de transición el PRI tuvo que aceptar una auténtica competitividad (1997), perdió el poder presidencial poco después, en el año 2000.

Ahora Morena, heredero genético del PRI (por venir de una ruptura del PRD, que a su vez surgió de una fractura con el PRI), ha recibido un fuerte respaldo de la ciudadanía, y probablemente abrirá sus puertas a buena parte de los restos del PRI; militantes, corporaciones, sindicatos y redes clientelares. Tendrá el control de varios estados y una mayoría incluso constitucional (entre aliados y prestados), que a muchos les hace temer la restauración de una nueva hegemonía partidista, pero bajo nuevas siglas (desde luego ése parece ser el objetivo de AMLO, pero falta por ver si logrará alcanzarlo o bien quedará por un tiempo como un partido dominante democrático al estilo japonés). La situación de extrema debilidad en que queda el PRI más la fuerza adquirida por Morena podrían combinarse de modo que los incentivos de los priistas para pasar a formar parte de Morena tenderán a crecer. El PRI difícilmente regresará al poder, y si llegara a hacerlo (algo que se percibe remoto), seguro tardará más que los 12 años que le costó lograrlo cuando lo perdió en 2000. Este "punto de ruptura" se cruza cuando la mayoría de los militantes del partido monopólico ya no considera probable su triunfo, y desconfía de su capacidad para recuperarlo más tarde por vías democráticas. Entonces se produce lo que en México conocemos como "la cargada", pero en sentido inverso (lo que sería más bien una "estampida"). Cuando los partidos opositores parecen tener un futuro más promisorio que el propio partido oficial, la racionalidad aconseja buscar lo más pronto posible un acomodo dentro de la oposición, pues mientras más tarde se llegue a ella, se ocupará un lugar menos favorable en el partido recién adoptado, o bien ya será imposible el "reciclaje".[8]

No sólo eso, sino que es altamente probable que diversas corporaciones, sindicatos y confederaciones del PRI rompan con su antiguo partido y pasen a formar parte del nuevo partido gobernante. De alguna forma dicha estructura multigrupal, de masas y esencialmente pragmática (como lo fue el PRI) empezó a esbozarse aun antes del triunfo electoral. Incluso han ingresado militantes de otros partidos e ideologías en un partido donde todos caben, como era el caso del viejo PRI. Señala Silva-Herzog que en Morena "se juntan los admiradores de Kim Jong-un con los aduladores de Peña Nieto [...] Más que como expresión de una parte que aspira a la mayoría, se concibe como síntesis de todo [...] Morena y su aliado son el nuevo pulpo, el nuevo imán de una hegemonía en formación".[9] Víctor Flores Olea agrega por su parte: "La incorporación de AMLO a su equipo de trabajo de personajes eventualmente tan disímbolos como Tatiana Clouthier y Marcelo Ebrard, con Alfonso Romo y ahora Manuel Bartlett [...] ya plantea, como era de esperarse, algunas interrogantes obvias".[10] Juan Villoro apunta incluso que "a estas alturas, ya resulta imposible definirlo [a Morena] como izquierdista por las alianzas que ha establecido con caciques locales, sindicatos corruptos, expriistas, expanistas, evangelistas, pentecostales y personeros de empresas, porque defiende un capitalismo asistencialista".[11] Aquí la pregunta sería, ¿por qué ocurriría ahora lo que no sucedió en 2000, cuando la derrota del PRI no implicó su desplome, y mucho menos su transferencia hacia el nuevo partido gobernante, el PAN? Hay al menos dos razones de peso para explicarlo: la primera es que por un lado el PRI no quedó tan debilitado en 2000 como en 2018; mantuvo la mayoría relativa en ambas cámaras, así como un número mayoritario de gubernaturas, desde las cuales pudo rehacerse, sobrevivir la travesía en el desierto de la oposición, cerrar filas en torno de una cabeza visible (Peña Nieto) y desde ahí retornar al poder en 2012. La marca PRI no quedó entonces tan dañada como parece estarlo tras el gobierno de Peña Nieto. Sobre el PRI decía Cosío Villegas en fecha tan temprana como 1969:

El más experto e ingenioso mecánico temblaría ante la tarea de componer esta máquina pesada, enorme, compleja, desbielada, falta de grasa y de gracia [...] Por lo pronto, estimando gruesamente el esfuerzo, tiempo, dinero y talento necesarios, sentiría que más valdría construir otra nueva, pues rebasado cierto punto de decadencia, resulta mejor sustituir que parchar.[12]

Eso mismo puede generar un fuerte estímulo a muchos priistas a irse a otros partidos, en particular el que ocupará el centro del poder durante un tiempo imprecisable.

La segunda razón por la cual el desfonde del PRI no se dio en 2000 es porque el posible partido receptor era el PAN. Sólo que ahí no había ni la disposición ni la invitación para que los priistas se trasladaran masivamente al blanquiazul. Pese a las alianzas entre ambos partidos (PRIAN), el PAN fue el antagonista histórico del PRI, por lo que dicha fusión hubiera redundado en perjuicio de Acción Nacional. Además, ese partido siempre fue un partido de cuadros (élites), no de masas (como lo fue el PRI desde 1938), por lo que no tenía la estructura adecuada para asimilar las corporaciones del tricolor. Y Vicente Fox, lejos de propiciar la caída definitiva del PRI, ayudó a recomponerlo con la expectativa de que le ayudara a aprobar desde el Congreso las reformas estructurales que tenía en mente, cosa que de cualquier forma no ocurrió. Todo eso ayudó a que el PRI sobreviviera desde la oposición. En cambio con Morena las cosas podrían ser distintas: hay ahí un fuerte parentesco ideológico; ambos provienen del nacionalismo revolucionario de los años cincuenta a setenta, y si bien el PRI dio un giro hacia el neoliberalismo en 1982, los sectores tradicionales y corporaciones de ese partido mantuvieron su ADN nacionalista y estatista, que es justo la bandera que el PRD rescató al fundarse en 1989. Y Morena y AMLO han recogido ese ideario nacional-estatista, antagónico al neoliberalismo. No hay ahí incompatibilidad ideológica entre el PRI añejo y Morena, como sí la había respecto del PAN. Y además Morena, si bien un partido en formación, tiene igualmente la capacidad estructural (como también la tuvo el PRD) para asimilar diversas formaciones, sindicatos y otras corporaciones de masas. Ha dicho Dulce María Sauri (a quien le tocó administrar la derrota de su partido en 2000): "Cuando perdimos en 2000 fue ante nuestro adversario histórico y antagónico, el PAN, pero ahora perdimos la elección frente a nuestro espejo (Morena)".[13]Asimismo, a diferencia del PAN en su momento, Morena parece tener la voluntad (no sólo la estructura) para recibir a grandes contingentes del PRI.

Un buen ejemplo de lo que podría ocurrir con el PRI en estas nuevas circunstancias es lo que sucedió en la capital al perder el poder en 1997 frente al PRD. El nuevo partido gobernante fue absorbiendo las estructuras corporativas y de masas del PRI capitalino, que en adelante quedó casi como mero cascarón testimonial. Otro tanto podría ocurrir (con mayor o menor intensidad) a nivel nacional. Escribió al respecto Leo Zuckermann:

> Algo podría quedar [del PRI] Un partido chico, testimonial, al estilo de lo que quedó del PRI después de las elecciones de jefe de Gobierno en el Distrito Federal en 1997. En ese entonces, la izquierda, agrupada en el PRD, dirigida nada menos que por López Obrador, se "robó" los liderazgos, cuadros y estructuras del PRI dejándolo prácticamente vacío. Hoy, en la Ciudad de México, el tricolor prácticamente no existe: es un cascarón sin fuerza electoral y, por tanto, sin poder.[14]

Por su lado el PRD, al llegar al poder en la capital en 1997, se hizo acreedor de la hegemonía priista por 21 años, pese a que su desempeño en realidad no fue espectacular. Pero representaba nuevas siglas, y por tanto una imagen de frescura (más cosmética que real) y la esperanza de un cambio profundo (que no llegó). De hecho, de no haber roto Morena con el PRD, éste continuaría con esa hegemonía capitalina. Si eso ocurrió en la capital, ¿no podría suceder igualmente a nivel nacional, al menos en un grado importante? En ese sentido, en los años setenta Cosío Villegas consideraba que, dadas las limitaciones estructurales de la oposición de origen externo al partido oficial, difícilmente podría configurar un partido capaz de contrapesar al PRI. "¿Podría esperarse que en un futuro próximo surgiera un nuevo partido político que desempeñara esa función? Es más que dudoso aceptar semejante supuesto [...] De todos modos, si alguna vez surgiera ese nuevo partido, sería un desgajamiento del PRI, no algo ajeno a él".[15] En realidad el PAN pudo desplazar del poder al PRI, pero no absorberlo o reproducir en alguna medida la hegemonía priista con su consecuente corporativismo. El PRD pudo hacerlo en la capital, y su heredero Morena podría hacerlo a nivel nacional. Sobre el oscuro futuro del PRI dice John Ackerman: "Todo indica que el PRI ha llegado a su fin. Si los personajes que todavía se agrupan bajo este emblema quieren seguir vivos en la política, necesariamente tendrán que cambiar de nombre a su partido, afilarse a otro o lanzarse como candidatos independientes".[16] El PRI bien podría cambiar de siglas, pero no por eso tendría una recuperación espectacular, pues el público podrá identificarlo claramente con los resabios de dicho partido. Más probable es que muchos militantes y agrupaciones se afilien a otro partido... que en la mayoría de los casos será Morena, un partido ascendente y afín. Y en esa misma línea apunta Jaime Sánchez Susarrey: "El poder de seducción y atracción que el próximo presidente ejercerá sobre los priistas en los estados y en la capital de la República será irresistible y la desbandada será incontenible. No hay, pues, forma de que el PRI se salve".[17]

En cuanto al sindicalismo, el nombramiento de Napoleón Gómez Urrutia como candidato a senador de Morena anticipaba los planes de López Obrador: erigir al líder minero como el eventual Fidel Velázquez del obradorismo. Sería puntal para el nuevo sindicalismo de Morena que recogería la pedacería priista para aglutinarla bajo nuevas siglas. La alianza con Elba Esther Gordillo, visualizada desde la elección del Estado de México en 2017, permitiría a su vez la recuperación para Morena del SNTE, y no sólo de la CNTE. Ya ganada la elección, surgió la Confederación Sindical Internacional Democrática (CSID) encabezada por Gómez Urrutia y formada inicialmente por obreros mineros y automotrices. Dicha central fue respaldada por sindicatos del viejo priismo, como la Confederación Revolucionaria de Obreros y Campesinos (CROC) y la Federación de Sindicatos de Trabajadores al Servicio del Estado (FSTSE). Poco después el secretario general de la CTM, Carlos Aceves, dio su respaldo al gobierno de AMLO.[18] Así como Lázaro Cárdenas formó en la CTM su propia central, ese papel podría ser desempeñado por la nueva CSID. Se habla de un esquema no monopólico y con democracia interna, pero no se descarta que eso quede en mero formalismo, pues habrá incentivos para favorecer a los sindicatos oficiales, y no a los alternativos, a cambio de un apoyo político y electoral, como antaño. Sobre ello afirma Ricardo Raphael: "Es evidente que, como sucedió en la época de Lázaro Cárdenas, esta iniciativa nace auspiciada desde el gobierno, con la clara intención de acompañar los propósitos presidenciales. Contrasta con este hecho la promesa [de] López Obrador [...] en el sentido de que su gobierno no intervendría en la vida interna de los sindicatos".[19]

Sin embargo, no está del todo claro que Morena se convierta en un partido hegemónico; podría en cambio constituirse por algún tiempo (indefinible por ahora) en un partido dominante democrático. Al respecto comenta María Marván:

> [No] es cierto [...] que por el solo hecho de haber ganado con 53% y mayoría en ambas Cámaras en automático se ha generado la hegemonía de Morena. [Giovanni] Sartori, autor del concepto, considera que un sistema de partido hegemónico pragmático requiere tres condiciones.
>
> Una de ellas es tiempo; es necesario que por un periodo de tiempo largo este partido controle todas las posiciones importantes de poder. Segundo, la oposición debe ser francamente decorativa, incapaz de incidir en las decisiones importantes. Tercera, las reglas electorales y políticas deben estar diseñadas para que la hegemonía se perpetúe.[20]

Por su parte, Luis Carlos Ugalde reflexiona:

> Los datos que arroja el Segundo Reporte Electoral 2019 de Integralia sugieren que el ascenso de Morena puede ser parte de la configuración de un nuevo sistema de 2.5 partidos más que el de una nueva hegemonía. Es cierto que Morena se ha convertido ya, en pocos años, en el principal movimiento electoral del país, pero se trata apenas de un partido en ciernes, sometido por conflictos de largas filas de aspirantes que provienen del PRD, del PRI y de organizaciones corporativas y clientelares, y sin reglas claras y prácticas rutinarias que le den disciplina y cohesión.[21]

No puede hablarse pues de una inevitable hegemonía partidista de Morena, sino sólo de una presencia mayoritaria en condiciones aún competitivas, sobre lo cual comenta también Macario Schettino: "Aunque tengan historia común, Morena no es el PRI. No es ese partido disciplinado y subordinado a instituciones, sino un grupo amplio de organizaciones, con creencias diferentes, sojuzgadas por una persona. Más parecido al PNR, imaginario antecesor del PRI".[22] Y ahí están como muestra de las posibles confrontaciones dentro del partido la lucha por su dirigencia nacional, así como el desencuentro entre el senador Martí Batres, en agosto de 2019, quien buscó reelegirse como presidente de la mesa directiva, y el coordinador de la bancada de Morena Ricardo Monreal, quien logró remover al primero para sustituirlo por Mónica Fernández, bajo queja de Batres de que hubo ilícitos en la votación (al aceptar el voto de cinco senadores del PES, por fuera de lo establecido por la convocatoria). Ante ello, AMLO dijo no haber intervenido, pero emitió una nueva cátedra moral de lo que era Morena, que fue tomada como regaño para alguno de los protagonistas, o quizá para ambos: "El pueblo de México tiene un instinto certero; sabe quién habla con la verdad, quién tiene buenos sentimientos, quién se preocupa por ayudarlos y quién es un trepador, un oportunista, un politiquero".[23] En todo caso, lo sucedido refleja que Morena no es un partido excepcional, distinto a los demás, donde sus militantes ven por el futuro del país sin pensar en sus propias ambiciones, así lo presente AMLO y haya millones que aún lo crean. Y a falta de la férrea disciplina del viejo PRI, ello podrá traerle al nuevo partido oficial riesgos de fisuras y divisiones graves, que obstruirían la eventualidad de convertirse en hegemónico al estilo del PRI.

A diferencia del PRI, el origen de Morena no es revolucionario sino democrático. Su legitimidad y respaldo le podría dar una gran fuerza para ganar en competencia real el poder de un partido dominante, que sin embargo seguiría estando sujeto a la valoración ciudadana en las urnas. Si su desempeño es en alguna medida satisfactorio, habrá incentivos para que la sociedad continúe dándole gran fuerza en las urnas, para que continúe con su proyecto de nación. Si en cambio Morena incurre en graves omisiones o fracasos, en este esquema empezaría a perder espacios (como le ocurrió al PAN en sus respectivos gobiernos, y al PRI de Peña Nieto), y eventualmente perdería la presidencia. Pero eso implicaría que la oposición hubiera logrado reubicarse y constituirse nuevamente como una opción real de gobierno. Si la oposición no logra renovarse y coordinarse para presentar un frente más o menos coherente, el voto anti-Morena se fragmentará, facilitando la permanencia en el poder del partido dominante. Y eso es algo que se percibe como probable, pues la oposición quedó desprestigiada (por la corrupción y la decepción combinadas), desarticulada, dividida, confrontada, desorganizada. Así, por ejemplo, sobre la contienda para la dirigencia del PAN tras los comicios presidenciales, apuntó Luis Felipe Bravo (expresidente del partido):

> Después de 2012 se desató una guerra de pasiones, vendettas, disputas, grupos que buscaban quedarse con lo que el PAN había logrado en 2012 [y se dedicaron] a ver quién era el usufructuario del mucho o poco poder que le había quedado a Acción Nacional [...] Una segunda vez con este error y yo no le arriesgo la permanencia al PAN en el escenario político de los próximos años; ya es demasiado.[24]

Tras designar como nuevo dirigente del PAN a Marko Cortés, cercano a Ricardo Anaya, en alianza con Rafael Moreno Valle, exgobernador de Puebla y de origen priista (posteriormente fallecido en extrañas condiciones), Felipe Calderón, que había apoyado a Manuel Gómez Morin Martínez del Río —nieto del fundador del partido— para la dirigencia panista, decidió separarse del PAN para buscar con su esposa, Margarita Zavala, un nuevo partido: México Libre, mismo que intentaría recuperar la tradición panista y presentar una firme oposición a López Obrador y Morena. Dijo en ese entonces Calderón que "la camarilla que controla al partido ha abandonado por completo los principios fundamentales, las ideas básicas y las propuestas del PAN".[25] Lo ideal para la oposición y la disidencia en las actuales condiciones sería el surgimiento de un nuevo partido o coalición que lograra unificar a la mayor parte de opositores y disidentes, con personajes y líderes convincentes, con una ideología liberal, centrista y amplia (incluyendo una agenda social) para recibir el voto de quienes por la razón que sea no se identifiquen con Morena o dejen de hacerlo en lo futuro. Dicen al respecto Levitsky y Ziblatt, hablando genéricamente: "Una gran coalición en la oposición tendría beneficios importantes. Para empezar, reforzaría a los defensores de la democracia al convocar a un sector mucho más amplio de la sociedad [...] Esta implicación de un amplio espectro de la población es esencial para aislar y derrotar a los gobiernos autoritarios".[26] Pero dicha oposición será difícil de articular, al menos por algún tiempo, y en cambio es probable que prevalezcan las divisiones dentro y entre los partidos opositores, así como la disputa de los remanentes de su poder y presupuesto. Como lo señala Carlos Bravo Regidor:

> Los partidos de oposición se han vuelto prácticamente irrelevantes. No sólo porque perdieron muchos espacios de poder e influencia [...] No tienen liderazgo, no tienen visión, no tienen credibilidad.
>
> Carecen de cualquier capacidad para aglutinar a una mayoría social, para interpelar con efectividad a una mayoría social para interpelar con efectividad al gobierno, para producir un relato alternativo a la Cuarta Transformación [...] Sin un sistema de partidos que dote de sentido a la competencia por el poder y estabilice el conflicto político, no hay, no puede haber, democracia que dure.[27]

Viene además el debilitamiento financiero, que refiere Raymundo Riva Palacio:

> El presupuesto incorpora la otra parte de la pinza para ese control: la reducción de los dineros para los partidos políticos. Al deshidratarlos bajo el argumento de la austeridad republicana, los dejará sin dinero para operar, e incluso para cubrir sus gastos diarios de administración.
>
> Los partidos de oposición, disminuidos en el voto y acotados por la disminución de las participaciones presupuestales, se convertirán en figuras testimoniales en el Congreso y el Senado, impotentes e incapaces de evitar el surgimiento de un gigante llamado Morena.[28]

Y como agrega Jorge Buendía: "Para quienes gustan de un gobierno acotado, la debacle nacional del PRI y del PRD, y hasta cierto punto del PAN, debiera ser hoy el principal foco de alarma. Sin una oposición sólida todo el entramado institucional de separación de poderes y contrapesos institucionales se viene abajo".[29] En efecto, todos esos elementos combinados despejarán el terreno para que Morena prolongue su dominación. Y es que, "si Kelsen tenía razón en que la democracia moderna sólo puede significar democracia de partidos, entonces la lenta desintegración de los partidos y los sistemas de partidos no es un simple detalle empírico; afecta la viabilidad de la democracia".[30] Por lo cual no se descarta que López Obrador o sus sucesores caigan en la tentación de convertir su dominación en una nueva hegemonía al estilo priista, lo que implica una concentración mayor del poder, el desmantelamiento de los equilibrios institucionales y contrapesos al Ejecutivo, el control del INE y del TEPJF y la generación de mecanismos clientelares para inducir la elección de manera favorable al partido oficial; es decir, aprovechar el poder y la legitimidad que se le ha dado a Morena para minar las bases de la competitividad y equidad electoral a un grado en que se genere una continuidad más o menos garantizada por encima de las reglas de competencia democrática. Está proyectado destinar 190 000 millones en siete programas asistenciales. Se espera cubrir a 23 millones de personas, 26% del padrón electoral (pero que en una elección con participación de 50% como podría ser la de 2021, ese segmento significaría 50% de los votantes). El censo de beneficiarios no lo han hecho instituciones gubernamentales, sino voluntarios de Morena (20 000, aproximadamente) para establecer una identificación entre el beneficio recibido y una opción electoral. AMLO mismo ha repartido parte de esos programas en sus mítines. Y de ahí la conveniencia de tirar programas vigentes, ya institucionalizados (como las guarderías, los refugios para mujeres golpeadas, el Seguro Popular y el programa Oportunidades-Progresa) para establecer un vínculo más directo entre el beneficio y el presidente y su partido. Amparo Casar apunta que "estamos frente al proyecto de legitimación y permanencia en el poder más ambicioso que haya conocido la exigua democracia mexicana; el diseño de un tecnócrata electoral de altos vuelos".[31]

Todo eso, desde luego, al mismo tiempo que se declara públicamente que ahora sí, con el obradorismo, habrá por primera vez genuina democracia. Tal como lo señala Ortiz Pinchetti: "Hay signos que podrían indicarnos que la democracia ha llegado. Un hecho importante fue el triunfo de una oposición progresista [...] El nuevo régimen se ha propuesto establecer una verdadera democracia, promoviendo elecciones limpias y libres".[32] En cambio, se percibe desde esa óptica que el modelo neoliberal no puede operar bajo un esquema democrático, sino necesariamente autoritario: "No es posible un gobierno neoliberal que no sea blindado por estructuras de excepción. El neoliberalismo sólo puede sobrevivir protegido por un Estado de excepción. La lucha antineoliberal es así indisociable de la lucha democrática, de resistencia a la instalación de estados de excepción".[33] Paradójicamente, podría ser a la inversa; el avance democrático en México, así sea relativo e insuficiente, se dio a la par que el modelo neoliberal (1988 en adelante). Y de confirmarse la tendencia centralizadora del poder bajo López Obrador, se habría retrocedido en materia democrática bajo la Cuarta Transformación.

En todo caso, de alterarse la equidad y transparencia electoral, la estancia de Morena en el poder podría durar más tiempo del que su desempeño permitiría en condiciones competitivas. En otras palabras, Morena, que hoy podría asemejarse a partidos como el Social-Demócrata Sueco o Liberal-Democrático de Japón cuando fueron dominantes (en un contexto competitivo y democrático), podría transformarse más claramente en lo que fue el PRI durante la mayor parte del siglo XX: una restauración hegemónica en alguna medida. Todo dependerá de lo que haga López Obrador con ese poder; si respeta y fortalece la democracia como lo ha ofrecido, Morena podría ser un partido dominante democrático por varios años, dependiendo de su desempeño en el gobierno. Algo compatible con el desarrollo democrático. Si en lugar de ello utiliza ese poder para minar las precarias instituciones y procedimientos, reconcentrar el poder en la presidencia, y generar condiciones para obtener el voto de manera poco democrática (clientelismo, corporativismo al viejo estilo), entonces sí podría gestarse el nacimiento de una nueva hegemonía de incierta duración. La presión y exigencia de los ciudadanos, incluidos sobre todo quienes por él votaron, ayudaría al primer escenario dificultando el segundo; la devoción a la personalidad, el apoyo incondicional y la defensa a ultranza de todo lo que haga AMLO, sea lo que sea, abonarán al segundo escenario.

Otros autores señalan que antes de forjarse como partido dominante, y más aún hegemónico, primero tendría que consolidarse como partido, pues por ahora es un híbrido entre partido y movimiento, con un líder providencial a la cabeza, por lo que la institucionalización, la formalización de reglas y los contrapesos que de ello pudieran surgir están pendientes, y llevan tiempo (en todos los partidos, en realidad). Mientras tanto, será un conglomerado cuyo eje y arbitraje dependerá exclusivamente de López Obrador, en un estilo típicamente caudillista. Advierte Amparo Casar al respecto:

> Si recurrimos a la tipología de partidos [Morena] no encuentra cabida ni en lo que se llama partido de masas ni tampoco en el partido de cuadros. Ni siquiera podría caracterizarse como un *catch all party* [partido atrapatodo].
>
> En todo caso se apega más a la definición de cesarismo que se fundamenta en la movilización popular convocada por un líder carismático en cuya capacidad personal se deposita una especie de fe para regenerar a la política y a la sociedad.[34]

En esa medida, podría decirse que si en 1928 Plutarco E. Calles afirmó que con la fundación del partido oficial México pasaría de ser de un país de caudillos a otro de instituciones, ahora en 2018 se recorrería la ruta inversa (al menos por algún tiempo); de un país de instituciones, así fueran insuficientes, incipientes o caducas según el caso, pasaríamos a ser uno de caudillos, o mejor dicho, de un caudillo (que podrá ser remplazado por otros, en tanto no haya una nueva institucionalización partidista). Tal como lo señala Mauricio Merino:

> La vuelta al presidencialismo está concentrada en Andrés Manuel López Obrador. No es la institución sino el personaje […] El líder social ha llenado de contenidos inéditos la figura presidencial hasta el punto de hacer imposible que cualquier otro individuo desempeñe el mismo papel, o que cualquier otra institución pueda contrapesarlo. El escenario de la política mexicana está ocupado por una sola persona y un solo discurso. No hay nadie ni nada más.[35]

Y Carlos Bravo Regidor agrega: "El lopezobradorismo no es una coalición de izquierda construyendo Estado. Es un liderazgo personal movilizando agravios, generando disrupción y concentrando poder".[36] Eso lleva a pensar a algunos otros autores que cuando López Obrador salga del poder (suponiendo que no busque reelegirse), Morena podría desmoronarse. Puede ser. Pero justo por eso AMLO tiene prisa para constituir las bases de prolongación de su partido para profundizar y preservar su proyecto de Cuarta Transformación; su legado a México y su pasaporte a la historia oficial. Aguilar Camín advierte: "Es previsible que los políticos [morenistas] de la primera ola se lleven mal con los de la segunda, los de la segunda con la tercera y así sucesivamente; un aleph de discordia entre gente que acaba de conocerse [...] En el camino de Morena serán más importantes los pleitos de sus políticos profesionales, escondidos hoy bajo la sombra de la unidad [...] que los acuerdos de los seguidores".[37]

Desde luego un modelo económico de centro izquierda o centro derecha puede operar bajo una democracia (la socialdemocracia en el caso de la izquierda); pero un programa más radical en cualquiera de esos dos extremos exige la concentración del poder. Pese a lo cual, el riesgo para el país de pasar de una posible dominación democrática a una nueva hegemonía se percibe en la concentración del poder que busca AMLO, así como la subordinación de gobiernos estatales y la eliminación de la autonomía de instituciones de Estado que mal que bien la han venido cobrando frente al Poder Ejecutivo. Desde luego, también existe la tesis de que si Morena no llega a institucionalizarse, el relevo del poder de López Obrador en 2024 indicará el derrumbe de ese movimiento-partido. Podría ser.

Una muestra de ello es la dificultad para nombrar al nuevo presidente del partido que estaba fijado para noviembre de 2019. Los principales aspirantes fueron Yeidckol Polevnsky (secretaria general en funciones de presidencia), Berta Luján (cercana a Claudia Sheinbaum), Mario Delgado (cercano a Marcelo Ebrard) y Alejandro Rojas (cercano a Ricardo Monreal). Las condiciones para una elección transparente no existían, pues el padrón oficial del partido estaba sumamente sesgado, y se propusieron distintos métodos de selección dependiendo de lo que a cada uno le conviniera. Afloraron también acusaciones de injerencias indebidas y de jugadas sesgadas de los directivos del partido. López Obrador al parecer se hizo a un lado, pero justo por ello surgió un conflicto de difícil solución. Destacó la acusación contra los Servidores de la Nación, órgano de gobierno pero poblado de militantes para hacer el padrón social y distribuir algunos de los programas. La crítica había señalado que ese órgano en realidad sería utilizado para impulsar el clientelismo electoral a favor de Morena. Pues ahora fueron miembros distinguidos de Morena quienes hacían una acusación concreta en ese sentido, confirmando los temores de críticos y opositores sobre el uso electoral de dicho organismo público.

Así pues, más que una estructura vertical y disciplinada como la del PRI (con sus momentos críticos, sin duda), la dinámica interna de Morena se asemeja más a la del PRD (tribus incontroladas e incontrolables dispuestas a jugar sucio entre ellas para obtener los cargos en disputa). Al grado en el cual López Obrador amenazó con que si prevalecían las ambiciones personales y de grupo, abandonaría el partido para hacer otro (llevándose el nombre, desde luego). Y ha intentado poner orden entre los contendientes para evitar seguir dañando la imagen del partido (es decir, confirmando que Morena no es un partido excepcional sino otro más con los mismos vicios). A veces ha logrado el líder nato del nuevo partido oficial meter algo de orden, y en otras no. Pero si AMLO logra cierta institucionalización de su partido, utiliza el poder político y los programas sociales para generar bases clientelares, y subordina —como lo está haciendo— las instituciones autónomas, estará la mesa puesta para una prolongación de Morena en el poder por algún tiempo indefinido, si bien nunca podría ser idéntica (ni probablemente tan sólida ni duradera) como la del PRI en la mayor parte del siglo XX.

XXII. LA GRAN ESPERANZA

Existe la eventualidad —casi seguridad— de que este nuevo intento para transformar de raíz al país, y resolver su histórica problemática —además de las grandes ambiciosas y en buena parte fantasiosas ofertas hechas por López Obrador—, se traduzca en una nueva y profunda decepción. Durante sus 12 años de campaña (entre el primer intento de conquistar la presidencia en 2006 y el triunfo de 2018), AMLO ofreció casi una utopía para el país, inserta en la autodenominada Cuarta Transformación.

> Nuestro objetivo es lograr un cambio verdadero, es decir, que garantice a todos los habitantes del país una vida digna, con derechos plenos y justicia, y sin temor, exclusiones ni privilegios. Un cambio de régimen como el que proponemos significa acabar con la corrupción, la impunidad, el abuso de poder y el enriquecimiento ilimitado de unos cuantos a costa del empobrecimiento de la mayoría de la población [...] Un cambio verdadero es hacer realidad el amor entre las familias, al prójimo, la naturaleza y la patria.[1]

En un mitin en 2017 ofreció en materia económica: "Que nadie tenga miedo, vamos a crecer durante el próximo sexenio a un ritmo del 4%, el doble de lo que se ha crecido en los últimos 30 años" y se terminaría creciendo a 6% en el último año.[2] En 2012 había ofrecido incluso que "generaríamos un millón 200 000 nuevos empleos cada año, siete millones de empleos en el sexenio",[3] y en 2024, al concluir el eventual mandato de López Obrador, "se tendrá más ocupación, menos desempleo, mejor especialización de la fuerza laboral, mayor demanda de mano de obra, y por ende mejores salarios". Además, "el regreso al campo será una realidad y la emigración pasará a formar parte de la historia, de una época ya superada [...] Nadie, por necesidad, para mitigar su hambre y su pobreza, se verá obligado a abandonar su tierra natal". Más aún, "ningún mexicano padecerá de hambre y nadie vivirá en pobreza extrema ni se quedará sin oportunidad de estudiar o sin asistencia médica y medicamentos". De modo tal que "el campo producirá como nunca; a la mitad del sexenio alcanzaríamos la autosuficiencia en maíz y frijol, y en 2024, en arroz. Otro tanto ocurrirá con la carne de res, cerdo, aves y huevos, y será considerablemente menor la importación de leche".[4] Y en cuanto a los migrantes mexicanos, ha dicho: "Urge crear condiciones de vida dignas que permitan anclar a la gente a sus lugares de origen o residencia, y constreñir el fenómeno de la migración a decisiones personales y voluntarias, eliminando los factores —desempleo, pobreza, inviabilidad de las actividades agropecuarias, inseguridad y violencia— que hoy en día siguen forzando a centenares de miles a abandonar el país o la región donde viven".[5] Por lo cual no tendrán ya los mexicanos que emigrar a Estados Unidos por falta de oportunidades y un empleo bien remunerado, vieja promesa que también hacían Francisco Madero y José López Portillo (y que jamás se ha cumplido por obvias razones).

En materia ecológica, "tendremos reforestado todo el territorio nacional y garantizada la conservación plena de flora y fauna; habremos recuperado ríos, arroyos y lagunas; realizado obras de tratamiento de aguas negras y de desechos o basura, y la sociedad tendrá una mayor conciencia ecológica".[6] Y en el sensible tema de la seguridad, en 2024 "la delincuencia organizada estará acotada y en retirada", en parte porque "los jóvenes no tendrán necesidad de tomar el camino de las conductas antisociales y se le quitará a la delincuencia la posibilidad de incorporar a sus filas a quienes, como ahora, no estudian ni trabajan". Así, "ya no será México el país de la violencia, de los desaparecidos y de la violación de los derechos humanos". Sobre educación, ofrece AMLO: "Se mejoraría la calidad de la enseñanza y, al mismo tiempo, buscaríamos alcanzar la cobertura total en todos los niveles de escolaridad. Se rehabilitaría y ampliaría la infraestructura educativa [...] Ningún joven que quisiera ingresar a la universidad habrá de ser rechazado". Pone como ejemplo de eso a los países escandinavos como Dinamarca. Lo mismo ocurrirá con el sistema de salud; estará a la altura de los países escandinavos.[7]

En lo que hace a la aplicación puntual de la ley y el combate a la corrupción, prometió "¡Acabar con la corrupción! Ése es el plan: erradicar la corrupción, no aminorarla, no reducirla, no mantenerla a raya [...] ¡Acabarla, desterrarla!".[8] Oferta no menor, pues ni en los países escandinavos han logrado desterrar la corrupción, aunque sí disminuirla significativamente. Por lo cual "se contará con un auténtico Estado de derecho", y en 2024 "no existirá la delincuencia de cuello blanco y estarán erradicadas por completo la corrupción política y la impunidad". En cambio, "prevalecerá la honestidad y los servidores públicos serán vistos por la sociedad con respeto".[9] Y en términos del ánimo ciudadano y la revolución de las conciencias, ofrece: "No vemos otra salida que no sea la de renovar, de manera tajante, la vida pública de México; y ello implica, sobre todo, impulsar una nueva corriente de pensamiento sustentada en los valores de la dignidad, la honestidad y el amor a nuestros semejantes [...] un pensamiento generoso, espiritualmente fraterno, humanista".[10] Por ello también se lee en la declaración de principios de Morena: "No hay nada más noble y más bello que preocuparse por los demás y hacer algo por ellos, por mínimo que sea. La felicidad también se puede hallar cuando se actúa en beneficio de otros [...] cuando se hace algo por la colonia, la colectividad, el pueblo o el país". Y en ese sentido, su discurso se confunde con uno de esencia religiosa:

> El propósito es contribuir a la formación de mujeres y hombres buenos y felices, con la premisa de que ser bueno es el único modo de ser dichosos. El que tiene la conciencia tranquila duerme bien, vive contento. Debemos insistir en que hacer el bien es el principal de nuestros deberes morales.
>
> El bien es una cuestión de amor y de respeto a lo que es bueno para todos. Además, la felicidad no se logra acumulando riquezas, títulos o fama, sino estando bien con nuestra conciencia, con nosotros mismos y con el prójimo.[11]

Nada de lo anterior considera excesivo; hizo tales promesas partiendo de que serían alcanzables, o de lo contrario no las habría hecho, pues "en el terreno de lo programático actuaremos con el mayor realismo posible y sin ocurrencias o engaños [...] Un gobierno debe convocar la esperanza pero sin caer en falsas promesas, porque terminará enredado en su propia demagogia".[12] Y después agregó: "No ofrecí

yo cosas que no iba yo a cumplir".[13] Sin embargo, tal como lo apunta
Aguilar Camín:

> Creo que actúa en esto con pragmatismo absoluto, subiendo las apuestas: si
> tenemos que hacer promesas incumplibles, que sean gigantescas; si tenemos
> que dar soluciones difíciles, que sean absolutas; si tenemos que estimular la fe,
> prometamos el cielo en la tierra.
>
> El llamado a creer puede ser la pieza más potente de las propuestas de
> López Obrador, porque está leyendo algo sencillo y profundo de las emo-
> ciones que dominan el desencanto mexicano [...] Los mexicanos pagaremos
> doble; por haber creído de más, luego de no haber creído en nada.[14]

Dice Huntington sobre el desencanto democrático: "El colapso
pacífico del régimen autoritario usualmente genera un breve y glo-
rioso momento de euforia pública, de claveles y champaña, pero carente
de transformaciones".[15] Eso ocurrió al triunfo de Fox en 2000. Vuelve
a suceder con la victoria de López Obrador, aunque en este caso no
se pasa de un autoritarismo a una democracia, sino de una insuficiente
democracia a la posible restauración de régimen hiperpresidencialista, del que se esperan casi milagros. Pero en la mente de sus seguidores sí estamos en tránsito de una democracia simulada (1998-2018)
a una genuina democracia. Fue la esperanza hacia un futuro luminoso,
combinada con un gran enojo hacia un sistema de partidos decepcio-
nante y agotado, lo que determinó en mayor medida el voto. Algunos
encuestadores reportaban antes de la elección que entre el enojo y la
esperanza como motores del voto obradorista predominaba lo segundo.
Seguramente hubo en cada elector ambos sentimientos: enojo, hartazgo
con la situación actual y sus responsables partidarios (PRI y PAN, básica-
mente), pero también la esperanza o convicción de que con AMLO las
cosas mejorarían significativa y permanentemente. En virtud de las promesas hechas por López Obrador a lo largo de varios años, y la decepción provocada por los gobiernos del PRI y el PAN, tras la elección de 2018
las expectativas aparecieron sumamente elevadas, lo cual es fuente
de legitimidad y respaldo para el nuevo gobierno en un momento de
duración indefinida —llamada "luna de miel"—, pero eventualmente
puede convertirse en lo contrario en caso de no ser debidamente cum-

plidas tan desbordadas expectativas. Recién pasada la elección, según el diario *Reforma*, 49% de la ciudadanía mostraba elevadas esperanzas de que todo lo ofrecido por AMLO sería cabalmente cumplido. Algo esencialmente imposible de conseguir. Pero prevalecía el optimismo y la esperanza. Algunos indicadores de esto son los siguientes:

Cuadro XXII.1

¿El triunfo de AMLO qué inspira?	
Esperanza	62%
Incertidumbre	24%
Preocupación	12%

El triunfo de AMLO genera	
Optimismo	68%
Pesimismo	21%

Mejorarán los siguientes rubros	
Economía del país	62%
Educación	61%
Salud	60%
Creación de empleos	60%
Calidad de vida	57%
Seguridad pública	54%

Mejorarán los siguientes rubros	
Economía familiar	53%
Procuración de justicia	52%
Inversiones	47%
Relación con Estados Unidos	46%
Derechos humanos	46%
Libertad de expresión	42%

Fuente: *Reforma*, 25 de julio de 2018.

Llama la atención que generaba más confianza en los indicadores económicos (crecimiento, empleo, inversiones) y sociales (salud, educación) que los políticos (procuración de justicia, derechos humanos, libertad de expresión). O bien el público percibía que la nueva concentración de poder afectará derechos políticos, o bien la importancia que los ciudadanos conceden a esos rubros es menor que la correspondiente a los demás temas (o quizá se trate de una combinación de ambas explicaciones). La pregunta es: ¿hasta dónde se podrán satisfacer dichas expectativas y a qué velocidad? Y también, ¿cuánto tiempo estarán dispuestos a esperar los ciudadanos que sus esperanzas sean en alguna medida satisfechas, antes de caer en el desencanto y retirar su lealtad al nuevo gobierno? La respuesta no es sencilla, pues las condiciones no son comparables a las que enfrentó Fox, y mucho menos las que encararon Calderón o Peña Nieto. Son en general más favorables para López Obrador, si bien las expectativas mayores son más difíciles de cumplir, y en esa medida la decepción consecuente puede ser más intensa. Lorenzo Meyer se percata del tamaño del reto y sabe que no podrá ser cumplido cabalmente: "[AMLO] no va a resolver ninguno de los problemas. No puede. En la intención es donde está el meollo de su política. En que lo intente, y que la sociedad mexicana entienda que lo intente". El problema es que, como dijera Maquiavelo, al Príncipe se le evalúa por los resultados, no por sus intenciones. Sobre todo si quienes votaron por él consideraron como posibilidad real la de resolver los problemas, no sólo la de intentarlo al margen de los resultados. Si bien al principio puede ocurrir lo contrario, entre sus seguidores no importan mucho los resultados primeros, sino hacia dónde quiere dirigir el país el gobernante. En particular, sobre el problema de la violencia, comenta Meyer: "¿Resolverlo? ¿Cómo? ¿Quién? ¿Dios podría con el problema de la violencia? Podría si todos los sicarios estuvieran dispuestos a ser becarios [...] pero muchos no van a estar en eso y van a considerar que jugarse la vida vale mucho más la pena que un trabajo normal".[16] Escribió por su parte Raúl Trejo Delabre:

> Durante algún trecho sus votantes tendrán paciencia, entenderán que las primeras decisiones no sean tan drásticas como muchos de ellos quisieran, compartirán incluso las acusaciones contra la mafia del poder (ahora, en parte, sin aquel poder) que, según el discurso del ya para entonces presidente, seguirá obstaculizando sus iniciativas. Pero es posible que la fe de muchos no resista demasiado tiempo. López Obrador tendrá que convencer a sus seguidores de hoy para que lo sigan siendo mañana.[17]

Con todo, algunas mediciones marcan que la gran mayoría de ciudadanos concedería entre uno y tres años para esperar resultados.

Sin embargo, de no arrojar el gobierno algunos resultados convincentes, se tendría que reflejar en la elección intermedia de 2021 (como ocurrió con el PAN en 2003). AMLO tiene algunas ventajas que podrían retrasar en los hechos ese desencanto y su posible efecto electoral: *a)* La corrupción llegó en el gobierno de Peña Nieto a tales niveles que cualquier avance en ese sentido —cosa bastante probable— le redundará favorablemente. Y si logra alguna mejoría palpable en materia de inseguridad también se le aplaudirá fuertemente. Si consigue elevar el crecimiento económico más allá del promedio de los últimos 30 años —2% en promedio— también le será reconocido. *b)* El respaldo que brindan los seguidores de López Obrador es mucho más intenso que el que recibió Fox en su momento, pues como pudo verse durante la campaña, los errores, fallos y dislates, o incluso abusos, probablemente le serán aceptados, justificados y defendidos. Formarán un bloque apologético para enfrentar a la crítica en lugar de unirse a ella. Parte de la narrativa de AMLO, reproducida por sus ideólogos y voceros y aceptada por sus seguidores, es que es inevitable primero remover, desmontar, eliminar buena parte (casi toda) de la herencia del antiguo régimen para preparar el terreno al florecimiento definitivo del país. Es natural que los primeros efectos sean negativos: desorden, escasez, falta de recursos, etcétera. De ahí el frecuente estribillo de AMLO en sentido de que "usted disculpe las molestias por las obras". Al respecto escribe Silva-Herzog:

> Lo debemos tener claro: el futuro presidente no va a cotejar las cifras de la OCDE antes de alzar la voz. Improvisará constantemente. Tendrá sus datos. Fijará hábilmente la agenda nacional. Seguirá siendo renuente al claroscuro. Contrastará la tragedia del pasado inmediato con la luminosidad del futuro. Por eso el presidente electo puede decir, sin incomodidad alguna, que estamos en bancarrota pero que, al final de su administración, seremos una potencia y un ejemplo para el planeta.
>
> No bordará las complejidades de la política sino la obviedad de la única ruta moralmente válida. Expresará con brusquedad sus desacuerdos. Descalificará a sus adversarios y lanzará seguramente la acusación habitual: mis críticos no están solamente equivocados, son moralmente repudiables. Y al mismo tiempo, mantendrá una comunicación intensa y auténtica con millones de mexicanos. Será para muchos la voz más confiable en el país. Para muchos, la única digna de confianza.[18]

Así ha ocurrido hasta ahora. Eso tiene un límite en el tiempo, pero bien podría prolongarse durante el sexenio o la mayor parte de él (aunque con inevitables deserciones durante esos años). Y en todo caso, la popularidad en sí misma, más allá de ser un indicador, no importa demasiado sino en la medida en que se traduzca en votos, o reducción de ellos. Y el horizonte es 2021, donde la incógnita clave es cuántas gubernaturas ganará Morena de las que estarán en disputa, pero sobre todo si mantendrá la mayoría aplastante en la Cámara Baja. Si obtuvo lo que tiene con 43% del voto a su coalición, no requeriría más de eso para preservar esencialmente el control de la diputación federal. Y el voto duro e incondicional de AMLO, según varios encuestadores, ronda el 40%, un voto que no se irá pase lo que pase, haga lo que haga el presidente, o sean cuales sean sus resultados arrojados.

Una encuesta levantada ya habiendo asumido AMLO como presidente señala, de entrada, que 75% esperaba una nueva etapa en la historia de México (una genuina Cuarta Transformación). También refleja una paradoja; un elevado y creciente respaldo a sus proyectos y decisiones, pero al mismo tiempo una baja y descendiente expectativa en la consecución de resultados.

CUADRO XXII. 8. *Respaldo y expectativas a los proyectos de AMLO*

Apoyo a	Septiembre	Diciembre
Proyecto de jóvenes aprendices	75%	78%
Cancelación de aeropuerto	59%	62%
Reducir salarios de funcionarios	66%	78%
Descentralizar al gobierno federal	52%	64%
Desaparecer al Estado Mayor	60%	76%
Revisar reforma energética	70%	70%
Nueva refinería	65%	77%
Cancelar la reforma educativa	56%	64%
Comité asesor de empresarios		69%
Guardia Nacional con mando militar		57%
Investigación a expresidentes		80%

FUENTE: GEA-ISA, diciembre de 2018.

Y las buenas expectativas de resultados subieron de septiembre a diciembre:

Reacciones	Septiembre	Diciembre
Felicidad	46%	60%
Tranquilidad	56%	62%
Optimismo	55%	66%
Confianza	54%	60%
Mejorará la situación económica	32%	45%
Mejorará la seguridad	38%	48%
Imagen favorable de AMLO	63%	71%

FUENTE: GEA-ISA, diciembre de 2018.

En otras palabras, conforme pasaba el tiempo mejoraba la evaluación de sus primeras decisiones. Entre enero y febrero, en materia de seguridad, quienes consideraron que estaba mal pasaron de 78 a 58%, en tanto que quienes dijeron que mejoraba pasó de 16 a 36%.[19] Eso, pese a que enero de 2019 fue de los más violentos. Es decir, se reflejan en estas encuestas las expectativas más que los resultados. Se calcula que el simpatizante incondicional y duro orbita alrededor de 25%, frente a un 32% de apoyo condicionado. Y como es normal, la valoración de AMLO varía según la preferencia política de los ciudadanos; mayor en el caso de los obradoristas (84%) y menor en el caso de los simpatizantes de la oposición (44%), y aún menos entre ciudadanos no alineados (39%). Incluso, la disposición de apoyar o rechazar una eventual reelección de AMLO se divide en mitades, y también la mitad estaría dispuesta a votar por él pese a la presunta fuerza institucional que adquirió la no reelección presidencial durante el siglo XX. En el momento de presentar su primer informe no oficial, el 1° de julio de 2019, todavía 66% estaba de acuerdo con su gobierno (pero 17% menos que en febrero de ese mismo año), 13% más de quienes oficialmente votaron por él. Más aún, 54% de quienes se abstuvieron también le daban su apoyo, y en particular, 58% de perredistas y 45% de quienes se identificaban con el PRI (en su proceso de cambio de lealtades, seguramente). Sin embargo, 46% pensaba que el país seguía igual, frente a sólo 27% que pensaba que estaba mejor. Es decir, su apoyo seguía siendo, al parecer, condicionado, y simplemente seguían dando tiempo. También, una mayoría declaró creer en los datos del presidente (53%) cuando se contradicen con otros grupos u organizaciones (que eran creídas por 36%). Y en ese momento algunas políticas eran claramente respaldadas, como la venta del avión presidencial (62%) y las consultas ciudadanas (60%), algo más bien simbólico. En cambio, políticas concretas como la cancelación del aeropuerto eran respaldadas por una minoría (32 frente a 41% en contra) y sobre todo, el retiro de las guarderías infantiles (21% a favor frente a 61% en contra).[20]

Finalmente, al comprar sus seguidores el discurso maniqueo de que no hay otra opción más que AMLO o la mafia (que recuerda al "Echeverría o el fascismo" de Carlos Fuentes), podrá darles crédito a las razones que esgrima para responsabilizar de sus fracasos a otros actores; la mafia misma, la cúpula empresarial, el Banco de México, los medios u otros potenciales enemigos del cambio (los herederos de Santa Anna, Miramón y Porfirio Díaz, según AMLO mismo ha acusado). De hecho, a un año de su triunfo, 76% consideraba que los problemas enfrentados por AMLO aún no eran su responsabilidad, sino heredados de los gobiernos previos.[21] Dicho recurso es típico de gobiernos populistas (en su acepción negativa) o las democracias iliberales. Dice Werner: "De cualquier fracaso de los populistas en el gobierno todavía puede culparse a las élites que actúan tras bambalinas, ya sea de forma interna o en el extranjero".[22] Así, Hugo Chávez siempre responsabilizó a la oligarquía venezolana de sus fracasos, igual que al imperialismo yanqui, en otros casos. En 2002, en medio de una huelga, señaló: "No se trata de chavistas o antichavistas [... sino de] los patriotas y los enemigos de la patria".

Y Maduro responsabilizaba de la enorme inflación de su país a los "parásitos de la burguesía", sin mayores datos o cifras, sino con esa mera descalificación retórica.[23] En el caso de México ya vimos una pequeña muestra de ello ante la multa que el INE impuso a Morena a raíz de un fideicomiso que incurrió en faltas a la ley electoral. Lejos de reconocer la irregularidad, o simplemente apelar al TEPJF (cosa que hizo), AMLO acusó una conjura del instituto con la mafia de Hacienda, para dañar su imagen. Presentó un operativo de inducción del voto como un proyecto humanitario; operativos parecidos en el PRI eran condenados como lucrar con la pobreza, pero en el caso de Morena se trataba de ayuda a los necesitados. La gran mayoría de sus seguidores validó ese discurso y probablemente lo hará en el futuro cuando AMLO desee culpar a otros actores de sus propias deficiencias. Y la guerra declarativa contra la prensa (fifí) y sus críticos refleja que también en ellos descargará buena parte de la responsabilidad. Cuando se le cuestionó el lujo de la boda de su colaborador de varios años, César Yáñez, no sólo deslindó su responsabilidad apuntando lo evidente, que no fue él quien se casó, sino que arremetió contra los adversarios y la prensa por destacar el hecho para atacarlo a él personalmente, como si en la política los críticos, la oposición partidaria y los rivales políticos no buscaran todo lo criticable en un gobierno, tal como lo hizo AMLO durante años con creciente éxito. Ante el fracaso del operativo de Culiacán, AMLO responsabilizó a la prensa de una mala cobertura, incluso dolosa (cuando el propio gobierno no daba información o incluso la proporcionaba de manera contradictoria), y exigió que se disculpara por ello.

Algo que podría también minar el respaldo de su base es contravenir su discurso en distintos temas; hacer una comisión con líderes empresariales a los que antes ubicaba como parte de la mafia del poder; perdonar a los corruptos del PRIAN; aliarse con el Partido Verde, prototipo del partido oportunista, respaldar a Elba Esther Gordillo, símbolo también del antiguo PRIAN, preservar al Ejército en la lucha contra el crimen aunque a partir de una Guardia Nacional, militarizada pero con ropaje civil. Todo ello podría restarle confianza y respaldo entre sus votantes. Sin embargo, existe la posibilidad de que se justifique en términos de un sagaz pragmatismo para conseguir sus objetivos últimos; ceder en lo inmediato, pactar con adversarios potenciales mientras enfrenta a otros para así allanar el terreno para la transformación profunda de la sociedad. Y podría tener sentido esa lógica, si bien eso sólo se verá conforme se arrojen resultados positivos o negativos en la consecución de sus objetivos. Y mientras la crítica ve errores, traiciones y contradicciones, sus adeptos pueden ver (se verá si con razón o no) un ejemplo de maquiavelismo de alta escuela. Al respecto comenta Jorge Zepeda Patterson:

> [AMLO] asume que la única manera de enfrentar a los poderes "amafiados" es "desamafiándolos". Impedir que se consoliden en contra tuya. No puedes desafiar al Ejército al mismo tiempo que te echas encima a la iniciativa privada en su conjunto o a los grandes sindicatos preexistentes. López Obrador quiere neutralizar o sumar a unos mientras se ocupa de otros.
>
> Abre un frente de batalla pero mina a los posibles aliados de su rival [...] La ruta de equilibrista en la que incurre López Obrador tiene indudables riesgos, pero entiende que es la única viable. Confía en sus habilidades de prestidigitador para pactar con unos mientras hace ajustes de cuentas con los otros.[24]

Desde luego, si el desempeño de López Obrador fuera desastroso en materia económica, social o administrativa, quizá ese respaldo se reduciría, pero sólo en condiciones extremas. Dice al respecto Macario Schettino:

> Lo relevante es que si AMLO cree que su caudal de votos depende de su orientación (nacionalismo revolucionario, populismo), puede entonces tomar decisiones para fortalecer algo que no existe.
>
> Por el contrario, esos votantes adicionales, cansados de inseguridad y corrupción, no tienen mayor interés en programas asistencialistas, cancelación de aeropuertos o construcción de refinerías.
>
> Eso significa que no tienen paciencia. Si en un par de meses resulta que la corrupción no cambia, la inseguridad no se reduce, y además tenemos presiones económicas que antes no existían, lo van a abandonar.[25]

Si bien en enero y febrero se registraban niveles de aprobación del 80% para julio y agosto descendieron a alrededor de 65%, (según *El Financiero*). Y entonces sólo 27% pensaba que las cosas habían mejorado, frente a 46% que pensaban que estaban igual, y 26% que estaban peor. Y las políticas concretas gozaban de distinto respaldo, como es normal.

Tema	Favorable	Desfavorable
Venta avión presidencial	62%	27%
Guardia Nacional	61%	24%
Consultas ciudadanas	60%	18%
Austeridad del gobierno	51%	23%
Refinería de Dos Bocas	48%	20%
Aeropuerto en Santa Lucía	32%	41%
Suspender estancias infantiles	27%	61%

FUENTE: *El Financiero*, julio de 2019.

Y ya al cumplir un año de gobierno, se detectó una baja más clara en la popularidad, a partir del fallido operativo de Culiacán, el asesinato de varios miembros (niños y mujeres) de la familia mormona LeBarón en el norte del país, y quizá el hecho de que la economía continuó estancada durante todo el año. En diversas encuestas se registró una caída de distinta magnitud, pero no pequeña. *El Universal*, por ejemplo, registró 10 puntos menos entre agosto y noviembre, pasando de 69 a 59% de aprobación. Sigue siendo elevada, sin duda, pero lo que se destaca es el impacto de los sucesos en esos meses en detrimento del apoyo al presidente. Y las expectativas de que AMLO cumpliría sus promesas pasaron de 63% en marzo a 50% en noviembre. En ese mismo lapso la esperanza de que el desempeño mejoraría pasó de 73 a 55%. El tema que mayor impacto negativo ha generado es el de la inseguridad; en marzo sólo 24% consideraba que la violencia había aumentado en lugar de disminuir, porcentaje que se elevó a 53% en noviembre; poco más del doble. Sin embargo, la mayoría (60%) consideró que en el operativo de Culiacán el presidente no fue debidamente enterado por sus subordinados, algo que él mismo dijo públicamente para deslindarse de la responsabilidad. Sus seguidores prefieren pensar que el error recayó más en los colaboradores del presidente que en él mismo.

Pero por otro lado, quienes empiezan a decepcionarse de los resultados abren el margen de tolerancia para más adelante, lo que refleja que la esperanza genera apego, y resulta difícil de abandonar para quien la abrigó con fuerza: en marzo quienes pensaban que había que ser pacientes para esperar resultados pasaron de 23 a 45% en noviembre. Y todavía 65% consideraba que AMLO había mostrado capacidad para resolver los problemas. Es decir, quienes ante la falta de los resultados esperados prefieren esperar más antes de tirar la toalla. Eso evidentemente favorece a AMLO, pues le podrá extender más tiempo su base de apoyo, que probablemente incidirá en 2021 a favor de su partido. Y ante la pregunta de si votaría a favor del presidente en un ejercicio de revocación, 70% respondió que sí, si bien en agosto ese porcentaje era de 74%. Un ligero descenso. Sin embargo, la misma encuesta señala que en la pregunta de por qué partido votaría para presidente en una elección abierta, el voto a favor de Morena pasó de 52% en marzo a 36% en noviembre. Si bien la opción a favor de la oposición creció muy poco, lo que sugiere que el voto perdido por Morena se iría a la abstención.[26] Pero otra encuesta en ese mismo tiempo, de *El Financiero*, sugiere que de mayo a noviembre la aprobación a AMLO no se movió ni un ápice (68%). Con todo, el respaldo a la estrategia de seguridad cayó dramáticamente, de 45% en septiembre a 26% en noviembre. En otros temas persiste el optimismo. La esperanza se mantiene pese a los problemas, y de nuevo, la pregunta es cuánto tiempo se podrá prolongar si no hay resultados positivos palpables.[27]

En el discurso oficial, si las cosas no han caminado lo deseable, se debe esencialmente a la herencia de los gobiernos anteriores. Así, un eventual desastre durante el gobierno de López Obrador podría ser explicado por la mala herencia del antiguo régimen y sus partidos gobernantes, el PRI y el PAN. Muchos obradoristas parecen dispuestos a comprar esa explicación en caso de un fracaso. Lo cual, dependiendo de qué tan extenso es el voto duro, la caída podría ser menor. Si en cambio el saldo de su desempeño es positivo, el respaldo ciudadano tenderá a crecer y prolongarse por bastante más tiempo, y desde luego con posibilidades de que Morena mantenga el poder presidencial así como amplia votación en los congresos estatales y federal en sexenios venideros.

EPÍLOGO
¿A dónde vamos?

Tras un año de gobierno, algunos temores de los críticos del obradorismo se han ido cumpliendo, no de manera total ni necesariamente de forma irreversible. Eso depende de múltiples variables. Desde el punto de vista económico, el principal temor radicaba en la eventual cancelación del Nuevo Aeropuerto Internacional en Texcoco, pues desde la campaña AMLO había anunciado la posibilidad de cerrarlo. El riesgo desde el punto de vista económico era mandar señales de incertidumbre económica y jurídica a los mercados, calificadoras e inversionistas. Se vería México como un país menos seguro y confiable para invertir, considerando que para alcanzar la meta ofrecida de crecimiento económico por López Obrador, de 4 a 6%, requería mucho mayor inversión privada. En cambio, ese movimiento podría provocar justo lo contrario. También el litigio sobre los gasoductos contratados con diversas empresas internacionales, pese a haberse resuelto, envió de nuevo el mensaje de que el gobierno mexicano puede o no cumplir los contratos, de manera discrecional. Detener la reforma energética, cancelar las rondas de inversión privada e impedir los contratos mixtos en el área fueron también malas señales para inversionistas. Y dedicar recursos a proyectos como la refinería Dos Bocas en condiciones en que podría ser fútil dicha inversión, cuando no manejarse con números rojos, además de instalarse lejos del mercado, no fue una señal que las calificadoras tomaran como positiva. El resultado inmediato de todo ello fue la caída del crecimiento de 2% en 2018 (2.4% en promedio en el sexenio de Peña Nieto) a una tasa cercana a 0%. Una de las principales ofertas de AMLO era justo elevar el crecimiento económico (para mejor distribuirlo), y ésa fue una de sus principales críticas al neoliberalismo: su magro crecimiento, comparado con los años del milagro mexicano.

En efecto, de 1947 a 1982 el promedio de crecimiento económico fue de 6.2%. En cambio, en los años del neoliberalismo, de 1983 a 2018, ese promedio fue de 2.4%, prácticamente una tercera parte. AMLO ofreció alcanzar 4% en promedio e incluso alcanzar el último año el idílico 6%, pero además sobre bases firmes como para garantizar varios años en ese nivel, una especie de "nuevo milagro mexicano". Pero el primer año dicho crecimiento ronda 0%, ante lo cual ha cambiado el discurso de López Obrador; ahora insiste en que el crecimiento no es realmente importante, sino la distribución de la riqueza, como si sirviera de algo distribuir un pastel que en vez de crecer, disminuye. Algo que no deja de ser paradójico es que justo en el sexenio de Salinas de Gortari, figura clave y principal responsable del neoliberalismo, logró crecer a 3.9%, es decir, prácticamente lo que ofreció López Obrador y que no se ve tan fácil de alcanzar.

Eso no implica que no se pueda remontar la tendencia al crecimiento (así sea de 2% o algo más) si las razones que la provocaron cambian. Es decir, si varias de las decisiones de política económica y el discurso oficial se corrigen, pero no parece haber muchos indicios de ello, en buena parte por la personalidad obcecada del presidente. En materia de seguridad el gobierno enfrenta un grave problema que no cedería fácilmente a políticas más bien fantasiosas y endebles, como él lo creyó, o al menos ofreció e hizo creer a sus seguidores. Que en el primer año haya crecido la violencia respecto del primer año de Calderón y Peña Nieto así lo sugiere. El fallido operativo de Culiacán mostró la descoordinación e inexperiencia del nuevo gobierno ante un tema sumamente complejo, así como lo errático del discurso sobre este tema, donde se cambian los objetivos y las estrategias de un día para otro. La política humanista de "abrazos, no balazos", y la prédica moral de "pórtense bien" no arrojan resultados, evidentemente, y podrían incluso resultar contraproducentes al exhibir un Estado claudicante y titubeante.

En materia política, que es el foco central de este libro, las cosas tampoco son muy alentadoras. Se pensaba desde antes que AMLO podría dar pasos regresivos en ese tema, a partir de su poca institucionalidad en los procesos políticos; fue designado candidato para gobernar la capital en 2000 cuando no cumplía los requisitos legales; desconoció el veredicto final del TEPJF en 2006, lo que no implica que no hubiera habido dudas e inconsistencias, sino que al apegarse a las reglas de un juego democrático existe el compromiso para aceptar los resultados dentro de tales reglas (así como en 2000 en Estados Unidos el candidato demócrata Al Gore, que tenía motivos para denunciar un fraude, acató la resolución de la Suprema Corte, frente a George W. Bush). En 2012 si bien fueron detectadas también irregularidades (difícilmente una elección está exenta de ellas), la ventaja con que ganó Peña Nieto era suficientemente amplia (casi 7%, mayor que cuando Fox ganó en 2000) como para que tales irregularidades fueran determinantes. La ventaja en votos fue de 3.5 millones de votos, nada menor. Pero AMLO inventó la cifra de cinco millones de votos comprados sin tener ningún sustento firme para determinar esa cantidad, y desde luego, tampoco aceptó el veredicto. Cuando en 2006 enunció su famoso "al diablo con sus instituciones", podría pensarse que denunciaba la cooptación de varias de ellas por los partidos opositores, como era el caso. De tal forma que la solución sería dotar de verdadera autonomía a tales instituciones en lugar de cooptarlas de igual manera, pero ahora sólo por parte de su partido. Con lo cual en realidad se emprende una regresión institucional.

Los críticos de AMLO señalaban este riesgo de regresión política desde la campaña misma de 2018 (o antes, si se quiere, con aquello de "un peligro para México" de 2006). Pero no sólo era mera campaña sucia, sino que había elementos para sospecharlo, según se vio. Ante lo cual, Lorenzo Meyer opina lo siguiente, a un año de gobierno morenista:

En vísperas de la elección, con una mezcla de angustia y de esperanza de influir en el ánimo de los electores indecisos, quienes descalificaron a López Obrador se vieron obligados a asumir el papel de profetas, de nuevos Jeremías, que anunciaban grandes males si en el último momento el pueblo no enmendaba sus preferencias.

Bueno, esos nuevos Jeremías aseguraban que López Obrador significaría el regreso del abominable priismo clásico, del autoritarismo puro, del que cerrará y arruinará la economía, hará un pacto de impunidad con el crimen organizado y con el presidente saliente, echará por la borda la reforma educativa, pondrá a Morena en manos de sus hijos, aceptará en su partido a corruptos, no entenderá la complejidad del sistema internacional y propiciará movilizaciones constantes.[1]

Paradójicamente, ahora se tienen elementos para saber que algunos de esos vaticinios jeremistas se han venido cumpliendo, al menos parcialmente. Pero la tendencia apunta a esa ruta. Problemas en la economía, impunidad hacia la cúpula del gobierno saliente (si bien podría desconocerse), trato suave hacia el narcotráfico, cancelar la reforma educativa para poner la educación en manos de la CNTE, aceptar a corruptos en su partido, una política internacional ausente y evasiva, y movilizaciones constantes, no propiciadas desde el gobierno, pero sí permitidas desde ahí. No era pues sólo campaña sucia. La restauración del priismo, por ejemplo, se nota al subordinar a varias instituciones autónomas y penetrar con leales suficientes ministros de la Suprema Corte, con miras a tener el número suficiente de ellos para rechazar diversas acciones de inconstitucionalidad cometidas por el Ejecutivo. La compra de diputados de oposición y la alianza con el Partido Verde en el Congreso no hacen sino rememorar viejas prácticas del PRI. La prolongación del mandato de Jaime Bonilla en Baja California, de dos a cinco años, es otro atropello antidemocrático permitido por el Ejecutivo federal, así como la imposición de la titular de la CNDH pasando por alto los preceptos constitucionales. Consultas sesgadas y manipuladas, o a mano alzada entre simpatizantes, en lugar de hacerlas bajo el marco constitucional, no ayudarán a impulsar la democracia participativa dentro de la legalidad, sino a debilitarla. El pretender pasar por alto la legalidad bajo el argumento de que quien tiene la conciencia tranquila puede hacerlo, o bien anteponiendo la justicia por encima de la ley, sólo vulneran en mayor medida el Estado de derecho, fomentando el ancestral Estado de chueco.

Todo lo cual permite vislumbrar la ruta que se seguirá en este sexenio, ya no a partir de estudios prospectivos o intuiciones, sino a partir de lo ocurrido durante el primer año de gobierno. Eso no significa que indefectiblemente las cosas irán por ahí, pues podría haber algún tipo de reflexión o incluso corrección en caso de complicarse las cosas en el ámbito económico, social, de seguridad o político. Pero nada garantiza tampoco que eso ocurrirá, dado el peculiar estilo de gobernar de

López Obrador, que poco reconoce errores, que no escucha a interlocutores de afuera o adentro del gobierno, que está convencido de que
su percepción de la realidad (en blanco y negro) es la correcta. Y que su
propósito esencial al parecer no es tanto administrar el gobierno con
eficiencia y mejoría, sino trascender a la historia para colocarse en el
cielo histórico junto con Hidalgo, Morelos, Juárez, Madero y Lázaro
Cárdenas. La sola posibilidad de no lograrlo puede generar actos des-
esperados más que la humildad de reconocer errores para dar paso a
las correcciones necesarias y evitar que las cosas empeoren, así no se
logre alcanzar la utopía de la Cuarta Transformación prometida por su
adalid.

NOTAS

INTRODUCCIÓN

[1] *Cfr.* José Antonio Crespo, *Jaque al Rey*, Grijalbo, México, 1995.
[2] *Cfr.* José Antonio Crespo, *¿Tiene futuro el* PRI*? Entre la supervivencia democrática y la disolución total*, Grijalbo, México, 1998.
[3] *Cfr.* José Antonio Crespo, *2006: Hablan las actas. Las debilidades de la autoridad electoral*, Debate, México, 2008.
[4] TEPJF, *Dictamen relativo al cómputo final de la elección de presidente de los Estados Unidos Mexicanos, declaración de·validez de la elección y de presidente electo*, 5 de septiembre de 2006.
[5] Samuel Huntington, *El orden político en las sociedades en cambio*, Paidós, Buenos Aires, 1972, p. 376.

I. LA ELECCIÓN DE 2018

[1] José Antonio Crespo, *2018: ¿AMLO presidente?*, Sello Grulla, México, 2017.
[2] *Idem.*
[3] *La Jornada*, 15 de julio de 2018.
[4] Luis Rubio, "Y el país se movió", *Reforma*, 15 de julio de 2018.
[5] Juan Villoro, "El caudillo mexicano ante su gente", *El País*, 10 de julio de 2018.
[6] José Antonio Crespo, *2018: ¿AMLO presidente?, op. cit.*, p. 93.
[7] *Idem.*
[8] Cfr. José Antonio Crespo, "Arrancan las campañas", *El Universal*, 2 de abril de 2018.
[9] José Antonio Crespo, *2018: ¿AMLO presidente?, op. cit.*, p. 102.
[10] José Antonio Crespo, "2018, ventajas y desventajas de los punteros". *El Universal*, 2 de enero de 2018.
[11] *La Jornada*, 31 de julio de 2018.
[12] José Antonio Crespo, "2018, ventajas y desventajas…", *op. cit.*
[13] Héctor de Mauleón, "Contra el PRI y contra AMLO", *El Universal*, 4 de julio de 2017.
[14] José Antonio Crespo, *El Universal*, 25 de junio de 2017.
[15] José Antonio Crespo, *2018: ¿AMLO presidente?, op. cit.*, p. 118.
[16] *Ibid.* p. 121

[17] *Idem.*

[18] Esteban Moctezuma, "Todos contra AMLO", *El Universal*, 7 de abril de 2017.

[19] José Antonio Crespo, *2018: ¿AMLO presidente?, op. cit.,* p. 149.

[20] José Antonio Crespo, "La guerra del PRIAN", *El Universal*, 12 de febrero de 2018.

[21] José Antonio Crespo, "¿Habrá acuerdo del PRI y el PAN?", *El Universal*, 30 de abril de 2018.

[22] Entrevista de AMLO con Carmen Aristegui, *Aristeguinoticias*, 21 de noviembre de 2018.

[23] Jorge Buendía y Javier Márquez, "2018, ¿Por qué el Tsunami?", *Nexos*, julio de 2019.

[24] *Reforma*, 5 de marzo de 2019.

[25] Federico Berrueto, "El ocaso del PRI", *Milenio*, 15 de julio de 2018.

[26] Ricardo Anaya, Twitter, 15 de mayo de 2019.

[27] José Antonio Crespo, *2018: ¿AMLO presidente?, op. cit.,* p. 132.

[28] Martínez Silva y Salcedo Aquino, *Diccionario Electoral 2000*, Instituto Nacional de Estudios Políticos, A. C., México, 1999, pp. 675-676.

[29] José Antonio Crespo, *2018: ¿AMLO presidente?, op. cit.,* pp. 123-134.

II. EL FRAUDE INSUFICIENTE

[1] José Antonio Crespo, *2018: ¿AMLO presidente?, op. cit.,* pp. 156-157.

[2] *Cfr.* Martha Anaya, *1988: El año que calló el sistema*, Debate, México, 2008.

[3] *Cfr.* José Antonio Crespo, *Los retos de la sucesión presidencial*, Centro de Estudios de Política Comparada, México, 1999.

[4] *Cfr.* José Antonio Crespo, *2006: Hablan las actas…, op. cit.,* Cap. VII.

[5] *Cfr.* Bernardo Barranco (coord.), *El infierno electoral*, Grijalbo, México, 2018.

[6] Agustín Basave, "¿Qué hará AMLO con la transición?", *El Universal*, 16 de julio de 2018.

III. ¿PACTO DE IMPUNIDAD?

[1] Andrés Manuel López Obrador, *2018: La salida. Decadencia y renacimiento de México*, Planeta, México, 2016, Cap. I.

[2] *Ibid.,* Cap. IV.

[3] Entrevista con Carmen Aristegui, *Aristegui Noticias*, 26 de mayo de 2017.

[4] Thomas Hobbes, *Leviatán, o la materia, forma y poder de una república eclesiástica y civil*, Fondo de Cultura Económica, México, 1996, p. 112.

[5] López Obrador, *2018: La salida…, op. cit.,* cap. VI.

[6] Entrevista con Carmen Aristegui, *Aristegui Noticias*, 26 de mayo de 2017.

[7] Lorenzo Meyer, "El pasado como dilema", *Reforma*, 25 de agosto de 2016.

[8] José Antonio Crespo, "¿Fin del pacto de impunidad?", *El Universal*, 12 de marzo de 2018.

[9] Salvador García Soto, "Los mensajeros entre Peña y AMLO", *El Universal*, 2 de enero y 5 de julio de 2018.

[10] Salvador García Soto, "¿Por qué con Peña Nieto no?", *El Universal*, 6 de febrero de 2019.

[11] *Reforma*, 17 de septiembre de 2018.

[12] *Reforma*, 20 de noviembre de 2018.
[13] Aristegui noticias, 21 de noviembre de 2018.
[14] Entrevista con Ciro Gómez Leyva, *ImagenTV*, 20 de noviembre de 2018.
[15] Raymundo Riva Palacio, "Un final sin final", *Ejecentral*, 7 de agosto de 2018.
[16] Entrevista con Ciro Gómez Leyva, *ImagenTV*, 20 de noviembre de 2018.
[17] *Reforma*, 30 de noviembre de 2018.
[18] Citado por Carlos Elizondo Serra-Mayer, "López Obrador está subvirtiendo la democracia", *Financial Times*, 30 de noviembre de 2018.
[19] Lorenzo Meyer, "¿Y si se residenciara a los presidentes?", *El Universal*, 3 de marzo de 2019.
[20] Entrevista en *Tercer Grado*, Televisa, 19 de noviembre de 2018.

IV. LA NUEVA MAYORÍA LEGISLATIVA... Y ARTIFICIAL

[1] *Proceso* núm. 1254, 12 de noviembre de 2000.
[2] *Bucareli Ocho*, 20 de mayo de 2002.
[3] *Cfr.* José Antonio Crespo, "La nueva (y artificial) mayoría legislativa", *Letras Libres*, núm. 239, noviembre de 2018.
[4] Dieter Nohlen, *Sistemas electorales y partidos políticos*, Fondo de Cultura Económica, México, 1995, pp. 88 y 112.
[5] Elizur Arteaga, "Así no se logrará la Cuarta Transformación", *Proceso*, 10 de septiembre de 2018.
[6] Arthur Schlesinger Jr., *La presidencia imperial*, Dopesa, Barcelona, 1974.
[7] Carlos Castillo Peraza, "No al fatalismo, sí al diálogo" (1989), en *El porvenir posible*, Fondo de Cultura Económica, México, 2006, p. 383.
[8] José Woldenberg, "Registros y plurinominales", *Reforma*, 26 de julio de 2018.
[9] Citado por Carlos Castillo Peraza, en "Las elecciones federales mexicanas de 1997" (1997), en *El porvenir posible*, Fondo de Cultura Económica, México, 2006, p. 460.
[10] Héctor Aguilar Camín, "Un adiós democrático a la democracia", *Milenio*, 30 de julio de 2018.
[11] José Agustín Ortiz Pinchetti, "Medio siglo, muchas derrotas, un triunfo", *La Jornada*, 5 de agosto de 2018.
[12] José Agustín Ortiz Pinchetti, *AMLO. Con los pies en la tierra*, Harper Collins, México, 2018, p. 87.
[13] *Milenio*, 19 de julio de 2018.
[14] Steven Levitsky y Daniel Ziblatt, *Cómo mueren la democracias*, Ariel, México, 2018, pp. 147-148.

V. RECLUTAMIENTO SIN FILTRO MORAL

[1] *Cfr.* Elizur Arteaga, "Así no se logrará la Cuarta Transformación", *Proceso*, 10 de septiembre de 2018.
[2] Lorenzo Meyer, "Lázaro", *El Universal*, 16 de septiembre de 2018.
[3] *Proceso*, 2 de febrero de 2016.
[4] Entrevista con Luis Cárdenas, 24 de abril de 2017.

[5] *Reforma*, 28 de abril de 2017.

[6] Julio Hernández López, Astillero, *La Jornada*, 25 de abril de 2017.

[7] Lorenzo Meyer, "¿Al abordaje?", *Reforma*, 30 de marzo de 2017.

[8] *El Universal*, 2 de abril de 2017.

[9] *Cfr.* Julio Hernández, Astillero, *La Jornada*, 20 de febrero de 2019.

[10] Héctor Aguilar Camín, "En busca de Morena", *Nexos*, julio de 2018.

[11] Jesús Silva-Herzog Márquez, "AMLO 3.0", *Reforma*, 5 de febrero de 2018.

VI. LA AUTODENOMINADA CUARTA TRANSFORMACIÓN MEXICANA

[1] José Woldenberg, "La historia borrada", *El Universal*, 19 de febrero de 2019.

[2] Wichy García, "Desmontando la Cuarta Transformación", *Etcétera*, 7 de marzo de 2019.

[3] Discurso del primer aniversario del triunfo de Morena, 1º de julio de 2019.

[4] *Cfr.* José Antonio Crespo, "Epílogo; el estigma de la Conquista", en *Después de la Conquista*, Grulla,México, 2015.

[5] Arturo Uslar Pietri, *La creación del Nuevo Mundo*, Fondo de Cultura Económica, México, 1992.

[6] Lucas Alamán, *Historia de México, desde los primeros movimientos que prepararon su Independencia en el año de1798 hasta la época presente*, Fondo de Cultura Económica, México, 1985. Citado en Crespo, *Después de la Conquista, op.cit.* p. 148

[7] L. B. Simpson, *Muchos Méxicos*, Fondo de Cultura Económica, México, 1994.

[8] Lucas Alamán, *Historia de México...*, *op. cit.* Citado en Crespo, *Después de la Conquista, op.cit.* p. 150

[9] José Manuel Villalpando, *Batallas por la historia*, Grijalbo, México, 2008. Citado en Crespo, *Después de la Conquista, op.cit.* p. 151

[10] *Idem.* Citado en Crespo, *Después de la Conquista, op.cit.* p. 152

[11] Lucas Alamán. *Historia de México...*, *op. cit.* Citado en Crespo, *Después de la Conquista, op.cit.* pp. 152-153

[12] *Idem.* Citado en Crespo, *Después de la Conquista, op.cit.* p. 153

[13] *Idem.* Citado en Crespo, *Después de la Conquista, op.cit.* p. 154

[14] Octavio Paz, *Obras completas IX*, Fondo de Cultura Económica, México, 2003. Citado en Crespo, *Después de la Conquista, op.cit.* p. 157

[15] Adolfo Gilly (comp.), *Cartas a Cuauhtémoc Cárdenas*, Era, México, 1989.

[16] EZLN, Primera Declaración de la Selva Lacandona, México, enero de 1994.

[17] *Cfr.* Vicente Fox y Rob Allyn, *La revolución de la esperanza*, Aguilar, México, 2007.

[18] José Woldenberg, "La historia borrada", *El Universal*, 19 de febrero de 2019.

[19] Citado por Axel Kaiser y Gloria Álvarez, *El engaño populista*, Deusto, 2016.

[20] José Woldenberg, "La historia borrada", *El Universal*, 19 de febrero de 2019.

[21] Andrés Manuel López Obrador, *Neoporfirismo. Hoy como ayer*, Grijalbo, México, 2014, p. 291.

[22] Enrique Krauze, "El presidente historiador", *Letras Libres*, enero de 2019.

[23] Luis Rubio, "El nuevo PRI", *Reforma*, 29 de julio de 2018.

[24] Lorenzo Meyer, "La descompresión como meta", *Reforma*, 12 de julio de 2018.

[25] Alejandro Moreno, "¿La cuarta qué?", *El Financiero*, 30 de noviembre de 2018.

[26] Citado por Héctor Aguilar Camín, *Nocturno de la democracia mexicana*, Debate, México, 2018, p. 238.

[27] Wichy García, "Desmontando la Cuarta Transformación", *Etcétera*, 7 de marzo de 2019.

VII. MORENA Y EL FORO DE SÃO PAULO

[1] Octavio Rodríguez Araujo, "¿Bonapartismo en Venezuela?", *La Jornada*, 20 de julio de 2017.
[2] *El Universal*, 31 de mayo de 2017.
[3] Citada por Luis Cárdenas, "Morena, la revolución bolivariana y que viva Chávez", *El Universal*, 1º de junio de 2017 <https://m.facebook.com/story/story.php?storyfbid=101578215456092&id=311687326091>.
[4] Héctor Díaz Polanco, "Encuentro de la Red de Intelectuales en la Defensa de la Humanidad", 12 de abril de 2016.
[5] Citado por Axel Kaiser y Gloria Álvarez, *El engaño populista...*, *op. cit.*, cap. II.

VIII. EL DESENCANTO DEMOCRÁTICO

[1] Samuel Huntington, *The Third Wave; Democratization in the Late Twentieth Century*, University Oklahoma Press, 1991, p. 255.
[2] *Idem.*
[3] *Ibid.*, p. 257.
[4] *Ibid.*, p. 263.
[5] *Cfr.*, *ibid.*, p. 291.
[6] Francisco Valdés, "El camino a la autocracia", *El Universal*, 17 de marzo de 2019.
[7] Latinobarómetro, 2018.
[8] "Latin Americans are dejected about democracy", *The Economist*, 8 de noviembre de 2018.

IX. ¿UN NUEVO RÉGIMEN?

[1] Porfirio Muñoz Ledo, "Congreso constitucional 2020", *El Universal*, 16 de noviembre de 2019.

X. DEL FEDERALISMO AL NEOCENTRALISMO

[1] Fray Servando Teresa de Mier, "Profecía sobre la federación", 1823.
[2] *Idem.*
[3] Citado en Arend Lijphart, *Parliamentary Versus Presidential Government*, Oxford University Press, 1995.
[4] Alexis de Tocqueville, *La democracia en América*, Fondo de Cultura Económica, México, 1994, p. 159.
[5] Citado por David Brading, *Mito y profecía en la historia de México*, Vuelta, México, 1988, p. 157.
[6] Citado por Eliseo Mendoza Berrueto, en *El presidencialismo mexicano. Génesis de un sistema imperfecto*, Fondo de Cultura Económica, México, 1996, p. 44.
[7] Jaime Sánchez Susarrey, "AMLO y el federalismo", *El Financiero*, 7 de agosto de 2018.

[8] Andrew Paxman, *Los gobernadores: caciques del pasado y del presente*, Grijalbo, México, junio de 2018, p. 10.
[9] Germán Martínez Cázares, "Reconstruir la presidencia", *Reforma*, 18 de julio de 2018.
[10] Denise Dresser, "Antípodas", *Reforma*, 30 de julio de 2018.
[11] Jorge Castañeda, "¿Coordinadores estatales o prefectos?", *El Financiero*, 14 de julio de 2018.
[12] Georgina Morett, "651 mmdp para reasignar tendrá AMLO", *El Financiero*, 16 de julio de 2018.
[13] Macario Schettino, "Dividir y gobernar", *El Financiero*, 16 de julio de 2018.
[14] Leo Zuckermann, "Procónsules, candidatos y tutores de AMLO", *Excélsior*, 16 de julio de 2018.
[15] Rafael Hernández Estrada, *Servidores de la Nación. La operación política del gobierno de la 4T*, PRD, México, 2019, p. 62.
[16] Andrés Manuel López Obrador, *Neoporfirismo hoy como ayer*, op. cit., Cap. III.
[17] Rafael Hernández Estrada, *Servidores de la Nación*, op. cit., p. 66.
[18] *La Jornada*, 7 de agosto de 2018.

XI. CONCENTRACIÓN DE FUNCIONES ADMINISTRATIVAS

[1] Raymundo Riva Palacio, "El control absoluto de López Obrador", *El Financiero*, 17 de julio de 2018.
[2] *Cfr.* Leo Zuckerman, "La purga de AMLO", *Excélsior*, 24 de julio de 2018.
[3] Jesús Silva-Herzog Márquez, "El patrimonialismo del cartujo", *Reforma*, 23 de julio de 2018.
[4] Mauricio Merino, *La democracia pendiente*, Fondo de Cultura Económica, México, 1993.
[5] Amparo Casar, "Morena toma todo", *Nexos*, agosto de 2018.
[6] Luis Rubio, "El nuevo PRI", *Reforma*, 29 de julio de 2018.
[7] Ezra Shabot, "Riesgos", *El Financiero*, 12 de julio de 2018.
[8] Alberto Fernández, "Los Kirchner frente a frente", *Nexos*, núm. 492, diciembre de 2018.
[9] Steven Levitsky y Daniel Ziblatt, *Cómo mueren las democracias*, op. cit., p. 154.
[10] *Ibid.*, p. 155.

XII. PRESIDENTE PLATÓNICO *VERSUS* REALISMO DEMOCRÁTICO

[1] John Stuart Mill, *Consideraciones sobre el gobierno representativo*, p. 117.
[2] *El Federalista*, Fondo de Cultura Económica, México, 1998, p. 292.
[3] *Ibid.*, p. 220.
[4] Citado por Axel Kaiser y Gloria Álvarez, *El engaño populista*, op. cit., cap. I.
[5] Enrique Krauze, "El presidente historiador", *op. cit.*
[6] Mijaíl Gorbachov, *Memorias*, Plaza y Janés, México, 1997, p. 1026.
[7] Tomas Hobbes, *Leviatán…*, op. cit., p. 119.
[8] Nicolás Maquiavelo, *Discursos sobre la primera década de Tito Livio. Obras Políticas*, Instituto Cubano del Libro, La Habana, 1971, p. 83.
[9] Citado Steven Levitsky y Daniel Ziblatt, *Cómo mueren la democracias…*, op. cit., p. 29.

[10] Es el título de los tres tomos que escribió Enrique González Pedrero sobre Santa Anna, *País de un solo hombre*, Fondo de Cultura Económica, México.

[11] Citado por Enrique Krauze, "Limitar el poder, siempre", *Reforma*, 11 de febrero de 2018.

[12] Federico Berrueto, *Milenio*, 29 de julio de 2018.

[13] Héctor Aguilar Camín, "Un adiós democrático a la democracia", *Milenio*, 30 de julio de 2018.

[14] *El Universal*, 4 de agosto de 2018.

[165] *Primer Plano*, 26 de noviembre de 2018.

[16] *Cfr.* Steven Levitsky y Daniel Ziblatt, *Cómo mueren las democracias, op. cit.*

[17] Jan Werner Müller, *¿Qué es el populismo?*, Grano de Sal, México, 2017, cap. II.

[18] *Idem.*

[19] Enrique Krauze, "La palabra populismo", *Reforma*, 4 de junio de 2017.

[20] Citado por Guadalupe Loaeza, "¿Sí o no?", *Reforma*, 22 de noviembre de 2018.

[21] John Ackerman, "Oposición descompuesta", *Proceso*, 28 de abril de 2019.

[22] *Reforma*, 30 de noviembre de 2018.

[23] GEA-ISA, diciembre de 2018.

[24] Citado por Pablo Hiriart, "Viene un presidente, no un Dios", *El Financiero*, 26 de noviembre de 2018.

[25] Jorge Zepeda Patterson, "Los chairos o durmiendo con el enemigo", *Pulso de San Luis*, 10 de marzo de 2019.

[26] Roberto Gil Zuarth, "La restauración presidencialista", *El Financiero*, 18 de febrero de 2019.

[27] Entrevista con Carmen Aristegui, *Aristeguinoticias*, 8 de agosto de 2018.

XIII. UNA AUTOCRACIA REVIVIDA

[1] Citado por Samuel Huntington, *El orden político…, op. cit.*, p. 138.

[2] *Ibid.*, p. 144.

[3] *Ibid.*, p. 148.

[4] *Ibid.*, p. 172.

[5] Steven Levitsky y Daniel Ziblatt, *Cómo mueren las democracias, op. cit.*, p. 239.

[6] Raymundo Riva Palacio, "El control absoluto de López Obrador", *El Financiero*, 17 de julio de 2018.

XIV. ¿AUTONOMÍA INSTITUCIONAL O FISCALES CARNALES?

[1] *El Financiero*, 9 de agosto de 2018.

[2] *Cfr.* José Antonio Crespo, *2006: Hablan las actas…, op. cit.*

[3] *El Financiero*, 13 de febrero de 2019.

[4] Entrevista con Carmen Aristegui, *Aristegui Noticias*, 8 de agosto de 2018.

[5] Jan Werner Müller, *¿Qué es el populismo?, op. cit.*, cap. II.

[6] Hernán Gómez, "AMLO, la sociedad civil y la Fiscalía", *El Universal*, 13 de julio de 2018.

[7] Luis Hernández Navarro, "Claudio X. González, AMLO y la corrupción", *La Jornada*, 17 de julio de 2018.

[8] Luis Linares Zapata, "Espera", *La Jornada*, 8 de agosto de 2018.

[9] Entrevista con Gibrán Ramírez, *Este País*, febrero de 2019.

[10] *El Financiero*, 13 de febrero de 2019.

[11] Ricardo Monreal, "La heteronomía de los órganos autónomos", *Milenio*, 30 de julio de 2019.

[12] Macario Schettino, "Contra el Banco", *El Financiero*, 20 de septiembre de 2018.

[13] Steven Levitsky y Daniel Ziblatt, *Cómo mueren las democracias*, op. cit., p. 96.

[14] *Idem.*

[15] *Reforma*, 30 de noviembre de 2018.

[16] Horst Grebe López, "Evo en claroscuro", *Nexos*, núm. 492, diciembre de 2018.

[17] Rafael Rojas, "Venezuela; las razones del abismo", *Nexos*, núm. 492, diciembre de 2018.

[18] *La Jornada*, 23 de julio de 2018.

[19] John Ackerman, "Consejeros de consigna", *La Jornada*, 30 de julio de 2018.

[20] José Woldenberg, "Las palabras del presidente", *Reforma*, 2 de agosto de 2018.

[21] *Idem.*

[22] Citado por Amparo Casar, "El nuevo Tribunal", *Excélsior*, 20 de marzo de 2019.

[23] Citado por Pablo Hiriart, "Morena, el asalto al INE", *El Financiero*, 13 de junio de 2019.

[24] *Cfr. El Financiero*, 17 de junio de 2019.

[25] Entrevista mañanera, 13 de noviembre de 2019.

[26] *Aristeguinoticias*, 7 de diciembre de 2018.

[27] Citado por Raymundo Riva Palacio, "Al diablo (ahora sí) las instituciones", *El Financiero*, 10 de diciembre de 2018.

[28] Conferencia mañanera, 1° de noviembre de 2019.

[29] Citado por Raymundo Riva Palacio, "Al diablo (ahora sí) las instituciones", *El Financiero*, 10 de diciembre de 2018.

[30] Twiter, 12 de diciembre de 2018.

[31] *Cfr.* Ricardo Raphael, "Rosario Piedra mintió", *El Universal*, 14 de noviembre de 2019.

[32] *El Financiero*, 21 de noviembre de 2019.

[33] Sergio Aguayo, "Mal por Morena", *Reforma*, 13 de noviembre de 2019.

[34] *El Financiero*, 26 de noviembre de 2019.

[35] *El Financiero*, 12 de diciembre de 2018.

[36] Guillermo Valdés, "En defensa de la autonomía del INEE", *Milenio*, 1° de mayo de 2019.

[37] Citado por Joaquín López Dóriga, "Arrogancia, ni con el pétalo de una recomendación", *Milenio*, 28 de junio de 2019.

[38] Entrevista con *La Jornada*, 1° de julio de 2019.

[39] Benjamín Hill, "Sin datos no es posible gobernar; sin dato no hay democracia", *El Financiero*, 29 de enero de 2019.

[40] José Woldenberg, "Cuidar y fortalecer el INEGI", *El Universal*, 5 de febrero de 2019.

[41] José Woldenberg, "CRE; mala señal", *El Universal*, 2 de abril de 2019.

[42] *La Jornada*, 4 de abril de 2019.

[43] *Idem.*

[44] Martí Batres, "La disputa por la CRE", *El Financiero*, 8 de abril de 2019.
[45] *Idem.*
[46] John Ackerman, "La autonomía de la CRE", *La Jornada*, 8 de abril de 2019.
[47] *El Universal*, 29 de julio de 2019.
[48] *Idem.*
[49] Salomón Chertorivski, "Y la evidencia", *Reforma*, 17 de febrero de 2019.
[50] José Antonio Aguilar, "AMLO and Mexico's Liberal Consensus: Prospects and Problems", *Law and Liberty*, 24 de septiembre de 2018.
[51] GEA-ISA, diciembre de 2018.
[52] Elisur Arteaga, "La absurda iniciativa del senador Monreal", *Proceso*, 28 de abril de 2019.

XV. MEDIOS Y CRÍTICOS CONSERVADORES Y GOLPISTAS

[1] Andrés Manuel López Obrador, *2018: La salida...*, *op. cit.*, cap. IX.
[2] Entrevista con José Cárdenas, Radio Fórmula, 25 de mayo de 2017.
[3] Federico Berrueto, "Mal verano para AMLO", *El Financiero*, 28 de mayo de 2017.
[4] Denise Dresser, *Bloomberg*, 26 de mayo de 2017.
[5] Citado por Jesús Silva-Herzog Márquez, "El golpismo fifí", *Reforma*, 29 de octubre de 2018.
[6] Lorenzo Meyer, "Régimen nuevo, medios veteranos", *El Universal*, 28 de abril de 2019.
[7] Conferencia mañanera, 22 de julio de 2019.
[8] Federico Arreola, "¿Trinchera de libertad? No. ¿Embestida contra AMLO? Sí", *SDP*, 13 de diciembre de 2018.
[9] Carmen Aristegui, "El presidente *vs* Reforma", *Reforma*, 26 de abril de 2019.
[10] Conferencia de prensa, 8 de marzo de 2019.
[11] Jesús Silva-Herzog Márquez, "El golpismo fifí", *Reforma*, 29 de octubre de 2018.
[12] José Woldenberg, *Configuraciones*, diciembre de 2018.
[13] Jacqueline Peschard, "Lista parcial y tendenciosa", *El Financiero*, 27 de mayo de 2019.
[14] Steven Levitsky y Daniel Ziblatt, *Cómo mueren las democracias*, *op. cit.*, p. 246.
[15] Alberto Fernández, "Los Kirchner frente a frente", *Nexos*, núm. 492, diciembre de 2018.
[16] Steven Levitsky y Daniel Ziblatt, Cómo mueren las democracias, *op. cit.*, p. 137.
[17] *Ibid.*, p. 246.
[18] Jorge Javier Romero, "La historia de México según López Obrador", *Sinembargo*, 29 de noviembre de 2018.
[19] Steven Levitsky y Daniel Ziblatt, Cómo mueren las democracias, *op. cit.*, p. 112.

XVI. DE MERCADOS FINANCIEROS

[1] Enrique Quintana, "Los verdaderos contrapesos", *El Financiero*, 28 de septiembre de 2018.
[2] Andrés Manuel López Obrador, *2018: La salida...*, *op. cit.*, cap. III.
[3] Entrevista en *Proceso*, 14 de julio de 2019.
[4] Alfonso Romo, en *Político.Mx*, 17 de noviembre de 2018.

[5] Enrique Díaz Infante, "¿Podrán recuperar la confianza?", *Reforma*, 21 de noviembre de 2018.

[6] Citado por Martha Anaya, "Romo necesita pedir audiencia", *El Heraldo*, 19 de junio de 2019.

[7] Héctor Aguilar Camín, "Las promesas de inversión y la economía real", *Milenio*, 8 de agosto de 2019.

[8] Enrique Quintana, "Más nos vale que ganen Urzúa y Romo", *El Financiero*, 14 de noviembre de 2018.

[9] Carlos Urzúa, carta de renuncia, 9 de julio de 2019.

[10] *El Universal*, 30 de octubre de 2018.

[11] Lorenzo Meyer, "¿Quién gobernará?", *El Universal*, 4 de noviembre de 2018.

[12] Lorenzo Meyer, *El poder vacío; el agotamiento de un régimen sin legitimidad*, Debate, México, 2019, pp. 203-204.

[13] *Cfr.* Enrique de la Madrid, "El balance económico de los primeros 100 días del gobierno", *El Universal*, 8 de marzo de 2019.

[14] *El Universal*, 30 de octubre de 2018.

[15] Juan Pablo Castañón, "Confianza y crecimiento", *El Universal*, 16 de noviembre de 2018.

[16] Jorge Chávez Presa, "AMLO; reconciliarse con los mercados", *El Universal*, 10 de noviembre de 2018.

[17] YouTube, 9 de marzo de 2018.

[18] *El Financiero*, 9 de noviembre de 2018.

[19] Jorge Zepeda Patterson, "Los AMLOs de México", *El País*, 18 de noviembre de 2018.

[20] Leo Zuckermann, "AMLO y el Estado de derecho", *Excélsior*, 30 de abril de 2019.

[21] Twitter, 26 de junio de 2019.

[22] Entrevista con *Proceso*, 14 de julio de 2019.

[23] Enrique Quintana, "AMLO; las lloviznas de la tormenta", *El Financiero*, 7 de noviembre de 2018.

[24] *Cfr.* Macario Schettino, "¿Adiós a la estabilidad?", *El Financiero*, 29 de noviembre de 2018.

[25] *Cfr.* Andrés Manuel López Obrador, *Hacia una economía moral*, Planeta, México, 2019.

[26] Carlos Urzúa, "Recesión e inversión", *El Universal*, 2 de diciembre de 2019.

[27] Enrique Quintana, "Se perdieron ya 90 mil millones de dólares", *El Financiero*, 26 de noviembre de 2018.

[28] Antonio Navalón, "¿Democracia popular?", *El Financiero*, 20 de noviembre de 2018.

XVII. DEL NEOLIBERALISMO AL NEOPOPULISMO

[1] Jan Werner Müller, *¿Qué es el populismo?*, *op. cit.*, cap. I.

[2] *Idem.*

[3] Lorenzo Meyer, "Del populismo", *El Universal*, 17 de febrero de 2019.

[4] Jan Werner Müller, *¿Qué es el populismo?...*, *op. cit.*, Introducción.

[5] *Ibid.*, cap. I.

[6] *Idem.*
[7] Conferencia de prensa, 6 de marzo de 2019.
[8] Jan Werner Müller, *¿Qué es el populismo?*, *Op. Cit.*, cap. III.
[9] Juan Ramón de la Fuente, "Populismo; opción para excluidos", *El Universal*, 24 de julio de 2017.
[10] Entrevista con Gibrán Ramírez, *Este País*, febrero de 2019.
[11] Jan Werner Müller, *¿Qué es el populismo?*, *op. cit.*, cap. III.
[12] *Cfr.* Norberto Bobbio, Nicola Matteucci y Gianfranco Pasquino, *Diccionario de Política*, Siglo XXI, México, 1995.
[13] Jan Werner Müller, *¿Qué es el populismo?*, *op. cit.*, Introducción.
[14] *Ibid.*, cap. I.
[15] Hernán Gómez, "No Denise, no somos pueblo", *El Universal*, 12 de marzo de 2019.
[16] *Cfr.* Giovanni Gentile, "The Philosofic Bases of Fascism", *Foreign Affairs*, vol. 6, núm. 2, enero de 1928.
[17] Georg Jellinek, *The Declarations of the Man and of Citizens*, Henry Holt and. Co., Nueva York, 1901, p. 9.
[18] Isaiah Berlin, *Freedom and its Betrayal*, Londres, Paperback, 2003, p. 49.
[19] Citada en Axel Kaiser y Gloria Álvarez, *El engaño populista...*, *op. cit.*, cap. I.
[20] Friedrich Hayek, *Camino de servidumbre*, citado en Axel Kaiser y Gloria Álvarez, *El engaño populista...*, *op. cit.*, cap. I.
[21] Hannah Arendt, *On Revolution*, Penguin, Nueva York, 2006.
[22] John Locke, *Second Treatise of Government*, Hackett Publishing. Co., Indianápolis, pp. 46 y 47.
[23] Citado por Axel Kaiser y Gloria Álvarez, *El engaño populista, op. cit.*, cap. I.
[24] Steven Levitsky y Daniel Ziblatt, *Cómo mueren las democracias, op. cit.*
[25] *Ibid,*, pp. 11-18.
[26] Citado por Fran Carrillo (coord.), *El porqué de los populismos. Un análisis del auge populista de derecha e izquierda a ambos lados del Atlántico*, Deusto, 2017, Introducción.
[27] Enrique Krauze, "Decálogo del populismo", *Reforma*, 23 de octubre de 2005.
[28] Pedro Esteban Garanto, "El presidente; radiografía del autoritarismo (I)", *SDP-noticias*, 18 de febrero de 2019.
[29] Jorge Buendía, "La otra democracia de AMLO", *El Universal*, 19 de febrero de 2019.
[30] Andrés Manuel López Obrador, *2018: La salida...*, *op. cit.*, cap. VII.
[31] Roberto Gil Zuarth, "La restauración presidencialista", *El Financiero*, 18 de febrero de 2019.
[32] Jan Werner Müller, *¿Qué es el populismo?*, *op. cit.*, Introducción.
[33] José Luis Villacañas, "La reinvención de la política. Orígenes y fundamentos del populismo contemporáneo", en Fran Carrillo (coord.), *El porqué de los populismos...*, *op. cit.*
[34] Jan Werner Müller, *¿Qué es el populismo?*, *op. cit.*, cap. II.
[35] Erick Guerrero Rosas, *AMLO y la 4T. Lo que viene para México*, México, 2019.

XVIII. EL ESTILO POPULISTA DE GOBERNAR

[1] *Cfr.* Luis Javier Garrido, *La ruptura La Corriente Democrática del* PRI, Grijalbo, México, 1993.

[2] Daniel Cosío Villegas, *El estilo personal de gobernar*, Joaquín Mortiz, México, 1975, p. 86.

[3] *Ibid.*, p. 9.

[4] *Ibid.*, pp. 15 y 50.

[5] *Ibid.*, p. 16.

[6] *Ibid.*, pp. 43 y 70.

[7] Citado por Daniel Cosío Villegas, *El estilo personal...*, *op. cit.*, p. 52.

[8] Daniel Cosío Villegas, *El estilo personal...*, *op. cit.*, p. 33.

[9] *Ibid.*, p. 36.

[10] *Ibid.*, p. 41.

[11] Discurso del primer aniversario del triunfo de Morena, 1° de julio de 2019.

[12] Daniel Cosío Villegas, *El estilo personal...*, *op. cit.*, p. 40.

[13] Citado por Daniel Cosío Villegas, *El estilo personal...*, *op. cit.*, p. 40.

[14] Daniel Cosío Villegas, *El estilo personal...*, *op. cit.*, p. 118.

[15] *Ibid.*, pp. 114, 115 y 127.

[16] Citado por Daniel Cosío Villegas, *El estilo personal...*, *op. cit.*, pp. 88 y 89.

[17] *Ibid.*, p. 90.

[18] *Ibid.*, p. 92.

[19] *Cfr.* David Luhnow, editor para asuntos Latinoamericanos del *New York Times*, citado en *La Silla Rota*, 16 de noviembre de 2019.

[20] *El Universal*, 12 de noviembre de 2019.

[21] Bret Stephens, "México's Fast Track Toward a Failed State", *The New York Times*, 7 de noviembre de 2019.

[22] Andrés Manuel López Obrador, *2018: La salida...*, *op. cit.*, cap. VI.

[23] Andrés Manuel López Obrador, Los Ángeles, California, 12 de febrero de 2007.

[24] "AMLO, su entrevista en Estados Unidos", YouTube, 15 de marzo de 2017.

[25] Andrés Manuel López Obrador, entrevista con *Milenio*, 7 de abril de 2017.

[26] Jorge Suárez Vélez, "No debimos doblarnos", *Reforma*, 12 de junio de 2019.

[27] Juan Ignacio Zavala, "AMLO, la ciencia y el mundo", *El Financiero*, 5 de junio de 2019.

[28] Citado por Pablo Hiriart, "Ineptitud; un peligro para México", *El Financiero*, 6 de noviembre de 2019.

[29] Entrevista mañanera, 5 de noviembre de 2019.

[30] *El Universal*, 6 de noviembre de 2019.

[31] *The Washington Post*, 5 de noviembre de 2019.

[32] Raymundo Riva Palacio, "López Obrador y Trump, enfrentados", *El Financiero*, 7 de noviembre de 2019.

[33] Consulta Mitofsky, febrero de 2019.

[34] *Idem.*

[35] *Idem.*

[36] *Idem.*

[37] Carlos Bravo Regidor, "Recortar a lo bestia", *México.com*, 4 de marzo de 2019.

[38] Jorge Suárez Vélez, "Deuda pendiente", *Reforma*, 1° de marzo de 2019.

[39] Consulta Mitofsky, febrero de 2019.
[40] Duncan Wood, *El Economista*, 7 de marzo de 2019.
[41] Discurso del primer aniversario del triunfo de Morena, 1º de julio de 2019.
[42] Blanca Heredia, "Viaje sin retorno o el sentido posible de la destrucción provocada por la 4T", *El Financiero*, 18 de julio de 2019.
[43] Ricardo Monreal, "La verdadera causa de nuestra desgracia", *El Universal*, 22 de julio de 2019.
[44] Liébano Sáenz, "Los nuevos tiempos", *Milenio*, 11 de mayo de 2019.
[45] Jesús Silva–Herzog Márquez, "Sentidos de la realidad", *Reforma*, 11 de marzo de 2019.
[46] Héctor Aguilar Camín, "AMLO; Autorretrato", *Milenio*, 9-13 de septiembre de 2018.
[47] José Woldenberg, "Deliberación", *El Universal*, 5 de junio de 2019.
[48] Andrés Manuel López Obrador, *2018: La salida...*, *op. cit.*, cap. I.
[49] *Ibid.*, cap. III.
[50] *Ibid.*, cap. II.
[51] *Ibid.*, cap. I.
[52] *Ibid.*, p. 151.
[53] *2018, La salida... Op.cit.* cap. VII.
[54] Jorge Suárez Vélez, "Deuda pendiente", *Reforma*, 1º de marzo de 2019.
[55] Diego Petersen, "El extraño caso de corrupción sin corruptos", *Sinembargo*, 2 de noviembre de 2018.
[56] *El Universal*, 9 de enero de 2019.
[57] Alberto Aziz, "Un presidente sin intermediarios", *El Universal*, 26 de febrero de 2019.
[58] Citado por Francisco Garfias, *Excélsior*, 22 de febrero de 2019.
[59] *Cfr.* Sebastián Garrido, "Mandar obedeciendo", *Reforma*, 1º de marzo de 2019.
[60] Manuel Bartlett, "Temores a las consultas", *El Universal*, 7 de marzo de 2019.
[61] Jan Werner Müller, *¿Qué es el populismo?*, *op. cit.*, cap. I.
[62] *Idem.*
[63] Consulta Mitofsky, febrero de 2019.
[64] *La Jornada*, 28 de abril de 2019.
[65] Discurso del primer aniversario del triunfo de Morena, 1º de julio de 2019.
[66] *Cfr.* José Antonio Crespo, *2006: Hablan las actas...*, *op. cit.*
[67] *Cfr.* Kathleen Bruhn, "To Hell with Your Corrupt Institutions; AMLO and Populism in Mexico", en Cass Mude y Cristóbal Rovira (coords.), *Populism in Europe and the Americas*, Cambridge University Press, Nueva York, 2012, pp. 88-112.
[68] Jan Werner Müller, *¿Qué es el populismo?*, *op. cit.*, cap. II.
[69] *Ibid.*, cap. I.
[70] *Cfr.* Yascha Mounk, *El pueblo contra la democracia*, Paidós, España, 2018.
[71] Steven Levitsky y Daniel Ziblatt, *Cómo mueren las democracias*, *op. cit.*, p. 266.
[72] *Cfr.* Luis Astorga, *¿Qué querían que hiciera?*, México, Grijalbo, 2015.
[73] Andrés Manuel López Obrador, *2018: La salida...*, *op. cit.*
[74] *Idem.*
[75] Entrevista con *Proceso*, 14 de julio de 2019.
[76] Jan Werner Müller, *¿Qué es el populismo?*, *op. cit.*, cap. II.

[77] Dieter Grimm, "Types of Constitutions", citado por Jan Werner Müller, *¿Qué es el populismo?, op. cit.*, cap. II.

[78] Citado por Jan Werner Müller, *¿Qué es el populismo?, op. cit.*, cap. II.

[79] *Idem.*

[80] 19 de marzo de 2019.

[81] López Obrador, *No decir adiós..., op. cit.*, cap. II.

[82] Blanca Heredia, "Algo huele a podrido en el estado de Dinamarca", *El Financiero*, 6 de noviembre de 2019.

[83] Denise Dresser, "El Gran Dictador", *Reforma*, 4 de noviembre de 2019.

[84] López Obrador, *No decir adiós..., op. cit.*, cap. II.

[85] López Obrador, *2018: La salida..., op. cit.*, cap. VII.

[86] López Obrador, conferencia mañanera, 4 de junio de 2019.

[87] Entrevista con Jorge Ramos, Univisión, 12 de mayo de 2017.

XIX. LA HOGUERA DE SAVONAROLA

[1] Ernesto Guevara, *Guerra de guerrillas*, citado por Axel Kaiser y Gloria Álvarez, *El engaño populista, op. cit.*, cap. I.

[2] Charles Dickens, "The Noble Savage", citado por Axel Kaiser y Gloria Álvarez, *El engaño populista, op. cit.*, cap. I.

[3] Thomas Hobbes, *Leviatán..., op. cit.*, pp. 102 y 103.

[4] *Excélsior*, 18 de febrero de 2019.

[5] Andrés Manuel López Obrador, *2018: La salida..., op. cit.*, cap. IX.

[6] Andrés Manuel López Obrador, *No decir adiós..., op. cit.*, cap. II.

[7] 26 de junio de 2012.

[8] *El Universal*, 24 de mayo de 2017.

[9] Andrés Manuel López Obrador, *No decir adiós..., op. cit.*, cap. II.

[10] Andrés Manuel López Obrador, *2018: La salida..., op. cit.*, cap. IX.

[11] Andrés Manuel López Obrador, *No decir adiós..., op. cit.*, cap. II.

[12] Andrés Manuel López Obrador, *2018: La salida..., op. cit.*, cap. IX.

[13] Andrés Manuel López Obrador, *El poder en el trópico*, México, Planeta, 2015, Introducción.

[14] *Excélsior*, 18 de febrero de 2019.

[15] Jan Werner Müller, *¿Qué es el populismo?, op. cit.*, cap. III.

[16] Jesús Silva-Herzog Márquez, "La lista", *Reforma*, 18 de febrero de 2019.

[17] Manuel Bartlett, "La casta divina", *El Universal*, 22 de febrero de 2019.

[18] Raymundo Riva Palacio, "La purificación de Andrés Manuel", *El Financiero*, 19 de febrero de 2019.

[19] *Cfr.* Valeria Moy, "En defensa de la Cofece y su titular", *Milenio*, 19 de febrero de 2019.

[20] *El Financiero*, 22 de febrero de 2019.

[21] José Luis Martínez, "Las listas, ¿quién sigue?", *Milenio*, 23 de junio de 2019.

[22] Conferencia mañanera, 21 de febrero de 2019.

[23] Luis Cárdenas, "Así será el juicio a los expresidentes", *El Universal*, 22 de febrero de 2019.

[24] Ricardo Homs, "El derecho a disentir", *El Universal*, 23 de febrero de 2019.

[25] Roberto Gil Zuarth, "Litigio corruptor", *El Financiero*, 17 de junio de 2019.
[26] José Ramón Cossío, " ¿Presos políticos?", *El Universal*, 15 de enero de 2019.
[27] Conferencia de prensa, 21 de enero de 2019.
[28] Entrevista mañanera, 28 de noviembre de 2019.
[29] Jan Werner Müller, *¿Qué es el populismo?*, *op. cit.*, cap. II.
[30] Twiter, 20 de febrero de 2019.
[31] Jan Werner Müller, *¿Qué es el populismo?*, *op. cit.*, cap. II.
[32] *Idem.*
[33] Citado por Kaiser y Álvarez, *El engaño populista...*, *op. cit.*, cap. I.
[34] Cosío Villegas, *El estilo personal...*, *op. cit.*, p. 25.

XX. ¿ESTADO DE DERECHO O ESTADO DE CHUECO?

[1] *Proceso*, 2 de febrero de 2016.
[2] *La Jornada*, 30 de octubre de 2019.
[3] *La Jornada*, 3 de noviembre de 2019.
[4] 2 de noviembre de 2019.
[5] Citado por Leo Zuckerman, "No son diferentes, son igualitos", *Excélsior*, 4 de noviembre de 2019.
[6] Ricardo Peralta, "Baja California, la justicia por encima del poder", *Excélsior*, 15 de julio de 2019.
[7] Aristegui noticias, 18 de julio de 2019.
[8] *El Universal*, 2 de noviembre de 2019.

XXI. MORENA, ¿NUEVA HEGEMONÍA PARTIDISTA?

[1] *Cfr.* José Antonio Crespo. *¿Tiene futuro el PRI?...*, *op. cit.*, cap. III.
[2] Giovanni Sartori, *Partidos y sistemas de partidos*, Madrid, Alianza Universidad, 1980, pp. 278-279.
[3] *Ibid.*, cap. VII.
[4] T. J. Pempel (coord.), *Democracias diferentes; los regímenes con un partido dominante*, Fondo de Cultura Económica, México, 1991.
[5] Entrevista concedida al *Newsweek*, 3 de diciembre de 1990.
[6] T. J. Pempel (comp.), *Democracias diferentes...*, *op. cit.*
[7] Giovanni Sartori, *Partidos y sistemas...*, *op. cit.*, p. 285.
[8] Adam Przeworski, "Some Problems in the Study of the Transitions to Democracy", en O'Donnell, Schmitter y Whitehead (eds.), *Transitions from Authoritarian Rule; Comparative Perspectives*, The Johns Hopkins University Press, 1986.
[9] Jesús Silva-Herzog Márquez, "Sobre un volcán", *Nexos*, junio de 2018.
[10] Víctor Flores Olea, "El pluralismo como forma de gobernar", *La Jornada*, 6 de agosto de 2018.
[11] Juan Villoro, "El caudillo mexicano ante su gente", *El País*, 10 de julio de 2018.
[12] Cosío Villegas, "La compostura del PRI", *Excélsior*, 12 de diciembre de 1969.
[13] Proceso.com, 23 de julio de 2018.
[14] Leo Zuckermann, "No hay oposición en México", *Excélsior*, 26 de julio de 2018.

[15] Daniel Cosío Villegas, *El sistema político mexicano; las posibilidades de cambio*, Joaquín Mortiz, México, 1973, p. 72.
[16] John Ackerman, "RIP-PRI", *Proceso*, 5 de agosto de 2018.
[17] Jaime Sánchez Susarrey, *Milenio*, 31 de julio de 2018.
[18] *Político México*, 23 de febrero de 2019.
[19] Ricardo Raphael, "La CTM de Morena", *El Universal*, 14 de febrero de 2019.
[20] María Marván, "¿Restauración de la hegemonía?", *Excélsior*, 12 de julio de 2018.
[21] Luis Carlos Ugalde, "Sistema de 2.5 partidos", *El Financiero*, 25 de junio de 2019.
[22] Macario Schettino, "Los adioses; PRI", *El Financiero*, 27 de noviembre de 2018.
[23] *Excélsior*, 22 de agosto de 2019.
[24] *El Universal*, 2 de agosto de 2018.
[25] *Excélsior*, 11 de noviembre de 2018.
[26] Steven Levitsky y Daniel Ziblatt, *Cómo mueren las democracias*, op. cit., p. 254.
[27] Carlos Bravo Regidor, "Hacia los 100 días; siete tesis", *Reforma*, 14 de febrero de 2019.
[28] Raymundo Riva Palacio, "La maquinaria de Andrés Manuel", *El Financiero*, 5 de noviembre de 2018.
[29] Jorge Buendía, "La otra democracia de AMLO", *El Universal*, 19 de febrero de 2019.
[30] Jan Werner Müller, *¿Qué es el populismo?*, op. cit., cap. III.
[31] Amparo Casar, "El Gran Benefactor", *Nexos*, febrero de 2019.
[32] José Agustín Ortiz Pinchetti, *La Jornada*, 23 de febrero de 2019.
[33] Emir Sader, "El neoliberalismo requiere un Estado de excepción", *La Jornada*, 23 de febrero de 2019.
[34] Amparo Casar, "Morena toma todo", *Nexos*, agosto de 2018.
[35] Mauricio Merino, "¿Qué, quiénes, cómo (y hasta cuándo)?", *El Universal*, 11 de febrero de 2019.
[36] Carlos Bravo Regidor, "Hacia los 100 días; siete tesis", *Reforma*, 14 de febrero de 2019.
[37] Héctor Aguilar Camín, "Buscando a Morena", *Nexos*, julio de 2018.

XXII. LA GRAN ESPERANZA

[1] Andrés Manuel López Obrador, *No decir adiós a la esperanza*, México, Grijalbo, 2012, cap. II.
[2] *El Financiero*, 10 de abril de 2017.
[3] Andrés Manuel López Obrador, *No decir adiós...*, op. cit., cap. I.
[4] Andrés Manuel López Obrador, *2018: La salida...*, op. cit., cap. X.
[5] Andrés Manuel López Obrador, *Oye Trump. Propuestas y acciones en defensa de los migrantes en Estados Unidos*, Planeta, México, 2017.
[6] Andrés Manuel López Obrador, *2018: La salida...*, op. cit., cap. X.
[7] Andrés Manuel López Obrador, *No decir adiós...*, op. cit., cap. I.
[8] *Excélsior*, 19 de abril de 2017.
[9] Andrés Manuel López Obrador, *2018: La salida...*, op. cit., cap. X.
[10] *Ibid.*, cap. IX.
[11] Andrés Manuel López Obrador, *No decir adiós...*, op. cit., cap. II.
[12] *Idem.*
[13] *El Financiero*, 11 de julio de 2018.

[14] Héctor Aguilar Camín, "La inquietante república amorosa de López Obrador", *El País*, julio de 2017.

[15] *Cfr.* Samuel Huntington, *The Third Wave…*, *op. cit.*, p. 148.

[16] *El Universal*, 4 de agosto de 2018.

[17] Raúl Trejo Delarbre, "López Obrador y su circunstancia", *La Razón*, 13 de julio de 2018.

[18] Jesús Silva-Herzog Márquez, "El discurso y la confianza", *Reforma*, 24 de septiembre de 2018.

[19] Consulta Mitofsky, febrero de 2019.

[20] *El Financiero*, 1° de julio de 2019.

[21] *El Financiero*, 1° de julio de 2019.

[22] Jan Werner Müller, *¿Qué es el populismo?*, *op. cit.*, cap. II.

[23] *Idem.*

[24] Jorge Zepeda Patterson, *El País*, 22 de noviembre de 2018.

[25] Macario Schettino, "Malinterpretando votantes", *El Financiero*, 30 de octubre de 2018.

[26] *El Universal*, noviembre de 2019.

[27] *El Financiero*, 26 de noviembre de 2019.

EPÍLOGO

[1] Lorenzo Meyer, *El poder vacío*, *op. cit.*, p. 181.

Nota aclaratoria: Las referencias en las que se señala solamente el capítulo, pero no la página específica, son de libros electrónicos.

BIBLIOGRAFÍA

Aguilar Camín, Héctor, *Nocturno de la democracia mexicana*, Debate, México, 2018.

Alamán, Lucas, *Historia de México, desde los primeros movimientos que prepararon su Independencia en el año de 1798 hasta la época presente*, Fondo de Cultura Económica, México, 1985.

Anaya, Martha, *1988: El año que calló el sistema*, Debate, México, 2008.

Arendt, Hannah, *On Revolution*, Penguin, Nueva York, 2006.

Arreola, Álvaro, y Raúl Trejo Delarbre (coords.), *La transición presidencial, México 2018*, Orfila, México, 2018.

Astorga, Luis, *¿Qué querían que hiciera?*, Grijalbo, México, 2015.

Barranco, Bernardo (coord.), *El infierno electoral*, Grijalbo, México, 2018.

Berlin, Isaiah, *Freedom and its Betrayal*, Henry Hardy, Londres, 2003.

Bobbio, Norberto, Nicola Matteucci y Gianfranco Pasquino, *Diccionario de política*, Siglo XXI, México, 1995.

Brading, David, *Mito y profecía en la historia de México*, Vuelta, México, 1988.

Carrillo, Fran (coord.), *El porqué de los populismos. Un análisis del auge populista de derecha e izquierda a ambos lados del Atlántico*, Deusto, 2017.

Castillo Peraza, Carlos, *El porvenir posible*, Fondo de Cultura Económica, México, 2006.

Cosío Villegas, Daniel, *El estilo personal de gobernar*, Joaquín Mortiz, México, 1975.

——, *El sistema político mexicano. Las posibilidades de cambio*, México, Joaquín Mortiz, México, 1973.

Crespo, José Antonio, *Después de la Conquista*, México, 2015.

———, *2006: hablan las actas. Las debilidades de la autoridad electoral*, Debate, México, 2008.

———, *Los retos de la sucesión presidencial*, Centro de Estudios de Política Comparada, México, 1999.

———, *¿Tiene futuro el PRI? Entre la supervivencia democrática y la disolución total*, Grijalbo, México, 1998.

———, *Jaque al Rey*, Grijalbo, México, 1995.

Fox, Vicente, y Rob Allyn, *La revolución de la esperanza*, Aguilar, México, 2007.

Funes, Patricia (coord.), *Las ideas políticas en América Latina*, El Colegio de México, México, 2014.

Garrido, Luis Javier, *La ruptura. La Corriente Democrática del PRI*, Grijalbo, México, 1993.

Gilly, Adolfo (comp.), *Cartas a Cuauhtémoc Cárdenas*, Era, México, 1989.

Gorbachov, Mijaíl, *Memorias*, Plaza y Janés, México, 1997.

Guerrero Rosas, Erick, *AMLO y la 4T. Lo que viene para México*, México, 2019.

Hernández Estrada, Rafael, *Servidores de la nación. La operación política del gobierno de la 4T*, PRD, México, 2019.

Hobbes, Thomas, *Leviatán, o la materia, forma y poder de una República eclesiástica y civil*, Fondo de Cultura Económica, México, 1996.

Huntington, Samuel, *The Third Wave. Democratization in the Late Twentieth Century*, University Oklahoma Press, 1991.

———, *El orden político en las sociedades en cambio*, Paidós, Buenos Aires, 1972.

Jellinek, Georg, *The Declarations of the Man and of Citizens*, Henry Holt and Company, Nueva York, 1901.

Kaiser, Axel, y Gloria Álvarez, *El engaño populista*, Deusto, 2016.

Krauze, Enrique, *El pueblo soy yo*, Debate, México, 2018.

Levitsky, Steven, y Daniel Ziblatt, *Cómo mueren las democracias*, Ariel, México, 2018.

Lijphart, Arend, *Parliamentary Versus Presidential Government*, Oxford University Press, 1995.

Locke, John, *Second Treatise of Government*, Hackett Publishing, Company, Indianápolis.

López Obrador, Andrés Manuel, *Hacia una economía moral*, Planeta, México, 2019.

——, *Oye, Trump. Propuestas y acciones en defensa de los migrantes en Estados Unidos*, Planeta, México, 2017.

——, *2018: La salida. Decadencia y renacimiento de México*, Planeta, México, 2016.

——, *El poder en el trópico*, Planeta, México, 2015.

——, *Neoporfirismo. Hoy como ayer*, Grijalbo, México, 2014.

——, *No decir adiós a la esperanza*, Grijalbo, México, 2012.

Maquiavelo, Nicolás, *El Príncipe*, PRD, México, 2017.

——, *Discursos sobre la primera década de Titio Livio. Obras Políticas*, Instituto Cubano del Libro, La Habana, 1971.

Mendoza Berrueto, Eliseo, *El presidencialismo mexicano. Génesis de un sistema imperfecto*, Fondo de Cultura Económica, México, 1996.

Merino, Mauricio, *La democracia pendiente*, Fondo de Cultura Económica, México, 1993.

Meyer, Lorenzo, *El poder vacío; el agotamiento de un régimen sin legitimidad*, Debate, México, 2019.

Moreno, Alejandro, *El cambio electoral. Votantes, encuestas y democracia en México*, Fondo de Cultura Económica, México, 2018.

Mude, Cass, y Cristóbal Rovira (coords.), *Populism in Europe and the Americas*, Cambridge University Press, Nueva York, 2012.

Nolen, Dieter, *Sistemas electorales y partidos políticos*, Fondo de Cultura Económica, México, 1995.

O'Donnell, Schmiter y Whitehead (eds.), *Transitions from Authoritarian Rule. Comparative Perspectives*, The John Hopkins University Press, 1986.

Ortiz Pinchetti, José Agustín, *AMLO, con los pies en la tierra*, Harper Collins, México, 2018.

Paxman, Andrew, *Los gobernadores: caciques del pasado y del presente*, Grijalbo, México, 2018.

Paz, Octavio, *Obras completas IX*, Fondo de Cultura Económica, México, 2003.

Pempel, T. J. (coord.), *Democracias diferentes; los regímenes con un parti-*

do dominante, Fondo de Cultura Económica, México, 1991.

Pietri Uslar, Arturo, *La creación del Nuevo Mundo*, Fondo de Cultura Económica, México, 1992.

Rock, Roberto, *La historia detrás del desastre*, Grijalbo, México, 2019.

Sartori, Giovanni, *Partidos y sistemas de partidos*, Alianza Universidad, Madrid, 1980.

Schlesinger, Arthur, *La presidencia imperial*, Dopesa, Barcelona, 1974.

Silva, Martínez y Aquino, *Diccionario electoral 2000*, Instituto Nacional de Estudios Políticos, A. C., México, 1999.

Simpson, L. B., *Muchos Méxicos*, Fondo de Cultura Económica, México, 1994.

Stuart Mill, John, *Consideraciones sobre el gobierno representativo*.

Tocqueville, Alexis de, *La democracia en América*, Fondo de Cultura Económica, México, 1994.

Villalpando, José Manuel, *Batallas por la historia*, Grijalbo, México, 2008.

Werner Müller, Jan, *¿Qué es el populismo?*, Grano de Sal, México, 2017.

ÍNDICE ONOMÁSTICO

Villacañas, José Luis, 217, 351
Villalpando, José Manuel, 86, 344
Villoro, Juan, 23, 305, 341, 355
Voltaire, 276

Washington Post, The (publicación)
    234, 352
Weber, Max, 212, 241
Whitehead, Laurence, 355
Woldenberg, José, 68, 83, 90, 91, 166,
    176, 177, 186, 245, 343, 344, 348,
    349,
Wood, Duncan, 239, 352

Yáñez, César, 330
Yarrington, Tomás, 125
Yunes, Miguel Ángel, 76

Zaid, Gabriel, 287
Zakaria, Fareed, 147
Zaldívar, Arturo, 171, 180
Zapata, Emiliano, 270
Zavala, Juan Ignacio, 231, 352
Zavala, Margarita, 32, 33, 39, 311
Zedillo Ponce de León, Ernesto, 11-
    14, 52, 53, 59, 60, 123, 171, 281
Zepeda Patterson, Jorge, 149, 200,
    331, 347, 350, 357
Zepeda, Damián, 22
Ziblatt, Daniel, 70, 135, 154, 163,
    188, 190, 211, 216, 258, 311, 343,
    346, 348, 349, 351, 353, 355, 356,
Zuckermann, Leo, 127, 346, 350, 355

AMLO en la balanza de José Antonio Crespo
se terminó de imprimir en abril de 2020
en los talleres de
Impresora y Editora Infagon, S.A. de C.V.
en Escobillería número 3, Colonia Paseos de Churubusco,
Ciudad de México, C.P. 09030